SIMPEL-FONETIK

DICTIONARY

SIMPEL-FONETIK DICTIONARY

SECOND EDITION

For International Version of Writing in English

A simple, consistent, and logical method of writing based on the single-sound-per-letter principle.

ALLAN KIISK

Simpel-Fonetik Dictionary, Second Edition

Copyright © 2018 by Allan Kiisk. All rights reserved.

No part of this publication may be reproduced, stored in a retrieval system or transmitted in any way by any means, electronic, mechanical, photocopy, recording or otherwise without the prior permission of the author except as provided by USA copyright law.

This book is designed to provide accurate and authoritative information with regard to the subject matter covered. This information is given with the understanding that neither the author nor the publisher is engaged in rendering legal, professional advice. Since the details of your situation are fact dependent, you should additionally seek the services of a competent professional.

The opinions expressed by the author are not necessarily those of the publisher.

Published by Bob Steigerwald / Steigerwald Software Solutions
bob.steigerwald@comcast.net
Second Edition (rev3), January 2018

Book design copyright © 2012 by Tate Publishing, LLC. All rights reserved.
Cover design by Kristen Verser
Interior design by Nathan Harmony

Published in the United States of America
ISBN: 978-0-578-20257-0
1. Reference / Dictionaries
2. Language Arts & Disciplines / Spelling

Table of Contents

Purpose of the Dictionary
- 7 -

Warning!
- 9 -

Introduction to Simpel-Fonetik Writing
- 11 -

Simpel-Fonetik Alphabet
- 13 -

Guidelines for Conversion to Simpel-Fonetik Writing
- 17 -

Simpel-Fonetik Pronunciation
- 25 -

Explanation of Dictionary Entries
- 27 -

Part One: Alphabetical Listing of Words in Traditional Spelling with the Corresponding Words in the New Simpel-Fonetik Spelling
- 29 -

Part Two: Alphabetical Listing of Words in Simpel-Fonetik Spelling with the Corresponding Words in the Original, Traditional Spelling
- 255 -

In a perfect language,
every simple sound would be expressed by a distinct character;
and no character would have more than one sound.

—Noah Webster, Esq.
The American Spelling Book, 1824

Purpose of the Dictionary

The main purpose of this dictionary is to serve as a guide and reference book for converting words from the traditional English spelling to the single-sound-per- letter spelling known as Simpel-Fonetik (SF) spelling.

Present English writing and spelling is based on inconsistent use of letters. Most letters can have several different sounds. The letter *a*, for example, is used for at least ten different sounds. Therefore, many words cannot be pronounced on the basis of how they are written, and one cannot convert spoken words to writing based on how they are pronounced. This situation has resulted in different pronunciations in different countries and regions of the world. And it has made the learning of English very difficult and frustrating.

Using the Simpel-Fonetik method of spelling eliminates these problems. One can tell how to pronounce a word just from the way it is written. And one can convert a spoken word to writing by enunciating each sound in the word and assigning the appropriate letter to each sound.

For international use of the English language and for efficient communication, it is very important to have a uniform, standard way of writing and pronouncing English words. The reading, writing, and pronouncing needs to be as simple and easy to learn and use as possible. This dictionary serves to fulfill this need.

Please note that in addition to showing the conversions of words to Simpel-Fonetik spelling, this dictionary also serves as an excellent reference book for look-ing up spellings and pronunciations for traditional English writing and speaking. It can be used as a reference or textbook in English classes, especially for nonnative, foreign learners of English.

There are two lists of words in this dictionary.

The first list, Part 1 of the dictionary, is alphabetized on the basis of the traditional spelling of words. It is intended for looking up Simpel-Fonetik spellings and also how words should be pronounced. The determining of pronunciations is intuitive and easy in most cases. It is especially easy for foreigners who have a background in phonetic or nearly phonetic languages, or who are familiar with the International (NATO) Alphabet letters and sounds. One just needs to know what sound—a single sound—each letter has. See the chapter titled "Simpel-Fonetik Alphabet" for sound definitions.

The second list, Part 2 of this dictionary, is in alphabetical order based on Simpel-Fonetik spelling of words. This list is well suited for looking up how to spell a word in traditional spelling. If you know how to pronounce a word, you can easily find that word in this list because the words are written and listed on the basis of sounds. Let's assume you want to look up how to spell the word *almost*. You know that the word starts with the *o* sound. So you look for it under the list of words starting with *o*. In this dictionary you find it immediately. But you won't find the word so easily when you are using a traditional English dictionary. There the word *almost* is listed under the letter *a*, next to *alms*, which is pronounced with the *a* sound as in *arm*.

The second list includes the letters *ä* and *ö*. In this dictionary *ä* is included with *a*, and *ö* is included with *o*, as in German dictionaries. This way of alphabetizing *ä* and *ö* is subject to change. In future versions of the dictionary, the *ä* and *ö* may be listed separately.

Warning!

Some of the Simpel-Fonetik spellings may appear strange to you.

This warning applies to you if you are a native English speaker who has used the traditional English method of spelling for many years and if you are not familiar with other languages, especially phonetically written languages such as Finnish, Estonian, Spanish, German, and Italian. You are not used to looking at individual letters in a word. You have naturally developed a habit of looking at words as a whole or as groups of letters and forming sounds and pronunciations on the basis of what you have had to memorize over many years of study and practice.

English teachers have taught you to accept that a single letter can have multiple sounds and a single sound can be represented by multiple letters. You were taught to pronounce the words *you, ewe, yew* and the letter *u*, all exactly the same way, and to pronounce the *ough* in each of the words *cough, rough, through, though* and *plough* quite differently.

Because of such spelling inconsistencies you may have had to use spelling and pronunciation dictionaries. But dictionaries have not reduced your spelling difficulties. Some of you have become increasingly depen-dent on them.

For example, dictionaries have established the use of the schwa, the International Phonetic Alphabet letter ə that has a sound as in *ago* and *pertain*, as a replacement for various vowel sounds in many English words. You need to refer to a dictionary to see where the schwa sound is appropriate. But you cannot use that sound in your writings because the English alphabet does not have a letter for that sound.

English dictionaries tend to ignore how other countries and languages pronounce words and names. For example, the International (NATO) Alphabet uses the word *Alfa* to describe the sound of the letter *A*. It has the *a* as in *arm* sound in international communications. But the English dictionaries tell you to pronounce the first *a* letter with the *a* as in *and* sound and the second one with the schwa sound. And they spell *Alfa* with *ph* as *Alpha*.

English dictionaries in their pronunciation keys use the letter *a* for the vowel sound in *at* and *act*, and *u* for the short *ah* sound that is in *up*. That conflicts with the use of those letters in most other languages.

Native English speakers have had to deal with this illogical and inconsistent use of letters for a long time. They have invested much time and effort in learning to read, write, and pronounce English words. Therefore, they don't want to get involved with a new, reformed method of writing. They, most likely, have a pessimistic view toward spelling reform.

There are at least four times more foreign learners and speakers of English than native speakers. Foreigners did not grow up speaking English. They did not learn to pronounce words as a child. They need someone to tell them how to pronounce words. They can't trust the traditional writing to show how words should be pronounced. They need a phonetic method of writing where every letter has one sound. With that method, after they have learned what sound goes with each letter, they can sound out and pronounce words. They can learn to read much faster and with considerably less effort than with the traditional method of writing.

For these reasons, it is expected that this dictionary will be in greater demand, at least initially, among foreign learners of English. They are expected to spear-head the spelling reform by establishing the international version of English writing. The international version is expected to exist in parallel with the traditional method of spelling. It is hoped that, eventually, even native English speakers, when they see the advantages of Simpel-Fonetik writing, will convert to using it.

Introduction to Simpel-Fonetik Writing

The basic principles of Simpel-Fonetik writing are:

1. Each letter represents only one spoken sound.
2. Double letters—two identical letters—are used for longer vowels and stronger consonants.
3. There is a letter in the alphabet for each basic English language sound.

Simpel-Fonetik writing requires changes in the English alphabet. For phonetic single-sound-per-letter spelling there must be a letter for each basic spoken sound. The present alphabet does not provide that. It is one of the reasons why the pre-sent English spelling is inconsistent and illogical.

In the present English alphabet, letters are missing for two basic sounds. One can argue that more letters are missing from the English alphabet, but Simpel-Fonetik gets by with the minimum of basic sounds and letters. The two definitely missing letters are for the sounds for which the International Phonetic Alphabet (IPA) uses the symbols æ and ɜ, as used in *and* and *sir*. To represent those sounds, the letters *ä* and *ö* were added. Those letters were selected because they are also used in other languages that use the Latin (Roman) letters, and they are readily available on computer keyboards.

The letter *a* was retained for the IPA's ʌ sound as in *up* and *art*. A phonetic writing method such as the Simpel-Fonetik reveals that the *a* sound, which is included in many diphthongs, occurs more frequently than the *ä* as in *and* sound. Therefore, the more commonly used letter *a* was appropriately retained for the *a*, or IPA's ʌ sound. This conforms with the use of the letter *a* in other languages.

Four consonants—*c, q, x,* and *y*—are not needed for basic English because other, more common letters can replace them. But those letters will be retained in the expanded English alphabet because they will be needed for use with classical English spelling, and for writing names and foreign language words.

The single-sound-per-letter principle also calls for changes in reciting the English alphabet. Presently the vowels *a, i, o*, and *u* are recited with two sounds, as diphthongs. In Simpel-Fonetik alphabet they are recited as a single sound. This feature contributes greatly to the ease of learning to read and write in English.

Please keep in mind that Simpel-Fonetik spelling uses two identical letters for longer or stronger vowels and stronger consonant sounds. That usage helps to avoid the use of stress marks. In phonetic writing stress is assumed to be at the beginning of the word. But the use of double letters moves the stress—a syllable with a stronger pronunciation—to where the double letters are. Here are some examples: In the word *advertise – ädvörtais* the stress is at the first syllable. There are no long vowels or strong consonants. In words like *adorable – ädoorabl* and *admonition – ädmonisshon* the stress is where the double letters are.

Two different vowel letters are used for diphthongs. Each diphthong is always pronounced the same way, consistently, based on the individual sounds of the letters used in the diphthong. Samples of diphthongs and more details on Simpel-Fonetik are given in the following pages.

Simpel-Fonetik method of writing is described in detail in the book titled Simple Phonetic English Spelling—*Introduction to Simpel-Fonetik, the Single-Sound-per-Letter Writing Method* by Allan Kiisk.

Simpel-Fonetik Alphabet

The Simpel-Fonetik writing is based on the single-sound-per-letter alphabet of twenty-four letters. There are seven vowels and seventeen consonants. The vowel letters are shown in the *italic* (slanted) print.

A a   *Ä ä*   **B b**   **D d**   *E e*   **F f**   **G g**   **H h**   *I i*   **J j**   **K k**   **L l**
M m   **N n**   *O o*   *Ö ö*   **P p**   **R r**   **S s**   **T t**   *U u*   **V v**   **W w**   **Z z**

New letters: Ä ä, Ö ö. They correspond to the International Phonetic Alphabet (IPA) letters æ and ə/ɜ. Ä is used as in words *häpi (happy)* and *ripäär (repair)*. Ö is used as in words *öbaut (about), pörtein (pertain)* and *ritöörn (return)*.

The more commonly used Latin letters *a, i, u, th, tsh,* and *dsh* are used in place of IPA's ʌ, I, ʊ, θ/ð, tʃ and dʒ/dʒ letters. All other letters (lowercase letters) are the same as those used in the IPA.

Letters not used: C c, Q q, X x, Y y.

These letters are not needed for the *basic* Simpel-Fonetik English alphabet. But the present, traditional writing (spelling) of English is expected to be around for a long time. Therefore, we need to maintain familiarity with these letters and retain them on keyboards. This requires keeping these four letters in an *expanded* alphabet of twenty-eight letters.

For international use of English, additional letters such as the vowels *Ü ü* and *Õ õ*, which correspond to the IPA letters y and ɾ may need to be added. The expanded version of the English alphabet will then include thirty letters.

Simpel-Fonetik and IPA Equivalents

Short Vowels:

a/ʌ	*æ*	*e*	*i/ɪ*	*ɔ/ɒ*	*ə/ɜ*	*u/ʊ*
a	**ä**	**e**	**i**	**o**	**ö**	**u**

Long Vowels:

aː	*æː*	*eː*	*iː*	*ɔː*	*ɜː*	*uː*
aa	**ää**	**ee**	**ii**	**oo**	**öö**	**uu**

Diphthongs that are most common in SF writing:

aɪ	*aʊ*	*eɪ*	*ɪe*	*ɔɪ*	*ɔʊ*	*ʊɪ*
ai	**au**	**ei**	**ie**	**oi**	**ou**	**ui**

Consonants:

b	**d**	*dʃ/dʒ*	**f**	**g**	**h**	**j**	**k**
		dsh					

l	**m**	**n**	*ŋ*	**p**	**r**	**s**	*ʃ/ʒ*
			ng				**sh**

t	*tʃ*	*θð*	*ð*	**v**	**w**	**z**
	tsh	**th**	**th**			

Under Vowels, the italic letters in the upper rows represent the International Phonetic Alphabet (IPA). Bold letters in lower rows represent the Simpel-Fonetik equivalents.

Under Consonants, the letters shown only in bold indicate that the Simpel-Fonetik alphabet letters are the same as for IPA. The few differences are shown in the double entries, where the IPA letters are on top and the SF letters below.

In Simpel-Fonetik writing, two consonants are used for stronger consonant sounds. That is similar to using two vowels for longer vowel sounds. Examples: *feeling – fiiling* and *filling*

The use of *th* for the IPA's θ or ð sounds may be considered to be an exception to the single-sound-per-letter principle. *Th* was retained for Simpel-Fonetik after an extensive analysis of advantages and disadvantages. One of the considerations was that many foreign speakers have trouble pronouncing the *th* like most of the natives do, as a dental fricative or lisp-like sound. Many foreigners tend to sound out the *t* and *h* as separate sounds. The single-sound-per-letter principle applies to those pronunciations.

Simpel-Fonetik does not establish a new category of spellings using the letters *zh* (ʒ). Simpel-Fonetik uses *sh* even where dictionaries might show *zh* in their pronunciation guidance. For the standardized, international version of Simpel- Fonetik writing, to keep the pronouncing and spelling of English as simple as possible, *th, sh, s,* and *z* continue to be used generally as in the present, traditional spellings. This conclusion was arrived at based on the knowledge that (1) in international usage the letter *s* has a somewhat wider range of sounds, (2) the letter *z* has a sound that is different from the English *z* sound, (3) and among present English speakers, even native speakers, the *s* and *z* pronunciations are not consistent.

These limitations do not apply when Simpel-Fonetik is used for informal or non-standard writings, or for more specific descriptions of slang or foreign word pronunciations. For those purposes, the use of other combinations of letters, such as *zh* and *dzh*, may be appropriate.

Guidelines for Conversion to Simpel-Fonetik Writing

The following *general conversion guidelines* were established and followed in making spelling conversions for this dictionary:

1. When a word has variations in pronunciation that result in a choice of spellings, strive to retain similarity with the present spelling.

2. When a word is in popular use in other languages, strive toward standardization. Try to maintain similarity in pronunciation and spelling.

3. Strive to remedy situations where words with different meanings and spellings are pronounced the same way. Consider a slightly different pronunciation for one of the meanings. Example: convert *there* to *ther* but leave *their* as it is now.

4. Visualize children and foreigners learning to read and pronounce words. They look at a word and sound it out letter-by-letter. Strive to make it easier for them.

5. Keep it simple.

Detailed Conversion Guidelines

The letters *B, D, F, K, L, M, N, P, V,* and *Z* are pronounced and used in Simpel-Fonetik spellings as in present, traditional English spellings.

The sounds associated with other letters in the Simpel-Fonetik alphabet, and the guidelines for the use of those letters and sounds are summarized in the following.

- *A* is used for the *a* sounds that are easily seen and heard in words like *art, alfa, aardvark, bazaar, car – kaar,* and *marble – maarbl.* The letter *a* is used also in words where in present spelling the letter a does not appear, as in *done – dan, come – kam, fun – fan, up – ap, rough – raf, fowl – faul, dry – drai,* and *money – mani.* Sometimes it is difficult to decide if there should be one or two *a* letters. This dictionary helps to decide. It shows the selected, preferred spellings.

- *Ä* is used as in *fat – fät, man – män, angry – ängri, bad – bäd, fair – fäär, barely – bäärli, apparent – äpäärent,* and *diagonal – daiäägonal.*

- *C* is not used in Simpel-Fonetik. It is replaced by *k* as in *can – kän,* by *s* as in *cent – sent,* and by *tsh* as in *chip – tship.*

- *E* is used for the sound of *e* as in *enter, men, ten, echo – eko, cafe – kafee, fillet – filee, cosmetic – kosmeetik, generic – dsheneerik,* and *melee.* Do not use it for the *i* sound as it is presently done in words like *me, tree, repeat,* and *zero.* They will be written as *mi, trii, ripiit,* and *ziro.*

- *F* is used as in *fit, off, lift,* and *front.* It replaces the *ph* in words like *photo – foto,* and the *gh* when it is used for the *f* sound as in *rough – raf.*

- *G* is used as in *go, get, gun, log,* and *big.* Do not use *g* in words like *gin, large,* or *laugh.* They will be written as *dshin, lardsh,* and *lääf.* Use *dsh* also in place of *g* in words like *gender – dshender* and *binge – bindsh.*

- *H* is used as in *hotel* and *help.* Do not use it in *photo*, with *c* as in *chin*, or as a silent letter in *right*. Those will be spelled as *foto, tshin,* and *rait.*

- *I* is used for the sound of *i* as in *pin, rim, mint, give,* and *India.* Do not use it as in *mine, climb,* and *kind.* There you need to add an *a.* Those words will be written as *main, klaim,* and *kaind.* Also use *i* in place of *y* in words like *typical – tipikal, symbol – simbol,* and *lynx – links.* Use *ii* (double i) in words like *read – riid, ear – iir, fear – fiir, rear – riir, deep – diip, leer – liir,* and *peer – piir.* Use *iii* (triple i) in words like *absenteeism – äbsentiiism* and *seeing –siiing.* Adding a suffix such as *ism* or *ing* does not change the spelling of the basic word.

- *J* is used for the sound for which the IPA and many languages use the letter *j.* In present spelling the letter *y* is used for the *j* sound, as in *you* and *young.* Write those words as *ju* and *jang*. Use *dsh* in place of *j* in words like *Jim – Dshim, join – dshoin, jungle – dshangl*, and *job – dshob*.

- *K* is used as it is now in *kilo, naked – neiked* and *sink*, but it also replaces *c* where it is used for the *k* sound, as in words cat – *kät*, *cuss – kass*, *sect – sekt*, and *zinc – zink*.

- *O* is used for the sound that is in *on, off, golf*, and *more – moor*. It is also used in place of *a* in words like *tall – tool* and *water – woter*, in place of *au* in words like *taut – toot* and *maudlin – moodlin*, in place of *aw* in words like *law – loo* and *pawn – poon*. Do not use *o* for the *u* sound that is in *two – tuu* and *foot – fut*, or for the *a* sound as in *done – dan* and *love – lav*.

- *Ö* is used in place of the letter *a* when it clearly represents the schwa (ə) sound, as in words like *ago – ögou*, *another – önather*, *awhile – öwail*, *alike – ölaik*. Use *ö* or *öö* also for the sounds of *or, ur, ir, er*, and *ear* in words like *word – wöörd, turn – töörn, stir – stöör, her – hör*, and *learn – löörn*. For some words it is difficult to decide if there should be one or two *ö* letters. This dictionary shows the selected, preferred spellings.

- *Q* is not used in Simpel-Fonetik. It is nearly always replaced by *kw*. Use *kw* in place of *qu* in words like *quit – kwit, quite – kwait*, and *quart – kwort*. In words like *liquor* and *parquet*, the *qu* should be replaced by just *k* to become *likör* and *parkee*.

- *R* is often silent or hardly pronounced at all in present English. When converting to Simpel-Fonetik, the letter *r* should be left in the word when it is usually pronounced by most speakers, or to make the word better to understand, or to distinguish it from similar words, or when it is felt that it should be pronounced to conform with other languages. There should be no silent *r*. All letters, including *r*, will be pronounced in Simpel-Fonetik.

- *S* is used as in *sit, ask*, and *kiss*. *S* replaces the *c* in words like *civil – sivil, nice – naiss*, and *cent – sent*. Use a single *s* in words like *advise – ädvais* and *raise – reis*. Use two *s* letters in words like *advice – ädvaiss* and *race – reiss*. *S* is retained as in present spellings of *is, was*, and *rise – rais*. It is not replaced by *z*. Choosing *s* or *z* is discussed under the letter *Z*.

- *T* is used as it is now in words like *ten*, *sit*, and *rotate – roteit*. It should be left out of words like *creation* and *mention* where the *t* sound is not heard. Those words should be spelled as *krieishon* and *menshon*.

- *U* is used for the sound that is in words like *put*, *you – ju*, *to – tu*, and *foot – fut*. Use it also in *new – nuu*, *two – tuu*, *food – fuud*, *prove – pruuv*, and in some other combinations of letters that sound like *u*. Do not use it as it is presently used in place of *a* as in *cup – kap* and *but – bat*, or to sound like *o* as in *bought – boot*, or to sound like *ä* as in *laugh – lääf*, or to sound like *juu* as in *cute – kjuut*

- *W* is used as it is now in *win*, *west*, and *swim*. It must not be used when it is not pronounced, as in *write – rait*, *low – lou*, and *straw – stroo*.

- *X* is not used in Simpel-Fonetik. It is replaced by the letters *ks* in nearly all cases. Use *ks* in place of *x* in words like *six – siks*, *axe – äks*, and *text – tekst*. Use *z* in place of *x* where the *z* sound is commonly used as in *xenon – zinon*, *xylene – zailiin* and *xylophone – zailofon*.

- *Y* is not used in Simpel-Fonetik. It is replaced by *j, i, ai, ei* or *oi*. Use *j* in place of *y* in words like *you – ju* and *young – jang*. Use *i* in place of *y* in words like *typical – tipikal, ready – redi,* and *lynx – links*. The use of *ai, ei,* and *oi* is shown under Diphthongs.

- *Z* is used in Simpel-Fonetik only when the pronunciation is clearly different from the *s* sound, as in *zest, zing,* and *gaze – geiz*. Keep in mind that in international usage the *s* sound has more latitude and *s* is appropriate in many places where traditional English spelling uses the letter *z*. In most other languages the *z* has the *ts* sound as in *Nazi*. Especially for foreign users of English, it would be very difficult to decide when to use the English *z* or the commonly used *s*. To keep it simple, in Simpel- Fonetik *z* does not replace the letter *s* in words like *is, was,* and *rise* even though the pronunciation guidance in dictionaries used by native English speakers shows the letter *z*. Words like *advertise, wise, agonize,* and *politicize* will all be spelled with the *s* as *ädvörtais, wais, ägonais,* and *politisais*. Whenever there is doubt if there should be *z* or *s*, choose *s*. That simplifies the spelling and pronunciation and makes English more suitable for international usage.

Diphthongs

- Use *ai* as in *aisle – ail* and in place of *y* in words like *my – mai, stye – stai,* and *pry – prai.* Use *ai* also in words like *time – taim, sign – sain, rice – raiss,* and *item – aitem.*

- Use *au* as in *sauerkraut* and in words like *house – haus, loud – laud, how – hau,* and *town – taun.*

- Use *ei* as in *veil* and *sleigh* and in place of ay in words like *may – mei, tray – trei,* and *lay – lei.* Use *ei* also in words like *make – meik, rain – rein, sane – sein,* and *frame – freim.*

- Use *ie* in words like *lien, pier, skier – skiier, reenter – rienter,* and *preempt – priempt.*

- Use *oi* as in *toilet* and in place of *oy* in words like *annoy – annoi, boy – boi,* and *royal – roial.*

- Use *ou* in words like *soul, foam – foum, comb – koum, most – moust, zone – zoun, low – lou,* and *sew – sou.*

- Use *ui* in words like *ruin, fluid, doing – duing,* and *suicide – suisaid.*

Other Combinations of Letters

- ***Sh*** is used in place of *s* in words like *sugar – shugar* and *sure – shur,*

    in place of *ch* in words like *machine – mashiin* and *cache – käsh,*

    in place of *ti* in words like *nation – neishon* (or *neishön*) and *devotion – divoushon,*

    in place of *ss* in words like *tissue – tishu* and *passion – päshon,*

    in place of *sc* in words like *conscience – konshens* and *crescendo – kreshendo,*

    in place of *ce* in words like *ocean – oushan* and *facial – feishal,*

in words like *garage – garaash, pleasure – pleshör* and *vision – vishon,*

and continues to be used in words like *shim – shim, cash – käsh, fashion –fäshon, bishop – bishop* and in words where the *s* and *h* are pronounced more distinctly such as *mishap – mishäp* and *disharmony – dishaarmoni.*

- *Tsh* is used in place of ch, tch, and tu in words like *chin – tshin, such – satsh, pitch – pitsh, catch – kätsh, statue – stätshu,* and *nature – neitshör.*

- *Dsh* is used in place of j in words like *Jim – Dshim, join – dshoin,* and *jungle – dshangl.* Also in place of *g* in words like *gender – dshender, binge –bindsh,* and *manage – mänidsh.* The use of *dsh* follows the example of *tsh.* The use of *dsh* in place of *j* and *g* as in *job* and *gin* (*job – dshob, gin – dshin*) is very similar to the use of *tsh* for the *ch* sound in *chop – tshop* and *chin–tshin.* The *j* in *job* and *g* in *gin* sound softer, so the use of *d,* the softer version of *t,* is logical and appropriate.

- *Th* is used as in traditional English spelling. In words like *think* and *this,* the *th* is pronounced by most native English speakers as the IPA's θ or ð sound, which is a dental fricative, somewhat like a lisp sound. Simpel-Fonetik does not distinguish between the so-called voiced (θ) and voiceless (ð) *th* pronunciations and spellings because many English speakers, and especially foreigners, have problems pronouncing *th* and they don't realize that those two categories of *th* pronunciations even exist.

  In words like *anthill* and *pothole* the *th* is pronounced as two individual letters *t* and *h.* To assure that those words are pronounced correctly—not as the *th* in *anthem* and *pathetic*—they could be written with a *hyphen* as *änt-hill* and *pot-houl.*

- *Ks* is used in place of *x* in words like *six – siks* and *text – tekst,* and in place of *cc* in words like *accent – äksent* and *vaccine – väksiin.*

- *Kw* is used in place of *qu* in words like *quit – kwit,* and in place of *ch* in words like *choir – kwair,* but not in words like *chorus – koorus* or *chore –tshoor.*

- *Ng* will continue to be used in words like *long*, *wing*, and *language – längwidsh*. Most native speakers pronounce the *ng* with a guttural sound, with the *n* and *g* hardly distinguishable. A new letter would be required to represent that pronunciation. But foreign speakers tend to sound out the *n* and *g*. That conforms with the single-sound-per-letter principle. For that reason, and to minimize changes in spelling, the SF continues the use of *ng*.

The practice of spelling a word differently, or adding a silent letter to distinguish meanings when the word is written but still pronouncing it the same way, must never be attempted in the phonetic spelling method. That practice is incompatible with the principle of phonetic spelling. If you add or change a letter, that word will be pronounced differently. It won't be the same word.

Simpel-Fonetik Pronunciation

Words written in Simpel-Fonetik do not need a pronunciation guide or key. Simpel- Fonetik writing serves as its own pronunciation guide. Every letter has a distinct, single sound. When you sound out or enunciate each letter, you arrive at the pronunciation of the word, just like when you use the International Phonetic Alphabet as the pronunciation key. Conversion of written text to spoken sounds, as in reading aloud, is simple and consistent.

Simpel-Fonetik writing follows the examples of other phonetically written languages where letters are used consistently, based on a single sound for each letter. The main advantage of such writing is that when children or foreigners learn to read, after learning the sound for each letter in the alphabet, they know how to sound out words. The process of learning to read and pronounce is so easy that children can learn to read in a month or two.

It is expected that when people use English that is based on Simpel-Fonetik writing and pronunciation, the pronunciation of some words may change slightly. People will learn to pay more attention to individual letters and their sounds. Consequently, they will pronounce words more distinctly. Pronunciations will become more clear and consistent, at least in formal, official, business, and educational use that is based on standardized spellings shown in this dictionary. That will result in these additional great benefits:

1. Speaking will be easier to understand, especially by foreigners, by those who are just learning the language, and by those who have hearing problems.
2. Conversion of speech to writing—the reverse of writing-to-speech conversion that was mentioned above—will be easier because individual sounds can be more accurately detected and converted to letters for proper spelling of words.

The use of Simpel-Fonetik does not do away with slangs and dialects. Actually, it helps to preserve them. Simpel-Fonetik writing allows putting those expressions into writing in such a way that anyone can read and pronounce them. Because of the ease of writing slang and dialect expressions, the English fictional literature is expected to include more of them. That, of course, means that Simpel-Fonetik helps to preserve slangs and dialects for various casual, humorous, and other uses.

The above conclusions are based on experiences with languages such as Finnish and Estonian that have used spellings very similar to Simpel-Fonetik for nearly two centuries.

Explanation of Dictionary Entries

All entries in the first list of words, in **Part One** of this dictionary, are in alphabetical order based on present, traditional spellings of words.

Simpel-Fonetik spellings are shown in **bold** print.

Examples:

active **äktiv**
aide **eid**

A single bold-lettered word indicates that the Simpel-Fonetik spelling of the word is the same as the present spelling. The spelling does not change.

Examples:

bring
normal

For some words, additional spellings are given in italics. Those spellings were close competitors to the spellings that were selected as preferred and are shown in bold print.

Examples:

beverage **bevridsh** *beveridsh*
nutrient *nuutrient*

In present writing there are words that use the same spelling for a second meaning of the word, but the second meaning is pronounced differently. Simpel-Fonetik spelling corrects this situation by having a different spelling for the second meaning, a spelling that conforms with the second pronunciation.

Examples:

live (verb) **liv**
live (adjective) **laiv**

read **riid**
read (past tense) **red**

wind (air) **wind**
wind (turn) **waind**

All entries in the second list, **Part Two** of this dictionary, are in alphabetical order based on Simpel-Fonetik spelling of words.

The words, or entries, in **Part Two** are identical to those in the list of **Part One**, except that the positions of the words on each line are reversed and the words in italics, the alternate spellings, have been left out.

Part Two of this dictionary is intended for looking up spellings of words written in the present, traditional way.

The list in **Part Two** has a *great advantage* over conventional dictionaries:

You can look up words based on how they sound.

That is because in Simpel-Fonetik spelling every basic sound in a word is represented by a distinct, single-sound letter. If the word starts with an *A (aah)* sound as in *armor* or *uncle*, you look under *A*. If it starts with an *o (aw)* sound as in *awning* or *author* you look under *O*. If it starts with an *s* sound as in *psycho* or *ceremony* you look under *S*. It is very easy to look up spellings in this dictionary.

Part One:

Alphabetical Listing of Words in Traditional Spelling with the Corresponding Words in the New Simpel-Fonetik Spelling

A

a (indefinite article) ö
aah **aa**
aardvark
aback **öbäk**
abacus **abakus** *äbakus*
abalone **abalouni** *äbalouni*
abandon **äbändon**
abase **äbeis**
abash **äbäsh**
abate **äbeit**
abattoir **äbötwaar**
abbey **äbi**
abbot **äbot**
abbreviate **äbriivieit**
abbreviation **äbriivieishon**
abdicate **äbdikeit**
abdomen **äbdomen**
abdominal **äbdominal**
abduct **äbdakt**
abductee **äbdaktii**
abduction **äbdakshon**
abductor **äbdaktor**
abed **öbed** *äbed*
aberrant **äberrant**
aberration **äberreishon**
abet **äbet**
abeyance **äbeians**
abhor **äbhor**
abhorrence **äbhorrens**
abhorrent **äbhorrent**
abidance **äbaidans**
abide **äbaid**
abiding **äbaiding**
ability **äbiliti**
abiogenesis **eibiodshenesis** *äbiodshinesis*
abiotic **äbiootik** *eibaiootik*
abjection **äbdshekshon**
abjuration **äbdshureishon**
abjure **äbdshur**

ablate **äbleit**
ablation **äbleishon**
ablative **äblativ**
ablaut *öblaut äblaut*
ablaze **öbleis** *öbleiz*
able **eibl** *eibel*
able-bodied **eibl-bodid**
abloom **öbluum**
abluted **öbluuted**
ablution **öbluushon**
abnegate **äbnegeit** *äbnigeit*
abnegation **äbnegeishon** *äbnigeishon*
abnormal **äbnormal**
abnormally **äbnormali**
abnormality **äbnormaliti** *äbnormäliti*
aboard **äboord**
abode **äboud**
abolish **äbolish**
abolition **äbolisshon**
abominable **äbominabl**
abomination **äbomineishon**
aboriginal **äboridshinal**
aborigine **äboridshini**
abort **äbort**
abortion **äborshon**
abortive **äbortiv**
abound **öbaund**
about **öbaut**
above **öbav**
abovementioned **öbavmenshond**
abracadabra **abrakadabra**
abrade **öbreid**
abrasion **öbreishon**
abrasive **öbreisiv**
abreast **öbrest**
abridge **öbridsh**
abroad **öbrood**
abrogate **äbrogeit**
abrupt **öbrapt**
abscess **äbsess**
abscissa **äbsissa**
abscond **äbskond**
absence **äbsens**

absent **äbsent**
absentee **äbsentii**
absenteeism **äbsentiiism**
absinthe **äbsinth**
absolute **äbsoluut**
absolution **äbsoluushon**
absolve **äbsolv**
absorb **äbsorb** *öbsorb*
absorption **äbsorpshon** *öbsorpshon*
abstain **äbstein**
abstention **äbstenshon**
abstinence **äbstinens**
abstract **äbsträkt**
abstraction **äbsträkshon**
abstruse **äbstruus**
absurd **äbsöörd**
abundance **öbandans**
abundant **öbandant**
abuse v **öbjuus**
abuse n **öbjuuss**
abusive **öbjuussiv**
abut **öbat**
abutment **öbatment**
abuzz **öbaz**
abysmal **öbismal**
abyss **öbiss**
acacia **ökeisha**
academia **äkädiimia** *äkadiimia*
academic **äkädemik**
academy **äkädemi**
accede **äksiid**
accelerate **äkselereit**
acceleration **äkselereishon**
accelerator **äkselereitor**
accent **äksent**
accentuate **äksentshueit**
accept **äksept**
acceptable **äkseptabl**
acceptance **äkseptans**
acceptor **äkseptor**
access **äksess**
accessible **äksessibl**
accession **äksesshon**
accessory **äksessori**

accidence **äksidens**
accidentally **äksidentali**
acclaim **äkleim** *ökleim*
acclamation **äklameishon**
acclimate **äklimeit**
acclimatize **äklaimatais**
acclivity **äkliviti**
accolade **äkoleid**
accommodate **ökomodeit** *akomodeit*
accommodation **ökomodeishon**
accompaniment **ökompaniment**
accompanist **ökompanist**
accompany **ökompani**
accomplice **ökomplis**
accomplish **ökomplish**
accord **ökoord**
accordance **ökoordans**
accordingly **ökoordingli**
accordion **akoordion** *ökoordion*
accost **ökost**
account **ökaunt**
accountable **ökauntabl**
accountant **ökauntant**
accouter **ökuuter**
accredit **ökredit**
accrete **ökriit**
accretion **ökriishon**
accrue **ökruu**
accumulate **ökjumuleit** *ökjumjuleit*
accumulator **ökjumuleitor**
accuracy **äkjurasi**
accurate **äkjurat**
accusation **äkjuseishon**
accusative **äkjuusativ** *ökjuusativ*
accuse **äkjuus** *ökjuus*
accustom **ökastom**
ace **eiss**
acerbate **ässörbeit**
acerbic **ässöörbik**
acetate **ässeteit**
acetic **ässetik** *ässiitik*
acetone **ässetoun**
ache **eik**
achieve **ätshiiv** *ötshiiv*

achromatic **äkromätik**
achy **eiki**
acid **ässid**
acidic **ässidik**
acidify **ässidifai**
acknowledge **äknolidsh** *öknolidsh*
acme **äkmi**
acne **äkni**
acolyte **äkolait**
acorn **eikorn**
acoustic **äkuustik** *ökuustik*
acquaint **äkweint**
acquaintance **äkweintans**
acquiesce **äkwiess**
acquire **äkwair** *ökwair*
acquisition **äkwisishon**
acquisitive **äkwisitiv** *ökwisitiv*
acquit **äkwit** *akwit*
acre **eiker**
acrimonious **äkrimoonios**
acrimony **äkrimoni**
acrobat **äkrobät** *akrobat*
acrobatics **äkrobätiks**
acronym **äkronim**
across **äkross** *ökross*
acrylic **äkrilik**
act **äkt**
action **äkshon**
activate **äktiveit**
active **äktiv**
activism **äktivism**
activity **äktiviti**
actor **äktor**
actress **äktres**
actual **äktshual**
actualize **äktshualais**
actually **äktshuali**
actuarial **äktshuarial**
actuary **äktshuari**
actuate **äktshueit**
acuity **äkjuiti**
acumen **äkjumen**
acupuncture **äkjupanktshör**
acute **äkjuut** *ökjuut*

adage **ädidsh**
adagio **adadshio**
adamant **ädamant**
adapt **ädäpt**
adaptation **ädäpteishon**
add **äd**
addend **ädend**
addendum **ädendum**
adder **äder**
addict **ädikt**
addiction **ädikshon**
addition **ädishon**
additionally **ädishonali**
additive **äditiv**
addle **ädl**
address **ädres**
adduce **öduuss**
-ade **-eid**
adenoid **ädenoid**
adept **ädept**
adequate **ädekwet**
adhere **ädhier** *ädhiir*
adhesion **ädhiishon**
adieu **ödjuu**
adios
adjacent **ädsheissent**
adjective **ädshektiv**
adjoin **ädshoin**
adjourn **ädshöörn**
adjudge **ädshadsh**
adjudicate **ädshudikeit**
adjunct **ädshankt**
adjust **ädshast**
adjutant **ädshutant**
administer **ädminister**
administration **ädministreishon**
administrative **ädmininstreitiv**
administrator **ädministreitor**
admirable **ädmirabl**
admiral **ädmiral**
admiration **ädmireishon**
admire **ädmair** *ädmaier*
admissible **ädmissibl**
admission **ädmisshon** *ädmishon*

admit **ädmit**
admittance **ädmittans**
admonish **ädmonish**
admonition **ädmonisshon**
ado **ädu**
adobe **ädoubi**
adolescence **ädolessens**
adolescent **ädolessent**
adopt **ädopt** *ödapt*
adoption **ädopshon**
adorable **ädoorabl**
adorn **ädoorn**
adrenal **ädriinal**
adrenaline **ädrenalin**
adrift **ädrift**
adroit **ädroit**
adsorb **ädsorb**
adsorbent **ädsorbent**
adsorption **ädsorpshon**
adulate **ädshuleit**
adulation **ädshuleishon**
adult **ädalt**
adulthood **ädalthud**
adultereit **ädaltereit**
adultery **ädalteri**
advance **ädvääns**
advancement **ädväänsment**
advantage **ädväntidsh**
advantageous **ädvänteidshos**
advent **ädvent**
adventure **ädventshör**
adventurism **ädventshörism**
adventurous **ädventshöros**
adverb **ädvörb**
adversarial **ädvörsärial**
adversary **ädvörsäri**
adverse **ädvörs**
advertise **ädvörtais**
advertisement **ädvörtaisment**
advice **ädvaiss**
advisable **ädvaisabl**
advise **ädvais**
advisee **ädvaisii**
adviser **ädvaiser**
advisory **ädvaisori**
advocacy **ädvokasi**
advocate v **ädvokeit**
advocate n **ädvokat**
aegis **iidshis**
aerate **ääreit**
aerial **äärial**
aerobatics **ärobätiks**
aerobe **ääroub**
aerobic **äroobik**
aerodynamics **ärodainämiks**
aeronautical **äronootikal**
aeronautics **äronootiks**
aeroplane **äroplein**
aerosol **ärosol**
aesthetic **ästhetik**
aestheticism **ästhetisism**
aesthetics **ästhetiks**
afar **äfar** *öfar*
affable **äffabl**
affair **äfäär**
affect **äfekt**
affectation **äfekteishon**
affection **äfekshon**
affidavit **äfideivit**
affiliate **äfilieit**
affinity **äfiniti**
affirm **äföörm**
affirmation **äförmeishon**
affirmative **äförmativ**
affix **äffiks**
afflict **äflikt**
affluent **äfluent**
afford **äford**
affront **äfront**
aficionado **afishionado**
afield **öfiild**
afire **öfair**
aflame **öfleim**
afloat **öflout**
aforementioned **öformenshond**
aforesaid **öforsed**
afraid **öfreid**
afresh **öfresh**

aft **äft**
after **äfter**
aftereffect **äfterefekt**
afterlife **äfterlaif**
aftermath **äftermäth**
afternoon **äfternuun**
aftershave **äftersheiv**
aftershock **äftershok**
aftertaste **äfterteist**
afterward **äfterward**
afterword **äfterwörd**
afterworld **äfterwörld**
again **ögen**
against **ögenst**
agape **ögeip**
agape *ögape*
agate **ägat** *ägöt*
age **eidsh**
ageing **eidshing**
ageless **eidshles**
agency **eidshensi**
agenda **ädshenda**
agent **eidshent**
agglomerate **äglomereit**
agglutinate **äglutineit**
aggrandize **ägrändais**
aggravate **ägraveit**
aggravation **ägraveishon**
aggregate **ägreget** *ägregeit*
aggression **ägreshon**
aggressive **ägressiv**
aggrieve **ägriiv**
aghast **ögäst**
agile **ädshail**
aging **eidshing**
agio **ädshio**
agitate **ädshiteit**
agitation **ädshiteishon**
agitator **ädshiteitor**
agleam **ögliim**
aglet **äglet**
aglow **öglou**
agnostic **ägnostik**
ago **ögou**

agog **ögog**
agonize **ägonais**
agony **ägoni**
agrarian **ägrärian**
agree **ägrii** *ögrii*
agreeable **ägriiabl**
agreement **ägriiment**
agricultural **ägrikaltshural**
agriculture **ägrikaltshör**
agronomic **ägronomik**
agronomy **ägronomi** *ägroonomi*
ah **aa**
aha **ahaa**
ahead **öhed**
ahem *öhem*
ahold **öhould**
ahoy **ahoi** *öhoi*
aide **eid**
aikido
ail **eil**
aileron **eileron**
ailing **eiling**
ailment **eilment**
aim **eim**
air **äär**
airborne **äärborn**
aircraft **äärkräft**
airfare **äärfäär**
airfield **äärfiild**
airfoil **äärfoil**
airily **äärili**
airing **ääring**
airless **äärles**
airlift **äärlift**
airline **äärlain**
airmail **äärmeil**
airman **äärmän**
airplane **äärplein**
airport **äärport**
airtight **äärtait**
airway **äärwei**
airy **ääri**
aisle **ail**
ajar **ädshaar**

akin **äkin**
alack **äläk**
alacrity **äläkriti**
alarm *älarm ölarm*
albacore **älbakor**
albatross **älbatros**
albino **älbaino**
album **älbum**
alchemy **älkemi**
alcohol **älkohol** *alkohol*
alcoholic **älkohoolik**
alcoholism **älkoholism**
alcove **älkouv**
alder **oolder**
alderman **ooldermän**
ale **eil**
alert **älört**
alfalfa **alfalfa**
alfresco **älfresko**
alga **älga**
algae **äldshi**
algebra **äldshebra**
algebraic **äldshebreik**
algicide **äldshisaid**
algorithm **älgorithm**
alias **eilias**
alibi **älibai** *älöbai*
alien **eilien**
alienable **eilienabl**
alienate **eilieneit**
alight **ölait**
align **ölain**
alike **ölaik**
alimentary **älimentari**
alimony **älimoni**
alive **ölaiv** *alaiv*
alkali **älkalai**
alkaline **älkalain**
all **ool**
allay **ällei**
allegation **ällegeishon**
allege **älledsh**
allegiance **älliidshans**
allegorical **ällegorikal**

allegory **ällegori**
allegro
allergen **ällerdshen**
allergic **ällöördshik**
allergy **ällerdshi**
alleviate **älliivieit**
alley **älli**
alliance **ällaians**
allied **ällaid**
alligator **älligeitor**
alliteration **ällitereishon**
allocate **ällokeit**
allocation **ällokeishon**
allocution **ällokjuushon**
allot **ällot**
allotment **ällotment**
allow **ällau** *öllau*
allowance **ällauans**
alloy **älloi**
allude **älluud**
allure **älluur**
allusion **älluushon**
allusive **älluusiv**
alluvial **älluuvial**
ally v **ällai**
ally n **ällaai**
almanac **olmanäk** *oolmanäk*
almighty **olmaiti**
almond olmond
almost **olmoust**
alms *aams*
aloe **alou** *älou*
aloft *öloft*
aloha *ölouha*
alone **öloun**
along **ölong**
alongside **ölongsaid**
aloof **öluuf**
aloud **ölaud**
alpha **alfa** *älfa*
alphabet **alfabet**
alphabetize **alfabetais**
alphanumeric **alfanumeerik**
alpine **älpain**

already **olredi**
alright **olrait**
also **olso**
altar **oltör**
alter **oltör**
alteration **oltöreishon**
altercation **oltörkeishon**
alternate v **oltörneit**
alternate n **oltörnet**
alternately **oltörnetli**
alternative **oltöörnativ**
alternator **oltörneitor**
although **olthou**
altimeter *ältimiter*
altitude **altitud** *ältitud*
alto *älto*
altogether **ooltogether**
altruism *ältruism*
aluminium *äluminium*
aluminum *öluminum*
alumna **alamna** *ölamna*
alumnae **alamni** *ölamnai*
alumnus **alamnus** *ölamnus*
alveolar **älviolar*
always **olweis**
amalgam *ömalgam*
amalgamate **amalgameit**
amaretto **amareto**
amass **ömäss**
amateur **ämatör** *amatör*
amaze **ömeis** *ömeiz*
amazement **ömeisment**
amazing **ömeising**
ambassador **ämbässador**
amber **ämber**
ambiance **ämbians**
ambidextrous **ämbidekstros**
ambient **ämbient**
ambiguity **ämbigjuuiti**
ambiguous **ämbigjuos**
ambition **ämbishon**
ambivalence **ämbivalens**
   ämbivvalens
amble **ämbl**

ambrosia **ämbrousia** *ämbrousha*
ambulance **ämbjulans**
ambulate **ämbjuleit**
ambulatory **ämbjulatori**
ambush **ämbush**
ameliorate **ämilioreit** *ömilioreit*
amen *eimen*
amenable **ömiinabl** *amiinabl*
amend *ämend*
amenity **ämeniti**
America **Amerika** *Ämerika*
amethyst **ämethist**
amiable **eimiabl**
amicable **ämikabl**
amid **ömid**
amigo *ömigo*
amino- *ömino-*
Amish
amiss **ömiss**
ammeter **ämmiiter** *ämmeter*
ammonia **ämoonia**
ammonium **ämoonium**
ammunition **ämjunishon**
amnesia **ämniisia** *ämniisha*
amnesty **ämnesti**
amoeba **ömiiba**
amok **ömok**
among **ömong**
amoral **ömooral** *eimooral*
amorist **ämorist**
amorous **ämoros**
amorphous **ömoorfos**
amortize **ämortais**
amount **ömaunt**
amour **amuur** *ömuur*
amp **ämp**
amperage **ämperidsh** *ämpridsh*
ampere **ämper**
ampersand **ämpersänd**
amphibious **ämfibios**
amphitheater **ämfithiater**
ampicillin **ämpisillin**
ample **ämpl** *ämpel*
amplification **ämplifikeishon**

amplifier **ämplifaier**
amplify **ämplifai**
amplitude **ämplitud**
amputate **ämpjuteit**
amputee **ämpjutii**
amulet **ämjulet**
amuse **ömjuus**
amusing **ömjuusing**
an **än**
anachronism **anakronism**
anaconda **anakonda**
anaerobic **änäroobik**
anagram **änägräm** *änagräm*
anal **einal**
analgesia **änaldshiisia**
analgesic **änaldshiisik**
analog **änalog**
analogous **änalogos**
analogue **änalog**
analogy **änalodshi**
analysis **änalisis**
analyst **änalist**
analytic **änalitik**
analyze **änalais**
anarchic **änarkik**
anarchism **änarkism**
anarchy **änarki**
anathema **änäthema**
anatomical **änatomikal**
anatomy **änattomi**
ancestor **änsestor**
ancestral **änsestral**
ancestry **änsestri**
anchor **änkor**
anchorage **änkoridsh**
anchovy **äntshouvi**
ancient **einshent**
ancillary **änssiläri**
and **änd**
andante
andantino
androgen **ändrodshen**
androgynous **ändrodshinos**
android **ändroid**

anecdotal **änekdoutal**
anecdote **änekdout**
anechoic **änekoik**
anemia **äniimia**
anemic **äniimik**
anemone **änemoni**
anesthesia **änesthiisia**
anesthesiology **änesthiisiolodshi**
anesthetic **änesthetik**
anesthetist **änesthetist**
anesthetize **änesthetais**
aneurism **änjurism**
anew **önuu**
angel **eindshel**
anger **änger**
angina **ändshaina**
angio- **ändshio-**
angle **ängl**
angler **ängler**
anglophone **änglofoun**
angora **ängoora**
angry **ängri**
angst **ängst**
angstrom **ängstrom**
angsty **ängsti**
anguish **ängwish**
angular **ängjular**
anhydrous **änhaidros**
animal **änimal**
animate **änimeit**
animation **änimeishon**
animator **änimeitor**
animosity **änimositi**
animus **änimus**
anion **änaion**
anise **äniis** *aniis*
anisette **äniset**
ankle **änkl**
anklet **änklet**
annals **ännals**
anneal **änniil**
annex **änneks**
annihilate **ännaiöleit**
annihilation **ännaiöleishon**

anniversary **ännivörsari**
annotate **ännoteit**
annotation **ännoteishon**
announce **ännauns** *önnauns*
annoyance **ännoians** *önnoians*
annual **änjual**
annuitant **änjuitant**
annuity **änjuiti**
annul **änall** *önall*
annular **änjular**
annunciation **änansieishon**
   önansieishn
annunciator **änansieitor**
anode **änoud**
anodize **änodais**
anoint **änoint** *önoint*
anomalous **änoomalos** *önoomalos*
anomaly **änoomali** *önoomali*
anonymity **änonimiti**
anonymous **änonömos** *önaanömos*
anorexia **änoreksia**
another **önather** *änather*
answer **änser** *äänser*
answerable **änserabl**
ant **änt**
antacid **äntässid**
antagonism **äntägonism**
antagonize **äntägonais**
ante **änti**
anteater **äntiiter**
antebellum **äntibellum**
antecede **äntisiid**
antecedent **äntisiident**
antelope **änteloup**
antemeridian **äntimeridian**
antenna **äntenna**
anterior **äntirior**
anthem **änthem**
anthill **änt-hill**
anthology **äntholodshi**
anthracite **änthrasait**
anthrax **änthräks**
anthropoid **änthropoid**
anthropology **änthropolodshi**

anti **änti**
antibody **äntibodi**
antic **äntik**
anticipate **äntissipeit**
anticipation **äntissipeishon**
anticlimax **äntiklaimäks**
antidote **äntidout**
antifreez **äntifriis** *äntifriiz*
antigen **äntidshen**
antihistamine **äntihistamin**
antiinflammatory **äntiinflämmatori**
antipasto **äntipasto**
antipathy **äntipathi** *äntippathi*
antiquary **äntikwäri**
antique **äntiik**
antiquity **äntikwiti**
antiseptic **äntiseptik**
antithesis **äntithiisis**
antler **äntler**
antonym **äntonim**
anus **einus**
anvil **änvil**
anxiety **änksaieti**
anxious **änkshos**
any **eni**
anyone **eniwan**
anyway **eniwei**
anywhere **eniwer**
aorta **eiorta** *aorta*
apart *äpart*
apartment *äpartment*
apathetic **äpathetik**
apathy **äpathi**
ape **eip**
aperiodic **eiperiodik**
aperitif **äperitif**
aperture **äpertshör**
apex **eipeks**
aphid **eifid**
aphorism **äforism**
aphrodisiac **äfrodisiäk**
apiece **öpiiss**
apish **eipish**
aplenty **öplenti**

aplomb **öplom**
apnea **äpnia**
apocalypse **apokalips** *öpokalips*
apocalyptic **apokaliptik**
apogee **äpodshii**
apologetic **äpolodshetik**
apologize **äpolodshais** *öpolodshais*
apology **äpolodshi**
apoplectic **äpoplektik**
apoplexy **äpopleksi**
apostle **apossl** *öpossl*
apostrophe **aposstrofi** *öpostrofi*
apothecary **apothekeri** *öpothekäri*
appall **öpool**
apparatus **äparatus** *äpärätös*
apparel **äpärrel**
apparent **äpäärent**
apparition **äpärishon**
appeal **äpiil** *öpiil*
appear **äpiir** *öpiir*
appearance **äpiirans** *öpiirans*
appease **äpiis**
appellant **äpellant**
appellate **äpellat**
append **äpend**
appendage **äpendidsh**
appendant **äpendant**
appendectomy **äpendektomi**
appendicitis **äpendisaitis**
appendix **äpendiks**
appertain **äpörtein**
appetite **äpetait**
appetizer **äpetaiser**
applaud **äplood** *öplood*
applause **äploos**
apple **äpl**
appliance **äplaians** *öplaians*
applicable **äplikabl**
applicant **äplikant**
application **äplikeishon**
applicator **äplikeitor**
applied **äplaid**
apply **äplai** *öplai*
appointment **äpointment** *öpointment*

apportionment **äporshonment**
apposition **äposishon**
appraisal **äpreisal**
appraise **äpreis**
appreciable **äpriishabl**
appreciation **äpriishieishon**
apprehend **äprihend**
apprehension **äprihenshon**
apprehensive **äprihensiv**
apprentice **äprentis**
apprise **äprais**
approach **äproutsh** *öproutsh*
approachable **äproutshabl**
approbation **äprobeishon**
appropriation **äprouprieishon**
approval **äpruuval**
approve **äpruuv** *öpruuv*
approximate n **äproksimat**
approximate v **äproksimeit**
appurtenance **äpörtenans** *öpörtenans*
apricot **äprikot**
April **Eipril** *April*
apron **eipron**
apropos **äpropo** *äpropou*
apse **äps**
apt **äpt**
aptitude **äptitud**
aqua **akwa**
aquarelle **akwarel**
aquarium **akwärium** *akwarium*
aquatic **akwaatik** *akwatik*
aqueduct **akwedakt** *äkwedakt*
aqueous **akweos** *äkwios*
aquifer **akwifer** *äkwifer*
aquiver **akwiver** *ökwiver*
Arab *ärab*
arabesque **arabesk** *ärabesk*
arable **ärabl**
arbiter
arbitrage **arbitraash**
arbitrary **arbiträri**
arbitrate **arbitreit**
arbitration **arbitreishon**

arbitrator **arbitreitor**
arbor
arboretum **arboriitum**
arborist
arc **ark**
arcade **arkeid**
arcane **arkein**
arch **artsh**
archaeology **arkiolodshi**
archaic **arkeik** *arkeeik*
archangel **arkeindshel**
archbishop **artshbishop**
archeology **arkiolodshi**
archery **artsheri**
archetype **arkitaip**
archipelago **arkipelago**
architect **arkitekt**
architecture **arkitektshör**
archive **arkaiv**
archivist **arkaivist** *arkivist*
arctic **arktik**
ardent
ardor
arduous **ardshuos**
arena **ariina** *äriina*
are **ar**
area **ääria** *äria*
aren't **arn't**
areola
areole **äriol**
argon
arguable **argjuabl**
argue **argju**
argument **argjument**
arid **ärid**
arise **örais** *ärais*
aristocracy **äristokrasi**
aristocrat **äristokrät**
aristocratic **äristokrätik**
arithmetic **ärithmetik**
ark
arm
armada
armadillo

armament
armature **armatshör**
armed **armd**
armistice **armistis**
armoire **armwaar**
armor
armory **armori**
army **armi**
aroma **ärouma**
aromatic **ärömätik**
around **öraund** *äraund*
arouse **öraus** *äraus*
arpeggio **arpedshio**
arraign **ärrein**
arrange **ärreindsh**
arrangement **ärreindshment**
array **ärrei**
arrears **ärriirs**
arrest **ärrest** *ärest*
arrival **ärraival**
arrive **ärraiv**
arrogant **ärrogant**
arrogate **ärrogeit**
arrow **ärrou**
arrowhead **ärrouhed**
arrythmia **ärrithmia**
arsenal
arsenic **arsenik**
arsis
arson
art
arterial **artiirial**
arteriole **artiirioul**
artery **arteri**
artful
arthralgia **arthräldshia**
arthritis **arthraitis**
artichoke **artitshouk**
article **artikl**
articulate **artikjuleit**
articulation **artikjuleishon**
artifact **artifäkt**
artifice **artifis**
artificial **artifishal**

artillery **artilleri**
artisan
artist
artistic **artistik**
artistry **artistri**
as **äs**
asbestos **äsbestos**
asbestosis **äsbestousis**
ascend **ässend**
ascendancy **ässendansi**
ascension **ässenshon**
ascent **ässent**
ascertain **ässörtein**
ascetic **ässetik**
ascot **äskot**
ascribe **äskraib**
ascription **äskripshon**
aseptic **äseptik**
asexual **eisekshual** *äsekshual*
ash **äsh**
ashamed **ösheimd** *äsheimd*
ashen **äshen**
ashore **öshoor**
ashtray **äshtrei**
ashy **äshi**
aside **ösaid**
asinine **ässinain**
ask **äsk** *ääsk*
askance **äskääns** *öskääns*
askew **äskjuu** *öskjuu*
asleep **ösliip** *äsliip*
asocial **eisoushal**
asp **äsp**
asparagus **äspäragus**
aspartame **äsparteim**
aspect **äspekt**
aspen **äspen**
asperity **äsperiti**
aspersion **äspöörshon**
asphalt **äsfalt** *äsfolt*
asphyxia **äsfiksia**
asphyxiate **äsfiksieit**
aspirant **äspirant**
aspiration **äspireishon**

aspire **äspair**
aspirin **äspirin**
ass **äss**
assail **ässeil** *össeil*
assailant **ässeilant**
assassin **äsässin**
assassination **äsässineishon**
assault **ässoolt** *össoolt*
assay **ässei**
assemble **ässembl**
assembly **ässembli**
assent **ässent**
assert **ässöört**
assertion **ässöörshon**
assertive **ässöörtiv**
assess **äsess**
assessment **äsessment**
assessor **äsessor**
asset **ässet**
asshole **ässhoul**
assign **ässain** *össain*
assignment **ässainment**
assimilate **ässimileit**
assimilation **ässimileishon**
assist **ässist**
assistance **ässistans**
associate **äsoushieit**
association **äsoushieishon**
    ösoussieishon
assort **ässort**
assortment **ässortment**
assuage **äsweidsh**
assume **ässuum**
assumption **ässampshon**
assurance **äshuurans**
assure **äshuur**
aster **äster**
asterisk **ästerisk**
astern **ästöörn**
asteroid **ästeroid**
asthma **ästma** *äsma*
asthmatic **ästmätik**
astigmatism **ästigmatism**
astir **ästöör**

astonish **ästonish**
astound **ästaund**
astraddle **äströdl** *öströdl*
astral **ästral**
astray **ästrei** *östrei*
astride **ästraid**
astringent **ästrindshent**
astrodome **ästrodoum**
astrology **ästrolodshi**
astronaut **ästronoot**
astronautics **ästronootiks**
astronomical **ästronomikal**
    ästronoomikal
astronomy **ästronomi**
astute **ästuut** *östuut*
asunder **äsander** *ösander*
asylum **äsailum** *ösailum*
asymmetrical **äsimetrikl** *äsimetrikal*
asymmetry **äsimmetri**
asymptote **äsimptout**
at **ät**
atavism **ätävism**
ataxia **ätäksia**
ate **eit**
atelier **äteljee**
atheism **eithiism**
atheistic **eithiistik**
athlete **äthliit** *äthlit*
athletic **äthletik**
atlas **ätlas**
atmosphere **ätmosfiir**
atoll **ätoll**
atom **ätom**
atomic **ätomik**
atomize **ätomais**
atonal **ötounal** *ätounal*
atone **ötoun**
atonement **ötounment**
atop **ötop**
atrium **eitrium**
atrocious **ätroushos**
atrocity **ätrossiti**
atrophy **ätrofi**
atropine **ätropin**

attaboy **ätaboi**
attach **ätätsh**
attachment **ätätshment**
attack **ätäkk** *ätäk*
attain **ätein** *ötein*
attainment **äteinment**
attempt **ätempt**
attend **ätend**
attendance **ätendans**
attention **ätenshon**
attentive **ätentiv**
attenuate **ätenjueit**
attest **ätest**
attic **ätik**
attire **ätair**
attitude **ätitud**
attorney **ätöörni**
attract **äträkt**
attraction **äträkshon**
attractive **äträktiv**
attribute v **ättribjut**
attribute n **ätribjuut**
attrition **ätrishon**
attune **ätuun** *ötuun*
auburn **ooböorn**
auction **ookshon**
audacious **odeishos**
audacity **odässiti**
audial **oodial**
audible **oodibl**
audience **oodiens**
audiology **oodiolodshi**
audiovisual **oodiovishual**
audit **oodit**
audition **odisshon**
auditor **ooditor**
auditorium **ooditorium**
auger **ooger**
aught **oot**
augment **oogment**
augmentation **oogmenteishon**
augmentative **oogmentativ**
august **oogast**
August **August** *Oogust*

aunt **aant** *äänt*
au pair **opäär**
aura **oora**
aureole **ooriol**
auricle **oorikl**
auricular **orikjular** *oorikjular*
aurora **oroora** *aurora*
auslese
auspice **oospis**
auspicious **ospishos** *oospishos*
austere **ostiir**
austerity **osteriti**
authentic **othentik**
authentication **othentikeishon**
authenticity **othentissiti**
author **oothor**
authoritarian **oothoritärian**
authoritative **oothoriteitiv**
authority **oothoriti**
authorization **oothoriseishon**
authorize **oothorais**
autism **ootism**
autistic **ootistik**
auto- **ooto-** *auto-*
autobiography **ootobaioografi**
autocracy **ootokrässi** *otookrässi*
autocrat **ootokrät**
autocross **ootokross**
autodial **ootodail** *ootodaial*
autograph **ootogräf**
autoimmune **ootoimjuun**
automaker **ootomeiker**
automate **ootomeit**
automatic **ootomätik**
automation **ootomeishon**
automobile **ootomobil** *automobil*
automobilia **ootomobilia**
automotive **ootomoutiv**
autonomic **ootonomik**
autonomous **ootonomos** *otoonomos*
autonomy **ootonomi**
autopilot **ootopailot**
autopsy **ootopsi**
autotransformer **oototränsformer**

autumn **ootum**
auxiliary **ooksiliäri** *ogsiljöri*
avail **äveil** *öveil*
availability **äveilabiliti**
available **äveilabl**
avalanche **äväläntsh**
avarice **äväris**
avaricious **ävärishos**
avatar **ävatar**
avenge **ävendsh**
avenue **ävenu** *ävenju*
aver **ävöör**
average **äveridsh** *ävridsh*
averse **ävöörs**
aversion **ävöörshon**
avert **ävöört**
aviary **eiviäri**
aviation **eivieishon**
aviator **eivieitor**
avid **ävid**
avionics **eivioniks**
avocado **avokaado**
avocation **ävokeishon**
avoid **ävoid** *övoid*
avoidance **ävoidans**
avoirdupois **ävördupois**
avow **ävau** *övau*
avowal **ävaual**
aw **oo**
await **öweit**
awake **öweik**
awakening **öweikening**
award **öwoord**
aware **öwär** *öwer*
awash **öwash** *öwosh*
away **öwei**
awe **oo**
awesome **oosam**
awestruck **oostrak**
awful **ooful**
awfully **oofuli**
awhile **öwail**
awhirl **öwörl**
awkward **ookward**

awl **ool**
awning **ooning**
awry **örai**
ax **äks**
axe **äks**
axial **äksial**
axillary **äksiläri**
axiom **äksiom**
axiomatic **äksiomätik**
axion **äksion**
axis **äksis**
axle **äksel** *äksl*
ayatollah **aiatolla**
aye **ai**
azalea **äzeilia** *özeilja*
azimuth **äzimuth**
azure **äzhör** *azuur*

B

baa
baba
babble **bäbl**
babe **beib**
baboon **bäbuun**
babu
babushka
babied **beibid**
baby **beibi**
babying **beibiing**
babysit **beibisit**
baccalaureate **bakalooreat**
    bäkölooriät
baccarat **bakarat** *bakaraa*
bachelor **bätshelor**
bacillus **basillus**
back **bäk**
backache **bäkeik**
backbite **bäkbait**
backboard **bäkboord**
backbone **bäkboun**
backbreaking **bäkbreiking**
backdate **bäkdeit**
backdrop **bäkdrop**
backfill **bäkfil**
backfire **bäkfair** *bäkfaier*
backflow **bäkflou**
backgammon **bäkgämmon**
background **bäkgraund**
backhand **bäkhänd**
backhoe **bäkhou**
backlash **bäkläsh**
backlight **bäklait**
backlist **bäklist**
backlog **bäklog**
backpack **bäkpäk**
backpedal **bäkpedal** *bäkpedl*
backrest **bäkrest**
backscatter **bäkskäter**

backseat **bäksiit**
backslap **bäksläp**
backslash **bäksläsh**
backstabbing **bäkstäbing**
backstage **bäksteidsh**
backstairs **bäkstäärs** *bäksteers*
backstop **bäkstop**
backstroke **bäkstrouk**
backtrack **bäkträk**
backup **bäkap**
backward **bäkward**
backwash **bäkwosh**
backwater **bäkwoter**
bacon **beikon**
bacteria **bäktiiria**
bacterial **bäktiirial**
bactericide **bäktiirisaid**
bacteriology **bäktiiriolodshi**
bacterium **bäktiirium**
bad **bäd**
badge **bädsh**
badger **bädsher**
badly **bädli**
badminton **bädminton**
baffle **bäfl**
baffling **bäfling**
bag **bäg**
bagatelle **bägatell**
bagel **beigl**
baggage **bägidsh**
baggies **bägis**
bagpipes **bägpaips**
bah **baa**
bail **beil**
bailiff **beilif**
bailout **beilaut**
bait **beit**
baize **beiz**
bake **beik**
baker **beiker**
bakery **beikeri**
baklava
balalaika
balance **bälans**

balcony **bälkoni**
bald **boold**
balderdash **boolderdäsh**
balding **boolding**
bale **beil**
baleful **beilful**
balk **book**
ball **bool**
ballad **bällad**
ballast **bällast**
ballerina **bälleriina**
ballet **bällee**
ballistic **bällistik**
balloon **bälluun**
ballot **bällot**
ballpark **boolpark**
ballroom **boolruum**
ballyhoo **bällihuu**
balm **baam**
balmy **baami**
baloney **bölouni**
balsa **boolsa**
balsam **boolsam**
baluster **bäluster**
bam **bäm**
bambino
bamboo **bämbuu**
bamboozle **bämbuusl** *bämbuuzl*
ban **bän**
banal **bänäl** *beinal*
banality **bänäliti** *beinäliti*
banana **banaana** *bänääna*
band **bänd**
bandage **bändidsh**
bandanna **bändänna**
bandit **bändit**
bandleader **bändliider**
bandoleer **bändoliir**
bandwagon **bändwägon**
bandwidth **bändwidth**
bandy **bändi**
bane **bein**
baneful **beinful**
bang **bäng**

bangle **bängl**
banish **bänish**
banister **bänister**
banjo **bändsho**
bank **bänk**
banker **bänker**
bankroll **bänkrol**
bankrupt **bänkrapt**
bankruptcy **bänkraptsi** *bänkrapsi*
banner **bänner**
banquet **bänkwet**
banquette **bänkett**
bantam **bäntam**
banter **bänter**
baptism **bäptism**
baptize **bäptais**
bar **baar**
barb **baarb**
barbarian **barbärian**
barbaric **barbärik**
barbarism
barbecue **barbekjuu**
barbed **baarbd**
barbell **baarbel**
barber **baarber**
barbershop **baarbershop**
barbiturate **barbitshurat**
barcarole **barkaroul**
bard **baard**
bare **bäär**
barefoot **bäärfut**
bareknuckle **bäärnakl**
barely **bäärli**
barf **baarf**
barfly **baarflai**
bargain **baargan**
barge **baardsh**
barhop **baarhop**
baritone **bäritoun**
bark **baark**
barker **baarker**
barley **baarli**
barn **baarn**
barnacle **baarnakl**

barnyard **baarnjaard**
barometer **bäroometer**
baron **bäron**
baroness **bärones**
baroque **barouk** *bärouk*
barrack **bärrak**
barracuda **bärrakuuda**
barrage **bärraash**
barred **baard**
barrel **bärrel**
barren **bärren**
barricade **bärrikeid**
barrier **bärrier**
barrio
barrister **bärrister**
bartender **baartender**
barter **baarter**
basal **beisal**
basalt **basoolt** *bäsoolt*
base **beis**
baseball **beisbool**
baseboard **beisboord**
baseless **beisles**
baseline **beislain**
basement **beisment**
bashful **bäshful**
basic **beisik**
basically **beisikli**
basil **beisil**
basilica **basilika**
basin **beissin** *beisin*
basis **beissis** *beisis*
bask **bäsk** *bääsk*
basket **bäsket**
basketball **bäsketbool**
basque **bäsk**
bass (fish) **bäss**
bass (sound) **beiss**
bassoon **bässuun**
bastard **bästard**
baste **beist**
bastion **bästion**
bat **bät**
batch **bätsh**

bath **bäth**
bathe **beith**
bathroom **bäthruum**
batik **bätiik**
batman **bätmän**
baton **bäton**
battalion **bättäljon** *bättälion*
batten **bätten** *bätn*
batter **bäter** *bätter*
battery **bäteri**
batting **bäting**
battle **bätl**
battleground **bätlgraund**
battleship **bätlship**
batty **bäti**
bauble **boobl**
baud **bood**
bawdy **boodi**
bawl **bool**
bay **bei**
bayonet **beionet**
bayou **baiu**
bazaar *basaar*
bazooka **bazuuka** *basuuka*
be **bi**
beach **biitsh**
beacon **biikon**
bead **biid**
beagle **biigl**
beak **biik**
beaker **biiker**
beam **biim**
bean **biin**
beanie **biini**
bear (animal) **beer** *bäär*
bear (tolerate, support) **bear** *bäär*
beard **biird** *bierd*
bearer *bäärer*
bearing *bääring*
bearish **beerish** *bäärish*
beast **biist**
beat **biit**
beater **biiter**
beatify **biätifai**

beating **biiting**
beatitude **biätitud**
beau **bou**
beaut **bjuut**
beautician **bjuutishan**
beautiful **bjuutiful**
beauty **bjuuti**
beaver **biiver**
bebop **bibop**
becalm **bikaam**
because **bikoos**
beck **bek**
beckon **bekon**
becloud **biklaud**
become **bikam**
becquerel **bekerel** *bekrel*
bed
bedding **beding**
bedeck **bidek**
bedevil **bidevil**
bedlam
bedridden **bedriden**
bedroom **bedruum**
bee **bii**
beech **biitsh**
beef **biif**
beefcake **biifkeik**
beefy **biifi**
beehive **biihaiv**
beeline **biilain**
been **biin** *bin*
beep **biip**
beer **biir** *bier*
beeswax **biiswäks**
beet **biit**
beetle **biitl**
befall **bifool**
befit **bifit**
befog **bifog**
before **bifor**
beforehand **biforhänd**
befoul **bifaul**
befuddle **bifadl**
beg

beget **biget**
beggar **beger** *begar*
begin **beginn**
beginner
begone **bigon**
begonia **bigoonia**
begrudge **bigradsh**
beguile **bigail**
beguine **bigiin**
behalf **bihääf**
behave **biheiv**
behavior **biheivior**
behead **bihed**
behemoth **bihiimoth**
behind **bihaind**
behold **bihould**
beholden **bihoulden**
beige **beish**
being **biing**
bejewel **bidshuuel**
bel
belabor **bileibor**
belated **bileited**
belay **bilei**
belch **beltsh**
belfry **belfri**
belie **bilai**
belief **biliif**
believe **biliiv**
belittle **bilitl**
bell **bel**
belladonna
bellboy **belboi**
belle **bel**
bellhop **belhop**
bellicose **belikous**
belligerence **belidsherens**
belligerent **belidsherent**
bellman **belmän**
bellows **bellous**
belly **belli**
bellyache **bellieik**
bellyful **belliful**
belong **bilong**

beloved **bilavd** *bilaved*
below **bilou**
belt
belting
beluga
belvedere **belvediir**
bema **bima**
bemire **bimair**
bemoan **bimoun**
bemuse **bimjuus**
bench **bentsh**
benchmark **bentshmark**
bend
beneath **biniith**
benediction **benedikshon**
benefaction **benefäkshon**
benefactor **benefäktor**
benefice **benefis**
beneficent **beneffisent**
beneficial **benefishal**
beneficiary **benefishiäri**
benefit
benevolent
benighted **binaited**
benign **binain**
benignant **binignant** *benignant*
bent
benumb **binam**
benzene **benziin**
bequeath **bikwiith**
bequest **bikwest**
berate **bireit**
bereave **biriiv**
bereft **bireft**
beret **beree**
beriberi
berm **böörm**
berry **berri**
berserk **börsöörk**
berth **börth**
beseech **bisiitsh**
beset **biset**
beside **bisaid**
besiege **bisiidsh**

besmirch **bismöörtsh**
best
bestial *bestshäl*
bestiality **bestialiti** *bestshäliti*
bestir **bistöör**
bestow **bistou**
bet
betcha **betsha**
betray **bitrei**
betroth **bitrooth** *bitrouth*
betrothal **bitroothal** *bitrouthal*
better **beter**
betting **beting**
bettor **betor**
between **bitwiin**
betwixt **bitwikst**
bevel **bevl**
beverage **beveridsh** *bevridsh*
bevy **bevi**
beware **biwär** *biwäär*
bewhiskered **biwiskerd**
bewigged **biwigd**
bewilder **biwilder**
bewitch **biwitsh**
beyond **bijond**
bezel *bezl*
bi **bai**
biannual **baiänjual**
bias **baias**
biathlon **baiäthlon**
bib
Bible **Baibl**
biblical **biblikal**
bibliography **biblioografi**
bicameral **baikämeral**
bicarbonate **baikarboneit**
biceps **baiseps**
bicuspid **baikaspid**
bycycle **baisikl**
bid **bid**
bidding **biding**
bide **baid**
bidet **bidee** *bidei*
biennial **baiennial**

bifocal **baifoukal**
bifurcate **baiförkeit**
big
bigamous **bigamos**
bigamy **bigami**
biggie **bigi**
bigot
bigwig
bike **baik**
bikini **bikiini**
bilateral **bailäteral**
bile **bail**
bilevel **bailevel**
bilge **bildsh**
bilingual **bailingwal** *bailingual*
bilious **bilios**
bilirubin
bilk
bill **bil**
billabong
billboard **bilboord**
billet
billfold **bilfould**
billiards **biljards**
billing **biling** *billing*
billion **biljon**
billionaire **biljonär**
billow **billou**
bimbo
bimodal **baimoudal**
bimonthly **baimanthli**
bin
binary **bainäri**
binaural **bainooral**
bind **baind**
binder **bainder**
binge **bindsh**
bingo
binnacle **binnakl**
binocular **bainokjular**
binomial **bainoumial**
bio- **baio-**
biography **baioografi**
biological **baioladshikal**

biology **baiolodshi**
bionic **baioonik**
biopsy **baiopsi**
biotic **baiootik**
bipartisan **baipartisan**
bipartite **baipartait**
biped **baiped**
bipolar **baipolar**
birch **böörtsh**
bird **böörd**
birdie **böördi**
birth **böörth**
birthday **böörthdei**
biscuit **biskwit**
bisect **baisekt**
bisexual **baiseksual**
bishop
bismuth
bison **baison**
bisque **bisk**
bistable **baisteibl**
bistro
bit
bitch **bitsh**
bite **bait**
bitten **bitn**
bitter **biter**
bittersweet **biterswiit**
bitumen **baituumen**
bivalence **baiveilens**
bivouac **bivuäk**
biz
bizarre **bizaar**
blab **bläb**
blabbermouth **bläbermauth**
black **bläk**
blacken **bläken**
blackjack **bläkdshäk**
blackmail **bläkmeil**
blackout **bläkaut**
blacksmith **bläksmith**
blacktop **bläktop**
bladder **bläder**
blade **bleid**

blah **bla** *blaa*
blame **bleim**
blameless **bleimles**
blanch **blääntsh**
bland **bländ**
blank **blänk**
blanket **blänket**
blare **blär**
blarney **blarni**
blaspheme **bläsfiim**
blasphemous **bläsfemos**
blasphemy **bläsfemi**
blast **bläst**
blastoff **blästoff**
blatant **bleitant**
blather **bläther**
blaze **bleiz**
blazer **bleizer**
blazing **bleizing**
blazon **bleizon**
bleach **bliitsh**
bleak **bliik**
bleary **bliiri**
bleat **bliit**
bleb
bleed **bliid**
bleep **bliip**
blemish
blend
bless
blight **blait**
blimp
blind **blaind**
blindfold **blaindfould**
blini
blink
blinker
blip
bliss
blissful
blister
blithe **blaith**
blitz **blits**
blivet

bloat **blout**
blob
bloc **blok**
block **blok**
blockade **blokeid**
blockage **blokidsh**
blog
blogger **bloger**
blond
blood **blad**
bloodshed **bladshed**
bloodshot **bladshot**
bloody **bladi**
bloom **bluum**
bloomers **bluumers**
blooper **bluuper**
blossom
blot
blotch **blotsh**
blotter
blouse **blaus**
blow **blou**
blowup **blouap**
blubber **blaber**
bludgeon **bladshon**
blue **blu** *bluu*
blueprint **bluuprint**
blues **bluus**
bluff **blaf**
bluish **bluuish**
blunder **blander**
blunt **blant**
blur **blöör**
blurt **blöört**
blush **blash**
bluster **blaster**
boa
boar **boor**
board **boord**
boast **boust**
boat **bout**
boathouse **bout-house** *bouthaus*
boatswain **bousn**
bob

bobber **bober**
bobbin **bobin**
bobble **bobl**
bobby **bobi**
bobcat **bobkät**
bobsled
bobtail **bobteil**
bocaccio **bokatsho**
bocce **botshi**
bodacious **bodeishos**
bode **boud**
bodega
bodily **bodili**
body **bodi**
boff **bof**
boffo **bofo**
bog
bogey **bougi**
boggle **bogl**
bogus **bougus**
bohemia **bohiimia**
boil
boing
boisterous **boisteros**
bold **bould**
bolero
boll **bol**
bollard **bolard**
bologna **bolonja**
Bolshevik
bolster *boulster*
bolt *boult*
bomb **bom**
bombard **bombard**
bombardier **bombardiir**
bombast **bombäst**
bomber **bomer**
bonanza **bonänsa**
bonbon
bond
bondage **bondidsh**
bone **boun**
boner **bouner**
bonfire **bonfair** *bonfaier*

bong
bonk
bonkers
bonnet
bonny **bonni**
bonsai
bonus *bounus*
bony **bouni**
boo **buu**
boob **buub**
booby **buubi**
booger **buger**
boogie **bugi**
boohoo **buuhuu**
book **buk**
bookcase **bukkeis**
bookkeeping **bukkiiping**
booklet **buklet**
boom **buum**
boomerang **buumeräng**
boon **buun**
boondocks **buundoks**
boondoggle **buundogl**
boor **buur**
boost **buust**
boot **buut**
bootee **buutii**
booth **buuth**
bootleg **buutleg**
booty **buuti**
booze **buuz** *buus*
boozer **buuzer** *buuser*
bop
borax **boräks**
bordello
border
borderline borderline
bore **boor**
bored **boord**
boredom **boordom**
borer
boric **borik**
boring
born

boron
borough **börou**
borrow **borrou**
borrowing **borrouing**
bosh
bosom **buusum**
boss
bossy **bossi**
botanical **botänikal**
botany **botani** *botni*
botch **botsh**
both **bouth**
bother
bottle **botl**
bottleneck **botlnek**
bottom **botom**
bottomless **botomles**
botulism **botshulism**
boudoir **budwar**
bouffant **bufaant**
bough **bau**
bought **boot**
bouillabaisse **buljabeis**
bouillon **buljon**
boulder
boulevard **buulevard**
bounce **baunss**
bouncer **baunsser**
bound **baund**
boundary **baundari**
boundless **baundles**
bounds **baunds**
bounteous **bauntios**
bountiful **bauntiful**
bounty **baunti**
bouquet **bukee**
bourbon **böörbon**
bourgeois **burshwaa**
bourgeoisie **burshwasii**
bout **baut**
boutique **butiik**
boutonniere **butoniir**
bovine **bovain**
bow (tie) **bou**

bow (bend, front of ship) **bau**
bowel **bauel**
bowl **boul**
bowling **bouling**
box **boks**
boxer **bokser**
boy **boi**
boycott **boikot**
boyfriend **boifrend**
boyish **boiish**
bozo
bra
brace **breiss**
bracelet **breisslet**
bracer **breisser**
bracero **braseero**
brachium **breikium**
bracket **bräket**
brackish **bräkish**
brad **bräd**
brae **brei**
brag **bräg**
braggart **brägart**
braid **breid**
brain **brein**
braise **breis**
brake **breik**
bramble **brämbl**
bran **brän**
branch **bräntsh**
brand **bränd**
brandish **brändish**
brandy **brändi**
brannigan **bränigan**
brash **bräsh**
brass **brääss**
brasserie **brässerii**
brassiere **brässiir**
brassy **brässi**
brat **brät**
bravado **bravaado**
brave **breiv**
bravery **breiveri**
bravissimo

bravo
bravura **bravuura**
brawl **brool**
brawn **broon**
bray **brei**
braze **breiz**
brazen **breizen**
brazier **breizier**
breach **briitsh**
bread **bred**
breadth **bredth**
break **breik**
breakable **breikabl**
breakage **breikidsh**
breaker **breiker**
breakthrough **breikthru**
breakup **breikap**
breast **brest**
breath **breth**
breathe **briith**
breathless **brethles**
bred
breech **briitsh**
breed **briid**
breeze **briiz** *briis*
brethren
breve **brev**
brevity **breviti**
brew **bruu**
brewery **bruueri**
briar **braiar**
bribe **braib**
bribery **braiberi**
brick **brik**
bridal **braidal**
bride **braid**
bridge **bridsh**
bridle **braidl**
brief **briif**
brig
brigade **brigeid**
bright **brait**
brightness **braitnes**
brilliance **briljans**

brim
brine **brain**
bring
brink
brinkmanship **brinkmänship**
brioche **briosh**
briquette **brikett**
brisk **brisk**
bristle **brissl**
britches **britshes**
brittle **britl**
bro
broach **broutsh**
broad **brood**
broadcast **broodkääst**
broadside **broodsaid**
brocade **brokeid**
broccoli **brokoli** *brokli*
brochette **broshett**
brochure **broshuur**
brogue **broug**
broil
broke **brouk**
broker **brouker**
brokerage **broukeridsh**
bromide **bromaid**
bronchiole **bronkiol**
bronchitis **bronkaitis**
bronco **bronko**
bronze **bronz** *brons*
brooch **broutsh** *bruutsh*
brood **bruud**
brook **bruk**
broom **bruum**
broth
brothel
brother *brather*
brougham **brouam**
brow **brau**
browbeat **braubiit**
brown **braun**
brownie **brauni**
browse **braus**
bruise **bruus**

bruit **bruut**
brunch **brantsh**
brunet
brunette **brunett**
brunt **brant**
brush **brash**
brusque **brask**
brut
brutal
brutality **brutaliti** *brutäliti*
brute **bruut**
bub **bab**
bubba **baba**
bubble **babl**
bubbler **babler**
bubonic **buboonik**
buccal **bakal**
buccaneer **bakaniir**
buck **bak**
buckaroo **bakaruu**
bucket **baket**
buckle **bakl**
bucolic **bukoolik** *bjukoolik*
bud **bad**
buddy **badi**
budge **badsh**
budget **badshet**
buff **baf**
buffer **bafer**
buffet (meal) **bufee**
buffet (blow, hit) **bafet**
buffoon **bafuun**
bug **bag**
bugaboo **bagabuu**
bugger **bager**
buggy **bagi**
bugle **bjuugl**
build **bild**
building **bilding**
bulb **balb**
bulge **baldsh**
bulk **balk**
bull
bulldoze **bulldous** *bulldouz*

bullet
bulletin
bullion
bullshit
bully **bulli**
bum **bam**
bumble **bambl**
bummer **bammer**
bump **bamp**
bumpkin **bampkin**
bumptious **bampshos**
bun **ban**
bunch **bantsh**
bunco **banko**
bundle **bandl**
bung **bang**
bungalow **bangalou**
bungee **bandshi**
bungle **bangl**
bunion **banion** *banjon*
bunk **bank**
bunker **banker**
bunny **banni**
bunt **bant**
buoy **buui**
buoyancy **boiansi**
bur **bör**
burble **börbl**
burden **börden**
bureau **bjuuro**
bureaucracy **bjurokkrässi**
bureaucrat **bjurokrät**
burette **bjurett**
burg **börg**
burgeon **bördshon**
burger **börger**
burglar **börglar**
burglarize **börglarais**
burgundy **börgundi**
burial **börial**
burka **böörka**
burke **böörk**
burl **bööl**
burlap **böörläp**

burlesque **börlesk**
burly **böörli**
burn **böörn**
burnish **böörnish**
burnt **böörnt**
burp **böörp**
burr **böör**
burito **buriito**
burro **börro**
burrow **börrou**
bursa **börsa**
bursar **börsar**
bursitis **börsaitis**
burst **böörst**
bury **böri**
bus **bas**
bush
bushed **bushd**
bushel
bushing
bushwhack **bushwäk**
business **bisines**
busing **bassing**
buss **bass**
bust **bast**
buster **baster**
bustle **bassl**
bustling **bastling**
busty **basti**
busy **bisi**
but **bat**
butane **bjutein**
butch **butsh**
butcher **butsher**
butene **bjutiin**
butler **batler**
butt **bat**
butte **bjuut**
butter **bater**
butterfly **baterflai**
buttock **batok**
button **batton** *batn*
buttress **batres**
butyl **bjutil**

buxom **baksom**
buy **bai**
buzz **baz**
buzzer **bazer**
by **bai**
bye **bai**
bygone **baigon**
bylaw **bailoo**
byline **bailain**
bypass **baipäs**
byte **bait**
byway **baiwei**

C

cab **käb**
cabal **kabaal** *köbaal*
caballero **kabaljeero** *kabaleero*
cabana **kabanja**
cabaret **kabaree**
cabbage **käbidsh**
cabbie **käbi**
cabin **käbin**
cabinet **käbinet**
cabinmate **käbinmeit**
cable **keibl**
caboose **kabuus**
cabriolet **kabriolee**
cacao **kakao**
cacciatore **katshiatore**
cache **käsh**
cachet **käshee**
cackle **käkl**
cacophony **kakoffoni** *käkoofoni*
cactus **käktus** *käktös*
cad **käd**
cadaver **kädääver**
caddie **kädi**
caddy **kädi**
cadence **keidens**
cadenza **kadensa**
cadet **kadett** *kädett*
cadger **kädsher**
cadmium **kädmium**
cadre **kädri** *kadre*
cafe **kafee** *käfee*
cafeteria **kafetiiria** *käfetiiria*
caffeine **kafeiin** *käfeiin*
caftan **käftän** *kaftan*
cage **keidsh**
cahoots **kahuuts**
cairn **käärn**
caisson **keisson**
cajole **ködshoul**

cake **keik**
cakewalk **keikwook**
calabash **käläbäsh**
calamari **kalamari**
calamine **kälamain**
calamitous **kälämitos**
calamity **kälämiti** *käläämiti*
calcify **kälsifai**
calcium **kälssium**
calculable **kälkjulabl**
calculation **kälkjuleishon**
calculator **kälkjuleitor**
calculus **kälkjulus**
caldron **kooldron**
calendar **kälender**
calf **kääf**
caliber **käliber**
calibrate **kälibreit**
calico **käliko**
californium **kalifornium**
caliper **käliper**
caliph **kaliif** *käliif*
calisthenics **kälistheniks**
calk **kook**
call **kool**
caller **kooler**
calligraphy **källigräfi**
calling **kooling**
calliope **källioupi** *kallioup*
callous **källos**
callus **källus**
calm **kaam**
calorie **kälori**
calorimeter **kälorimmiter**
    kalorimeter
calve **kääv** *kaav*
Calypso **Kalipso**
calzone **kälsooni**
cam **käm**
camaraderie **kameraaderi**
    kamaraaderi
camber **kämber**
cambric **kämbrik**
camcorder **kämkorder**

came **keim**
camel **kämel**
camellia **kämiilia**
cameo **kämeo** *kämio*
camera **kämera**
camise **kämiis** *kamiis*
camisole **kämisoul**
camomile **kämomail**
camouflage **kämoflaash**
camp **kämp**
campaign **kämpein**
camper **kämper**
campfire **kämpfaier**
campground **kämpgraund**
camphor **kämför**
campus **kämpus** *kämpös*
camshaft **kämshäft**
can **kän**
Canadian **Käneidian**
canal **känääl**
canape **känäpee**
canard **kanaard**
canary **känääri**
canasta **kanasta**
cancan **känkän**
cancel **känsel**
cancellation **känseleishon**
cancer **känser**
candela **kändela**
candelabra **kändelabra**
candescent **kändessent**
candid **kändid**
candidate **kändideit**
candle **kändl**
candor **kändor**
candy **kändi**
cane **kein**
canine **keinain**
canister **känister**
canker **känker**
cannabis **kanaabis** *känääbis*
canned **känd**
canneloni **kännelouni**
cannery **känneri**

cannibal **kännibal**
cannibalize **kännibalais**
canning **känning**
cannoli **kännouli**
cannon **kännon**
cannot **kännot**
canny **känni**
canoe **känuu**
canola **känoola**
canon **känon**
canonical **känoonikal**
canopy **känopi**
cant **känt**
can't **kän't**
cantaloupe **käntaloup**
cantankerous **käntänkeros**
cantata **kantaata**
canteen **käntiin**
canter **känter**
cantilever **käntilever** *käntiliiver*
cantina **käntiina**
canton **känton**
cantonment **käntounment**
cantor **käntor**
canvas **känvas**
canvass **känvas** *känvääs*
canyon **känjon**
cap **käp**
capability **keipabiliti** *keipöbiliti*
capable **keipabl**
capacious **käpeishos**
capacitance **käpässitans**
capacitor **käpässitor**
capacity **käpässiti**
cape **keip**
caper **keipör**
capeskin **keipskin**
capillary **käpiläri**
capital **käpital**
capitalist **käpitalist**
capitalize **käpitalais**
capitate **käpiteit**
capitol **käpitol**
capitulate **käpitshuleit**

caplet **käplet**
capper **käper**
cappuccino **kaputshiino**
capriccio **kapritshio**
caprice **kapriis**
capricious **kaprishos**
capriole **kapriol**
capsize **käpsais**
capstan **käpstan**
capsule **käpsul**
captain **käpten** *käptan*
caption **käpshon**
captious **käpshos**
captivate **käptiveit**
captivity **käptiviti**
captor **käptor**
capture **käpshör**
car **kaar** *kar*
carafe **kärääf** *karaaf*
caramel **kärämel** *kaarmel*
caramelize **kärämelais** *kaarmelais*
carat **kärat** *karat*
caravan **käräwän** *karavan*
caraway **käräwei**
carb- **karb-**
carbide **karbaid**
carbine **karbin**
carbineer **karbiniir**
carbo- **karbo-**
carbohydrate **karbohaidreit**
carbon **karbon**
carbonado **karbonado**
carbonic **karboonik**
carbuncle **karbankl**
carburetor **kaarböreitör** *karburetor*
carcass **karkäs**
carcinogen **karsinodshen**
carcinoma **karsinooma**
card **kaard**
cardamom **kardamom**
cardamon **kardamon**
cardboard **kaardboord**
cardiac **kardiäk**
cardigan **kardigan**

cardinal **kardinal**
cardio- **kardio-**
cardiograph **kardiogräf**
cardiology **kardiolodshi**
cardiopulmonary **kardiopulmonäri**
cardiovascular **kardioväskjular**
care **käär** *keer*
careen **käriin**
career **käriir** *kärier*
carefree **käärfrii**
careful **käärful**
caregiver **käärgiver**
careless **käärles**
carelessness **käärlesnes**
caress **käress**
caret **käret**
caretaker **käärteiker**
cargo **kaargo** *kargo*
carhop **kaarhop**
caribou **käribu**
caricature **kärikatshör** *kärikatshuur*
caries **kääris** *käris*
carillon **kärilon**
caring **kääring**
carioca **käriouka** *kärioka*
cariole **kärioul**
carjacking **kaardshäking**
carmine **kaarmin** *kaarmain*
carnage **kaarnidsh**
carnal **kaarnal**
carnation **karneishon**
carnival **kaarnival**
carnivore **karnivor**
carnivorous **karniivoros**
carob **kärob**
carol **kärol**
carom **kärom**
carotene **kärotiin**
carotid **karotid** *karottid*
carouse **kärauz** *karauss*
carousel **kärusel** *kärosel*
carp **kaarp**
carpal **kaarpal**
carpenter **kaarpenter**

carpet **kaarpet**
carping **kaarping**
carriage **kärridsh** *käridsh*
carrier **kärrier**
carrot **kärrot**
carry **kärri**
cart **kaart**
cartel **kartell**
cartelege **kaartlidsh** *kaartilidsh*
cartographic **kartogrääfik**
cartop **kaartop**
cartridge **kaartridsh**
cartwheel **kaartwiil**
caruncle **karankl**
carve **kaarv**
cascade **käskeid**
case **keiss**
casein **keisiin**
cash **käsh**
cashew **käshu**
cashier **käshiir**
cashmere **käshmir**
casing **keising**
casino **kasiino** *käsiino*
cask **kääsk** *käsk*
casket **kääsket** *käsket*
casserole **kässeroul**
cassette **kasett** *käsett*
cast **kääst**
castanet **kästanet**
caste **kääst** *kaast*
caster **kääster**
castigate **kästigeit**
casting **käästing**
castle **kässl** *kääsl*
castoff **käästoff**
castor **kästör** *käästör*
castrate **kästreit**
casual **käshual**
casuistry **käshuistri**
cat **kät**
cataclysm **kätaklism**
catacomb **kätakoum**
catalog **kätalog**

catalysis **kätaalisis**
catalyst **kätalist**
catalytic **kätalitik**
catalyze **kätalais**
catamaran **kätamaran**
catapult **kätapult**
cataract **kätäräkt**
catarrh **katarr** *kataar*
catastrophy **kätäästrofi**
catastrophic **kätästroofik**
catatonia **kätatounia**
catatonic **kätatounik**
catch **kätsh**
catchall **kätshool**
catchy **kätshi**
catechism **kätekism**
categorical **kätegoorikal**
category **kätegori**
catenary **kätenäri**
cater **keiter**
caterpillar **käterpillar**
caterwaul **käterwool**
catharsis **käthaarsis**
cathartic **käthaartik**
cathedral **käthiidral**
cathode **käthoud**
catholic **kätholik**
cation **kätaion**
catnap **kätnäp**
catnip **kätnip**
cattle **kätl**
catty **käti**
catwalk **kätwook**
Caucasian **Koukeishan**
caucus **kookus**
cauliflower **kooliflauer**
caulk **kook**
causal **koosal**
causality **koosäliti**
causation **kooseishon**
cause **koos**
caustic **koostik**
cauterize **kooterais**
caution **kooshon**

cautious **kooshos**
cavalcade **kävalkeid**
cavalier **kävaliir** *kävalier*
cavalry **kävalri**
cave **keiv**
caveat **kaveat** *käviät*
cavern **kävern**
caviar **kaviar** *käviar*
cavitation **käviteishon**
cavity **käviti**
cavort **kavoort**
caw **koo**
cay **kei**
cease **siiss** *siis*
cedar **siidar**
cede **siid**
ceiling **siiling**
celebrate **selebreit**
celebrity **seleebriti** *selebriti*
celery **seleri**
celesta **selessta**
celestial **selesstial**
celiac **siiliäk**
celibate **selibat** *seliböt*
cell **sel** *sell*
cellar **sellar**
cellist **tshellist**
cello **tshello**
cellophane **sellofein**
cellphone **selfoun**
cellular **seljular** *sellular*
cellulite **seljulait** *sellulait*
celluloid **seljuloid** *selluloid*
cellulose **seljulous** *sellulous*
cement **sement** *siment*
cemetery **semeteri**
censor **sensor**
censure **senshör** *senshur*
census **sensus**
cent **sent**
centaur **sentoor**
centenarian **sentenärian**
centenary **sentenäri**
centennial **sentennial**

center **senter**
centerfold **senterfould**
centesimal **sentessimal**
centi- **senti-**
centigrade **sentigreid**
centimeter **sentimeter** *sentimiiter*
centipede **sentipiid**
centner **sentner**
central **sentral**
centrality **sentraliti** *senträliti*
centralize **sentralais**
centric **sentrik**
centrifugal **sentrifjugal** *sentrifjugal*
centrifuge **sentrifjudsh** *sentrifjuudsh*
centroid **sentroid**
centurion **senturion** *sentuurion*
century **sentshöri** *sentshuri*
ceramic **seräämik**
cereal **siirial**
cerebellum **serebellum**
cerebral **seriibral**
ceremonial **seremonial** *seremounial*
ceremony **seremoni**
certain **söörtan** *sörtan*
certifiable **sörtifaiabl**
certificate **sörtifikat**
certify **sörtifai**
certitude **sörtitud**
cervical **sörvikal**
cesarean **sesäärian**
cesium **siisium**
cessation **sesseishon**
cession **seshon**
cesspool **sespuul**
cetacean **siteishan**
cetane **siitein**
cha-cha **tsha-tsha**
chafe **tsheif**
chaff **tshäf**
chaffer **tshäfer**
chagrin **shagrin** *shägrin*
chain **tshein**
chair **tshäär** *tsheer*
chaise **sheis** *sheiz*

chalet **shalee**
chalice **tshälis**
chalk **tshook**
chalkboard **tshookboord**
challenge **tshällendsh**
challenger **tshällendsher**
chamber **tsheimbör**
chambermaid **tsheimbörmeid**
chameleon **kämiilion**
chamfer **tshämfer**
chamois **shämi** *shamwaa*
chamomile **kämomail** *kämomil*
champ **tshämp**
champagne **shämpein**
champignon **shampinjon** *shämpinjon*
champion **tshämpion**
chance **tshääns** *tshaans*
chancellery **tshänsleri** *tshänseleri*
chancellor **tshänselor**
chancery **tshänseri**
chandelier **tshändelier** *tshändeliir*
change **tsheindsh**
changeable **tsheindshabl**
channel **tshännel** *tshänl*
chanson **shanson**
chant **tshänt**
chanterelle **shanterell**
chanteuse **shantöös** *shantuus*
chaos **keios**
chaotic **keiootik**
chap **tshäp**
chaparral **shäparäl**
chapel **tshäpl**
chaperon **shäperon**
chaplain **tshäplin** *tshäplan*
chaplet **tshäplet**
chaps **tshäps**
chapter **tshäpter**
char **tshaar**
character **käräkter**
characterization **käräkteriseishon**
characterize **käräkterais**
charade **shäreid**

charbroil **tsharbroil**
charcoal **tsharkoul**
chardonnay **shardonei**
charge **tshaardsh** *tshardsh*
chargeable **tshaardshabl**
charger **tshaardsher**
chariot **tshäriot**
charisma **kärisma**
charismatic **kärismäätik**
charitable **tshäritabl**
charity **tshäriti**
charlatan **sharlatan**
charm **tshaarm**
chart **tshaart**
charter **tshaarter**
chase **tsheis**
chasm **käsm**
chassis **tshässi**
chaste **tsheist**
chasten **tsheissen** *tsheisn*
chastise **tshästais**
chastity **tshästiti**
chat **tshät**
chateau **shätoo**
chattel **tshätl**
chatter **tshäter**
chauffeur **shoföör**
chauvinism **shovinism**
cheap **tshiip**
cheat **tshiit**
check **tshek**
checker **tsheker**
checkmate **tshekmeit**
checkout **tshekaut**
checkup **tshekap**
cheek **tshiik**
cheep **tshiip**
cheer **tshiir**
cheerful **tshiirful**
cheese **tshiis**
cheetah **tshiita**
chef **shef**
chelate **kiileit**
chemical **kemikal**
chemise **shemiis**
chemist **kemist**
chemistry **kemistri**
chemo **kiimo**
cheque **tshek**
cherish **tsherish**
cherry **tsherri**
cherub **sherub**
chess **tshess** *tshes*
chest **tshest**
chestnut **tshestnat**
chevalier **shevalier**
chevron **shevron**
chew **tshu**
chi **tshi**
chic **shik** *shiik*
chicanery **shikeineri**
chick **tshik**
chicken **tshiken**
chicle **tshikl**
chide **tshaid**
chief **tshiif**
chieftain **tshiiften** *tshiiftön*
chiffon **shifon**
chigger **tshiger**
child **tshaild**
childhood **tshaildhud**
children **tshildren**
chili **tshili**
chill **tshill**
chiller **tshiller**
chilly **tshilli**
chime **tshaim**
chimera **kimiira**
chimerical **kimiirikal**
chimney **tshimni**
chimp **tshimp**
chimpanzee **tshimpänsii**
chin **tshin**
china **tshaina**
chinch **tshintsh**
chinchilla **tshintshilla**
chinchy **tshintshi**
Chinese **Tshainiis**

chink **tshink**
chinook **tshinuk**
chintzy **tshintsi**
chip **tship**
chipmunk **tshipmank**
chipper **tshiper**
chirography **kairoografi** *kiroografi*
chiropractic **kairopräktik**
chirp **tshörp**
chirr **tshör**
chirrup **tshörap**
chisel **tshisel** *tshisl*
chit **tshit**
chitchat **tshitshät** *tshittshät*
chitter **tshiter**
chivalry **shivalri** *shivölri*
chive **tshaiv**
chivvy **tshivi**
chlamydia **klamidia**
chlorate **kloreit**
chlordane **klordein**
chloric **klorik**
chloride **kloraid**
chlorine **kloriin** *klorin*
chloroform **kloroform**
chlorophyll **klorofil**
chlorosis **klorousis**
chocaholic **tshokahoolik**
chock **tshok**
chocoholic **tshokohoolik**
chocolate **tshoklat** *tshaklit*
chocolatier **tshoklatier**
choice **tshoiss**
choir **kwair**
choke **tshouk**
cholecystectomy **kolesistektomi**
choler **koler**
cholera **kolera**
choleric **koleerik**
cholesterol **kolesterol**
chomp **tshomp**
chondral **kondral**
choochoo **tshutshu** *tshuutshuu*
choose **tshuus**

chop **tshop**
chopper **tshoper**
chopstick **tshopstik**
choral **kooral** *koral*
chorale **koraal**
chord **koord**
chore **tshoor**
choreograph **koriogräf** *koreogräf*
choreography **korioogräfi**
    koreoogräfi
choroid **koroid**
chortle **tshortl**
chorus **koorus**
chosen **tshousen**
chow **tshau**
chowder **tshauder**
Christ **Kraist** *Krist*
christen **kristen** *krissen*
Christmas **Kristmas** *Krismas*
chromate **kromeit**
chromatic **kromäätik**
chromaticity **kromätisiti**
chromatin **kromätin**
chrome **kroum**
chromic **kromik**
chromite **kromait**
chromium **kromium**
chromosome **kromosoum**
chronic **kroonik**
chronicle **kroonikl**
chronological **kronolodshikal**
chronology **kronolodshi**
    kronoolodshi
chronometry **kronoometri**
chrysanthemum **krisänthemum**
chubby **tshabi**
chuck **tshak**
chuckle **tshakl**
chug **tshag**
chugalug **tshagalag** *tshagölag*
chum **tsham**
chummy **tshammi** *tshami*
chump **tshamp**
chunk **tshank**

church **tshöörtsh**
churlish **tshöörlish**
churn **tshöörn**
chute **tshuut** *shuut*
chutney **tshatni**
chutzpah **hutspa**
ciabatta **tshabatta** *tshabata*
cicada **sikaada** *sikeida*
cider **saider**
cigar **sigaar**
cigarette **sigaret**
cigarillo **sigarillo**
cilantro **silantro**
ciliary **siliari**
cinch **sintsh**
cinder **sinder**
cinema **sinema**
cinematic **sinemätik**
cinematography **simematoografi**
cinerarium **sinerärium**
cinnamon **sinnamon** *sinamon*
cipher **saifer**
circa **sörka**
circadian **sörkeidian**
circle **sörkl**
circuit **söörket** *sörkit*
circuitous **sörkjuitos**
circuitry **söörketri** *sörketri*
circuity **sörkjuiti**
circular **söörkjular** *sörkjular*
circulate **söörkjuleit** *sörkjuleit*
circulation **söörkjuleishon**
sörkjuleishon
circumcise **söörkumsais** *sörkumsais*
circumcision **söörkumsishon**
sörkumsishon
circumference **söörkamferens**
sörkamferens
circumflex **söörkumfleks**
sörkumfleks
circumscribe **söörkumskraib**
sörkumskraib
circumspect **söörkumspekt**
sörkumspekt

circumstance **söörkumstäns**
sörkumstäns
circumstantial **söörkumstänshal**
sörkumstänshal
circumvent **söörkumvent**
sörkumvent
circus **söörkus** *sörkus*
cirrhosis **sirousis**
cirrus **sirrus**
citadel **sitadel**
citation **saiteishon**
cite **sait**
citizen **sitisen**
citric **sitrik**
citron **sitron**
citrus **sitrus**
city **siti**
cityscape **sitiskeip**
civic **sivik**
civil **sivil** *sivl*
civilian **sivilian** *siviljan*
civility **siviliti**
civilization **siviliseishon**
civilize **sivilais**
civvies **sivis**
clack **kläk**
clad **kläd**
cladding **kläding**
claim **kleim**
claimant **kleimant**
clairvoyance **klärvoians**
clairvoyant **klärvoiant**
clam **kläm**
clamant **kleimant**
clamber **klämber**
clamor **klämor**
clamorous **klämoros**
clamp **klämp**
clan **klän**
clandestine **kländestain**
clang **kläng**
clank **klänk**
clansman **klänsmän**
clap **kläp**

clapboard **kläpboord** *kläpoord*
clapper **kläper**
claque **kläk**
claret **kläret**
clarify **klärifai**
clarinet **klärinet**
clarion **klärion**
clarity **kläriti**
clash **kläsh**
clasp **klääsp**
class **klääss**
classic **klässik**
classical **klässikal**
classics **klässiks**
classification **klässifikeishon**
classify **klässifai**
classism **klässism**
classmate **kläässmeit**
classy **kläässi** *klässi*
clatter **kläter**
clause **kloos**
claustrophobia **kloostrofoubia**
clavichord **klävikord**
clavicle **klävikl**
clavier **klavier**
claw **kloo**
clay **klei**
clean **kliin**
cleaner **kliiner**
cleanliness **klenlines**
cleanser **klenser**
cleanup **kliinap**
clear **kliir**
clearance **kliirans**
clearcut **kliirkat**
clearing **kliiring**
cleat **kliit**
cleavage **kliividsh**
clef **klef**
cleft **kleft**
clemency **klemensi**
clement **klement**
clench **klentsh**
clergy **klöördshi**

clerical **klerikal**
clerk **klöörk**
clever **klever**
clew **kluu**
cliche **klishee**
click **klik**
client **klaient**
clientele **klaientel**
cliff **klif**
cliffhanger **klifhänger**
climactic **klaimäktik**
climate **klaimat** *klaimöt*
climax **klaimäks**
climb **klaimb** *klaim*
climber **klaimber** *klaimer*
clime **klaim**
clinch **klintsh**
cline **klain**
cling **kling**
clingy **klingi**
clinic **klinik**
clinical **klinikal**
clinician **klinisshan**
clink **klink**
clinker **klinker**
clinometer **klinoometer**
clip **klip**
clipboard **klipboord**
clipper **kliper**
clique **kliik** *klik*
clitoris **klitoris**
cloak **klouk**
clobber **klober** *klaaber*
clock **klok**
clockwise **klokwais**
clod **klod**
clog **klog**
cloister **kloister**
clone **kloun**
clonk **klonk**
clop **klop**
close (v) **klous**
close (adj) **klouss**
closed **klousd**

closely **klousli**
closeout **klousaut**
closet **kloset**
closing **klousing**
closure **kloushör**
clot **klot**
cloth **kloth**
clothe **klouth**
clothier **klouthier**
cloture **kloutshör**
cloud **klaud**
clout **klaut**
clove **klouv**
clover **klouver**
cloverleaf **klouverliif**
clown **klaun**
club **klab**
clubhouse **klabhaus**
cluck **klak**
clue **kluu** *klu*
clump **klamp**
clumsy **klamsi**
clunk **klank**
clunker **klanker**
cluster **klaster**
clutch **klatsh**
clutter **klater**
co- **ko-**
coach **koutsh**
coagulant **koägjulant**
coagulate **koägjuleit**
coal **koul**
coalesce **koaless**
coalition **koalishon**
coarse **koors**
coast **koust**
coaster **kouster**
coastline **koustlain**
coat **kout**
coating **kouting**
coattail **koutteil**
coauthor **kooothor** *koauthor*
coax **koäks**
coaxial **koäksial**

cob **kob**
cobalt **kobalt**
cobble **kobl**
cobra **kobra**
cobweb **kobweb**
coca **koka**
cocaine **kokein** *koukein*
coccid **koksid**
cochlea **koklea** *koklia*
cock **kok**
cockamamie **kokameimi**
cockeyed **kokaid**
cockle **kokl**
cockney **kokni**
cockpit **kokpit**
cocktail **kokteil**
cocky **koki**
coco **koko**
cocoa **koko**
coconut **kokonat**
cocoon **kokuun**
cod **kod**
coda **kouda**
coddle **kodl**
code **koud**
codependency **kodipendensi**
codicil **kodisil**
codify **kodifai**
coed **koed**
coefficient **koefishent**
coequal **koiikwal**
coerce **koörs**
coercion **koörshon**
coexist **koeksist**
coffee **kofi**
coffer **kofer**
coffin **kofin**
cog **kog**
cogent **kodshent** *koudshent*
cogitate **kodshiteit**
cognac **konjak**
cognate **kogneit**
cognition **kognisshon** *kognishon*
cognitive **kognitiv**

cognizance **kognisans**
cognoscenti **kognosenti**
cohabit **kohäbit**
cohere **kohiir**
coherent **kohiirent**
cohesion **kohiishon**
cohesive **kohiisiv**
cohort **kohort**
coif **koif**
coiffeur **kwaföör**
coiffure **kwafjuur**
coil **koil**
coin **koin**
coincide **koinsaid**
coincidence **koinssidens**
coitus **kouitus** *koitus*
coke **kouk**
cola **koola** *koula*
colander **koländer**
cold **kould**
cole **koul**
colectomy **kolektomi**
coleslaw **koulsloo**
colic **kolik**
coliform **koliform**
colinear **kolinear**
coliseum **kolisiium** *koliseum*
colitis **kolaitis**
collaborate **kolläboreit**
collage **kollaash**
collagen **kolladshen**
collapse **kolläps**
collar **kollar**
collard **kollard**
collate **kolleit**
collateral **kolläteral**
collation **kolleishon**
colleague **kolliig**
collect **kollekt**
collectible **kollektibl**
collection **kollekshon**
collector **kollektor**
colleen **kolliin**
college **kolledsh**
collegial **kolliidshial**
collegiate **kolliidshiat**
collet **kollet**
collide **kollaid**
collie **kolli**
collins **kollins**
collision **kollishn**
collocate **kolokeit** *kollokeit*
colloid **kolloid**
collop **kollop**
colloquial **kollokwial**
colloquy **kollokwi**
collude **kolluud**
collusion **kolluushon**
colon **koolon** *koulon*
colonel **köörnl**
colonel (for international use) **kolonel**
colonial **koloonial**
colonist **kolonist**
colonize **kolonais**
colonnade **koloneid**
colonoscopy **kolonosskopi**
colony **koloni**
color **kolor** *kalör*
colossal **kolossal**
colt **kolt** *koult*
columbine **kolumbain**
column **kolum**
com- **kom-**
comatose **komatous**
comb **koum**
combat **kambät**
combatant **kambättant**
combination **kambineishon**
combine **kombain**
combo **kombo** *kambo*
combustible **kombastibl**
combustion **kombastshon**
come **kam**
comeback **kambäk**
comedian **komiidian**
comedienne **komiidien**
comedy **komedi**

comely **kamli**
comet **komet**
comfort **kamfort** *kamfört*
comfortable **kamfortabl**
comforter **kamforter**
comfy **kamfi**
comic **komik** *kamik*
comical **komikal**
coming **kaming**
comma **komma** *kamma*
command **kommaand** *kommäänd*
commandant **komandant**
commandeer **komandiir**
commander **kommaander**
　　　kommäänder
commando **kommando** *kommändo*
commemorate **kommemoreit**
commence **kommenss**
commend **kommend**
commendable **kommendabl**
commendation **kommendeishon**
commensurate **kommensurat**
comment **komment** *kament*
commentary **komentäri**
commentator **komenteitor**
commerce **kommörs**
commercial **kommöörshal**
commie **kammi**
commingle **komingl**
commiserate **komisereit**
commissar **komisar**
commissary **komisari**
commission **kommishon**
commissionaire **kommishonär**
commisssioner **kommishoner**
commit **kommit**
committee **komitti**
commode **kommoud**
commodity **kommoditi**
commodore **komodor**
common **kommon**
commotion **kommoushon**
communal **komjuunal**
commune (v) **komjuun**

commune (n) **komjun**
communicable **komjunikabl**
communicate **komjunikeit**
communication **komjunikeishon**
communicative **komjunikeitiv**
communion **komjuunion**
communique **komjunikee**
communism **kommunism**
　　komjunism
communist **kommunist** *komjunist*
community **komjuuniti**
commutation **komjuteishon**
commutator **komjuteitor**
commute **komjuut**
compact **kompäkt** *kampäkt*
compaction **kompäkshon**
compactor **kompäktor**
companion **kompänion**
company **kompani** *kampani*
comparable **kompäärabl** *komparabl*
comparative **kompärativ**
compare **kompäär**
comparison **kompärison**
compartment **kompaartment**
compartmentalize
　　kompaartmentalais
compass **kompas** *kampas*
compassion **kompäshon**
compatible **kompätibl**
compatriot **kompeitriot**
compel **kompell** *kompel*
compendium **kompendium**
compensate **kompenseit**
compensation **kompenseishon**
compensatory **kompensatori**
compete **kompiit**
competence **kompetens**
competent **kompetent**
competition **kompetishon**
competitive **kompetitiv**
competitor **kompetitor**
compilation **kompileishon**
compile **kompail**
complacent **kompleishent**

complain **komplein**
compleat **kompliit**
complement **komplement**
complete **kompliit**
completion **kompliishon**
complex **kompleks**
complexion **komplekshon**
compliance **komplaians**
complicate **komplikeit**
complication **komplikeishon**
complicity **komplissiti**
compliment **kompliment**
complimentary **komplimentari**
comply **komplai**
component **kompoonent**
compose **kompous**
composite **kompoosit**
composition **komposishon**
compost **kompost**
compote **kompout**
compound **kompaund**
comprehend **komprihend**
comprehensible **komprihensibl**
comprehension **komprihenshon**
compress (v) **kompress**
compress (n) **kompres**
compression **kompreshon**
compressor **kompressor**
comprise **komprais**
compromise **kompromais**
comptroller **kontroller** *komptroller*
compulsion **kompalshon**
compulsive **kompalsiv**
compulsory **kompalsori**
compunction **kompankshon**
computation **kompjuteishon**
compute **kompjuut**
computer **kompjuuter**
computerize **kompjuuterais**
comrade **kamrad** *kamräd*
con **kon**
concatenate **konkäteneit**
concave **konkeiv**
conceal **konsiil**

concede **konsiid**
conceit **konsiit**
conceivable **konsiivabl**
conceive **konsiiv**
concentrate **konsentreit**
concentration **konsentreishon**
concentric **konsentrik**
concept **konsept**
conception **konsepshon**
concern **konsöörn**
concert **konsert** *konsört*
concertina **konsertiina**
concerto **konserto** *konsörto*
concession **konseshon**
concierge **konsierdsh**
conciliate **konsilieit**
concise **konsais** *konsaiss*
conclave **konkleiv**
conclude **konkluud**
conclusion **konkluushon**
conclusive **konkluusiv**
concoct **konkokt**
concoction **konkokshon**
concomitant **konkomitant**
concord **konkord**
concordance **konkoordans**
concourse **konkoors**
concrete **konkriit**
concubine **konkjubain**
concur **konköör**
concurrent **konkörrent**
concussion **konkashon**
condemn **kondemm**
condensation **kondenseishon**
condense **kondenss**
condenser **kondenser**
condescend **kondesend**
condescension **kondesenshon**
condiment **kondiment**
condition **kondishon**
conditional **kondishonal**
conditioner **kondishoner**
condo **kondo**
condole **kondoul**

condolence **kondoulens**
condom **kondom**
condominium **kondominium**
condone **kondoun**
condor **kondor**
conduce **konduus** *konduuss*
conduct **kondakt**
conduction **kondakshon**
conductivity **kondaktiviti**
conductor **kondaktor**
conduit **konduit**
cone **koun**
confab **konfäb**
confection **konfekshon**
confectionery **konfekshoneri**
confederacy **konfederasi**
confederate **konfederat**
confer **konfer** *konföör*
conferee **konferii**
conference **konferens**
confess **konfess**
confession **konfeshon**
confetti **konfeti**
confidant **konfidant**
confide **konfaid**
confidence **konfidens**
confidential **konfidenshal**
configuration **konfigjureishon**
configure **konfigjur**
confine **konfain**
confirm **konföörm**
confirmation **konförmeishon**
confiscate **konfiskeit**
conflict **konflikt**
confluence **konfluens**
conform **konfoorm**
conformation **konformeishon**
conformist **konfoormist**
conformity **konfoormiti**
confound **konfaund**
confront **konfront**
confrontation **konfronteishon**
confuse **konfjuus**
confusion **konfjuushon**

confute **konfjuut**
conga **konga**
congeal **kondshiil**
congenial **kondshiinial**
congenital **kondshenital**
congest **kondshest**
congestion **kondshestshon**
conglomerate **konglomerat**
congratulate **kongrätshuleit**
congratulation **kongrätshuleishon**
congregate **kongregeit**
congregation **kongregeishon**
congress **kongres**
congressman **kongresmän**
congruent **kongruent**
conical **konikal**
confer **konifer**
conjecture **kondshektshör**
conjoin **kondshoin**
conjugal **kondshugal**
conjugate **kondshugeit**
conjugation **kondshugeishon**
conjunct **kondshankt**
conjunction **kondshankshon**
conjunctivitis **kondshanktivaitis**
conjuration **kondshureishon**
conjure **kondshuur**
conk **konk**
connect **konnekt**
connection **konnekshon**
connectivity **konnektiviti**
connivance **konnaivans**
connive **konnaiv**
connoisseur **konosöör**
connotation **konnouteishon**
connote **konnout**
connubial **konnuubial**
conquer **konker**
conqueror **konkeror**
conquest **konkwest**
conquistador **konkistador**
conscience **konshiens** *konshens*
conscientious **konshienshos**
conscious **konshios**

71

conscript **konskript**
conscription **konskripshon**
consecrate **konsekreit**
consecutive **konsekjutiv**
consensus **konsensus**
consent **konsent**
consequence **konsekwens**
consequential **konsekwenshal**
conservancy **konsöörvansi**
conservatism **konsöörvatism**
conservative **konsöörvativ**
conservatory **konsöörvatori**
conserve **konsöörv**
consider **konsider**
consideration **konsidereishon**
consign **konsain**
consist **konsist**
consistency **konsistensi**
consistory **konsistori**
consolation **konsoleishon**
console **konsoul**
consolidate **konsolideit**
consommé **konsomee**
consonance **konsonans**
consonant **konsonant**
consort **konsoort**
consortium **konsoortium**
  konsoorshium
conspicuous **konspikjuos**
conspiracy **konspirasi**
conspire **konspair** *konspaier*
constable **konstabl**
constabulary **konstabulari**
  konstäbjuläri
constant **konstant**
constellation **konsteleishon**
consternation **konstörneishon**
constipate **konstipeit**
constipation **konstipeishon**
constituency **konstitshuensi**
constitute **konstituut** *konstitut*
constitution **konstituushon**
constitutional **konstituushonal**
constrain **konstrein**

constrict **konstrikt**
constriction **konstrikshon**
construct **konstrakt**
construction **konstrakshon**
consul **konsul**
consulate **konsulat**
consult **konsalt**
consultant **konsaltant**
consultation **konsalteishon**
consume **konsuum**
consumerism **konsuumerism**
consummate **konsumeit**
consumption **konsampshon**
contact **kontakt**
contagion **konteidshon**
contagious **konteidshos**
contain **kontein**
containerize **konteinerais**
containment **konteinment**
contaminate **kontämineit**
contamination **kontämineishon**
contemplate **kontempleit**
contemporaneous **kontemporeinios**
contemporary **kontemporäri**
contempt **kontempt**
contemptuous **kontemptshuos**
contend **kontend**
content **kontent**
contentious **kontenshos**
contessa **kontessa**
contest **kontest**
context **kontekst**
contiguity **kontigjuiti**
contiguous **kontigjuos**
continent **kontinent**
contingency **kontindshensi**
continually **kontinjuali**
continuance **kontinjuans**
continuation **kontinjueishon**
continue **kontinju**
continuing **kontinjuing**
continuity **kontinjuiti**
continuous **kontinjuos**
continuum **kontinjuum**

contort **kontoort**
contortionist **kontoorshonist**
contour **kontuur**
contra- **kontra-**
contraband **kontrabänd**
contrabass **kontrabeiss**
contraception **kontrasepshon**
contract **kontrakt** *kanträkt*
contraction **konträkshon**
contractor **kontraktor** *kanträktör*
contractual **kontraktshual**
  kanträkshual
contradict **kontradikt**
contradiction **kontradikshon**
contrarian **kontrarian** *konträärian*
contrary **kontrari** *konträri*
contrast **kontrast** *konträst*
contravene **kontraviin**
contribute **kontribjut**
contrite **kontrait**
contrivance **kontraivans**
contrive **kontraiv**
control **kontrol**
controlled **kontrold**
controller **kontroller**
controversial **kontrovöörshal**
controversy **kontrovörsi**
controvert **kontrovört**
contusion **kontuushon** *kontuushn*
conundrum **konandrum**
convalesce **konvaless**
convalescent **konvalessent**
convection **konvekshon**
convene **konviin**
convenience **konviiniens**
convent **konvent**
convention **konvenshon** *konventshon*
conventional **konvenshonal**
conventioneer **konvenshoniir**
conventual **konventshual**
  konvenshual
converge **konvöördsh**
convergence **konvöördshens**
conversant **konvöörsant**

conversation **konvörseishon**
  konverseishon
converse **konvöörs**
conversion **konvöörshon**
convert (v) **konvöört**
convert (n) **konvört**
converter **konvöörter**
convertible **konvöörtibl**
convex **konveks**
convey **konvei**
conveyance **konveians**
convict **konvikt**
conviction **konvikshon**
convince **konvinss**
convivial **konvivial**
convocation **konvokeishon**
convoke **konvouk**
convolute **konvoluut**
convolution **konvoluushon**
convoy **konvoi**
convulse **konvals**
convulsion **konvalshon**
coo **kuu**
cook **kuk**
cookery **kukeri**
cookie **kuki**
cooking **kuking**
cookout **kukaut**
cool **kuul**
coolant **kuulant**
coolie **kuuli**
coolly **kuulli**
coon **kuun**
coop **kuup**
cooperative **kooperativ**
coordinate (v) **koordineit**
coordinate (n) **koordinat**
coordination **koordineishon**
coordinator **koordineitor**
coot **kuut**
cop **kop**
cope **koup**
copier **kopier**
copilot **kopailot**

coping **kouping**
copious **koupios**
copper **koper**
copra **kopra**
copter **kopter**
copula **kopjula**
copulate **kopjuleit**
copy **kopi**
copyright **kopirait**
copyrighter **kopiraiter**
copywriter **kopiraiter**
coquette **kokett**
coral **koral**
cord **koord**
cordial **koordshial** *koordshal*
cordiality **koordshialiti** *koordshäliti*
cordless **koordles**
cordon **koordon**
corduroy **korduroi**
core **koor**
coriander **koriänder**
cork **kork** *koork*
corkage **korkidsh**
corker **korker**
corkscrew **korkskru**
cormorant **kormorant**
corn **korn** *koorn*
cornea **koornia**
corner **koorner**
cornerstone **koornerstoun**
cornet **koornet**
cornice **koornis**
cornucopia **kornukoupia**
corny **koorni**
corolla **korolla**
corona **korouna**
coronary **koronäri** *koroneri*
coronation **koroneishon**
coroner **koroner**
coronet **koronet**
corporal **korporal** *koorporal*
corporate **korporat** *koorporat*
corporation **korporeishon**
    koorporeishon

corps **koor**
corpse **koorps**
corpulent **korpjulent**
corpus **korpus**
corpuscle **korpassl** *korpasl*
corral **korräl** *koräl*
correct **korrekt** *korekt*
correctional **korrekshonal**
    korekshonal
correlate **korreleit**
correlation **korreleishon**
correspond **korrespond**
corridor **korridor** *koridor*
corroborate **korroboreit**
corrode **korroud**
corrosion **korroushon**
corrugated **korrugeited**
corrupt **korrapt**
corruption **korrapshon**
corsage **korsaash**
corsair **korsär**
corselet **korslet**
corset **korset**
cortege **korteesh**
cortex **korteks**
corticoid **kortikoid**
corticosteroid **kortikosteroid**
cortisone **kortisoun**
corundum **korundum**
corvette **korvett**
cosign **kosain**
cosine **kosain**
cosmetic **kosmeetik**
cosmetology **kosmetolodshi**
cosmic **kosmik**
cosmology **kosmolodshi**
cosmonaut **kosmonoot**
cosmopolitan **kosmopolitan**
cosmos **kosmos**
cosponsor **kosponsor**
cost **kost**
costar **kostar**
costly **kostli**
costume **kostum** *kostjum*

cot **kot**	cove **kouv**
cotillion **kotilljon**	covenant **kovenant**
cottage **kotidsh**	cover **kaver**
cotton **kotton**	coverage **kaveridsh**
cottontail **kottonteil**	covert **kouvört** *kouvert*
couch **kautsh**	covet **kavet**
cougar **kuugar**	covey **kavi**
cough **koof**	cow **kau**
could **kud**	coward **kauard** *kauörd*
coulee **kuuli**	cowboy **kauboi**
council **kaunsil**	cowgirl **kaugörl**
counsel **kaunsel**	cowhide **kauhaid**
counselor **kaunselor**	cowl **kaul**
count **kaunt**	cowlick **kaulik**
countenance **kauntenans**	cowpoke **kaupouk**
counter **kaunter**	coxswain **kokswein** *koksn*
counterfeit **kaunterfit**	coy **koi**
countermand **kauntermänd**	coyote **kaiouti**
countervail **kaunterveil**	cozy **kousi**
countess **kauntes**	crab **kräb**
countless **kauntles**	crabbed **kräbd**
country **kantri**	crabby **kräbi**
county **kaunti**	crack **kräk**
coup **kuu**	cracker **kräker**
coupe **kuup**	crackle **kräkl**
coupé **kupee**	cradle **kreidl**
couple **kapl**	craft **kräft**
coupler **kapler**	craftsman **kräftsmän**
coupling **kapling**	crag **kräg**
coupon **kuupon**	craggy **krägi**
courage **köridsh**	cram **kräm**
courier **kuurier**	cramp **krämp**
course **koors**	cranberry **kränberri**
court **koort**	crane **krein**
courtesan **kortesan**	cranium **kreinium**
courtesy **köörtesi**	crank **kränk**
courtly **koortli**	crankshaft **kränkshäft**
courtship **koortship**	crap **kräp**
cousin **kasin** *kasn*	crape **kreip**
couth **kuuth**	crapper **kräper**
couture **kuutör**	crappie **kräpi**
couturier **kuutörier**	craps **kräps**
covalence **koveilens**	crash **kräsh**
covariance **kovärians**	crass **kräss**

crate **kreit**
crater **kreiter**
cravat **krävätt**
crave **kreiv**
craw **kroo**
crawl **krool**
crayon **kreion**
craze **kreis** *kreiz*
crazy **kreisi**
creak **kriik**
cream **kriim**
creamery **kriimeri**
crease **kriiss**
create **krieit**
creation **krieishon**
creative **krieitiv**
creativity **krieitiviti**
creature **kriitshör**
creche **kresh**
credence **kriidens**
credential **kredenshal**
credenza **kredensa**
credibility **kredibiliti**
credible **kredibl**
credit **kredit**
credo **kriido**
credulity **kreduliti**
credulous **kredjulos**
creed **kriid**
creek **kriik** *krik*
creep **kriip**
cremate **krimeit**
cremation **krimeishon**
crematorium **krematoorium**
crenshaw **krenshoo**
crenulation **krenjuleishon**
creole **kriol**
creosol **kriosol**
creosote **kriosout**
crepe **kreep** *kreip*
crescendo **kreshendo** *kressendo*
crescent **kressent**
crest **krest**
cretin **kriitin**

crevasse **kreväss**
crevice **krevis**
crew **kruu**
crib **krib**
cribbage **kribidsh**
crick **krik**
cricket **kriket**
crier **kraier**
crime **kraim**
criminal **kriminal**
criminalize **kriminalais** *kriminalaiz*
criminology **kriminolodshi**
crimp **krimp**
crimson **krimson**
cringe **krindsh**
crinkle **krinkl**
cripple **kripl**
crisis **kraisis**
crisp **krisp**
crisper **krisper**
crisscross **kriskros** *krisskross*
criterion **kraitiirion**
critical **kritikal**
criticize **kritisais** *kritisaiz*
critique **kritiik**
critter **kriter**
crochet **kroshee**
crock **krok**
crockery **krokeri**
crocodile **krokodail**
crocus **kroukus**
croft **kroft**
croissant **kroisaant** *krwasaant*
crone **kroun**
crony **krouni**
cronyism **krouniism**
crook **kruk**
crooked **kruked**
croon **kruun**
crop **krop**
cropper **kroper**
croquet **krokee** *kroukee*
croquette **krokett** *kroukett*
cross **kross**

crossing **krossing**
crotch **krotsh**
crotchety **krotsheti**
crouch **krautsh**
croup **kruup**
croupier **kruupier**
crouton **kruuton**
crow **krou**
crowd **kraud**
crown **kraun**
crucial **kruushal**
crucible **kruusibl**
crucifix **kruusifiks**
crucify **kruusifai**
crud **krad**
crude **kruud**
cruel **kruel**
cruelty **kruelti**
cruise **kruus**
cruiser **kruuser**
crumb **kramb** *kram*
crumble **krambl**
crumbly **krambli**
crummy **krammi** *krami*
crump **kramp**
crumple **krampl**
crunch **krantsh**
crusade **kruseid**
crush **krash**
crust **krast**
crustacean **krasteishan**
crutch **kratsh**
crux **kraks**
cry **krai**
crying **kraiing**
cryogen **kraiodshen**
cryonics **kraiooniks**
crypt **kript**
cryptic **kriptik**
cryptography **kriptoografi**
crystal **kristal** *kristl*
crystallize **kristalais**
cub **kab**
cubbyhole **kabihoul**

cube **kjuub**
cubic **kjuubik**
cubicle **kjuubikl**
cubism **kuubism**
cuckold **kakold**
cuckoo **kuku**
cucumber **kjukamber**
cud **kad**
cuddle **kadl**
cudgel **kadshel**
cue **kju**
cuff **kaf**
cuisine **kwisiin**
cull **kal**
culminate **kalmineit**
culmination **kalmineishon**
culottes **kulots**
culpable **kalpabl**
culprit **kalprit**
cult **kalt**
cultivate **kaltiveit**
cultural **kaltshöral**
culture **kaltshör**
culvert **kalvört**
cum **kam**
cumbersome **kambersam**
cumulate **kjuumjuleit**
cumulus **kjuumjulus** *kjuumjulös*
cunnilingus **kannilingus**
cunning **kanning**
cunt **kant**
cup **kap**
cupboard **kabord** *kapboord*
cupid **kjuupid**
cupola **kjuupola**
cur **köör**
curable **kjuurabl**
curate **kjuureit**
curator **kjuureitor**
curb **köörb**
curd **köörd**
curdle **köördl**
cure **kjuur**
curette **kjurett**

curfew **köörfju**
curia **kjuuria**
curiosa **kjurioosa**
curiosity **kjuriositi**
curious **kjuurios**
curl **köörl**
currant **körrant**
currency **körrensi**
current **körrent**
curriculum **körrikjulum** *kurrikjulum*
curry **körri**
curse **köörs**
cursive **köörsiv**
cursor **köörsor**
curt **köört**
curtail **körteil**
curtain **köörtn** *köörtan*
curtsy **köörtsi**
curvaceous **körveishos**
curvature **köörvatshör** *köörvatshur*
curve **köörv**
cushion **kushon** *kushn*
cusp **kasp**
cuss **kass**
custard **kastard** *kastörd*
custodial **kastoudial**
custodian **kastoudian**
custody **kastodi**
custom **kastom**
customary **kastomeri**
customer **kastomer**
customize **kastomais**
customs **kastoms**
cut **kat**
cute **kjuut**
cuticle **kjuutikl**
cutlass **katläs**
cutlery **katleri**
cutlet **katlet**
cutoff **katoff**
cutout **kataut**
cutter **katter**
cutting **katting**
cyan **saiän**

cyanide **saiänaid**
cyber- **saiber-**
cybernetics **saibernetiks**
cycle **saikl**
cyclic **siklik** *saiklik*
cyclist **saiklist**
cycloid **saikloid**
cyclone **saikloun**
cyclops **saiklops**
cyclotron **saiklotron**
cylinder **silinder**
cymbal **simbal**
cynic **sinik**
cynicism **sinisism**
cypress **saipres**
cyst **sist**
cystitis **sistaitis**
cytology **saitolodshi**
czar **tsaar**

D

dab **däb**
dabble **däbl**
dabbling **däbling**
dacha **datsha**
dachshund **dakshund**
dactyl **däktil**
dactylology **däktilolodshi**
dad **dääd**
Dada
dadaism
daddy **dädi**
dado **deido**
daedal **diidal** *daidal*
daemon **diimon**
daffodil **däfodil**
daffy **däfi**
daft **däft**
dagger **däger**
dago **deigo**
dah **daa**
dahlia **daalia**
daily **deili**
dainty **deinti**
daiquiri **däkri**
dairy **dääri** *deeri*
daisy **deisi**
dale **deil**
dalles **däls**
dam **däm**
damage **dämidsh**
damask **dämäsk**
dame **deim**
dammit **dämit** *dämmit*
damn **däm**
damned **dämd**
damp **dämp**
damsel **dämsel**
dance **dääns** *däns*
dancercise **däänsersais**

dandelion **dändelaion**
dander **dänder**
dandruff **dändraf**
dandy **dändi**
dang **däng**
danger **deindshör**
dangerous **deindshöros**
dangle **dängl**
dank **dänk**
dap **däp**
dapper **däper**
dapple **däpl**
dare **däär** *deer*
dark **daark**
darkness **daarknes**
darling **daarling**
darn **daarn**
dart **daart**
dash **däsh**
dashboard **däshboord**
dashing **däshing**
dastardly **dästardli**
data **deita** *dääta*
date **deit**
dativ **deitiv**
datum **deitum** *däätum*
daub **doob**
daughter **dooter**
daunt **doont**
davit **dävit**
dawdle **doodl**
dawn **doon**
day **dei**
daylight **deilait**
daze **deiz**
dazzle **däzl**
deacon **diikon**
deactivate **diäktiveit**
dead **ded**
deaden **deden** *dedn*
deadpan **dedpän**
deaf **def**
deafening **defening**
deal **diil**

dean **diin**
dear **dier** *diir*
death **deth**
debacle **debaakl** *dibäkl*
debark **dibaark**
debase **dibeis**
debatable **dibeitabl**
debate **dibeit** *debeit*
debauch **dibootsh**
debenture **dibentshör**
debilitating **dibiliteiting**
debit
debonair **debonäär**
debone **diboun**
debrief **dibriif**
debris **debrii**
debt **det**
debug **dibag**
debunk **dibank**
debut **debjuu**
debutante **debjutant** *debjutaant*
decade **dekeid**
decadence **dekadens**
decaf **dikäf**
decaffeinated **dikäfeneited**
decal **dikäl**
decanter **dikänter**
decapitate **dikäpiteit**
decathlon **dikäthlon**
decay **dikei**
decaying **dikeiing**
decease **disiis**
deceit **dissiit** *disiit*
deceive **dissiiv** *disiiv*
decelerate **diselereit**
December **Disember** *Dissember*
decency **diisensi**
decent **diisent**
decentralize **disentralais**
deception **disepshon**
deceptive **diseptiv**
decibel **dessibel**
decide **dissaid**
deciduous **disidshuos**

decimal **dessimal**
decimate **dessimeit**
decipher **disaifer**
decision **disishon** *desishon*
decisive **disaisiv**
deck **dek**
declaim **dekleim** *dikleim*
declamation **deklameishon**
declarant **deklarant** *diklärant*
declaration **deklareishon**
declare **dekläär** *dikläär*
declassify **diklässifai**
declaw **dikloo**
declension **diklenshon**
declination **deklineishon**
decline **diklain**
decode **dikoud**
decolletage **dekoltaash**
decolleté **dekoltee**
decolonize **dikolonais**
decommission **dikomishon**
decompiler **dikompailer**
decompose **dikompous**
decompress **dikompres**
decompression **dikompreshon**
decongestant **dikondshestant**
deconstruct **dikonstrakt**
decontanimate **dikontämineit**
decontrol **dikontrol**
decor **dekoor**
decorate **dekoreit**
decoration **dekoreishon**
decorous **dekoros**
decorum **dekoorum** *dikoorum*
decoupage **dekopaash**
decouple **dikapl**
decoy **dikoi**
decrease **dikriiss** *dikriis*
decree **dikrii**
decrement **dekrement**
decrepit **dikrepit**
dedicate **dedikeit**
dedication **dedikeishon**
deduce **diduuss**

deductible **didaktibl**
deduction **didakshon**
deed **diid**
deem **diim**
deemphasize **diemfasais**
deenergize **dienerdshais**
deep **diip**
deepen **diipen**
deer **diir**
deface **difeis**
defame **difeim**
default **difoolt** *defoolt*
defeat **difiit**
defecate **defekeit** *defökeit*
defect **difekt**
defective **difektiv**
defend **difend**
defendant **difendant**
defense **difens**
defensive **difensiv**
defer **diför**
deference **deferens**
defiance **difaians**
defiant **difaiant**
defibrillate **difibrileit**
deficiency **difishensi**
deficient **difishent**
deficit **defisit**
defile **difail**
define **difain**
definite **definit**
definition **definishon**
definitive **difinitiv**
deflate **difleit**
deflation **difleishon**
deflect **diflekt**
deflection **diflekshon**
defog **difoog**
defogger **difooger**
defoliate **difolieit**
deform **difoorm**
deformation **diformeishon**
   deformeishon
deformity **difoormiti**

defragment **difrägment**
defraud **difrood**
defray **difrei**
defrost **difrost**
deft
defunct **difankt**
defuse **difjuus**
defy **difai**
degeneracy **didshenerasi**
degenerate **didshenereit**
degradable **digreidabl**
degradation **degradeishon**
degree **digrii**
degression **digreshon**
dehumanize **dihjuumanais**
dehydrate **dihaidreit**
dehydration **dihaidreishon**
deicer **diaisser**
deify **diifai**
deign **dein**
deism **diism**
deity **diiti**
déjavu **deshavuu**
dejected **didshekted**
dejection **didhekshon**
deke **diik**
delay **dilei**
delectable **dilektabl**
delegate **delegeit**
delegation **delegeishon**
delegitimize **diledshitimais**
delete **diliit**
deleterious **deletiirios**
deletion **diliishon**
deli
deliberate **deliberat**
deliberation **delibereishon**
delicacy **delikasi**
delicate **delikat**
delicatessen **delikatessen**
delicious **delishos**
delight **dilait**
delimit **dilimit**
delineate **dilinieit**

delinquency **dilinkwensi**
delirious **dilirios**
delirium **dilirium**
deliver **diliver** *deliver*
deliverance **diliverans**
delouse **dilaus**
delta
delude **diluud**
deluge **deljudsh**
delusion **diluushon**
delusory **diluusori**
deluxe **dilaks**
delve **delv**
demagnetize **dimägnetais**
demagogue **demagog**
demand **dimäänd**
demarcation **dimarkeishon**
demean **dimiin**
demented **dimented**
dementia **dimenshia** *dimensha*
demerit **dimerit**
demigod
demilitarize **dimilitarais**
demise **dimais**
demitasse **demitas**
demo
demobilize **dimoubilais**
democracy **demokrasi** *demokkrassi*
democrat **demokrat**
democratize **demokratais**
demodulate **dimodshuleit**
demographic **demogräfik**
demolish **dimolish** *demolish*
demon **diimon**
demonic **dimoonik**
demonize **diimonais**
demonstrable **demonstrabl** *dimonstrabl*
demonstrate **demonstreit**
demonstrative **demonstrativ**
demoralize **dimooralais**
demote **dimout**
demotion **dimoushon**
demotivate **dimoutiveit**

demount **dimaunt**
demur **dimöör**
demure **dimjuur** *demjuur*
den
denaturalize **dinätshuralais**
denature **dineitshör**
dendrite **dendrait**
dendroid
denial **dinaial**
denigrate **denigreit**
denim
denizen **denisen**
denomination **dinomineishon**
denominator **dinomineitor**
denote **dinout**
denounce **dinauns**
dense **denss**
density **densiti**
dent
dental
denticle **dentikl**
dentifrice **dentifris**
dentine **dentiin**
dentist
dentistry **dentistri**
denture **dentshör**
denude **dinuud**
deny **dinai**
deodorant **dioudorant**
deodorize **dioudorais**
depart **dipaart**
department **dipaartment**
departmentalize **dipaartmentalais**
departure **dipaartshör**
depend **dipend**
dependency **dipendensi**
dependent **dipendent**
depict **dipikt**
deplane **diplein**
deplore **diploor**
deploy **diploi**
deport **diport**
deportment **diportment**
depose **dipous**

deposit **dipoosit**
deposition **deposishon**
depository **dipoositori** *depoositori*
depot **depo**
depraved **dipreivd**
depravity **dipräviti**
deprecate **deprekeit**
depreciate **dipriishieit**
depreciation **dipriishieishon**
depress **dipress**
depression **dipreshon**
deprivation **depriveishon**
deprive **dipraiv**
depth
deputize **depjutais**
deputy **depjuti**
derail **direil**
derailleur **direilör**
derange **direindsh**
derate **direit**
derby **döörbi**
deregulate **diregjuleit**
derelict **derelikt**
dereliction **derelikshon**
deride **diraid**
derision **dirishon**
derisive **diraissiv**
derivation **deriveishon**
derivative **derivativ**
derive **diraiv**
dermatitis **dörmataitis**
dermatology **dörmatolodshi**
dermis **dörmis** *döörmis*
derogate **derogeit**
derogatory **deroogatori**
derrick **derrik**
derriere **derrieer** *derriäär*
derringer **derrindsher**
derris
descend **dissend** *dessend*
descendant **dissendant**
descent **dissent**
descramble **diskrämbl**
describe **diskraib**

description **diskripshon**
desecrate **desekreit**
desegregate **disegregeit**
deselect **diselekt**
desensitize **disensitais**
desert (hot sandy area) **desört**
desert (abandon) **disöört**
desertion **disöörshon**
deserve **disöörv**
desiccant **desikänt**
desiccate **desikeit**
design **disain**
designate **designeit**
designee **designii**
desirable **disairabl**
desire **disair**
desirous **disairos**
desist
desk
desolate **desolat** *desolöt*
despair **dispäär**
desperado **desperaado**
desperate **desperat**
desperation **despereishon**
despicable **dispikabl**
despise **dispais**
despite **dispait**
despoil **dispoil**
despondent **dispondent**
despot
despotic **dispootik** *despootik*
dessert **dissöört**
destabilize **disteibilais**
destination **destineishon**
destine **destin**
destiny **destini**
destitute **destituut** *destitut*
destitution **destituushon**
destroy **distroi**
destroyer **distroier**
destruct **distrakt**
destruction **distrakshon**
desultory **desaltori**
detach **ditätsh**

detachment ditätshment
detail diteil
detain ditein
detainee diteinii
detainer diteiner
detect ditekt
detection ditekshon
detective ditektiv
detector ditektor
detent ditent
détente detaant
detention ditenshon
deter ditöör
detergent ditöördshent
deteriorate ditiirioreit
determinant ditöörminant
determinate ditöörmineit
determination ditöörmineishon
determine ditöörmin
deterrent ditöörent
detest ditest
dethrone dithroun
detonate detoneit
detonator detoneitor
detour dituur
detox ditoks
detract diträkt
detraction diträkshon
detriment
deuce duuss
deuterium dutiirium
devalue divälju
devastate devästeit
develop divelop
developer diveloper
development divelopment
deviance diivians
deviate diivieit
deviation diivieishon
device divaiss
devil *devl*
devious diiviös
devise divais
devoid divoid

devolution devoluushon
devolve divolv
devote divout
devotee divoutii
devotion divoushon
devour divaur
devout divaut
dew djuu
dewy duui
dexterity deksteriti
dexterous deksteros *dekstros*
dextral dekstral
dhoti douti
diabetes daiabiitis
diabetic daiabiitik
diabolical daiabolikal
diabolism daiääbolism *daiaabolism*
diacritic daiakritik
diadem daiadem
diagnose daiagnous
diagnosis daiagnousis
diagnostic daiagnostik
diagonal daiäägonal
diagram daiagräm
dial daial
dialect daialekt
dialectical daialektikal
dialogue daialog
dialysis daiälisis *daiälösis*
dialyze daialais
diameter daiäämeter
diamond daiamond
diapason daiapeison
diaper daiaper
diaphragm daiafräm
diarchy daiarki
diarrhea daiariia
diary daiari
diaspora daiaspora
diatom daiätom
diatonic daiatoonik
diatribe daiatraib
dibs
dice daiss

dicey **daissi**
dichotomy **daikaatomi**
dichromatic **daikromäätik**
dick **dik**
dicker **diker**
dictate **dikteit**
dictation **dikteishon**
dictator **dikteitor**
dictatorial **diktatoorial**
diction **dikshon**
dictionary **dikshonäri**
dictum **diktum**
did
didactic **daidäktik**
diddle **didl**
die **dai**
diehard **daihard**
dielectric **daielektrik**
diesel **diisel** *diisl*
diet **daiet**
dietetics **daietetiks**
dietitian **daietishan**
differ **difer**
difference **diferens**
different **diferent**
differential **diferenshal**
differentiate **diferenshieit**
difficult **difikalt** *difikult*
difference **differens**
dig **dig**
digest **daidshest**
digestion **daidshestshon**
digger **diger**
digit **didshit**
digital **didshital**
digitize **didshitais**
dignify **dignifai**
dignitary **dignitäri**
digraph **daigräf**
digress **daigress**
digression **daigreshon**
dike **daik**
dilate **daileit**
dilation **daileishon**

dildo
dilemma
diletante **diletaant**
diligence **dilidshens**
dill
dilute **dailuut**
dim
dime **daim**
dimension **dimenshon**
diminish
diminution **diminuushon**
diminutive **diminjutiv**
dimmer
dimple **dimpel** *dimpl*
dimwit
din
dinette **dainett**
ding
dingbat **dingbät**
dinghy **dingi**
dingo
dingy **dindshi**
dink
dinner
dinosaur **dainosoor**
dint
diocese **daiosis** *daiosiis*
diode **daioud**
diopter **daiopter**
diorama **daioraama**
dioxide **daioksaid**
dip
diphtheria **diftiiria** *difthiiria*
diphthong **diftong** *difthong*
diplex **daipleks**
diploma **diplooma**
diplomacy **diploomasi**
diplomat **diplomat** *diplomät*
diplomatic **diplomaatik** *diplomäätik*
dipole **daipoul**
dipper **diper** *dipper*
dipsomania **dipsomeinia**
dipstick **dipstik**
dire **dair**

direct **direkt**
direction **direkshon**
directive **direktiv**
directly **direktli**
director **direktor**
directory **direktori**
dirge **döördsh**
dirk **döörk**
dirndl *döörndl*
dirt **döört**
dis
disability **disäbiliti** *disöbiliti*
disable **diseibl**
disabuse **disöbjuus**
disaccord **disökoord**
disadvantage **disädväntidsh** *disadvaantidsh*
disagree **disägrii** *disögrii*
disappear **disäpiir**
disappointment **disäpointment**
disapprove **disäpruuv**
disarmament **disarmament**
disarray **disärrei**
disassemble **disässembl**
disaster **disäster**
disastrous **disästros**
disavow **disövau**
disband **disbänd**
disbar **disbaar**
disbelieve **disbiliiv**
disburse **disböörs**
discard **diskaard**
discern **dissöörn**
discharge **distshardsh**
disciple **dissaipl**
disciplinary **dissiplinäri**
discipline **dissiplin**
disclaim **diskleim**
disclose **disklous**
disclosure **diskloushör**
disco **disko**
discombobulate **diskombabjuleit**
discomfort **diskamfort**
disconcerting **diskonsöörting**

disconnect **diskonekt**
discontent **diskontent**
discontinue **diskontinju**
discontinuity **diskontinuuiti**
discord **diskord**
discount **diskaunt**
discourage **disköridsh**
discourse **diskors**
discover **diskaver**
discredit **diskredit**
discreet **diskriit**
discrepancy **diskrepansi**
discrete **diskriit**
discretion **diskreshon**
discretionary **diskreshonäri**
discriminate **diskrimineit**
discrimination **diskrimineishon**
discus **diskus**
discuss **diskass**
disdain **disdein**
disease **disiis**
disembark
disenchant **disentshäänt**
disengage **disengeidsh**
disentangle **disentängl**
disestablish **disestäblish**
disfavor **disfeivör**
disgrace **disgreiss**
disguise **disgais**
disgust **disgast**
dish
disharmony **dishaarmoni**
dishearten **dishaarten**
disheveled **disheveld**
dishonest **disonest**
dishonorable **disonorabl**
disillusion **disiluushon**
disinfect **disinfekt**
disingenuous **disindshenjuos**
disintegrate **disintegreit**
disinterested
disjoint **disdshoint**
disk
diskette **diskett**

86

dislike **dislaik**
dislocate **disloukeit**
dislodge **dislodsh** *dislaadsh*
disloyal **disloial**
dismal
dismantle **dismäntl**
dismay **dismei**
dismiss
dismount **dismaunt**
disobedience **disobiidiens**
disobey **disobei**
disorder
disparage **dispäridsh**
dispatch **dispätsh**
dispel **dispell**
dispensary **dispensari**
dispensation **dispenseishon**
dispense **dispens**
disperse **dispöörs**
displace **displeiss**
display **displei**
displease **displiis**
disposal **dispousal**
dispose **dispous**
disposition **disposishon**
disproportionate **dispropoorshonat**
disprove **dispruuv**
disputable **dispjuutabl**
dispute **dispjuut**
disregard **disrigaard**
disrespect **disrispekt**
disrobe **disroub**
disrupt **disrapt**
disruption **disrapshon**
dissect **dissekt**
dissemble **dissembl**
disseminate **dissemineit**
dissension **dissenshon**
dissent
dissertation **dissörteishon**
dissever **dissever**
dissident
dissimilar
dissipate **dissipeit**

dissolution **dissoluushon**
dissolve **dissolv**
dissonant
dissuade **disweid**
distance **distans**
distaste **disteist**
distemper
distend
distill
distillation **distilleishon**
distillery **distilleri**
distinct **distinkt**
distinction **distinkshon**
distinguish **distingwish**
distort **distoort**
distortion **distoorshon**
distract **disträkt**
distraction **disträkshon**
distraught **distroot**
distress **distress**
distribute **distribjut**
distribution **distribjuushon**
distributor **distribjutor**
district **distrikt**
distrust **distrast**
disturb **distöörb**
dit
ditch **ditsh**
dither
ditto **dito**
ditty **diti**
diuresis **daiuriisis**
diuretic **daiuretik**
diurnal **daiöörnal**
diva **diiva**
divan **diivan** *daivan*
dive **daiv**
diver **daiver**
diverge **divöördsh** *daivöördsh*
divergence **divöördshens**
diverse **divöörs**
diversity **divöörsiti**
divert **divöört**
divest *daivest*

divestiture **divestitshör**
divide **divaid**
dividend
divine **divain**
divinity **diviniti**
divisible **divisibl**
division **divishon**
divisive **divaissiv**
divisor **divaisor**
divorce **divoors**
divorcé **divorsee**
divorcée **divorsii**
divot
divulge **divaldsh**
divvy **divi**
dizzy **disi** *dizi*
do **du**
doable **duabl**
doc **dok**
docent **dousent**
docile **dousail**
dock **dok**
dockage **dokidsh**
docket **doket**
doctor **doktor**
doctorate **doktorat**
doctrinaire **doktrinäär**
doctrine **doktrin**
document **dokjument**
documentary **dokjumentari**
documentation **dokjumenteishon**
dodder **doder**
dodge **dodsh**
dodo *doudo*
doer **duer**
doesn't **dasn't**
doff **dof**
dog
dogged **doged**
doggone **dogon**
doggy **dogi**
dogma
dogmatic **dogmätik**
doily **doili**

doing **duing**
dolce **doltshe**
doldrums
dole **doul**
doll
dollar
dollop
dolly **dolli**
dolomite **dolomait**
dolor
dolphin **dolfin**
dolt
domain **domein**
dome **doum**
domestic **domestik**
domesticate **domestikeit**
domicile **domisail**
dominance **dominans**
dominant
dominate **domineit**
domineer **dominiir**
dominion
domino
don
donate **doneit**
donation **doneishon**
done **dan**
dong
donkey **donki**
donnybrook **donnibruk**
donor
don't *doun't*
doodad **duudääd**
doodle **duudl**
doohickey **duuhiki**
doom **duum**
door
doozy **duusi**
dopamine **dopamain**
dope **doup**
dopey **doupi**
dork
dorm
dormant

dormitory **dormitori**
dorsal
dory **dori**
dosage **dousidsh**
dose **dous**
dosimeter **dosimmiter**
dossier
dot
dote **dout**
dotted **doted**
dotty **doti**
double **dabl**
doublet **dablet**
doubt **daut**
doubtful **dautful**
doubtless **dautles**
douche **duush**
dough **dou**
doughnut **dounat**
dour **daur**
douse **daus**
dove (bird) **dav**
dove (past tense of dive) **douv**
dovetail **davteil**
dowager **dauadsher**
dowdy **daudi**
dowel **dauel**
dower **dauer**
down **daun**
downer **dauner**
download **daunloud**
downright **daunrait**
downstairs **daunstärs**
downtown **dauntaun**
downward **daunward**
downy **dauni**
dowry **dauri**
doze **dous** *douz*
dozen **dasn**
drab **dräb**
draconian **dreikounian**
draft **dräft**
draftee **dräftii**
drag **dräg**

draggy **drägi**
dragnet **drägnet**
dragonfly **drägonflai**
dragoon **dräguun**
drain **drein**
drainage **dreinidsh**
dram **dräm**
drama
dramatic **drämäätik** *dramaatik*
dramatize **drämätais** *dramatais*
drank **dränk**
drape **dreip**
drapery **dreiperi**
drastic **drästik**
drat **drät**
draught **dräft**
draw **droo**
drawer **drooer** *droor*
drawing **drooing**
drawl **drool**
drawn **droon**
dray **drei**
dread **dred**
dreadfully **dredfuli**
dream **driim**
dreamt **dremt**
dreary **driiri**
dreck **drek**
dredge **dredsh**
dredger **dredsher**
dregs
drench **drentsh**
dress
dresser
drew **dru**
drib
dribble **dribl**
driblet
drier **draier**
drift
driftage **driftidsh**
drifter
drill **dril** *drill*
drink

drinkable **drinkabl**
drinker
drip
drive **draiv**
drivel
driven
driver **draiver**
drogue **droug**
droit
droll **drol** *droll*
drone **droun**
drool **druul**
drop
droplet
dropout **dropaut**
droshky **droshki**
dross
drought **draut**
drove **drouv**
drown **draun**
drowse **draus**
drowsy **drausi**
drub **drab**
drudge **dradsh**
drudgery **dradsheri**
drug **drag**
drugged **dragd**
druggist **dragist**
drugstore **dragstoor**
drum **dram**
drummer **drammer** *dramer*
drunk **drank**
drunkard **drankard** *drankörd*
drunken **dranken**
druthers **drathers**
dry **drai**
dryer **draier**
dual
dualism
duality **dualiti** *duäliti*
dub **dab**
dubbing **dabing**
dubious **duubios**
duce **dutshe**

duchy **datshi**
duck **dak**
duct **dakt**
ductile **daktil**
dud **dad**
dude **duud**
duds **dads**
due **duu** *dju*
duel
duet
duff **daf**
duffel **dafl**
duffer **dafer** *daffer*
dug **dag**
dugout **dagaut**
duke **duuk**
dull **dall**
dullard **dallard**
duly **duuli**
duma
dumb **dam**
dumbbell **dambel**
dumbo **dambo**
dummy **dammi** *dami*
dump **damp**
dumpling **dampling**
dumps **damps**
dun **dan**
dunce **dans**
dune **duun**
dung **dang**
dungaree **dangarii**
dungeon **dandshon**
dunk **dank**
duo
duodenum **duodiinum**
dupe **duup**
duplet
duplex **dupleks**
duplicate **duplikeit**
duplication **duplikeishon**
duplicity **duplissiti**
durable **durabl** *duurabl*
duration **dureishon**

duress
during
dusk **dask**
dust **dast**
duster **daster**
dutiful
duty **duti**
duvet **duvee**
dwarf **dwoorf**
dwell
dwindle **dwindl**
dye **dai**
dying **daiing**
dynamic **dainämik**
dynamite **dainamait**
dynamo **dainamo**
dynamometer **dainamometer**
dynast **dainast**
dynasty **dainasti**
dyne **dain**
dys- **dis-**
dysentery **disenteri**
dysfunctional **disfankshonal**
dyslexia **disleksia**
dystrophy **distrofi**

E

each **iitsh**
eager **iiger**
eagle **iigl**
ear **ier** *iir*
earache **iireik**
earl **öörl**
early **öörli**
earmark **iirmark**
earn **öörn**
earner **öörner**
earpiece **iirpiiss**
earring **iirring**
earth **öörth**
earthen **öörthen**
earthquake **öörthkweik**
earwax **iirwäks**
ease **iis**
easel **iisel** *iisl*
easement **iisment**
easily **iisili**
east **iist**
Easter **Iister**
easterner **iisterner**
eastward **iistward** *iistwörd*
easy **iisi**
eat **iit**
eatable **iitabl**
eatery **iiteri**
eaves **iivs**
ebb **eb**
ebony **eboni**
ebullient *ibulljent*
eccentric **eksentrik**
eccentricity **eksentrissiti**
ecclesia **ekliisia** *ikliisia*
ecclesiastic **ekliisiästik**
echelon **eshelon**
echo **eko**
echocardiograph **ekokardiogräf**

echoencephalograph
    ekoensefalogräf
éclair **ekläär**
eclipse **eklips**
eco- **eko-**
ecocatastrophe **ekokätässtrofi**
ecology **ekolodshi** *ikolodshi*
economic **ekonoomik** *ekonomik*
economical **ekonoomikal**
economist **ekonomist**
economy **ekonomi**
ecotourism **ekotuurism**
ecstacy **ekstasi**
ecstatic **ekstäätik**
ecumenical **ekjumenikal**
eczema **eksema**
eddy **edi**
edelweiss **edelweiss**
edge **edsh**
edible **edibl**
edict **iidikt** *edikt*
edification **edifikeishon**
edifice **edifis**
edit **edit**
edition **edishon**
editor
editorialize **editoorialais**
educate **edjukeit** *edshukeit*
education **edjukeishon**
educator **edjukeitor**
educe **iduus**
eel **iil**
eerie **iiri**
efface **efeiss** *ifeiss*
effect **efekt** *ifekt*
effective **efektiv**
effectual **efektshual**
effeminate **efeminat** *ifeminöt*
effervesce **efervess**
effete **efiit** *ifiit*
efficacy **efikasi**
efficiency **efishensi**
efficient **efishent**
effigy **efidshi**

efflorescence **efloressens**
effluent **efluent**
effort *efort*
effortless **efortles**
effuse **efjuus** *ifjuus*
effusion **efjuushon**
egad **igääd**
egalitarian *igälitääriän*
egg **eg**
eggnog **egnog**
ego *iigo*
egoist
egotism
egotist
egregious **igriidshos**
egress **igres**
egret **igret**
eh **ee**
eider **aider**
eidetic **aidetik**
eigenvalue **aigenvälju**
eight **eit**
eighth **eith**
either **iither**
ejaculate **idshäkjuleit**
eject **idshekt**
ejector **idshektor**
elaborate **iläboreit**
élan **elaan**
elapse **iläps**
elastic **ilästik**
elasticity **ilästissiti**
elastomer **ilästomer**
elate **ileit**
elation **ileishon**
elbow **elbo** *elbou*
elder
elderly **elderli**
elect **elekt** *ilekt*
election **elekshon** *ilekshon*
electioneer **elekshoniir**
elector **elektor**
electoral **elektoral**
electric **elektrik** *ilektrik*

electrical **elektrikal**
electrician **elektrishan**
electricity **elektrisiti** *ilektrissiti*
electrify **elektrifai**
electro- **elektro-** *ilektro-*
electrocardiograph
    elektrokardiogräf
electrocute **elektrokjut**
electrode **elektroud**
electrolysis **elektrolisis**
electrolyte **elektrolait**
electromagnetic **elektromägnetik**
electrometer **elektrometer**
    elektroometer
electromotive **elektromoutiv**
electromyograph **elektromaiogräf**
electronics **elektroniks** *elektrooniks*
electroscope **elektroskoup**
electrostatic **elektrostätik**
elegant
elegiac **eliidshiak**
elegy **eledshi**
element
elemental
elementary **elementari**
elephant **elefant**
elephantiasis **elefantiasis**
elephantine **elefantin**
elevate **eleveit**
elevation **eleveishon**
elevator **eleveitor**
eleven **ileven** *eleven*
elf
elfin
elicit **elissit**
elide **ilaid**
eligible **elidshibl**
eliminate **elimineit**
elite **eliit**
elitism **eliitism**
elixir **iliksör**
elk
ell **el**
ellipse **elips**

ellipsis **elipsis**
ellipsoid **elipsoid**
elliptical **eliptikal**
elm
elocution **elokjuushon**
elongate **elongeit** *ilongeit*
elongation **elongeishon**
elope **eloup** *iloup*
eloquence **elokwens**
eloquent **elokwent**
else **els**
elsewhere **elswär**
elucidate **eluussideit** *iluussideit*
elude **eluud**
elusive **eluusiv**
elves **elvs**
emaciated **emeishieited** *imeishieited*
emanate **emaneit**
emanation **emaneishon**
emancipate **emänsipeit**
emasculate **emäskjuleit**
embalm **embaam**
embankment **embänkment**
embarcadero **embarkadeero**
embargo **embaargo**
embark **embaark**
embarrass **embäräs**
embarrassment **embäräsment**
embassy **embasi**
embattle **embätl**
embed
embellish
ember
embezzle **embessl**
embitter
emblazon **embleison**
emblem
emblematic **emblemäätik**
embodiment
embolden **emboulden**
embolism
emboss
embrace **embreiss**
embroidery **embroideri**

embroil
embryo **embrio**
emcee **emsii**
emerald
emerge **emöördsh** *imöördsh*
emergency **emöördshensi** *imöördshensi*
emeritus **emeritus** *imeritus*
emery **emeri**
emf
emigrant
emigrate **emigreit**
emigré **emigree**
eminent
emir
emirate **emirat** *emireit*
emissary **emisari** *emissari*
emission **emishon**
emit
emollient
emote **emout** *imout*
emoticon **emoutikon**
emotion **emoushon** *imoushn*
empathize **empathais**
empathy **empathi**
emperor
emphasis **emfasis**
emphasize **emfasais**
emphatic **emfäätik**
emphysema **emfösiima**
empire **empair**
empirical **empirikal**
emplacement **empleisment**
employ **emploi**
employee **emploii**
employer **emploier**
employment **emploiment**
emporium
empower **empauer**
empress **empres**
empty **empti** *emti*
emulate **emjuleit**
emulsifier **emalsifair** *imalsifaier*
emulsion **emalshon**

enable **eneibl** *ineibl*
enact **enäkt**
enamel **enämel** *inämel*
enamor **enäämor**
encage **enkeidsh**
encapsulate **enkäpsuleit**
encase **enkeiss**
encephalitis **ensefalaitis**
enchant **entshäänt**
enchilada **entshilaada**
encircle **ensöörkl**
enclave **enkleiv** *aankleiv*
enclose **enklous**
enclosure **enkloushör**
encode **enkoud**
encompass **enkompas**
encore **ankor** *aankoor*
encounter **enkaunter**
encourage **enköridsh**
encrouch **enkroutsh**
encrypt **enkript**
encumber **enkamber**
encumbrance **enkambrans**
encyclical **ensiklikal** *ensiklikl*
encyclopedia **ensaiklopiidia**
end
endanger **endeindshör**
endearing **endiiring**
endeavor **endevör**
endemic **endemik** *endeemik*
ending
endive **endaiv** *aandiiv*
endless **endles**
endocrine **endokrain**
endodontics **endodontiks**
endorse **endoors**
endorsement **endoorsment**
endothermic **endothörmik**
endow **endau**
endowment **endaument**
endurance **enduurans**
enema
enemy **enemi**
energetic **enerdshetik**

energize **enerdshais**
energy **enerdshi**
enervate **enerveit**
enfold **enfould**
enforce **enfoorss**
enfranchise **enfräntshais**
engage **engeidsh**
engagement **engeidshment**
engender **endshender**
engine **endshin**
engineer **endshiniir**
engineering **endshiniiring**
English *Inglish*
engorge **engoordsh**
engraft **engräft**
engrave **engreiv**
engross **engrouss** *engrous*
engulf **engalf**
enhance **enhääns**
enigma
enigmatic **enigmätik**
enjoin **endshoin**
enjoyment **endshoiment**
enlarge **enlaardsh**
enlighten **enlaiten**
enlightenment **enlaitenment**
enlist
enliven **enlaiven**
enmesh
enmity **enmiti**
enormity **enoormiti**
enormousness **enoormosnes**
enough **inaf**
enrage **enreidsh**
enrapt **enräpt**
enrapture **enräptshör**
enrich **enritsh**
enrobe **enroub**
enroll
enrollment
ensconce **enskons**
ensemble **ansambl** *ensembl*
enshrine **enshrain**
ensign **ensin**

enslave **enslaiv**
ensnare **ensnäär**
ensue **ensuu**
ensure **enshuur**
entail **enteil**
entangle **entängl**
entente **antaant** *entaant*
enter
enterprise **enterprais**
entertain **entertein**
enthalpy **enthälpi**
enthrall **enthrool**
enthuse **enthuus**
enthusiasm **enthuusiäsm**
entice **entaiss**
entire **entair**
entitle **entaitl**
entity **entiti**
entomb **entuum**
entomolodshi **entomolodshi**
entourage **anturaash** *entuuridsh*
entrails **entreils**
entrance **entrans**
entrap **enträp**
entrée **antre** *entri*
entrench **entrentsh**
entrepreneur **entreprenuur**
  antreprenuur
entropy **entropi**
entrust **entrast**
entry **entri**
entwine **entwain**
enumerate **enumereit** *inumereit*
enunciate **enansieit** *inansieit*
envelop **envelop**
envelope **enveloup**
enviable **enviabl**
envious **envios** *enviös*
environment **envaironment**
environs **envairons**
envisage **envisidsh**
envoy **envoi** *anvoi*
envy **envi**
enzyme **ensaim** *enzaim*

eolian **ioulian**
eon **ion** *iion*
epaulet **epolet**
ephemera **efemera**
epi- **epi-**
epic **epik**
epicenter **episenter**
epicure **epikjuur**
epidemic **epidemik**
epidemiology **epidemiolodshi**
epidermis **epidörmis** *epidöörmis*
epiglottis
epilepsy **epilepsi**
epilogue **epilog**
epiphany **epiffani**
episcopal **episkopal**
episode **episoud**
epistle **episl** *epissl*
epitaph **epitäf**
epithet
epitome **epitomi**
epitomize **epitomais** *epittomais*
epoch **epok**
epoxy **epoksi**
epsilon
equable **iikwabl**
equal **iikwal**
equality **ikwaliti** *iikwoliti*
equalize **iikwalais**
equally **iikwali**
equate **iikweit**
equation **iikweishon**
equator **ikweitor** *iikweitör*
equestrian **ikwestrian** *ekwestrian*
equi- **ekwi--**
equidistant **ekwidistant**
equilateral **ekwiläteral**
equilibrium **ekwilibrium**
equine **ekwin**
equinox **ekwinoks**
equip **ekwip**
equipment **ekwipment**
equitable **ekwitabl**
equity **ekwiti**

equivalent **ekwivalent**
equivocal **ekwivokal**
equivocate **ekwivokeit**
era
eradicate **irädikeit**
erase **ireis**
erasure **ireishör**
erect **erekt** *irekt*
erection **erekshon** *irekshon*
erector **erektor** *irektör*
erg *örg*
ergo *örgo*
ergonomics **ergonoomiks**
ermine **örmin**
erode **eroud** *iroud*
erogenous **erodshenos** *iradshönös*
erosion **eroushon**
erotic **erootik**
eroticism **erootisism**
err *öör*
errand
errant
erratic **erräätik**
erratum **erraatum**
erroneous **errouneos**
error
erstwhile **erstwail** *örstwail*
erudite **erudait**
erudition **erudishon**
erupt **erapt** *irapt*
eruption **erapshon** *irapshon*
erythema **erithiima**
escalade **eskaleid**
escalate **eskaleit**
escalator **eskaleitor**
escapade **eskapeid**
escape **eskeip**
escargot **eskargou**
escheat **estshiit**
eschew **estshuu**
escort **eskort**
escrow **eskrou**
escutcheon **eskatshon**
Eskimo

esophagus **esofagus**
esoteric **esoteerik**
especial **espeshal**
Esperanto
espionage **espionaash**
esplanade **esplanaad**
espouse **espaus**
espresso
esprit **esprii**
espy **espai**
esquire **eskwair**
essay **essei**
essence **essens**
essential **essenshal**
establish **estäblish**
estate **esteit**
esteem **estiim**
ester
esthetics **esthetiks**
estimate (v) **estimeit**
estimate (n) **estimet**
estimation **estimeishon**
Estonia
Estonian
estoppel
estrange **estreindsh**
estrogen **estrodshen**
estuary **estshuäri**
etch **etsh**
eternal **etöörnal**
eternity **etöörniti**
ethane **ethein**
ethanol
ether **iither**
ethereal **ethiirial**
ethical **ethikal**
ethics **ethiks**
ethnic **ethnik**
ethnology **ethnolodshi**
ethology **etholodshi**
ethos *iithos*
ethyl **ethöl** *ethl*
etiology **etiolodshi** *itiolodshi*
etiquette **etiket**

étude **etuud**
étui **etwii**
etymology **etimolodshi**
eucalyptus **jukaliptus**
euchre **juker** *juuker*
eugenics **judsheniks**
eulogize **julodshais**
eunuch **junuk**
euphemism **juufemism**
euphony **juufoni**
euphoria **jufooria**
eureka **juriika**
Euro *Juro*
eustachian **justäshian**
euthanasia **juuthaneisha**
evacuate **eväkjueit** *iväkjueit*
evacuation **eväkjueishon**
evacuee **eväkjuii**
evade **eveid** *iveid*
evaluate **eväljueit** *iväljueit*
evaluation **eväljueishon**
evangelical **evandshelikal**
  ivändshelikal
evaporate **eväporeit** *iväporeit*
evaporation **eväporeishon**
evasion **eveishon** *iveishon*
evasive **eveisiv**
eve **iiv**
even **iiven**
evening **iivning**
event *ivent*
eventuality **eventshuäliti**
ever
evergreen **evergriin**
everlasting **everläästing**
eversion **evöörshon** *ivöörshn*
evert **evöört** *ivöört*
every **evri**
everywhere **evriwär**
evict **evikt** *ivikt*
evidence **evidens**
evident
evil **iivl**
evince **evinss**

eviscerate **evissereit**
evocation **evokeishon**
evoke **evouk** *ivouk*
evolution **evoluushon**
evolve **evolv** *ivolv*
ewe **juu** *ju*
exacerbate **eksäserbeit**
exact **eksäkt** *iksäkt*
exaggerate **eksädshereit**
exalt **eksoolt**
exaltation **eksoolteishon**
exam **eksäm** *iksääm*
examination **eksämineishon**
examine **eksämin** *igsämin*
example **eksämpl** *igsämpl*
exasperate **eksäspereit**
excavate **ekskaveit**
exceed **eksiid**
excel **eksell**
excellence **ekselens**
except **eksept**
exception **eksepshon**
exceptional **eksepshonal**
excerpt **eksörpt**
excess **eksess**
excessive **eksessiv**
exchange **ekstsheindsh**
exchequer **ekstsheker**
excise **eksais**
excitable **eksaitabl**
excitation **eksiteishon**
excite **eksait**
excitement **eksaitment**
exclaim **ekskleim**
exclude **ekskluud**
exclusive **ekskluusiv** *ikskluusiv*
excommunicate **ekskomjunikeit**
excrement **ekskrement**
excrete **ekskriit**
excruciating **ekskruushieiting**
exculpate **ekskalpeit**
exculpatory **ekskalpatori**
excursion **ekskööoshon**
excuse **ekskjuus**

execrate **eksekreit**
execute **eksekjuut**
executive **eksekjutiv**
executor **eksekjutor**
exemplary **eksemplari**
exemplify **eksemplifai**
exempt **eksempt**
exemption **eksempshon**
exercise **eksersais**
exerciser **eksersaiser**
exert **eksöört**
exertion **eksöörshon**
exfoliate **eksfoulieit**
exhale **eksheil**
exhaust **ekshoost**
exhaustion **ekshoostshon**
exhibit **ekshibit**
exhibition **ekshibishon**
exhibitive **ekshibitiv**
exhilarate **ekshilareit** *igzilöreit*
exhort **ekshort** *igzoort*
exhume **ekshuum** *igzuum*
exigency **eksidshensi**
exile **eksail**
exist **eksist**
existence **eksistens**
existential **eksistenshal**
exit **eksit**
exonerate **eksonereit**
exorbitant **eksoorbitant**
exorcise **eksorsais**
exotic **eksootik**
expand **ekspänd**
expanse **ekspäns**
expansion **ekspänshon**
expatriate **ekspeitrieit** *ekspätrieit*
expect **ekspekt**
expectancy **ekspektansi**
expectation **ekspekteishon**
expectorant **ekspektorant**
expediency **ekspiidiensi**
expedient **ekspiidient**
expedite **ekspedait**
expedition **ekspedishon**

expel **ekspel**
expend **ekspend**
expendable **ekspendabl**
expenditure **ekspenditshör**
expense **ekspens**
expensive **ekspensiv**
experience **ekspiiriens**
experiment **eksperiment**
expert **ekspert** *ekspört*
expertise **ekspertiis**
expiate **ekspieit**
expire **ekspair**
explain **eksplein**
explanation **eksplaneishon**
explanatory **eksplanatori**
    iksplänötori
expletive **ekspletiv**
explicit **eksplissit**
explode **eksploud**
exploit **eksploit**
explore **eksploor**
explosion **eksploushon**
exponent **eksponent** *ekspounent*
exponential **eksponenshal**
export **eksport**
expose **ekspous**
exposé **eksposee**
exposition **eksposishon**
exposure **ekspoushör**
expound **ekspaund**
express **ekspress**
expression **ekspreshon**
expropriate **eksprouprieit**
expulsion **ekspalshon**
expunge **ekspandsh**
expurgate **ekspörgeit**
exquisite **ekskwisit**
extant **ekstant**
extemporaneous **ekstempreinios**
extemporize **ekstemporais**
extend **ekstend**
extension **ekstenshon**
extensive **ekstensiv**
extent **ekstent**

exterior **ekstiirior**
exterminate **ekstöörmineit**
external **ekstöörnal**
extinct **ekstinkt**
extinction **ekstinkshon**
extinguish **ekstingwish**
extol **ekstol** *ekstoul*
extort **ekstoort**
extortion **ekstoorshon**
extra **ekstra**
extract **eksträkt**
extraction **eksträkshon**
extradite **ekstradait**
extradition **ekstradishon**
extramural **ekstramjuural**
extraordinary **ekstraordineri**
extrapolate **eksträpoleit**
extravagance **ekstravagans**
    eksträvägäns
extravaganza **ekstravagansa**
    eksträvägänsä
extreme **ekstriim**
extremity **ekstremiti**
extricate **ekstrikeit**
extrinsic **ekstrinsik**
extrovert **ekstrovört**
extrude **ekstruud**
extrusion **ekstruushon**
exuberant **eksuuberant**
exude **eksuud**
exult **eksalt**
eye **ai**
eyebrow **aibrau**
eyelet **ailet**
eyelid **ailid**
eyesore **aisoor**

F

fable **feibl**
fabric **fäbrik**
fabrication **fäbrikeishon**
fabulous **fäbjulos**
facade **fasaad**
face **feiss**
facet **fässet**
facetious **fäsiishos**
facial **feishal** *feishl*
facile **fässil** *fässl*
facilitate **fässiliteit**
facilitator **fässiliteitor**
facility **fässiliti**
facing **feissing**
facsimile **fäksimili**
fact **fäkt**
faction **fäkshon**
factoid **fäktoid**
factor **fäktor**
factorial **fäktoorial**
factoring **fäktoring**
factory **fäktori**
factual **fäktshual** *fäkshual*
faculty **fäkulti**
fad **fäd**
fade **feid**
fag **fäg**
faggot **fägot**
fagot **fägot**
fail **feil**
failure **feiljör**
faint **feint**
fair **fäär**
fairway **fäärwei**
fairy **fääri**
faith **feith**
faithful **feithful**
fajitas **fahiitas**
fake **feik**

fakir **fakiir**
falafel
falcon **fälkon**
fall **fool**
fallacious **fäleishos**
fallacy **fällässi**
fallen **foolen**
fallible **fällibl**
fallout **foolaut**
fallow **fällou**
"false" **fools**
falsetto
falsies **foolsis**
falsify **foolsifai**
falsity **foolsiti**
falter **foolter**
fame **feim**
familiar **fämiliär**
familiarity **fämiliäriti**
familiarize **fämiliärais**
family **fämili**
famine **fämin**
famish **fämish**
famous **feimos**
fan **fän**
fanatical **fänäätikal**
fancier **fänsier**
fanciful **fänsiful**
fancy **fänsi**
fandango **fändängo**
fanfare **fänfär**
fang **fäng**
fanjet **fändshet**
fanny **fänni**
fantail **fänteil**
fantasia **fänteishia** *fänteisha*
fantastic **fäntästik**
fantasy **fäntäsi**
far *faar*
farad **färäd** *farad*
farce **faarss**
fare **fäär**
farewell **färwel**
farfel

farina **fariina**
farm **faarm**
farmer **faarmer**
Farsi
fart **faart**
farther
fascia **feishia**
fascinate **fässineit**
fascination **fässineishon**
fascism **fässism**
fashion **fäshon**
fashionable **fäshonabl**
fast **fääst**
fasten **fäästen**
fastener **fäästener**
fastidious **fästidios**
fasting **fäästing**
fat **fät**
fatal **feital**
fatality **feitäliti**
fate **feit**
fathead **fät-hed** *fäthed*
father **faather**
fathom **fäthom**
fatigue **fätiig**
fatso **fätso**
fattening **fätening**
fatty **fäti**
fatuous **fätshuos**
faucet **fooset**
fault **foolt**
faultless **fooltles**
fauna **foona**
favor **feivör**
favorable **feivörabl**
favoritism **feivöritism**
fawn **foon**
fax **fäks**
faze **feiz**
fear **fiir** *fier*
fearless **fiirles**
feasibility **fiisibiliti**
feasible **fiisibl**
feast **fiist**

feat **fiit**
feather **fether**
feature **fiitshör**
February **Februari**
feces **fiisis**
feckless **fekles**
fecund **fekand**
federal
federalism
federate **federeit**
federation **federeishon**
fedora **fedoora**
fee **fii**
feeble **fiibl**
feed **fiid**
feel **fiil**
feet **fiit**
feign **fein**
feint
feisty **faisti**
feldspar
felicitate **felissiteit**
felicity **felissiti**
felid **filid**
feline **filain**
fell **fel**
fella
fellatio **felaatio** *föleishio*
fellow **fello** *fellou*
felon
felonious **felonios** *felounios*
felony **feloni**
felt
female **fimeil**
feminine **feminin**
femininity **femininiti**
feminize **feminais**
femme **fem**
femto
femur **femör** *fiimör*
fence **fens** *fenss*
fend
fender
fenestra

fennel
ferment **förment**
fern **föörn**
ferocious **feroushos**
ferret
ferric **ferrik**
ferrite **ferrait**
ferro-
ferromagnetic **ferromägnetik**
ferrous **ferros**
ferrule **ferrul**
ferry **ferri**
fertile **förtail**
fertility **förtiliti**
fertilization **förtiliseishon**
fertilizer **förtilaiser**
fervent **förvent**
fervor **förvor** *förvör*
fescue **feskju**
fest
fester
festival
festive **festiv**
festivity **festiviti**
festoon **festuun**
feta
fetal **fiital** *fiitl*
fetch **fetsh**
féte **feet** *feit*
fetid
fetishism
fetuccine **fetutshiini**
fetus **fiitus** *fiitös*
feud **fjuud**
feudal **fjuudal**
feudalism **fjuudalism**
fever **fiiver** *fiivör*
few **fju**
fey **fei**
fez
fiancé **fiansee**
fiasco **fiasko**
fiat
fib

fiber **faiber**
fiberglass **faibergläs**
fibril
fibrillate **fibrileit**
fibrillation **fibrileishon**
fibroid **faibroid**
fibrosis **faibrousis**
fibrous **faibros**
fibula **fibjula**
fiche **fiish**
fickle **fikl**
fictile **fiktil**
fiction **fikshon**
fictitious **fiktishos**
fiddle **fidl**
fiddler **fidler**
fidelity **fideliti**
fidget **fidshet**
fiducial **fiduushal**
fiduciary **fiduushiari**
fiefdom **fiifdom**
field **fiild**
fiend **fiind**
fiendish **fiindish**
fierce **fiirs** *fiers*
fiery **fairi** *faieri*
fiesta
fife **faif**
fifteen **fiftiin**
fifth
fiftieth
fig
fight **fait**
fighter **faiter**
figment
figuration **figjureishon** *figöreishon*
figurative **figjurativ**
figure **figjur** *figör*
figurehead **figjurhed**
figurine **figjuriin**
filament
filbert **filbert**
filch **filtsh**
file **fail**

filet **filee**
filibuster **filibaster**
filigree **filigri**
filing **failing**
fill
fillet **filee**
filling
fillip
filly **filli**
film
filter
filth
filtrate **filtreit**
filtration **filtreishon**
fin
final **fainal**
finale **finaale**
finalist **fainalist**
finality **fainaliti**
finalize **fainalais**
finally **fainali**
finance **fainäns**
financial **fainänsial**
financier **fainänsier**
finch **fintsh**
find **faind**
finding **fainding**
fine **fain**
finery **faineri**
finesse **finess**
finger
fingernail **fingerneil**
fingerprint
fingertip
finial **finial**
finicky **finiki**
finish
finite **fainait**
fink
fir **föör**
fire **fair** *faier*
firing **fairing**
firm **föörm**
first **föörst**

fiscal **fiskal**
 fish
fishery **fisheri**
fishing
fishtail **fishteil**
fishy **fishi**
fission **fishon**
fissure **fishör**
fist
fit
fitful
fitness **fitnes**
fitted **fited**
fitter **fiter**
fitting **fiting**
five **faiv**
fiver **faiver**
fix **fiks**
fixate **fikseit**
fixation **fikseishon**
fixed **fiksd**
fixer **fikser**
fixture **fikstshör** *fikshör*
fizz **fiz**
fizzle **fizl**
fizzler **fizler**
fizzy **fizi**
fjord
flab **fläb**
flabbergast **fläbergäst**
faccid **fläksid**
flack **fläk**
flag **fläg**
flagellant **flädshelant** *flädshellant*
flagellate **flädsheleit**
flagging **fläging**
flagon **flägon**
flagpole **flägpoul**
flagrant **fleigrant**
flagship **flägship**
flail **fleil**
flair **fläär**
flak **fläk**
flake **fleik**

103

flam **fläm**
flambé **flambee**
flamboyant **flämboiant**
flame **fleim**
flamenco **flamenko**
flameout **fleimaut**
flaming **fleiming**
flamingo **flamingo**
flammable **flämmabl** *flämabl*
flan **flän**
flange **fländsh**
flank **flänk**
flannel **flännel**
flap **fläp**
flapjack **fläpdshäk**
flappable **fläpabl**
flapper **fläper**
flare **fläär**
flash **fläsh**
flasher **fläsher**
flashing **fläshing**
flashlight **fläshlait**
flashpoint **fläshpoint**
flask **fläsk**
flat **flät**
flatbed **flätbed**
flatcar **flätkaar**
flatten **flätten**
flatter **fläter**
flattop **flättop**
flatulent **flätshulent**
flatware **flätwär**
flaunt **floont**
flavor **fleivör** *fleivor*
flaw **floo**
flawless **flooles**
flax **fläks**
flaxen **fläksen**
flay **flei**
flea **flii**
fleck **flek**
fled **fled**
fledgling **fledshling**
flee **flii**

fleece **fliiss**
fleet **fliit**
fleeting **fliiting**
Flemish
flesh
flew **flu**
flex **fleks**
flextime **flekstaim**
flexure **flekshör**
flick **flik**
flicker **fliker**
flier **flaier** *flair*
flight **flait**
flighty **flaiti**
flimflam **flimfläm**
flimsy **flimsi**
flinch **flintsh**
fling
flint
flip
flippant **flipant**
flipper **fliper**
flirt **flöört**
flirtation **flörteishon**
flirtatious **flörteishos**
flit
flitter **fliter**
float **flout**
floater **flouter**
flocculent **flokjulent**
flock **flok**
floe **flou**
flog
flood **flad**
floodlight **fladlait**
floor
floozy **fluusi** *fluuzi*
flop
flophouse **flophaus**
floppy **flopi**
flora
floral
florescence **florescence**
floribunda

104

floriculture **florikaltshör**
florid
florin
florist
floss
flotation **floteishon**
flotel
flotilla
flotsam
flounce **flauns**
flounder **flaunder**
flour **flaur**
flourish **flörish**
flout **flaut**
flow **flou**
flowage **flouidsh**
flower **flauer**
flown **floun**
flowy **floui**
flu
flub **flab**
fluctuate **flakshueit**
flue **fluu** *flu*
fluent
fluff **flaf**
fluffy **flafi**
fluid
fluidics **fluidiks**
fluke **fluuk**
flume **fluum**
flung **flang**
flunk **flank**
fluoresce **floress** *fluoress*
fluorescence **floressens**
fluorescent **floressent**
fluoride **floraid**
fluorine **florin**
fluorite **florait**
flurry **flörri**
flush **flash**
fluster **flaster**
flute **fluut**
flutist **fluutist**
flutter **flater**

fluvial **fluuvial**
flux **flaks**
fly **flai**
flying **flaiing**
flyover **flaiover**
flywheel **flaiwiil**
foal **foul**
foam **foum**
fob
focaccia **fokatsha**
focal **foukal**
focalize **foukalais**
focus **foukus**
fodder **foder**
foe **fou**
fog
foggy **fogi**
fogy **fougi**
foible **foibl**
foil
foist
fold **fould** *fold*
foldaway **fouldöwei**
folder **foulder**
foliage **foulidsh**
foliar **fouliar**
foliate **foulieit**
foliation **foulieishon**
folio
folk **fouk**
folklore **foukloor**
folks **fouks**
folksy **fouksi**
follicle **follikl**
follies **follis**
follow **follo** *follou*
follower **folloer**
following **folloing**
folly **folli**
foment
fond
fondle **fondl**
fondue **fonduu**
font

foo **fuu**
food **fuud**
fool **fuul**
foolery **fuuleri**
foolhardy **fuulhaardi**
foolish **fuulish**
foosball **fuusbool**
foot **fut**
footage **futidsh**
football **futbool**
footer **futer**
foothill **futhil**
footing **futing**
footlights **futlaits**
footlocker **futloker**
footnote **futnout**
footprint **futprint**
footsie **futsi**
footwork **futwörk**
fop
for
forage **foridsh**
foray **forei**
forbear **forbäär**
forbearance **forbäärans**
forbid
forbidden
force **fors**
forced **forsd**
forceps **forseps**
forcible **forsibl**
ford **foord** *ford*
fore **foor**
forebear **foorbäär**
foreboding **foorbouding**
forecast **foorkääst**
foreclose **foorklous**
foreclosure **foorkloushör**
forego **foorgou**
foregone **foorgan**
foreground **foorgraund**
forehand **foorhänd**
forehead **foorhed**
foreign **forin**

foreigner **foriner**
foremost **foormoust**
forensic **forensik**
forerunner **foorraner**
foresee **foorsii**
foresight **foorsait**
forest
forestall **foorstool**
forester
forestry **forestri**
forever
foreword **foorwörd**
forfeit **forfit**
forfeiture **forfitshur**
forgave **forgeiv**
forge **foordsh**
forgery **foordsheri**
forget **forgett**
forgettable **forgettabl**
forgive **forgiv**
forgiveness **forgivnes**
forgo **forgou**
forgot
fork
forklift
forlorn
form
formal
formaldehyde **formaldehaid**
formality **formaliti** *formäliti*
formalize **formalais**
format
formation **formeishon**
formative **formativ**
former
formidable **formidabl**
formless **formles**
formula **formjula** *formula*
formulary **formjulari**
formulate **formjuleit**
fornicate **fornikeit**
fornication **fornikeishon**
forsake **forseik**
forswear **forswäär**

forsythia **forsithia**
fort
forte
forth
forthcoming **forthkaming**
forthright **forthrait**
fortieth
fortification **fortifikeishon**
fortify **fortifai**
fortissimo
fortitude **fortitud**
fortnight **fortnait**
fortress **fortres**
fortuitous **fortuitos**
fortunate **foortshunat**
fortune **foortshun**
forty **foorti**
fortyish **foortiish**
forum **foorum**
forward
fossil
fossilize **fossilais**
foster
fosterage **fosteridsh**
fought **foot**
foul **faul**
found **faund**
foundation **faundeishon**
founder **faunder**
foundry **faundri**
fount **faunt**
fountain **fauntan**
four **foor**
fourscore **foorskoor**
foursome **foorsam**
fourteen **foortiin**
fourth **foorth**
fovea **fouvia**
fowl **faul**
fox **foks**
foxhole **fokshoul**
foxhound **fokshaund**
foxtail **foksteil**
foxtrot **fokstrot**

foxy **foksi**
foyer **foier**
fracas **fräkas** *frakas*
fractal **fräktal**
fraction **fräkshon**
fractional **fräkshonal**
fracture **fräktshör**
frag **fräg**
fragile **frädshail**
fragment **frägment**
fragmentation **frägmenteishon**
fragrance **freigrans**
fragrant **freigrant**
frail **freil**
frailty **freilti**
frame **freim**
framer **freimer**
framework **freimwörk**
franchise **fräntshais**
frank **fränk**
frantic **fräntik**
frap **fräp**
frappé **frapee**
frat **frät**
fraternal **frätöörnal**
fraternity **frätöörniti**
fraternize **frätörnais** *fräternais*
fratricide **frätrisaid**
fraud **frood**
fraudulent **froodshulent** *froodulent*
fraught **froot**
fray **frei**
frazzle **fräsl** *fräzl*
freak **friik**
freckle **frekl**
free **frii**
freedom **friidom**
freelance **friilääns**
freeloader **friilouder**
freeze **friiz**
freezer **friizer**
freight **freit**
freighter **freiter**
French **Frentsh**

frenetic **freneetik**
frenzy **frensi**
frequency **friikwensi**
frequent **friikwent**
fresco **fresko**
fresh
freshman **freshmän**
fret
fretful
fricative **frikativ**
Friday **Fraidei**
fridge **fridsh**
fried **fraid**
friend **frend**
friendship **frendship**
frieze **friiz**
frigate **frigat**
fright **frait**
frightful **fraitful**
frigid **fridshid**
frill
fringe **frindsh**
frippery **friperi**
frisk
frit
fritter **friter**
frivolity **frivoliti**
frivolous **frivolos**
frizz **friz**
frizzle **frizl**
frock **frok**
frog
frogman **frogmän**
frolic **frolik**
from
frond
front
frontage **frontidsh**
frontal
frontier **frontiir**
frontline **frontlain**
frosh
frost
frosting

froth
frown **fraun**
froze **frous**
frozen **frousen**
fructose **fruktous**
frugal **fruugal**
fruit **fruut**
fruitful **fruutful**
fruition **fruishon**
fruitless **fruutles**
fruiti **fruuti**
frump **framp**
frustrate **frastreit**
frustration **frastreishon**
fry **frai**
fryer **fraier**
fuchsia **fjuusha**
fuck **fak**
fuddle **fadl**
fudge **fadsh**
fuel **fjuul**
fugato **fugaato**
fugitive **fjudshitiv**
fugue **fjuug**
fulcrum **fulkrum**
fulfill **fulfil**
full **ful**
fullback **fulbäk**
fulminate **fulmineit**
fulsome **fulsam**
fumble **fambl**
fume **fjuum**
fumigant **fjuumigant**
fumigate **fjuumigeit**
fun **fan**
function **fankshon**
functional **fankshonal**
functionality **fankshonäliti**
functionary **fankshonäri**
fund **fand**
fundamental **fandamental**
funeral **fjuneral**
funereal **fjuniirial**
funfest **fanfest**

fungible **fandshibl**
fungicide **fandshisaid**
fungus **fangus**
funicular **fjunikjular**
funk **fank**
funky **fanki**
funnel **fannel** *fanl*
funny **fani** *fanni*
fur **föör**
furbish **föörbish**
furious **fjuurios**
furl **fööri**
furlough **föörlou** *föörlo*
furnace **föörnas**
furnish **föörnish**
furnishings **föörnishings**
furniture **föörnitshör**
furor **fjuuror**
furrier **föörier**
furring **fööring**
furrow **förrou**
furry **fööri**
further **föörther**
furtherance **föörtherans**
furthermore **föörthermoor**
furtive **föörtiv**
furuncle **fjurankl**
fury **fjuuri**
fuse **fjuus**
fuselage **fjuuselaash**
fusible **fjuusibl**
fusillade **fjuusilaad**
fusion **fjuushon**
fuss **fass**
fusty **fasti**
futile **fjutil**
futility **fjutiliti**
futon
future **fjuutshör**
futurism **fjuutshörism**
futurology **fjuutshörolodshi**
fuzz **faz**
fuzzy **fazi**
fuzzyheaded **faziheded**

G

gab **gäb**
gabardine **gäbärdiin**
gabble **gäbl**
gabby **gäbi**
gabfest **gäbfest**
gable **geibl**
gad **gäd**
gadabout **gädöbaut**
gadfly **gädflai**
gadget **gädshet**
gaff **gäf**
gaffe **gäf**
gaffer **gäfer**
gag **gäg**
gaga
gage **geidsh**
gaggle **gägl**
gaiety **geieti**
gaily **geili**
gain **gein**
gainsay **geinsei**
gait **geit**
gal **gäl**
gala *geila*
galactic **gäläktik**
galavant **gälävänt**
galaxy **gäläksi**
gale **geil**
gall **gool**
gallant **gälant**
gallantry **gälantri**
gallbladder **goolbläder**
galleon **gällion**
galleria **gälleriia**
gallery **gälleri**
galley **gälli**
galling **gooling**
gallium **gällium**
gallivant **gälivänt**

gallon **gällon**
gallop **gällop**
gallows **gällous**
gallstone **goolstoun**
galoshes
galvanic **gälväänik** *galvaanik*
galvanize **gälvänais**
galvanometer **gälvänoometer**
gam **gäm**
gambit **gämbit**
gamble **gämbl**
gambrel **gämbrel**
game **geim**
gamesmanship **geimsmänship**
gaming **geiming**
gamma **gämma** *gamma*
gammon **gämmon**
gamut **gämut**
gamy **geimi**
gander **gänder**
gang **gäng**
gangbuster **gängbaster**
gangling **gängling**
ganglion **gänglion**
gangrene **gängriin**
gangster **gängster**
gangway **gängwei**
gantlet **gäntlet**
gantry **gäntri**
gap **gäp**
gape **geip**
gar
garage **garaash**
garb **gaarb**
garbage **garbidsh** *gaarbidsh*
garble **gaarbl**
garden **gaarden** *garden*
gardenia **gardiinia**
garderobe **gaardroub**
gargantuan **gargäntshuan**
gargle **gaargl**
gargoyle **gargoil**
garish **gärish**
garland

garlic **gaarlik**
garment **gaarment**
garner **gaarner**
garnet **gaarnet**
garnish **gaarnish**
garret **gärret**
garrison **gärrison**
garrote **gärrout**
garrulous **gärrulos**
garter **gaarter**
garth **gaarth**
gas **gäs**
gaseous **gäsios**
gash **gäsh**
gasify **gäsifai**
gasket **gäsket**
gaslight **gäslait**
gasohol **gäsohol**
gasoline **gäsolin** *gäsoliin*
gasp **gääsp**
gasser **gässer**
gassy **gässi**
gastight **gästait**
gastrectomy **gästrektomi**
gastric **gästrik**
gastronome **gästronoum**
gastronomy **gästronomi**
gat **gät**
gate **geit**
gatecrasher **geitkräsher**
gateway **geitwei**
gather **gäther** *gääther*
gathering **gäthering**
gator **geitör** *geitor*
gauche **goush**
gaucho **gautsho**
gaudy **goodi**
gauge **geidsh**
gaunt **goont**
gauntlet **goontlet**
gauss
gauze **gooz** *goos*
gavel **gävel**
gavotte **gavott**

gawk **gook**
gay **gei**
gaze **geiz**
gazebo **gaziibo**
gazelle **gazell**
gazette **gazett**
gear **giir** *gier*
gearbox **giirboks**
gecko **geko**
gee **dshii**
geek **giik**
geese **giiss**
geezer **giizer**
geisha
gel **dshel**
gelatin **dshelatin**
gem **dshem**
geminate **dshemineit**
gemstone **dshemstoun**
gender **dshender**
gene **dshiin**
genealogy **dshiiniolodshi**
general **dsheneral**
generalize **dsheneralais**
generally **dshenerali**
generate **dshenereit**
generation **dshenereishon**
generator **dshenereitor**
generic **dsheneerik**
generosity **dshenerositi**
generous **dsheneros**
genesis **dshenesis**
genetic **dsheneetik**
genial **dshiinial**
genie **dshiini**
genital **dshenital**
genitive **dshenitiv**
genious **dshiinius** *dshiiniös*
genocide **dshenosaid**
genome **dshinoum**
genre **shanre**
gent **dshent**
genteel **dshentiil**
gentile **dshentail**

gentility **dshentiliti**
gentle **dshentl**
gentleman **dshentlmän**
gentry **dshentri**
genuflect **dshenjuflekt**
genuine **dshenjuin**
genus **dshenus** *dshinus*
geo- **dshio-**
geocentric **dshiosentrik**
geode **dshioud**
geodesic **dshiodesik**
geodesy **dshioodesi**
geography **dshioografi**
geoid **dshioid**
geology **dshiolodshi** *dshioolodshi*
geometry **dshioometri**
geosphere **dshiosfiir**
geothermic **dshiothöörmik**
geranium **dshereinium** *dshöreinium*
gerbil **dshöörbl**
geriatric **dsheriätrik**
germ **dshöörm**
germane **dshörmein**
germanium **dshörmeinium**
germinate **dshörmineit**
gerodontics **dsherodontiks**
gerontology **dsherontolodshi**
gerrymander **dsherrimänder**
gerund **dsherund**
gestalt
gestate **dshesteit**
gestation **dshesteishon**
gesticulate **dshestikjuleit**
gesture **dshestshör**
gesundheit **gesundhait**
get
getup **getap**
geyser **gaiser**
ghastly **gäästli** *gästli*
gherkin **göörkin**
ghetto **geto**
ghost **goust**
ghoul **guul**
ghoulish **guulish**

giant **dshaiant**
gib
gibberish **giberish**
gibe **dshaib**
giblets **dshiblets** *giblets*
giddy **gidi**
gift
gifted
giftwrap **gifträp**
gig
giga-
gigabyte **gigabait**
gigantic **dshaigäntik**
giggle **gigl**
gigolo **dshigolo**
gilbert
gild
gill
gilt
gimbal
gimlet
gimmick **gimmik**
gimp
gin **dshin**
ginger **dshindsher**
gingivitis **dshindshivaitis**
gingko **ginko**
ginkgo **ginko**
giraffe **dshiräff**
gird **göörd**
girder **göörder**
girdle **göördl**
girl **göörl**
girlfriend **göörlfrend**
girlish **göörlish**
giro **dshairo**
girth **göörth**
gismo
gist **dshist**
git
give **giv**
giveaway **givöwei**
given
gizmo

gizzard **gizard**
glacé **glasee**
glacial **gleishal**
glacier **gleisher** *gleishör*
glad **gläd**
gladden **gläden**
glade **gleid**
gladiator **glädieitor**
glair **gläär**
glam **gläm**
glamorous **glämoros**
glamour **glämor**
glance **glääns**
gland **gländ**
glandular **gländshular**
glare **gläär**
glass **glääs**
glasses **glääses**
glassware **glääswär**
glaucoma **glaukooma**
glaze **gleiz**
glazier **gleizier** *gleishör*
gleam **gliim**
glean **gliin**
glee **glii**
glen
glib
glide **glaid**
glider **glaider**
glimmer
glimpse **glimps**
glint
glissando
glisten **glissen** *glissn*
glitch **glitsh**
glitter **gliter**
glitz **glits**
gloaming **glouming**
gloat **glout**
glob
global **gloubal** *gloubl*
globe **gloub**
globular **globjular**
globule **globjul**

glogg **glog**
glom
glomerate **glomerat**
gloom **gluum**
gloop **gluup**
glop
glorify **glorifai**
glorious **glorios**
glory **glori**
gloss
glossa
glossy **glossi**
glottis
glove **glav**
glow **glou**
glowing **glouing**
glucose **glukous**
glue **glu**
glug **glag**
glum **glam**
glut **glat**
glutamate **glutameit**
gluten
gluteus
glutton **glatton**
glycerin **glisserin**
glyph **glif**
glyptic **gliptik**
gnarl **naarl**
gnarled **naarld**
gnash **näsh**
gnat **nät**
gnaw **noo**
gnome **noum**
gnostic **nostik**
gnu **nu** *gnu*
go **gou**
goad **goud**
goal **goul**
goalie **gouli**
goalpost **goulpoust**
goaltending **goultending**
goat **gout**
goatee **goutii**

gob
gobble **gobl**
gobbledygook **gobldiguuk**
gobbler **gobler**
goblet
goblin
god
goddam **goddäm**
goddess **goddes**
godfather **godfaather**
godless **godles**
godson
goer **gouer**
goes **gous**
gofer **goufer**
goffer
goggle **gogl**
going *gouing*
gold *gould*
golden
goldfish
golf
goliath **golaiath**
golly **golli**
gondola
gone **gon**
gong
gonk
gonorrhea **gonoriia**
goo **guu**
good **gud**
goodbye **gudbai**
goodly **gudli**
goodness **gudnes**
goods **guds**
goodwill **gudwil**
gooey **guui**
goof **guuf**
goofball **guufbool**
gook **guuk**
goon **guun**
goop **guup**
goose **guuss** *guus*
gopher **goufer**

gore **goor**
gorge **goordsh**
gorgeous **goordshos**
gorilla
gory **goori** *gori*
gosh
gospel
gossamer
gossip
gotcha **gotsha**
goth
gothic **gothik**
gotten
gouge **gaudsh**
goulash **gulash**
gourd **goord**
gourmand **gurmaand**
gourmet **gurmee**
gout **gaut**
govern
governess **governes**
government
governor
gown **gaun**
grab **gräb**
grabby **gräbi**
grace **greiss**
graceless **greissles**
gracious **greishos**
grackle **gräkl**
gradation **greideishon**
grade **greid**
grader **greider**
gradient **greidient**
gradual **grädshual** *grädjual*
graduate (v) **grädshueit**
graduate (n) **grädshuat**
graduation **grädshueishon**
graffiti **grafiiti**
graft **gräft**
grail **greil**
grain **grein**
gram **gräm**
gramma **grämma**

grammar **grämmar**
grammy **grämmi**
grampa **grämpa**
granary **gränari**
grand **gränd**
granddad **gränddäd**
granddaughter **gränddooter**
grandeur **grändshör**
grandiloquence **grändilokwens**
grandiose **grändious**
grandma **grändma**
grandmother **grändmather**
grandpa **grändpa**
grandparent **grändpärent**
grandson **grändson**
grandstand **grändständ**
grange **greindsh**
granite **gränit**
granny **gränni**
granola **granoola**
grant **gränt**
grantee **gräntii**
grantor **gräntor**
granular **gränjular**
granulate **gränjuleit**
granulation **gränjuleishon**
granule **gränjul**
grape **greip**
grapefruit **greipfruut**
graph **gräf** *grääf*
grapheme **gräfiim**
graphics **gräfiks**
graphite **gräfait**
grapple **gräpl**
grasp **grääsp** *gräsp*
grass **grääs** *gräs*
grasshopper **grääshoper**
grassy **gräässi**
grate **greit**
grateful **greitful**
grater **greiter**
gratification **grätifikeishon**
gratify **grätifai**
gratin

gratis
gratitude **grätitud**
gratuitous **grätuitos**
gratuity **grätuiti**
grave **greiv**
gravedigger **greivdiger**
gravel **grävel** *grävl*
graveyard **greivjard**
gravitate **gräviteit**
gravity **gräviti**
gravure **gravjuur**
gravy **greivi**
gray **grei**
greyish **greiish**
graze **greiz** *greis*
grease **griiss**
great **greit**
greed **griid**
green **griin**
greenback **griinbäk**
greenbelt **griinbelt**
greenhorn **griinhorn**
greenhouse **griinhaus**
greet **griit**
greeter **griiter**
gregarious **gregärios**
gremlin
grenade **greneid**
grenadier **grenadiir**
grenadine **grenadiin**
grey **grei**
greyhound **greihaund**
gribble **gribl**
grid
griddle **gridl**
gridiron **gridairon** *gridairn*
gridlock **gridlok**
grief **griif**
grievance **griivans**
grieve **griiv**
grievous **griivos**
grift
grill **gril**
grille **gril**

grim
grimace **grimas**
grime **graim**
grin
grinch **grintsh**
grind **graind**
grindstone **graindstoun**
gringo
grip
gripe **graip**
grippe **grip**
grisly **grisli**
grist
gristle **grissl**
gristmill
grit
grits
gritty **griti**
grizzle **grizl** *grisl*
groan **groun**
grocer **grousser**
grocery **grousseri**
grog
groggy **grogi**
groin
grommet
groom **gruum**
groove **gruuv**
groovy **gruuvi**
grope **group**
gross **grouss**
grotesque **grotesk**
grotto **groto**
grouch **grautsh**
ground **graund**
groundhog **graundhog**
groundless **graundles**
groundskeeper **graundskiiper**
groundswell **graundswel**
groundwork **graundwöörk**
group **gruup**
grouper **gruuper**
groupie **gruupi**
grouse **graus**

grout **graut**
grove **grouv**
grovel
grow **grou**
growl **graul**
growth **grouth**
grub **grab**
grubby **grabi**
grubstake **grabsteik**
grudge **gradsh**
gruel **gruul**
gruesome **gruusam**
gruff **graf**
grumble **grambl**
grump **gramp**
grumpy **grampi**
grunge **grandsh**
grunt **grant**
guarantee **garantii** *gärantii*
guarantor **garantor**
guaranty **garanti**
guard **gaard**
guardian **gaardian**
guava
guerilla **gerilla**
guerrilla **gerilla**
guess **gess** *ges*
guesstimate **gestimeit**
guesswork **gesswöörk**
guest **gest**
guestroom **gestruum**
guff **gaf**
guffaw **gafo**
guidance **gaidans**
guide **gaid**
guideline **gaidlain**
guild **gild**
guile **gail**
guileless **gailles**
guillotine **gillotin**
guilt **gilt**
guiltless **giltles**
guilty **gilti**
guinea **gini**

guise **gais**
guitar **gitar** *gitaar*
gulag
gulch **galtsh**
gulf **galf**
gull **gall**
gullet **gallet**
gullible **gallibl**
gully **galli**
gulp **galp**
gum **gam**
gumball **gambool**
gumbo **gambo**
gummy **gammi**
gump **gamp**
gumption **gampshon**
gumshoe **gamshu**
gun **gan**
gunfight **ganfait**
gunite **ganait**
gunk **gank**
gunman **ganmän**
gunner **ganner**
gunpowder **ganpauder**
gunshot **ganshot**
guppy **gapi**
gurgle **göörgl**
gurney **göörni**
guru
gush **gash**
gusset **gasset**
gust **gast**
gusto gusto
gut **gat**
gutless **gatles**
gutsy **gatsi**
gutter **gater**
guttural **gattural**
guv **gav**
guvnor **gavnor**
guy **gai**
guywire **gaiwair**
guzzle **gazl** *gasl*
gym **dshim**

gymnasium **dshimneisium**
gymnastics **dshimnästiks**
gynecology **gainekolodshi**
gyp **dship**
gypsum **dshipsum**
gypsy **dshipsi**
gyrate **dshaireit**
gyro **dshairo**
gyromagnetic **dshairomägnetik**
gyroscope **dshairoskoup**

H

haberdasher **häberdäsher**
habilitate **häbiliteit**
habit **häbit**
habitable **häbitabl**
habitant **häbitant**
habitat **häbität**
habitation **häbiteishon**
habitual **häbitshual**
habituate **häbitshueit**
hacienda **hassienda**
hack **häk**
hacker **häker**
hackle **häkl**
hackneyed **häknid**
hacksaw **häksoo**
hacktivism **häktivism**
haddock **hädok**
hag **häg**
haggard **hägard** *hägörd*
haggle **hägl**
hah **haa**
hail **heil**
hair **häär**
hairdo **häärdu**
halcyon **hälsion**
hale **heil**
half **hääf** *haaf*
halfback **hääfbäk**
halftime **hääftaim**
halftone **hääftoun**
halfway **hääfwei**
halibut *hälibut*
halide **hälaid**
halitosis **hälitousis**
hall **hool**
hallelujah **halleluuja**
hallmark **hoolmark**
halloo
hallow **hällou**

Halloween **Hällowiin**
hallucinate **hälluussineit**
hallucinogen **hällusinodshen**
halo **heilo**
halogen **hälodshen**
halt **hoolt**
halter **hoolter**
halting **hoolting**
halve **hääv** *haav*
ham **häm**
hamburger **hämbörger**
hamlet **hämlet**
hammer **hämmer**
hammerlock **hämmerlok**
hammock **hämmok**
hamper **hämper**
hamster **hämster**
hamstring **hämstring**
hand **händ**
handbag **händbäg**
handball **händbool**
handbook **händbuk**
handcuff **händkaf**
handicap **händikäp**
handicraft **händikräft**
handily **händili**
handiwork **händiwöörk**
handkerchief **händkörtshif**
    hänkörtshif
handle **händl**
handmade **händmeid**
handoff **händoff**
handover **händover**
handpick **händpik**
handrail **händreil**
handshake **händsheik**
handsome **händsom**
handstand **händständ**
handwork **händwöörk**
handwriting **händraiting**
handy **händi**
handyman **händimän**
hang **häng**
hangar **hängar**

hanger **hänger**
hanging **hänging**
hangout **hängaut**
hank **hänk**
hanker **hänker**
hankie **hänki**
hap **häp**
haphazard **häphäzard**
happen **häppen**
happening **häppening**
happenstance **häpenstäns**
happily **häpili**
happy **häpi**
harakiri
harangue **häräng**
harass **häräss**
harbinger **harbindsher**
harbor **haarbor**
hard *haard*
hardboard **haardboord**
hardcore **haardkoor**
harden **haarden**
hardline **haardlain**
hardly **haardli**
hardness **haardnes**
hardship **haardship**
hardtop **haardtop**
hardware **haardwär**
hardwire **haardwair**
hardy **haardi**
hare **häär**
harebrained **häärbreind**
harelip **häärlip**
harem **härem**
hark **haark**
harlequin **haarlekwin**
harlot **haarlot**
harm **haarm**
harmful **haarmful**
harmless **haarmles**
harmonic **harmoonik**
harmonica **harmoonika**
harmonious **harmoonios**
harmonium **harmoonium**

harmonize **haarmonais**
harmony **haarmoni**
harness **haarnes**
harp **haarp**
harpoon **harpuun**
harpsichord **harpsikoord**
harrier **härrier**
harrow **härrou**
harrowing **härrouing**
harrumph **harramf**
harry **härri**
harsh **haarsh**
harvest **haarvest**
has **häs**
hash **häsh**
hashish **häshish**
hasp **hääsp**
hassle **hässl**
hassock **hässok**
haste **heist**
hasten **heisten** *heissn*
hat **hät**
hatch **hätsh**
hatchback **hätshbäk**
hatcheck **hättshek**
hatchery **hätsheri**
hatchet **hätshet**
hate **heit**
hateful **heitful**
hatred **heitred**
haughty **hooti**
haul **hool**
haunch **hoontsh**
haunt **hoont**
have **häv**
havoc **hävok**
haw **hoo**
hawk **hook**
hawser **hooser**
hawthorn **hoothorn**
hay **hei**
hayloft **heiloft**
haymaker **heimeiker**
hayride **heiraid**

haywire **heiwair**
hazard **häzard**
haze **heiz** *heis*
hazel **heizl**
hazy **heizi**
he **hi**
head **hed**
headache **hedeik**
header **heder**
headhunt **hedhant**
heading **heding**
headline **hedlain**
headphones **hedfouns**
headquarters **hedkworters**
headrest **hedrest**
headroom **hedruum**
headset **hedset**
headway **hedwei**
heal **hiil**
health **helth**
healthy **helthi**
heap **hiip**
heaping **hiiping**
hear **hiir** *hiö*
heard **höörd**
hearing **hiiring**
hearken **haarken**
hearsay **hiirsei**
hearse **höörs**
heart **haart**
heartache **haarteik**
heartbeat **haartbiit**
heartburn **haartböörn**
hearten **haarten**
hearth **haarth**
heartily **haartili**
heartless **haartles**
hearty **haarti**
heat **hiit**
heatedly **hiitedli**
heater **hiiter**
heath **hiith**
heathen **hiithen**
heather **hether**

heating **hiiting**
heave **hiiv**
heaven **heven**
heaves **hiivs**
heavy **hevi**
heavyset **heviset**
heavyweight **heviweit**
heck **hek**
heckle **hekl**
hectare **hektar**
hectic **hektik**
hecto- **hekto-**
he'd **hii'd**
hedge **hedsh**
hedgehog **hedshhog**
hedonic **hiidoonik** *hidoonik*
hedonism **hiidonism**
heed **hiid**
heedless **hiidles**
heehaw **hiihoo**
heel **hiil**
hefty **hefti**
hegemony **hedshemoni**
heifer **heffer**
height **hait**
heighten **haiten**
heinous **heinos**
heir **eer**
heiress **eeres**
heirloom **eerluum**
heist **haist**
held
heli-
helical **helikal**
helicopter **helikopter**
helio- **hiilio-**
helipad **helipäd**
heliport
helium **hiilium**
helix **hiiliks**
he'll **hii'l**
hell
hellfire **hellfair**
hellhole **hellhoul**

hello
helm
helmet
help
helpless **helples**
hem
hemal **hiimal**
hematology **hiimatolodshi**
hematoma **hiimatoma**
hemisphere **hemisfiir**
hemline **hemlain**
hemlock **hemlok**
hemo- **himo-**
hemoglobin **himoglobin**
hemophilia **himofiilia**
hemorrhage **hemoridsh**
hemorrhoids **hemoroids**
hemostasis **himosteisis**
hemp
hen
hence **henss**
henchman **hentshmän**
henhouse **henhaus**
henpeck **henpek**
henry **henri**
hepatic **hipäätik**
hepatitis **hepataitis**
hepatoma **hepatouma**
heptagon
her **hör**
herald
heraldry **heraldri**
herb **höörb**
herbaceous **hörbeishos**
herbalist **höörbalist**
herbarium **hörbäärium**
herbicide **höörbisaid**
herd **höörd**
herder **höörder**
here **hier** *hiir*
hereafter **hieräfter**
hereby **hierbai**
hereditary **hereeditäri**
heredity **hereediti**

herein **hierin**
heresy **heresi**
heretic **heretik**
herewith **hierwith**
heritable **heritabl**
heritage **heritidsh**
hermaphrodite **hörmäfrodait**
hermetic **hörmeetik**
hermit **höörmit**
hermitage **höörmitidsh**
hernia **höörnia**
herniate **höörnieit**
hero **hiiro**
heroics **heroiks** *hirooiks*
heroin
heroism
heron
herpes **höörpes**
herring
hertz **herts** *höörts*
he's **hii's**
hesitant
hesitate **hesiteit**
hesitation **hesiteishon**
hetero-
heterogeneous **heterodshiinios**
heterogenous **heterodshenos**
heteronym **heteronim**
heterosexuality **heteroseksuäliti**
heuristic **hjuristik**
hew **hjuu**
hex **heks**
hexa- **heksa-**
hexachlorophine **heksaklorofiin**
hey **hei**
heyday **heidei**
hi **hai**
hiatus **haiatus**
hibachi **hibatshi**
hibernate **haiberneit**
hibiscus **haibiskus**
hiccup **hikap**
hick **hik**
hickey **hiki**

hickory **hikori**
hid
hidden **hiden** *hidden*
hide **haid**
hideaway **haidöwei**
hideous **hideos** *hidiös*
hideout **haidaut**
hierarchy **hierarki** *hairarki*
hieroglyph **hieroglif** *hairoglif*
high **hai**
highball **haibool**
highbrow **haibrau**
higherup **haierap**
highlight **hailait**
highness **haines**
hightail **haiteil**
highway **haiwei**
hijack **haidshäk**
hike **haik**
hilarious **hilärios** *hailärios*
hilarity **hiläriti**
hill *hil*
hillbilly **hillbilli** *hilbili*
hillock **hillok**
hilltop
hilt
him
himself
hind **haind**
hinder
hindrance **hindrans**
hinge **hindsh**
hint
hip
hippie **hipi**
hippodrome **hipodroum**
hippopotamus **hipopotamus**
hipster
hire **hair**
hirsute **hirsut**
his
hiss
histamine **histamin**
histogram **histogräm**

historian
historical **historikal**
history **histori**
histrionics **histrioniks**
hit
hitch **hitsh**
hither
hive **haiv**
ho **hou**
hoagie **hougi**
hoard **hoord**
hoarse **hoors**
hoary **hoori**
hoax **houks**
hobbit **hobit**
hobble **hobl**
hobby **hobi**
hobbyist **hobiist**
hobo
hock **hok**
hockey **hoki**
hoe **hou**
hog
hoggish **hogish**
hogwash **hogwosh**
hoist
hokey **houki**
hokum **houkum**
hold
holdout **holdaut**
holdup **holdap**
hole **houl**
holiday **holidei**
holistic **holistik**
holler
hollow **hollou** *hollo*
holly **holli**
holocaust **holokoost**
holography **holoografi**
holster
holy **houli**
homage **homidsh**
home **houm**
homebody **houmbodi**

homebound **houmbaund**
homecoming **houmkaming**
homegrown **houmgroun**
homeland **houmländ**
homeless **houmles**
homely **houmli**
homeowner **houmouner**
homer **houmer**
homesick **houmsik**
homespun **houmspan**
homestead **houmsted**
homeward **houmward**
homework **houmwöörk**
homey **houmi**
homicide **homisaid**
homily **homili**
homogeneity **homodsheniieti**
homogeneous **homodshiinios**
homogenize **homoodshenais**
homodshenais
homograph **homogräf**
homonym **homonim**
homonymous **homonimos**
homoonimos
homophile **homofail**
homophobia **homofoobia**
homophone **homofoun**
homosexual **homoseksual**
homosexuality **homoseksuäliti**
honcho **hontsho**
hone **houn**
honest **onest** *honest*
honestly **onestli**
honey **hani**
honeybee **hanibii**
honeycomb **hanikoum**
honeydew **haniduu**
honeymoon **hanimuun**
honeysuckle **hanisakl**
honk
honker
honor **onor**
honorable **onorabl**
honorarium **onorärium**

honorary **onoräri**
hood **hud**
hoodlum **hudlum**
hoodwink **hudwink**
hooey **huui**
hoof **huf**
hoofer **hufer**
hook **huk**
hooked **hukd**
hooker **huker**
hookup **hukap**
hookey **huki**
hoop **huup**
hoopla **huupla**
hooray **hurei**
hoot **huut**
hooved **huuvd**
hop
hope **houp**
hopefully **houpfuli**
hopeless **houples**
hoping **houping**
hopper **hoper**
hopping **hoping**
hopsack **hopsäk**
hopscotch **hopskotsh**
horde **hoord**
horizon **horaison** *horaizon*
horizontal **horisontal**
hormone **hormoun**
horn **hoorn**
hornet **hoornet**
hornpipe **hoornpaip**
horny **hoorni**
horoscope **horoskoup**
horrendous **horrendos**
horrible **horribl**
horrid **horrid**
horrific **horriffik** *horrifik*
horrify **horrifai**
horror
horse **hors** *hoorss*
horseback **horsbäk**
horsedrawn **horsdroon**

horseplay **horsplei**
horsepower **horspauer**
horseradish **horsrädish**
horseshoe **horsshuu**
horticulture **hortikaltshör**
hosanna *housänna*
hose **hous**
hospice **hospis**
hospitable **hospitabl**
hospital
hospitality **hospitäliti**
hospitalize **hospitalais**
host **houst**
hostage **hostidsh**
hostel
hostess **houstes**
hostile **hostail**
hostility **hostiliti**
hot
hotbed
hotel *houtel*
hothead **hot-hed** *hothed*
hothouse **hot-haus** *hothaus*
hotline **hotlain**
hound **haund**
hour **aur**
hourglass **aurgläs**
hourly **aurli**
house **haus**
houseboat **hausbout**
housefly **hausflai**
housekeeper **hauskiiper**
housemate **hausmeit**
houseplant **hausplänt**
housewares **hauswärs**
housewife **hauswaif**
housework **hauswöörk**
housing **hausing**
hove **houv**
hover *haver*
how **hau**
howdy **haudi**
however **hauever**
howitzer **hauitser**

howl **haul**
hub **hab**
hubbub **habab**
hubby **habi**
hubcap **habkäp**
hubris **hjubris**
huckleberry **haklberri**
huckster **hakster**
huddle **hadl**
hue **hju**
huff **haf**
hug **hag**
huge **hjuudsh**
hula
hulk **halk**
hull **hall**
hum **ham**
human **hjumän**
humane **hjumein**
humanitarian **hjumänitärian**
humanities **hjumänitis**
humankind **hjumänkaind**
humanoid **hjumänoid**
humble **hambl**
humbug **hambag**
humdinger **hamdinger**
humdrum **hamdram**
humid **hjumid**
humidifier **hjumidifaier**
humidify **hjumidifai**
humidity **hjumiditi**
humidor **hjumidor**
humiliate **hjumilieit**
humiliation **hjumilieishon**
humility **hjumiliti**
hummingbird **hammingböörd**
homongous **homongos** *homangos*
humor **hjuumor**
humoresque **hjumoresk**
humorist **hjumorist**
humorless **hjumorles**
humorous **hjumoros**
hump **hamp**
humph **hamf**

humus **hjumus**
hunch **hantsh**
hunchback **hantshbäk**
hundred **handred**
hung **hang**
hunger **hanger**
hungry **hangri**
hunk **hank**
hunker **hanker**
hunt **hant**
hunter **hanter**
hurdle **höördl**
hurl **höörl**
hurrah **hurraa**
hurricane **hörrikein**
hurry **hörri**
hurt **höört**
hurtle **höörtl**
husband **hasband**
husbandry **hasbandri**
hush **hash**
husk **hask**
husky **haski**
hussy **hassi**
hustle **hassl**
hustler **hassler**
hut **hat**
hutch **hatsh**
hyacinth **haiasinth**
hybrid **haibrid**
hydrant **haidrant**
hydrate **haidreit**
hydraulic **haidroolik**
hydride **haidraid**
hydro **haidro**
hydrocarbon **haidrokarbon**
hydrochloride **haidrokloraid**
hydrocortisone **haidrokortisoun**
hydrodynamic **haidrodainämik**
hydroelectric **haidroelektrik**
hydrofoil **haidrofoil**
hydrogen **haidrodshen**
hydrography **haidrogräfi**
haidroogräfi

hydrology **haidrolodshi**
hydrolysis **haidrolisis**
hydrolyze **haidrolais**
hydrometer **haidrometer**
haidroometer
hydroplane **haidroplein**
hydropower **haidropauer**
hydrostatic **haidrostätik**
hydroxide **haidroksaid**
hyena **haiina** *haiiina*
hygiene **haidshiin**
hygienic **haidshiinik**
hygrometer **haigrometer**
haigroometer
hymen **haimen**
hymn **himn** *him*
hymnal **himnal**
hymnology **himnolodshi**
hype **haip**
hyper **haiper**
hyperactive **haiperäktiv**
hyperbola **haipöörbola**
hyperbole **haipöörbole**
hyperbolic **haiperboolik**
hypersensitive **haipersensitiv**
hypersonic **haipersoonik**
hyperspace **haiperspeiss**
hypertension **haipertenshon**
hyperventilate **haiperventileit**
hyphen **haifen**
hyphenate **haifeneit**
hypnosis **hipnousis**
hypnotize **hipnotais**
hypo **haipo**
hypochondria **haipokondria**
hypochondriac **haipokondriak**
hypocrisy **hipokrisi** *hipookrisi*
hypocrite **hipokrit**
hypocritical **hipokritikal**
hypodermic **haipodöörmik**
hypodermis **haipodöörmis**
hypotenuse **haipotenus**
hypothecate **haipothekeit**
hypothermia **haipothöörmia**

hypothesis **haipothesis**
hypothetical **haipothetikal**
hypoventilate **haipoventileit**
hypoxia **haipoksia**
hysterectomy **histerektomi**
hysteresis **histeresis** *histeriisis*
hysteria **histeria** *histiiria*
hysterical **histerikal** *histiirikal*
hysterics **histeriks** *histiiriks*

I

I **ai**
ibidem
ice **aiss** *ais*
iceberg **aissberg** *aisbörg*
icebox **aissboks**
icicle **aissikl**
icily **aissili**
icing **aissing**
icky **iki**
icon **aikon**
iconic **aikoonik**
iconoclast **aikonokläst**
iconography **aikonoografi**
iconology **aikonolodshi**
icy **aissi**
id
idea **aidiia**
ideal **aidiial**
idealism **aidiialism**
idealize **aidiialaiz**
ideally **aidiiali**
identical **aidentikal**
identification **aidentifikeishon**
identifier **aidentifaier**
identify **aidentifai**
identity **aidentiti**
ideologue **aidiolog**
ideology **aidiolodshi**
ides **aids**
idiocy **idiosi**
idiom
idiomatic **idiomätik**
idisosyncracy **idiosinkrasi**
idiot
idiotic **idiotik**
idle **aidl**
idler **aidler**
idol **aidol** *aidl*
idolatry **aidolatri**

idyll **idill** *aidill*
idyllic **idillik** *aidillik*
if
iffy **ifi** *iffi*
igloo **iglu**
igneous **ignios** *igneos*
ignite **ignait**
ignition **ignishon**
ignoble **ignoubl**
ignominious **ignominios**
ignoramus **ignoreimus**
ignorance **ignorans**
ignorant
ignore **ignoor**
iguana *igwana*
iliad
ilk
ill
illative **illativ**
illegal **illiigal** *illiigl*
illegality **illigäliti** *illiigäliti*
illegible **illedshibl**
illegitimate **illidshitimeit**
illicit **illissit**
illiterate **illiterat**
illness **illnes** *illness*
illogical **illodshikal**
illuminance **illuminans**
illuminate **illumineit**
illumination **illumineishon**
illusion **illuushon**
illusory **illuusori**
illustrate **illustreit**
illustration **illustreishon**
illustrious **illastrios**
image **imidsh**
imagery **imidshri**
imaginable **imädshinabl**
imaginary **imädshinäri**
imagination **imädshineishon**
imagine **imädshin** *imäädshin*
imaging **imidshing**
imam **imam**
imbalance **imbälans**

imbecile **imbesil**
imbibe **imbaib**
imbue **imbju** *imbjuu*
imitate **imiteit**
imitation **imiteishon**
immaculate **immäkjulat**
immaterial **immätiirial**
immature **immätuur** *immätshuur*
immeasurable **immeshörabl**
immeshurabl
immediate **immiidiat**
immemorial
immense **immens**
immerse **immörs**
immersion **immörshon**
immigrant
immigrate **immigreit**
immigration **immigreishon**
imminent
immobile **immoubil** *immoubl*
immobilize **immobilais**
immodest
immoral
immortal
immortalize **immortalais**
immovable **immuuvabl**
immune **imjuun**
immunity **imjuuniti**
immunize **imjunais**
immunology **imjunolodshi**
immutable **imjuutabl**
imp
impact **impäkt**
impair **impäär**
impale **impeil**
impalpable **impälpabl**
impanel **impänel**
impart
impartial **imparshal**
impassable **impässabl**
impasse **impäs**
impassion **impäshon**
impassive **impässiv**
impatient **impeishent**

impeach **impiitsh**
impeccable **impekabl**
impedance **impiidans**
impede **impiid**
impediment
impel
impend
impending
impenetrable **impenetrabl**
imperative **imperativ**
imperceptible **imperseptibl**
imperfect **impöörfekt**
imperfection **impörfekshon**
imperial **impiirial**
imperil
impersonal **impörsonal**
impersonate **impörsoneit**
impertinent **impörtinent**
impervious **impörvios**
impetigo **impetiigo**
impetuous **impetshuos**
impetus
impiety **impaieti**
impinge **impindsh**
impish
implacable **impläkabl**
implant **implänt**
implausible **imploosibl**
implement
implicate **implikeit**
implication **implikeishon**
implicit **implissit**
implode **imploud**
implore **imploor**
implosion **imploushon**
imply **implai**
impolite **impolait**
import
importance **impoortans**
important **impoortant**
importune **importuun** *importun*
impose **impous**
imposition **imposishon**
impossibility **impossibiliti**

impossible **impossibl**
impostor
impotent
impound **impaund**
impoverish
imprecise **impresais** *imprisais*
impregnable **impregnabl**
impregnate **impregneit**
impresario
impress
impression **impreshon**
impressive **impressiv**
imprimatur
imprint
imprison
improbable **improbabl**
impromptu
improper
impropriety **impropraieti**
improve **impruuv**
improvise **improvais**
impudent **impjudent**
impugn **impjuun**
impulse **impals**
impulsive **impalsiv**
impunity **impjuniti**
impure **impjuur**
impute **impjuut**
in
inaction **inäkshon**
inactive **inäktiv**
inadequate **inädekwet**
inadvertently **inädvörtentli**
inane **inein**
inanimate **inänimat**
inapt **inäpt**
inarticulate **inartikjulat**
inaudible **inoodibl**
inaugural **inoogjural** *inoogural*
inaugurate **inoogjureit** *inoogureit*
inauspicious **inospishos**
inborn
inbred
incalculable **inkälkjulabl**

incandescent **inkändessent**
incapable **inkeipabl**
incapacitate **inkäpässiteit**
incarnate **inkarneit**
incarnation **inkarneishon**
incendiary **insendiäri** *insendieri*
incense **insens**
incentive **insentiv**
inception **insepshon**
incessant **insessant**
incest **insest**
incestuous **insestshuos**
inch **intsh**
incidence **inssidens**
incinerate **insinereit**
incipient **insipient**
incise **insais**
incision **insishon**
incisive **insaisiv**
incite **insait**
incivility **insiviliti**
inclement **inklement**
inclination **inklineishon**
incline **inklain**
inclusion **inkluushon**
inclusive **inkluusiv**
incognito **inkogniito**
incoherent **inkohiirent** *inkoherent*
incombustible **inkombastibl**
income **inkam**
incommensurate **inkomensurat**
incommunicado **inkomjunikado**
incommutable **inkomjuutabl**
incomparable **inkomparabl**
incompatible **inkompätibl**
incompetent **inkompetent**
incomplete **inkompliit**
incongruous **inkongruos**
inconsiderate **inkonsiderat**
inconsistent **inkonsistent**
incontinent **inkontinent**
inconvenience **inkonviiniens**
incorporate **inkorporeit**
incorrect **inkorekt**

incorrigible **inkoridshibl**
incorrupt **inokorapt**
increase **inkriis**
incredible **inkredibl**
incredulous **inkredjulos**
increment **inkrement**
incriminate **inkrimineit**
incubate **inkjubeit**
inculcate **inkalkeit**
incumbent **inkambent**
incur **inköör**
incurable **inkjuurabl**
incursion **inköörshon**
indebted **indeted**
indecency **indiisensi**
indecent **indiisent**
indecision **indisishon**
indecisive **indisaisiv**
indeed **indiid**
indefatigable **indifätigabl**
indefensible **indifensabl**
indefinable **indifainabl**
indefinite **indefinit**
indelible **indelibl**
indemnify **indemnifai**
indent
indentation **indenteishon**
indenture **indentshör**
independent **indipendent**
index **indeks**
Indian
indicate **indikeit**
indicative **indikativ** *indikkativ*
indicator **indikeitor**
indices **indises** *indisis*
indict **indait**
indictment **indaitment**
indifference **indifferens**
indigence **indidshens**
indigenous **indidshenos**
indigent **indidshent**
indigestible **indidshestibl**
indigestion **indidshestshon**
indignant

indignation **indigneishon**
indirect **indirekt**
indiscreet **indiskriit**
indiscrete **indiskriit**
indiscretion **indiskreshon**
indiscriminate **indiskrimineit**
indispensable **indispensabl**
indisposed **indispousd**
indisputable **indispjuutabl**
indistinct **indistinkt**
indium
individual **individjual** *individual*
individualize **individjualais**
indivisible **indivisibl**
indoctrinate **indoktrineit**
indolent
indomitable **indomitabl**
indoor
indubitable **indubitabl**
induce **induus**
inducement **induusment**
induct **indakt**
inductance **indaktans**
induction **indakshon**
inductive **indaktiv**
inductor **indaktor**
indulge **indaldsh**
indulgence **indaldshens**
industrial **indastrial**
industrious **indastrios**
industry **indastri**
inebriate **iniibrieit**
inedible **inedibl**
ineffective **inefektiv**
inefficient **inefishent**
inelastic **inelästik**
ineligible **inelidshibl**
inept
inequality **inikwaliti**
inequitable **inekwitabl**
inert **inört**
inertia **inörsha**
inescapable **ineskeipabl**
inevitable **inevitabl**

inexorable **ineksorabl**
infallible **infällibl**
infamous **infamos** *infömos*
infant *infänt*
infanticide **infantisaid**
infantile **infantail**
infantry **infantri** *infäntri*
infarct **infarkt**
infatuate **infätshueit**
infatuation **infätshueishon**
infeasible **infiisibl**
infect **infekt**
infection **infekshon**
infer **inför**
inference **inferens**
inferior **infirior**
inferno **införno**
infertile **införtil** *införtl*
infest
infidel
infield **infiild**
infiltrate **infiltreit**
infinite **infinit**
infinitesimal
infinitive **infinitiv**
infinity **infiniti**
infirm **införm**
infirmary **införmari**
infirmity **införmiti**
inflame **infleim**
inflammable **inflämmabl**
inflammation **inflämeishon**
inflate **infleit**
inflation **infleishon**
inflect **inflekt**
inflection **inflekshon**
inflexible **infleksibl**
inflict **inflikt**
influence **influens**
influenza **influensa**
influx **inflaks**
infomercial **infomörshal**
inform **infoorm**
informal **infoormal**

informant **infoormant**
information **informeishon**
informative **infoormativ**
informed **infoormd**
infra
infract **infräkt**
infrared
infrastructure **infrastraktshör**
infrequent **infriikwent**
infringe **infrindsh**
infuriate **infjuurieit**
infuse **infjuus**
infusion **infjuushon**
ingenious **indshiinios**
ingenue **indshenuu**
ingenuity **indshenuuiti**
ingenuous **indshenjuos**
ingest **indshest**
ingot
ingrain **ingrein**
ingratiate **ingreishieit**
ingratitude **ingrätitud**
ingredient **ingriidient**
ingress **ingres**
ingressive **ingressiv**
inhabit **inhäbit**
inhabitant **inhäbitant**
inhalant **inheilant**
inhalation **inhaleishon**
inhale **inheil**
inherent **inhierent** *inherent*
inherit
inheritance **inheritans**
inhibit
inhibition **inhibishon**
inhospitable **inhospitabl**
inhuman **inhjuuman**
inhumane **inhjumein**
inimical **inimikal**
inimitable **inimitabl**
iniquity **inikwiti**
initial **inishal**
initialize **inishalais**
initiate **inishieit**

initiative **inishativ**
inject **indshekt**
injunction **indshankshon**
injure **indshör**
injustice **indshastis**
ink
inkling
inlaid **inleid**
inland **inländ**
inlay **inlei**
inlet
inmate **inmeit**
inn
innards
innate **inneit**
inner
innervate **innörveit**
inning
innkeeper **innkiiper**
innocence **innosens**
innocuous **innokjuos**
innovate **innoveit**
innovation **innoveishon**
innuendo **injuendo**
innumerable **innumerabl**
inoculate **inokjuleit**
inoffensive **inoffensiv**
inofficious **inofishos**
inoperable **inoperabl**
inoperative **inoperativ**
inopportune **inoportuun**
inordinate **inordinat**
inorganic **inorgänik**
inpatient **inpeishent**
input
inquire **inkwair** *inkwaier*
inquiry **inkwairi** *inkwaieri*
inquisition **inkwisishon**
inquisitive **inkwisitiv**
inquisitor **inkwisitor**
insane **insein**
insanity **insäniti**
insatiable **inseishabl**
inscribe **inskraib**

inscription **inskripshon**
inscriptive **inskriptiv**
inscrutable **inskrutabl**
insect **insekt**
insecticide **insektisaid**
insecure **insekjur**
insecurity **insekjuriti**
inseminate **insemineit**
insensible **insensibl**
insensitive **insensitiv**
inseparable **inseparabl**
insert **insört**
insertion **insörshon**
inset
inside **insaid**
insidious **insidios**
insight **insait**
insignia
insignificant **insignifikant**
insincere **insinsiir**
insinuate **insinjueit**
insinuation **insinjueishon**
insipid
insist
insistent
insobriety **insobraieti**
insolation **insoleishon**
insole **insoul**
insolent
insoluble **insoljubl**
insolvable **insolvabl**
insolvent
insomnia
inspect **inspekt**
inspection **inspekshon**
inspector **inspektor**
inspiration **inspireishon**
inspire **inspair** *inspaier*
inspiring **inspairing**
instability **instabiliti**
instable **insteibl**
install **instool**
installation **instoleishon**
instooleishon

installment **instoolment** *instolment*
instance **instans**
instant
instantaneous **instanteinios**
instantiate **instänshieit**
instead **insted**
instep
instigate **instigeit**
instill
instinct **instinkt**
instinctive **instinktiv**
institute **institut** *institjut*
institution **institushon**
institutionalize **institushonalais**
instruct **instrakt**
instruction **instrakshon**
instructor **instraktor**
instrument
instrumental
instrumentalist
instrumentation **instrumenteishon**
insubordinate **insabordinat**
insubstantial **insabstänshal**
insufferable **insaferabl**
insufficiency **insafishensi**
insufficient **insafishent**
insufflate **insafleit**
insular
insulate **insuleit**
insulation **insuleishon**
insulator **insuleitor**
insulin
insult **insalt**
insurance **inshuurans**
insure **inshuur**
insurgent **insöördshent**
insurmountable **insörmauntabl**
insurrection **insörekshon**
intact **intäkt**
intake **inteik**
intangible **intändshibl**
integer **intedsher**
integral
integrand *integränd*

integrate **integreit**
integration **integreishon**
integrator **integreitor**
integrity **integriti**
intellect **intelekt**
intellectual **intelektshual**
    intelekshual
intelligence **intelidshens**
intelligent **intelidshent**
intelligentsia **intelidshentsia**
intelligible **intelidshibl**
intemperate **intemperat**
intend
intense **intens**
intensify **intensifai**
intensity **intensiti**
intensive **intensiv**
intent
intention **intenshon**
intentinal **intenshonal**
inter **intöör**
inter-
interact **interäkt**
interaction **interäkshon**
interactive **interäktiv**
intercede **intersiid**
intercept **intersept**
interception **intersepshon**
intercession **interseshon**
interchange **intertsheindsh**
intercom **interkom**
interconnect **interkonekt**
intercontinental **interkontinental**
intercourse **interkoors**
interdict **interdikt**
interdisciplinary **interdissiplinäri**
interest
interesting
interface **interfeiss**
interfere **interfiir**
interference **interfiirens**
interferometer **interferoometer**
interferon
interim

interior **intiirior**
interject **interdshekt**
interjection **interdshekshon**
interlace **interleiss**
interlock **interlok**
interlocutor **interlokjutor**
interloper **interlouper**
interlude **interlud**
intermediary **intermiidiari**
intermediate **intermiidiat**
interment **intöörment**
intermezzo **intermetso**
interminable **intöörminabl**
intermission **intermishon**
intermittent
intermodal **intermoudal**
intermural **intermjuural**
intern **intörn** *intern*
internal **intöörnal**
international **internäshonal**
internee **intörnii**
Internet *Intörnet*
internist **intöörnist** *internist*
interpol
interpolate **intörpoleit**
interpose **interpous**
interpret **intöörpret**
interpretation **intörpreteishon**
interpreter **intöörpreter**
interrogate **interogeit**
interrogation **interogeishon**
interrupt **interrapt**
interruption **interrapshon**
intersect **intersekt**
intersection **intersekshon**
intersperse **interspörs**
interstate **intersteit**
interstitial **interstishal**
intertwine **intertwain**
interval
intervene **interviin**
intervenor **interviinor**
intervention **intervenshon**
interview **intervju**

intestate **intesteit**
intestinal
intestine **intestin**
intimacy **intimasi**
intimate (v) **intimeit**
intimate (adj) **intimat**
intimidate **intimideit**
intolerable **intolerabl**
intolerant
intonate **intoneit**
intonation **intoneishon**
intoxicate **intoksikeit**
intra-
intractable **inträktabl**
intramural **intramjural**
intranet
intransigent **intränsidshent**
intravenous **intraviinos**
intraventricular **intraventrikjular**
intrepid
intricacy **intrikasi**
intricate **intrikat**
intrigue **intriig**
intrinsic **intrinsik**
intro-
introduce **introduuss**
introduction **introdakshon**
introspect **introspekt**
introvert **introvört**
intrude **intruud**
intruder **intruuder**
intrusion **intruushon**
intrusive **intruusiv**
intuit *intuuit*
intuition **intuishon**
intuitive **intuitiv** *intuuitiv*
inundate **inandeit**
inundation **inandeishon**
inure **inuur**
invade **inveid**
invalid **invälid** *invalid*
invalidate **invälideit**
invaluable **inväljuabl**
invariable **inväriabl**

invariant **inväriant**
invasion **inveishon**
invasive **inveisiv**
invective **invektiv**
inveigh **invei**
invent
invention **invenshon**
inventive **inventiv**
inventory **inventori**
inverse **invörs**
inversion **invörshon**
invert **invört**
invertebrate **invörtebreit**
inverter **invörter**
invest
investigate **investigeit**
investigator **investigeitor**
investiture **investitshur** *investitshör*
investment
investor
inveterate **inveterat**
inviable **invaiabl**
invidious **invidios**
invigorate **invigoreit**
invincible **invinsibl**
inviolable **invaiolabl**
inviolate **invaiolet**
invisible **invisibl**
invitation **inviteishon**
invite **invait**
invocation **invokeishon**
invoke **invouk**
involuntary **involuntari**
involute **involuut**
involution **involuushon**
involve **involv**
inward
iodine **aiodain** *aiodin*
ion **aion**
ionic **aioonik**
ionization **aioniseishon**
ionize **aionais**
ionosphere **aionosfiir**
iota **aiota**

irascible **iräsibl**
ire **aier** *air*
iridescent **iridessent**
iris **airis**
irk **örk**
iron **airon** *airn*
ironclad **aironkläd** *airnkläd*
ironic **aironik**
irony **aironi**
irradiate **irreidieit**
irradiation **irreidieishon**
irradicable **irrädikabl**
irrational **irräshonal**
irreconcilable **irrekonsailabl**
irredeemable **irrediimabl**
irreducible **irredusibl**
irregular **irregjular**
irrelevant
irresistible **irresistibl**
irrespective **irrespektiv**
irresponsible **irresponsibl**
irreversible **irrevörsibl**
irrevocable **irrevokabl**
irrigate **irrigeit**
irritable **irritabl**
irritant
irritate **irriteit**
irritation **irriteishon**
is
ischemia **iskiimia**
-ais
isentropic **aisentropik**
island **ailänd**
isle **ail**
-ism
isn't
iso- **aiso-**
isobar **aisobar**
isolate **aisoleit**
isolation **aisoleishon**
isometric **aisometrik**
isosceles **aisooseles**
isotope **aisotoup**
issue **ishu**

-ist
isthmus **ismus** *istmus*
it **it**
italic **itälik**
italicize **itälisais**
itch **itsh**
-ite **-ait**
item **aitem**
itemize **aitemais**
iterate **itereit**
iteration **itereishon**
iterative **itereitiv**
itinerant
itinerary **itinerari**
its
it's
itself
ivory **aivori**
ivy **aivi**

J

jab **dshäb**
jabber **dshäber**
jack **dshäk**
jackal **dshäkal**
jackass **dshäkäss**
jacket **dshäket**
jackhammer **dshäkhämmer**
jackknife **dshäknaif**
jackpot **dshäkpot**
jackrabbit **dshäkräbit**
jackscrew **dshäkskru**
jade **dsheid**
jaded **dsheided**
jag **dshäg**
jagged **dshäged**
jaguar **dshäguar**
jail **dsheil**
jailbird **dsheilböörd**
jailbreak **dsheilbreik**
jailer **dsheiler**
jailhouse **dsheilhaus**
jake **dsheik**
jalopy **dshalopi**
jalousie **dshälosi**
jam **dshäm**
jamb **dshämb** *dshäm*
jamboree **dshämborii**
jangle **dshängl**
janitor **dshänitor**
January **Dshänjuäri**
jar **dshar**
jargon **dshargon**
jasmine **dshäsmin**
jasper **dshäsper**
jaundice **dshoondis**
jaunt **dshoont**
javelin **dshävelin** *dshävlin*
jaw **dshoo**
jawbreaker **dshoobreiker**

jay **dshei**
jazz **dshääz**
jealous **dshelos**
jean **dshiin**
jeepers **dshiipers**
jeer **dshiir**
jeez **dshiiz**
jehad **dshihad**
jell **dshell**
jellied **dshellid**
jeopardize **dshepördais**
jerk **dshöörk**
jersey **dshöörsi**
jest **dshest**
jester **dshester**
jet **dshet**
jetliner **dshetlainer**
jetport **dshetport**
jetsam **dshetsam**
jettison **dshetison**
jetty **dsheti**
jewel **dshuel**
jeweler **dshueler**
jewelry **dshuelri**
jib **dshib**
jig **dshig**
jigger **dshiger**
jigsaw **dshigsoo**
jihad **dshihad**
jillion **dshiljon**
jilt **dshilt**
jimmy **dshimmi**
jingle **dshingl**
jingo **dshingo**
jingoism **dshingoism**
jink **dshink**
jinx **dshinks**
jitter **dshiter**
jitterbug **dshiterbag**
jive **dshaiv**
job **dshob**
jobber **dshober**
jobless **dshobless**
jockey **dshoki**

jockstrap **dshoksträp**
jocular **dshokjular**
jocund **dshokand**
jog **dshog**
joggle **dshogl**
join **dshoin**
joiner **dshoiner**
joint **dshoint**
joist **dshoist**
joke **dshouk**
joker **dshouker**
jolly **dsholli**
jolt **dsholt** *dshoult*
josh **dshosh**
jostle **dshossl**
jot **dshot**
joule **dshuul**
jounce **dshaunss**
journal **dshöörnal**
journey **dshöörni**
joust **dshaust**
jovial **dshouvial**
jowl **dshaul**
joy **dshoi**
joyful **dshoiful**
joyous **dshoios**
jubilant **dshubilant**
jubilate **dshubileit**
jubilee **dshubilii**
judge **dshadsh** *dsadsh*
judgment **dshadshment**
judicial **dshudishal**
judiciary **dshudishiari**
judicious **dshudishos**
judo **dshuudo**
jug **dshag**
juggle **dshagl**
jugular **dshagjular**
juice **dshuuss**
jujitsu **dshudshitsu**
jukebox **dshuukboks**
julep **dshulip**
julienne **dshulienn**
July **Dshulai**

136

jumble **dshambl**
jumbo **dshambo**
jump **dshamp**
jumper **dshamper**
jumpsuit **dshampsuut**
junction **dshankshon**
juncture **dshankshör**
June **Dshuun**
jungle **dshangl**
junior **dshunior**
juniority **dshunioriti**
juniper **dshuniper**
junk **dshank**
junker **dshanker**
junkie **dshanki**
junkyard **dshankjard**
junta **hunta**
jural **dshural**
juridical **dshuridikal**
jurisdiction **dshurisdikshon**
jurisprudence **dshurisprudens**
jurist **dshurist**
juror **dshuror**
jury **dshuri**
just **dshast**
justice **dshastis**
justifiable **dshastifaiabl**
justification **dshastifikeishon**
justle **dshassl**
jut **dshat**
jute **dshuut**
juvenile **dshuvenil**
juxtapose **dshakstapous**
juxtaposition **dshakstaposishon**

K

kale **keil**
kaleidoscope **kaleidoskoup**
    kölaidoskoup
kangaroo **kängaruu**
kappa *käpa*
kaput
karaoke **käraouki**
karat *kärat*
karate **karaate** *köraati*
karma
kayak **kaiak** *kaiäk*
kazoo **kazuu**
kebab
keel **kiil**
keen **kiin**
keep **kiip**
keeper **kiiper**
keepsake **kiipseik**
keester **kiister**
keg
kegler
keister **kiister**
kelp
kelvin
kemp
kempt
ken
kennel
keno **kiino**
kept
keratin
keratitis **kerataitis**
keratoid
keratosis
kerbstone **köörbstoun**
kerchief **körtshif**
kerf **köörf**
kern **köörn**
kernel **köörnl**

kerosene **kerosiin**
kerplunk **körplank**
ketch **ketsh**
ketchup **ketshap**
ketone **kiitoun** *keton*
kettle **ketl**
kevel **kevl**
kewpie **kjuupi**
key **kii**
keyboard **kiibord**
kibble **kibl**
kibe **kaib**
kibitz **kibits**
kibosh
kick **kik**
kid
kiddo **kido**
kidnap **kidnäp**
kidney **kidni**
kidult **kidalt**
kill
killdeer **killdiir**
killjoy **killdshoi**
kiln
kilo
kilocycle **kilosaikl**
kilogram *kilogräm*
kilohertz **kiloherts** *kilohöörts*
kilometer *kiloometer*
kiloton
kilovolt
kilowatt *kilowat*
kilowatthour **kilowattaur**
kilt
kimono
kin
kind **kaind**
kindergarten
kindhearted **kaindhaarted**
kindle **kindl**
kindling
kindly **kaindli**
kindness **kaindnes**
kindred

kinematics **kinemätiks**
kinesics **kiniisiks** *kinesiks*
kinesiology **kinisiolodshi**
kinesis **kiniisis**
kinetic **kinetik**
kinfolk **kinfouk**
king
kingdom
kingfish
kingpin
kingsize **kingsaiz** *kingsais*
kink
kinship
kinsman **kinsmän**
kiosk
kip
kipper
kismet
kiss
kisser
kit
kitchen **kitshen**
kitchenette **kitshenet**
kite **kait**
kitsch **kitsh**
kitten
kitty **kiti** *kitti*
kiwi
kleptomania **kleptomeinia**
kleptomaniac **kleptomeiniäk**
klick **klik**
kludge, kluge **kluudsh**
klutz **klats**
knack **näk**
knap **näp**
knapsack **näpsäk**
knave **neiv**
knead **niid**
knee **nii**
kneel **niil**
knell **nel** *nell*
knew **nu** *nuu*
knickerbockers **nikerbokers**
knickknack **niknäk**

knife **naif**
knight **nait**
knighthood **naithud**
knish
knit **nit**
knitwear **nitwear**
knives **naivs**
knob **nob**
knobby **nobi**
knock **nok**
knockdown **nokdaun**
knocker **noker**
knockout **nokaut**
knoll **nol**
knot **not** *nat*
knothole **nothoul**
knotted **notted**
knotty **notti**
know **nou**
knowledge **nolidsh** *nalidsh*
knowledgeable **nolidshabl**
known **noun**
knuckle **nakl**
knur **nöör**
knurl **nöörl**
koala
kohlrabi **koolrabi**
koi
kola
kolkhoz **kolhoos** *kolkooz*
kook **kuuk**
kopek
kosher
kowtow **kautau**
kraft **kräft**
kraut
krill
kroon
krypton **kripton**
kudos
kulak
kumquat **kamkwat** *kumkwat*
kuru
kvetch **kvetsh**

L

la
lab **läb**
label **leibl**
labeled **leibld**
labia **leibia**
labile **leibil** *leibail*
labiodental **leibiodental**
labium **leibium**
labor **leibor**
laboratory **laboratori** *läbrötori*
laborsaving **leiborseiving**
laborer **leiborer**
laborintensive **leiborintensiv**
labyrinth **läbörinth**
lace **leiss**
lacerate **lässereit**
lacing **leissing**
lack **läk**
lackadaisical **läkädeisikal**
lackey **läki**
lackluster **läklaster**
laconic **lakoonik** *lökoonik*
lacquer **läkör**
lacrimation **läkrimeishon**
lacrosse **lakross** *lökross*
lactase **läkteis**
lactate **läkteit**
lactic **läktik**
lactose **läktous**
lacy **leissi**
lad **läd**
ladder **läder**
laddie **lädi**
lade **leid**
laden **leidn** *leiden*
la-di-da
ladies **leidis**
lading **leiding**
ladle **leidl** *leidel*

lady **leidi**
ladybug **leidibag**
ladyfinger **leidifinger**
ladykiller **leidikiller**
ladylike **leidilaik**
ladylove **leidilav**
lag **läg**
lager
laggard **lägard**
lagging **läging**
lagoon **laguun** *löguun*
laical **leiikal**
laidback **leidbäk**
lair **läär** *leer*
laity **leiti**
lake **leik**
laker **leiker**
lakeshore **leikshor**
la-la
lam **läm**
Lamaism
lamb **lämb** *läm*
lambda **lämda**
lambert **lämbert**
lame **leim**
lamé **lamee** *lamei*
lament **lament**
laminate **lämineit**
lamp **lämp**
lampoon **lämpuun**
lamprey **lämpri**
lanai
lance **läns**
land **länd**
landfill **ländfil**
landing **länding**
landlady **ländleidi**
landlord **ländlord**
landlubber **ländlaber**
landmark **ländmark**
landmass **ländmäs**
landmine **ländmain**
landowner **ländouner**
landscape **ländskeip**

landslide **ländslaid**
landward **ländward**
lane **lein**
language **längwidsh**
languid **längwid**
languish **längwish**
languor **längor**
lank **länk**
lanolin **länolin**
lantern **läntern**
lanyard **länjard**
lap **läp**
laparoscope **läpraskoup**
laparascopy **läpraskopi**
laparotomy **läparotomi**
lapel *läpel*
lapidary **läpidäri**
lapse **läps**
laptop **läptop**
larceny **larseni**
larch **lartsh**
lard
larder
large **lardsh**
largesse **lardshess**
largo
lariat **läriat**
lark **laark**
larkspur **laarkspör**
larva
laryn- **lärin-**
laryngeal **lärindshial**
laryngectomy **lärindshektomi**
laryngitis **lärindshaitis**
laryngology **läringolodshi**
larynx **lärinks**
lasagna **lasanja**
lascivious **lässivios**
lase **leis**
laser **leiser**
lash **läsh**
lass **läss**
lassie **lässi**
lassitude **lässitud**

lasso **lässo**
last **lääst** *laast*
latch **lätsh**
late **leit**
latecomer **leitkamer**
lately **leitli**
latency **leitensi**
latent **leitent**
later **leiter**
lateral **läteral**
latest **leitest**
latex **leiteks**
lath **läth**
lathe **leith**
lather **läther**
latices **lätises**
Latin **Lätin**
Latino **Latiino**
latitude **lätitud**
latrine **lätriin**
latter **läter**
lattice **lätis**
laud **lood**
laudable **loodabl**
laudatory **loodatori**
laugh **lääf** *laaf*
launch **loontsh**
launder **loonder**
launderette **loonderet**
laundress **loondres**
laundromat **loondromät**
laureate **loorieit**
laurel **loorel**
lava **lava**
lavalier
lavation **laveishon**
lavatory **lävatori**
lavender **lävender**
lavish **lävish**
law **loo**
lawless **looles**
lawn **loon**
lawsuit **loosuut**
lawyer **loojer**

lax **läks**
laxative **läksativ**
lay **lei**
layer **leier**
layette **leiett**
layoff **leioff**
layout **leiaut**
laze **leiz** *leis*
lazy **leizi** *leisi*
leach **liitsh**
lead (metal) **led**
lead (guide) **liid**
leaden **leden** *ledn*
leader **liider**
leadership **liidership**
leaf **liif**
league **liig**
leak **liik**
lean **liin**
leant **lent**
leap **liip**
leapt **liipd** *lept*
learn **löörn**
learning **löörning**
leary **liiri**
lease **liiss**
leash **liish**
least **liist**
leather **lether**
leatherette **letherett**
leave **liiv**
leavening **levening**
lecherous **letsheros**
lecithin **lesithin**
lectern **lektern**
lector **lektor**
lecture **lektshör**
led
lederhosen
ledge **ledsh**
lee **lii**
leach **liitsh**
leek **liik**
leer **liir**

leeward **liiward**
leeway **liiwei**
left
leftist
leg
legal **liigal** *liigl*
legalese **liigaliis**
legality **ligäliti** *liigäliti*
legalize **liigalais**
legation **legeishon**
legato
legend **ledshend**
legendary **ledshendäri**
legerdemain **ledsherdemein**
legging **leging**
leggy **legi**
leghorn
legible **ledshibl**
legion **liidshon**
legionnaire **liidshonär**
legislate **ledshisleit**
legislature **ledshisleitshör**
legit **ledshit**
legitimate **ledshitimat**
legume **legjum**
lei
leisure **liishör** *leshör*
lemming
lemon
lemonade **lemoneid**
lend
length
lenient **liinient**
lens
Lent **Lent**
lentil
leopard **lepard**
leotard **liotard**
leper
leprechaun **leprekon**
leprosy **leprosi**
lepton
lesbian
lesion **liishon**

less
lessee **lessii**
lessen
lesson
lessor
lest
let
letter **leter**
lettuce **letös** *lettus*
leukocyte **lukosait**
leukoma **lukooma**
levee **levi**
level
lever *liiver*
leverage **leveridsh**
leviathan
levitate **leviteit**
levity **leviti**
levy **levi**
lewd **luud**
lexicology **leksikolodshi**
lexicon **leksikon**
ley **lei**
liability **laiabiliti**
liable **laiabl**
liaison
liar **laier**
libation **laibeishon**
libel **laibl** *laibel*
liberal
liberate **libereit**
libertarian **libertärian**
libertine **libertiin**
liberty **liberti**
libidinous **libidinos**
libido **libiido**
libra
library **laibräri**
libretto **libreto**
lice **laiss**
license **laissens**
licensure **laissenshör**
licentious **laissenshos**
lichen **laiken**

licit **lissit**
lick **lik**
licorice **likörish**
lid
lido
lie **lai**
liege **liidsh**
lien
lieu **luu**
lieutenant **lutenant** *leftenant*
life **laif**
lifeblood **laifblad**
lifeboat **laifbout**
lifeguard **laifgard**
lifeless **laifles**
lifer **laifer**
lifesaver **laifseiver**
lifetime **laiftaim**
lift
ligament
ligature **ligatshör**
light **lait**
lighten **laiten**
lighter **laiter**
lightheaded **laitheded**
lighthearted **laitharted**
lighthouse **lait-haus** *laithaus*
lighting **laiting**
lightless **laitles**
lightness **laitnes**
lightning **laitning**
lightweight **laitweit**
ligneous **lignios**
lignin
lignite **lignait**
ligule **ligjul**
likable **laikabl**
like **laik**
likelyhood **laiklihud**
likely **laikli**
liken **laiken**
likeness **laiknes**
likewise **laikwais**
lilac **lailak**

lilt
lily **lili**
limb
limber
limbo
lime **laim**
limeade **laimeid**
limerick **limerik**
limey **laimi**
limit
limitation **limiteishon**
limn **lim**
limnetic **limnetik**
limnology **limnolodshi**
limo
limousine **limosiin**
limp
limpid
limy **laimi**
linage **lainidsh**
linchpin **lintshpin**
linden
lindy **lindi**
line **lain**
lineage **linidsh**
lineal **linial** *lineal*
linear **liniar** *linear*
linebacker **lainbäker**
linen
liner **lainer**
lineup **lainap**
linger
lingerie **lansheri**
lingo
lingua **lingwa** *lingua*
lingual **lingwal** *lingual*
linguini **lingwini** *linguini*
linguist **lingwist** *linguist*
lingula
liniment
lining **laining**
link
linkage **linkidsh**
linkup **linkap**

linoleum **linooleum** *linoolium*
linseed **linsiid**
lint
lintel
linter
lion **laion**
lionhearted **laionhaarted**
lip
lipectomy **lipektomi**
lipid
lipo-
lipoma
lipoprotein
liposuction **liposakshon**
lipreading **lipriiding**
lipstick **lipstik**
lipsync **lipsink**
liquate **likweit**
liquefaction **likwefäkshon**
liquefy **likwefai**
liqueur **likör** *likjuur*
liquid **likwid**
liquidate **likwideit**
liquor **likör**
liquorice **likörish**
lisp
lissome **lissom**
list
listee **listii**
listen **lissen**
lister
listless **listles**
lit
litany **litani**
lite **lait**
liter
literacy **literasi**
literal
literally **literali**
literary **literari**
literate **literat**
literati
literature **literatshur** *litratshör*
lithe **laith**

lithic **lithik**
lithium
litho
lithography **lithoografi**
lithoid
lithosphere **lithosphiir**
litigable **litigabl**
litigant
litigate **litigeit**
litigious **litigios** *litidshös*
litmus
litre **liter**
litter
litterbug **litterbag**
little **litl**
liturgical **litöördshikal**
liveable **livabl**
live (v) **liv**
live (adj) **laiv**
livelihood **laivlihud**
liven **laiven**
liver
liverwurst
livery **liveri**
lives **laivs**
livestock **laivstok**
livid
living
lizard
llama **laama** *jaama*
lo
load **loud**
loaf **louf**
loafer **loufer**
loam **loum**
loan **loun**
loaner **louner**
loath(e) **louth**
loathsome **louthsam**
loaves **louvs**
lob
lobby **lobi**
lobbyist **lobiist**
lobe **loub**

lobectomy **lobektomi**
lobed **loubd**
lobotomy **lobotomi**
lobster
lobular **lobjular** *lobular*
local **loukal**
locale **lokäl**
locality **lokäliti**
localize **lokalais**
locate **lokeit**
location **lokeishon**
locator **lokeitor**
loch **lok**
loci **losai**
lock **lok**
lockage **lokidsh**
locker **loker**
locket **loket**
lockjaw **lokdshoo**
loco **loko**
locomotion **lokomoushon**
locomotive **lokomoutiv**
locus **lokus**
locust **lokust**
locution **lokjuushon**
lode **loud**
lodge **lodsh**
lodger **lodsher**
lodging **lodshing**
loft
log
loganberry **loganberri**
logarithm
logbook **logbuk**
loge **loosh**
logger **loger**
loggia **lodshia**
logging **loging**
logic **lodshik**
logical **lodshikal**
logician **lodshishan**
logistics **lodshistiks**
logjam **logdshäm**
logo

logorrhea **logoriia**
logrolling
-logue **-log**
-logy **-lodshi**
loid
loin
loiter
loll *lol*
lollipop
lollop
lone **loun**
lonesome **lounsam**
long
longevity **londsheviti**
longing
longitude **londshitud**
longshoreman **longshormän**
loo **lu** *luu*
loofah **lufa**
look **luk**
looker **luker**
lookout **lukaut**
loom **luum**
loon **luun**
loop **luup**
loophole **luuphoul**
loose **luuss**
loosen **luussen**
loot **luut**
lop
lopsided **lopsaided**
loquacious **lokweishos**
loral
loran *lorän*
lord
lordship
lore **loor**
lorry **lorri**
lose **luus**
loser **luuser**
loss
lost
lot
lotion **loushon**

lots
lottery **lotteri**
lotto
lotus
louche **luush**
loud **laud**
loudspeaker **laudspiiker**
lounge **laundsh**
loupe **luup**
louse **laus**
lout **laut**
louver **luuver**
lovable **lavabl**
love **lav**
loveless **lavles**
lovelorn **lavlorn**
lover **laver**
low **lou**
lower **louer**
lowly **louli**
lowlying **loulaiing**
lox **loks**
loyal **loial**
lozenge **lozendsh** *losendsh*
luau
lubber **laber**
lube **luub**
lubricant **lubrikant**
lubricate **lubrikeit**
lubricious **lubrishos**
lubricity **lubrisiti**
lucent **luussent**
lucid **luussid**
luck **lak**
luckless **lakles**
lucrative **lukrativ**
ludicrous **ludikros**
luffa **lufa**
lug **lag**
luge **luush**
luggage **lagidsh**
lugger **lager**
lugubrious **luguubrios**
lukewarm **luukworm**

lull **lal**
lullaby **lalabai**
lulu
lumbago **lambeigo**
lumbar **lambar**
lumber **lamber**
lumberjack **lamberdshäk**
lumberyard **lamberjard**
lumen
luminance **luminans**
luminaria **lumináría**
luminary **lumináří**
luminescence **luminessens**
luminiferous **luminifferos**
luminosity **luminossiti**
luminous **luminos**
lump **lamp**
lumpectomy **lampektomi**
lumpen **lampen**
lumpish **lampish**
lumpy **lampi**
lunacy **luunassi**
lunar
lunarian
lunatic **lunatik**
lunch **lantsh**
lucheon **lantshon**
lune **luun**
lunette **lunett**
lung **lang**
lunge **landsh**
lunker **lanker**
lunula **lunjula**
lupine (plant) **luupin**
lupine (wolflike) **lupain**
lupuline **lupjulin**
lupus
lurch **löörtsh**
lure **luur**
lurid **luurid**
lurk **löörk**
luscious **lashos**
lush **lash**
lust **last**

146

luster **laster**
lustral **lastral**
lustrate **lastreit**
lustrous **lastros**
lusty **lasti**
lute **luut**
lutein
lutist **luutist**
lux **laks**
luxuriant **laksuriant**
luxurious **laksurios**
luxury **laksuri**
lyceum **laisseum**
lycopene **laikopiin**
lye **lai**
lying **laiing**
lymph **limf**
lymphatic **limfäätik**
lympho- **limfo-**
lymphocyte **limfosait**
lymphoma **limfooma**
lynch **lintsh**
lynx **links**
lyre **lair**
lyric **lirik**
lyricist **lirisist**
lyse **lais**
lysogen **lisodshen**

M

ma
maar
macabre **makaaber** *makaabre*
macadam **mäkäädem** *mäkäädäm*
macadamia **mäkädeimia**
　　mäködeimia
macarena **makarena**
macaroni **makaroni** *mäköroni*
macaroon **makaruun** *mäköruun*
macaw **makoo** *mökoo*
mace **meiss**
macerate **mässereit**
machete **masheti** *mösheti*
machinate **mäkineit** *mashineit*
machination **mäkineishon**
　　mashineishon
machine **mashiin** *mäshiin*
machinery **mashiineri** *mäshiineri*
machismo **matshismo**
macho **matsho**
macherel **mäkerel** *mäkrel*
mackinaw **mäkinoo**
mackintosh **mäkintosh**
macrame **makrame**
macro **mäkro**
macrocosm **mäkrokosm**
macrocytosis **mäkrosaitosis**
macron **mäkron** *meikron*
macroscopic **mäkroskopik**
macula **mäkjula**
mad **mäd**
madam **mädam**
maddening **mädening**
madder **mäder**
made **meid**
madeleine **mädelin** *mädlin*
mademoiselle **mädmosell**
　　madmuasell
madly **mädli**

madness **mädnes**
madras
madrigal **mädrigal**
maelstrom **meilstrom**
maestro **maistro**
mafia
magazine **mägazin**
magenta **mädshenta** *madshenta*
maggot **mägot**
magic **mädshik**
magical **mädshikal**
magician **mädshishan**
magisterial **mädshistiirial**
magisterium **mädshistiirium**
magistrate **mädshistreit**
maglev **mäglev**
magma **mägma**
magnanimity **mägnänimiti**
magnanimous **mägnänimos**
magnate **mägneit**
magnesia **mägniisia**
magnesite **mägnesait**
magnesium **mägniisium**
magnet **mägnet**
magnetic **mägnetik** *mägneetik*
magnetism **mägnetism**
magnetize **mägnetais**
magneto **mägniito**
magnetometer **mägniitometer**
magnetomotive **mägniitomoutiv**
magneton **mägneton**
magnetron **mägnetron**
magnification **mägnifikeishon**
magnificence **mägniffisens**
magnify **mägnifai**
magniloquent **mägniloukwent**
magnitude **mägnitud**
magnolia **mägnolia**
magnum **mägnum**
magpie **mägpai**
mahalo
maharajah **maharadsha**
maharani
maharishi

mahatma
mahi-mahi
mahjongg **madshong**
mahogany **mahoogani**
maid **meid**
maiden **meiden** *meidn*
mail **meil**
mailer **meiler**
maim **meim**
main **mein**
maintain **meintein**
maintenance **meintenans**
maize **meiz** *mais*
majestic **mädshestik**
majesty **mädshesti**
major **meidshor** *meidshör*
majorette **meidshoret**
majority **mädshoriti** *mödshoriti*
make **meik**
maker **meiker**
makeup **meikap**
mal- **mäl-**
malaise **mäleis** *mäleiz*
malaria
malarkey **malarki**
malate **mäleit**
malcontent **mälkontent**
male **meil**
maleate **mäleat**
malediction **mäledikshon**
malefactor **mälefäktor**
malevolent
malfeasance **mälfiisans**
malfunction **mälfankshon**
malice **mälis**
malicious **mälisshos**
malign **mälain** *mölain*
malignancy **mälignansi**
malinger **mälinger**
mall **mool**
mallard **mällard**
malleable **mälleabl**
mallet **mället**
malnourished **mälnörishd**

malnutition **mälnutrishon**
malpractice **mälpräktis**
malt **moolt**
maltose **moltous**
mama
mambo
mammal **mämmal**
mammary **mämmari**
mammilla **mamilla**
mammogram **mämmogram**
   mämmogräm
mammography **mämmoografi**
   mämoografi
mammoplasty **mämmoplästi**
mammoth **mämmoth**
mammy **mämmi**
man **män**
manacle **mänäkl**
manage **mänidsh**
manageable **mänidshabl**
management **mänidshment**
manager **mänidsher**
managerial **mänidshiirial**
manatee **mänätii**
mandarin **mändarin**
mandate **mändeit**
mandatory **mändatori**
mandible **mändibl**
mandolin **mändolin**
mandrake **mändreik**
mandrel **mändrel**
mane **mein**
maneuver **mänuuver**
manganate **mänganeit**
manganese **mänganiis**
manganic **mängäänik** *mängaanik*
manganite **mänganait**
manger **meindsher**
mangle **mängl**
mango **mängo**
manhour **mänauer**
mania **meinia**
maniac **meiniäk**
manic **mänik**

manicure **mänikjur**
manifest **mänifest**
manifestation **mänifesteishon**
manifesto **mänifesto**
manifold **mänifold**
manikin **mänikin**
manila
manipulate **mänipjuleit**
manipulative **mänipjuleitiv**
   mänipjulativ
manitou **mänitu**
mankind **mänkaind**
manly **mänli**
manna **männa**
manned **mänd**
manner **männer**
mannerism **männerism**
manometer **mönoometer**
manor **mänor** *mänör*
manpower **mänpauer**
mansard **mänsard**
mansion **mänshon**
mantel **mäntl** *mäntel*
mantra **mäntra**
manual **mänjual**
manufacture **mänjufäktshör**
manure **mänuur** *mönuur*
manuscript **mänjuskript** *mänuskript*
many **meni**
Maoism
map **mäp**
maple **meipl**
mapping **mäping**
marathon **märathon**
maraud **mörood**
marble **maarbl** *marbl*
march **maartsh** *martsh*
March **Maartsh**
mare (horse) **määr** *mär*
mare (sea)
margarine **mardsharin**
margarita
margin **mardshin**
marginate **mardshineit**

mariachi **mariatshi**
marigold **märigold**
marijuana **marihuaana** *märihuaana*
marimba
marina
marinade **märineid**
marinara
marinate **märineit**
marine **märiin** *mariin*
mariner **märiner**
marionette **märionet**
mariposa
marital **märital**
maritime **märitaim**
marjoram **mardshoram**
mark
market
marketable **marketabl**
marketeer **marketiir**
marking
markup **markap**
marlin
marmalade **marmaleid**
marmot
maroon **märuun** *maruun*
marquee **markii**
marquess **markwess**
marquis **markwiss**
marquise **markiis**
marriage **märridsh**
married **märrid**
marrow **märrou**
marry **märri**
marsh **maarsh**
marshal
marshmallow **marshmellou**
marsupial
mart
martial **marshal**
martinet
martingale **martingeil**
martini
martyr **martör**
marvel

marvelous **marvelos**
marzipan
mascara **maskaara** *mäskäära*
mascot **mäskot**
masculine **mäskjulin**
maser **meiser**
mash **mäsh**
mask **mäsk**
masochism **mäsokism**
mason **meisson** *meisn*
masonic **masoonik** *mösoonik*
masonry **meissonri**
masquerade **mäsköreid**
mass **määss**
massacre **mässäker**
massage **massaash**
masseur **massuur**
masseuse **massuus**
massive **mässiv**
mast **määst** *mäst*
mastectomy **mästektomi** *mastektomi*
master **määster** *maaster*
mastic **mästik**
mastitis **mästaitis**
mastoidectomy **mästoidektomi**
masturbate **mästörbeit**
mat **mät**
matador **mätador**
match **mätsh**
mate **meit**
material **mätiirial**
maternity **mätörniti**
math **mäth**
mathematician **mäthemätishan**
mathematics **mäthemätiks**
matinee **mätinee** *mätinei*
matriculate **mätrikjuleit**
matrimony **mätrimoni**
matrix **meitriks**
matron **meitron**
matter **mäter**
matting **mäting** *mätting*
mattress **mätres** *mätress*

maturation **mätureishon**
   mätshureishon
mature **mätuur** *mätshuur*
maturity **mätuuriti**
maudlin **moodlin**
maul **mool**
maunder **moonder**
mausoleum **mosoliium**
mauve **moov** *mouv*
maven **meiven**
maverick **mäverik**
mawkish **mookish**
max **mäks**
maximize **mäksimais**
maximum **mäksimum**
may **mei**
May **Mei**
maybe **meibi**
mayday **meidei**
mayhem **meihem**
mayonaise **meioneis**
mayor **meior** *meiör*
mayoralty **meioralti**
maze **meiz**
mazurka
me **mi**
mead **miid**
meadow **medou** *medo*
meager **miiger**
meal **miil**
mean **miin**
meander **miänder**
meaningless **miiningles**
means **miins**
meant **ment**
measles **miisls**
measurable **meshörabl** *meshurabl*
measure **meshör**
meat **miit**
mechanical **mikäänikal** *mekaanikal*
mechanism **mekanism**
mechanize **mekanais**
medal *medl*
medallion *medäljon*

meddlesome **medlsam**
medevac **medeväk**
medfly **medflai**
media **miidia**
medial **miidial**
median **miidian**
mediate **miidieit**
mediator **miidieitor**
medical **medikal**
medicare **medikär**
medicate **medikeit**
medicinal **medissinal**
medicine **medisin**
medieval **mediival**
mediocre **midioker** *midiouker*
mediocrity **midiokriti**
meditate **mediteit**
meditation **mediteishon**
medium **miidium**
medley **medli**
meek **miik**
meerkat **meerkät** *miirkät*
meerschaum **meershaum**
meet **miit**
mega
megabit
megabyte **megabait**
megalo-
megalomania **megalomeinia**
megalopolis *megaloopolis*
magaphone **megafoun**
melamine **melamain**
melancholia **melankolia**
melanin
melanoma
melanosis *melanousis*
melatonin *melatounin*
meld
melee *melei*
meliorate **miilioreit**
mellow **mellou**
melodious **meloodios**
melodrama
melody **melodi**

melon
melt
member
membrane **membrein**
membranous **membranos**
memento
memo
memoir **memuar**
memorabilia
memorandum
memorial *memoorial*
memorize **memorais**
memory **memori**
men
menace **menas**
menagerie **menäädsheri**
mend
mendacious **mendeishos**
mendacity **mendässiti**
menial **miinial**
meninges **menindshes**
meniscus **meniskus**
menopause **menopoos**
menstrual
menstruate **menstrueit**
mensurable **mensurabl**
mental
mentality **mentäliti**
menthol
mention **menshon**
mentor
menu **menju**
meow **miau**
mercantile **mörkantil** *merkantil*
mercantilism **mörkantilism**
merkantilism
mercenary **möörsenäri**
merchandise **möörtshandais**
merchant **möörtshant**
mercifully **möörsifuli**
merciless **möörsiles**
mercurial **mörkuurial**
mercury **möörkuri** *mörkjuri*
mercy **möörssi**

mere **miir**
merengue **merenge**
merge **möördsh**
meridian
meringue **meräng**
merino
merit
meritocracy **meritokrasi**
meritorious **meritorios**
merlin **mörlin**
merlot **merloo** *mörloo*
mermaid **mörmeid**
merriment
merry **merri**
mesa
mesh
mesial **miisial**
mesmerize **mesmerais**
mesosphere **mesosfiir**
mesquite **meskiit**
mess
message **messidsh**
messaging **messidshing**
messenger **messendsher**
messiah **messaia**
messy **messi**
meta-
metabolism
metal *metl*
metallurgy **metalördshi**
metamorphosis **metamorfousis**
metaphor **metafor**
metastasis
metastasize **metasstasais**
metathesis
meteor **mitior** *meteor*
meteorology **mitiorolodshi**
meteorolodshi
meter *miiter*
methadone **methadoun**
methane **methein**
methanol
method
methyl **methöl** *methl*

meticulous **metikjulos** *metikulos*
metonym **metonim**
metric **metrik**
metro
metrology **metrolodshi** *metroolodshi*
metronome **metronoum**
metropolis **metroopolis**
metropolitan
mettle **metl**
mew **mju**
mezzanine **mezanin** *mesnin*
mezzo **metso**
mica **maika**
mice **maiss**
micro **maikro** *mikro*
microbe **maikroub**
microcosm **maikrokosm**
micron **maikron**
microphone **maikrofoun** *maikrofon*
microscope **maikroskoup**
maikroskop
mid
middle **midl**
middling **midling**
midget **midshet**
midi
midpoint
midriff **midrif**
midst
mien *miin*
miff **mif**
might **mait**
mignon **minjon**
migraine **maigrein**
migrant **maigrant**
migrate **maigreit**
migration **maigreishon**
migratory **maigratori**
mike **maik**
mil
mild **maild**
mildew **mildu** *mildju*
mile **mail**
mileage **mailidsh**

milieu **miljöö** *miljuu*
militant
militarism
military **militari**
militia **milisha**
milk
mill
millennium
miller
milli-
millibar
milliner
millinery **millineri**
milling
million *miljon*
millionaire **millionär**
millionairess **millionäres**
millionth
millipede **millipiid**
milord
milquetoast **milktoust**
mime **maim**
mimeograph **mimeogräf**
mimic **mimik**
mimosa
mince **mins** *minss*
mind **maind**
mindboggling **maindbogling**
mindful **maindful**
mindless **maindles**
mine **main**
miner **mainer**
mineral
mineralogy **mineralodshi**
minestrone **minestroni**
mingle **mingl**
mini-
miniature **miniatshör**
minibar
minify **minifai**
minimal
minimalist
minimalize **minimalais**
minimize **minimais**

minimum
mining **maining**
minion
minister
ministerial
ministry **ministri**
mink
minnow **minnou**
minor **mainor**
minority **mainoriti**
minstrel
mint
minuend
minuet
minus *mainus*
minuscule **minuskjuul**
minute (time) **minit**
minute (small) **mainuut**
minutely **mainuutli**
minutiae **minuushia**
miosis
miracle **mirakl**
miraculous **miräkjulos**
mirage **miraash**
mire **maier** *mair*
mirror
mirth **mörth**
mirthless **mörthles**
mis-
miscegenation **missedsheneishon**
miscellanea **misseleinia**
miscellaneous **misseleinios**
miscellany **misseleini**
mischief **mistshif**
mischievous **mistshivos**
miscible **missibl**
miscreant **miskriant**
miscue **miskju**
misdial **misdaial** *misdail*
miser **maiser**
miserable **miserabl**
miserly **maiserli**
misery **miseri**
misfeasance **misfiisans**

misfit
mishap **mishäp**
mishmash **mishmäsh**
misnomer
miso
misogamy **misoogami**
misogyny **misoodshini**
misology **misoolodshi**
miss
missing
mission *mishon*
missionary **missionäri**
missis
missive **missiv**
mist
mistake **misteik**
mistaken **misteiken**
mister
mistletoe **missltou**
mistook **mistuk**
mistral
mistress **mistres**
mistrial **mistrail** *mistraial*
misty **misti**
mite **mait**
miter **maiter**
mitigate **mitigeit**
mitosis **mitousis**
mitral **maitral**
mitt
mitten
mix **miks**
mixed **miksd**
mixer **mikser**
mixture **mikstshör**
mixup **miksap**
mnemonic **nimoonik**
moan **moun**
moat **mout**
mob
mobile **mobil** *mobail*
mobility **mobiliti**
mobilize **mobilais**
mobster

moccasin **mokasin**
mocha **moka** *mouka*
mock **mok**
mockery **mokeri**
mod
modal **moudal** *moudl*
modality **moudäliti** *modäliti*
mode **moud**
model *madl*
modeling *madling*
modem **moudem**
moderate **modereit**
moderation **modereishon**
moderator **modereitor**
modern
modernize **modernais**
modest
modicum **modikum**
modification **modifikeishon**
modifier **modifaier**
modish *moudish*
modular **modjular** *madjular*
modulate **modjuleit** *madjuleit*
module **modjul** *madjul*
modulus **modjulus** *madjulus*
mogul
mohair **mohäär**
mohawk **mohook**
mohican **mohiikan**
moil
moist
moisture **moistshör**
moisturizer **moistshöraiser**
mojo **modsho**
mola
molar
molasses **molässes**
mold **mould**
molding **moulding**
moldy **mouldi**
mole **moul**
molecular **molekjular**
molecule **molekjul**
molest

mollify **mollifai**
mollusk
mollycoddle **mollikodl**
molt
molten
mom
moment
momentarily **momentärili**
momentous **momentos**
momentum
momma **mama**
mommy **mami**
monarch **monark**
monastery **monasteri**
monaural **monooral**
Monday **Mondei** *Mandei*
monetarism
monetary **monetäri**
monetize **monetais**
money **mani** *moni*
-monger
mongoloid
mongoose **monguus**
mongrel
monition **monisshon** *monishon*
monitor
monk *mank*
monkey **manki**
monkish **mankish**
mono-
monochrome **monokroum**
monocle **monokl**
monocracy **monokkrassi**
monocular **monokjular** *monakjular*
monocyte **monosait**
monogamy **monoogami**
monoglot
monogram **monogräm**
monograph **monogräf**
monogyny **monoodshini**
monolingual **monolingwal**
monolith
monologue **monolog**
monomial

monophonic **monofonik** *monofoonik*
monopolize **monopolais**
monopoly **monoppoli**
monorail **monoreil**
monotone **monotoun**
monotonous **monottonos**
monovalent **monoveilent**
monoxide **monoksaid**
monsoon **monsuun**
monster *manster*
monstrosity **monstrositi**
monstrous **monstros**
montage **montaash**
month
monument **monjument**
moo **muu**
mooch **muutsh**
mood **muud**
moola **muula**
moon **muun**
moonlight **muunlait**
moonshine **muunshain**
moor **muur**
moorage **muuridsh**
mooring **muuring**
moose **muus**
moot **muut**
mop
mope **moup**
moped
moppet **mopet**
moral
morale **moraal** *morääl*
moralism
morality **moraliti**
moralize **moralais**
morass **moräss**
moratorium
morbid
mordant
mordent
more **mor**
morel
moreover **morover**

mores
morgue **moorg**
moribund **moriband**
morning
moron
morose **morous**
morph **morf**
morpheme **morfiim**
morphine **morfiin**
morphology **morfolodshi**
morris
morsel
mortadella
mortal
mortality **mortaliti**
mortar
mortgage **morgidsh**
mortgagee **morgidshii**
mortgager **morgidsher**
mortgagor **morgidshor**
mortice **mortis**
mortician **mortisshan**
mortification **mortifikeishon**
mortify **mortifai**
mortise **mortis**
mortuary **mortshuari**
mosaic **moseik** *moseeik*
mosey **mousi**
mosh
mosque **mosk**
mosquito **moskiito**
moss
mossy **mossi**
most **moust**
motel *moutel*
moth
mothball **mothbool**
mother **mather**
motif **moutif**
motion **moushon** *moushn*
motivate **moutiveit**
motivation **moutiveishon**
motive **moutiv**
motley **motli**

motor
motorcycle **motorsaikl**
motorist
motorize **motorais**
mottle **motl**
motto
mould
mound **maund**
mount **maunt**
mountain **mauntan** *mauntn*
mountaineer **mauntaniir** *mauntniir*
mountainous **mauntanos**
mourn **moorn**
mouse **maus**
mousey **mausi**
moussaka **musaka**
mousse **muuss**
moustache **mastäsh** *möstaash*
mousy **mausi** *maussi*
mouth **mauth**
mouthful **mauthful**
mouthy **mauthi**
mouton **muuton**
movable **muuvabl**
move **muuv**
movement **muuvment**
mover **muuver**
movie **muuvi**
moving **muuving**
mow **mou**
mower **mouer**
moxie **moksi**
mozzarella **motsarella**
much **matsh**
mucilage **mjusilidsh**
muck **mak**
mucous **mjukos**
mucus **mjukus**
mud **mad**
muddle **madl**
muddy **madi**
muff **maf**
muffin **mafin**
muffle **mafl**

muffler **mafler**
mug **mag**
mugger **mager**
muggy **magi**
mujaheddin **mudshahedin**
mulatto
mulberry **malberi**
mulch **maltsh**
mule **mjuul**
mull **mal**
mullah **mulla**
mulligan **malligan**
multi-
multicultural **multikaltshural**
multilateral **multiläteral**
multilingual
multimedia **multimiidia**
multipartite **multipartait**
multiple **multipl**
multiplex **multipleks**
multiplicand **multiplikänd**
    multiplikand
multiplication **multiplikeishon**
multiplicity **multiplissiti**
multiplier **multiplaier**
multiply **multiplai**
multitude **multitud**
multivitamin **multivaitamin**
mum **mam**
mummer **mammer**
mummify **mammifai**
mumps **mamps**
munch **mantsh**
munchies **mantshis**
munchkin **mantshkin**
mundane **mandein**
municipal **mjunisipal** *mjunisipl*
munificent **mjunifisent**
munition **mjunishon**
mural **mjural** *mural*
murder **möörder**
murderous **möörderos**
murine **mjuriin**
murk **mörk**

murmur **mörmör**
muscat **maskät**
muscatel **maskätel**
muscle **massl**
muscular **maskjular**
muse **mjuus**
museum **mjuseum** *museum*
mush **mash**
mushroom **mashruum**
music **mjusik**
musicale **mjusikäl**
musician **mjusishan**
musings **mjusings**
musk **mask**
musket **masket**
musketeer **masketiir**
Muslim *Maslim*
muss **mass**
mussy **massi**
must **mast**
mustache **mastäsh**
mustang **mastäng**
mustard **mastard**
muster **master**
musty **masti**
mutable **mjutabl**
mutagen **mjutadshen**
mutant **mjutant**
mutation **mjuteishon**
mute **mjuut** *mjut*
mutilate **mjutileit**
mutineer **mjutiniir**
mutinous **mjutinos**
mutiny **mjutini**
mutt **matt**
mutter **matter** *mater*
mutton **matton** *matn*
mutual **mjutshual**
muumuu
muzzle **mazl**
muzzy **mazi**
my **mai**
myalgia **maiäldshia**
myco- **maiko-**

mycology **maikolodshi**
mycosis **maikousis**
myelin **maielin**
myelo- **maielo-**
myeloma **maieloma**
myocardial **maiokardial**
myology **maiolodshi**
myoma **maioma** *maiooma*
myopia **maiopia** *maioopia*
myopic **maiopik** *maioopik*
myriad **miriäd**
myrrh **mör**
myrtle **mörtl**
myself **maiself**
mysterious **mistiirios**
mystery **misteri**
mystic **mistik**
mystique **mistiik**
myth **mith**
mythological **mitholodshikal**
mythology **mitholodshi**
mythos **mithos**
myxedema **miksidiima**

N

nab **näb**
nacho **natsho**
nadir **neidir**
nag **näg**
nail **neil**
naive **naiiv**
naivete **naiivete** *naiivte*
naked **neiked**
name **neim**
nanny **nänni**
nano
nap **näp**
napalm **neipaam**
naphtha **näftha** *nafta*
napkin **näpkin**
narcissism **narsisism**
narcolepsy **narkolepsi**
narcosis **narkoosis**
narcotic **narkootik**
narrate **närreit**
narrative **närrativ**
narrow **närrou**
nary **nääri**
nasal **neisal**
nascent **nässent**
natal **neital** *neitl*
natatorium **nätatorium**
nation **neishon** *neishön*
national **näshonal**
nationwide **neishonwaid**
native **neitiv**
nativity **neitiviti**
natty **näti**
natural **nätshural**
naturally **nätshurali**
nature **neitshör**
naught **noot**
naughty **nooti**
nausea **noosia**

nauseous **nooshos**
nautical **nootikal**
naval **neival**
nave **neiv**
navel **neivel**
navigable **nävigabl**
navy **neivi**
nay **nei**
Nazi **Natsi**
near **niir** *nier*
neat **niit**
nebula **nebjula**
nebulous **nebjulos**
necessary **nessessäri** *nessesäri*
necessity **nessessiti**
neck **nek**
necklace **nekleiss** *nekles*
necktie **nektai**
nectar **nektar**
nee *nei*
need **niid**
needle **niidl**
nefarious **nefärios**
negate **negeit**
negative **negativ**
neglect **neglekt** *niglekt*
negligee **neglishee** *neglishei*
negligence **neglidshens**
negligible **neglidshibl**
negotiate **negoushieit**
neighbor **neibor** *neibör*
neighborhood **neiborhud** *neibörhud*
neither **niither** *naither*
nemesis
neolithic **niolithik** *neolithik*
neon **nion** *neon*
neophyte **niofait** *neofait*
neoprene **niopriin** *neopriin*
nepenthe **nepenthi**
nephew **nefju**
nepotism
nerd **nöörd**
nerve **nöörv**
nervous **nöörvos**

nest
nestle **nessl** *nessel*
net
network **netwörk**
neural **nuural**
neuralgia **nuraldshia**
neuritis **nuraitis**
neurology **nurolodshi**
neurosis **nurousis**
neurotic **nurootik** *nurotik*
neuter **nuuter**
neutral **nuutral**
neutralize **nuutralais**
neutrino **nutriino**
neutron **nuutron**
never
new **nuu** *njuu*
newborn **nuuborn**
newcomer **nuukamer**
newlywed **nuuliwed**
news **nuus**
newsletter **nuusleter**
newspaper **nuuspeiper**
newton **nuuton**
next **nekst**
nexus **neksus**
niacin **naiasin**
nib
nibble **nibl**
nice **naiss**
niche **nish**
nick **nik**
nickle **nikl** *nikel*
nicotine **nikotin**
niece **niiss**
nifty **nifti**
niggard **nigard**
niggle **nigl**
nigh **nai**
night **nait**
nightclub **naitklab**
nightie **naiti**
nightingale **naitingeil**
nightlife **naitlaif**

nightmare **naitmär**
nihilism
nil
nimble **nimbl** *nimbel*
nine **nain**
nineteen **naintiin**
ninety **nainti**
ninja **nindsha**
ninth **nainth**
nip
nipple **nipl** *nipel*
nippy **nipi**
nirvana *nirvaana*
nitpick **nitpik**
nitrate **naitreit**
nitride **naitraid**
nitrogen **naitrodshen**
nitty-gritty **niti-griti**
nitwit
nix **niks**
no *nou*
nob *nab*
nobility **nobiliti**
noble **noubl**
nobody **noubodi**
nocturnal **noktöörnal**
nod *nad*
nodal **noudal** *noudl*
node **noud**
nodule **nodshul** *nadshul*
noel
noise **nois**
nomad **noumäd** *nomäd*
nomenclature **noumenkleitshör**
nominal
nominate **nomineit**
nominative **nominativ**
non
nonchalant **nonshalant**
noncombatant **nonkombätant**
noncommissioned **nonkommishond**
noncommittal **nonkommital**
nonconcur **nonkonkör**
nonconductor **nonkondaktor**

nonconformance **nonkonformans**
nondairy **nondääri**
nondescript **nondeskript**
nondestructive **nondistraktiv**
none **nan** *non*
nonessential **nonessenshal**
　　nanissentshal
nonevent *nanivent*
nonfat **nonfät**
nonfiction **nonfikshon**
nonflammable **nonflämmabl**
noninvasive **noninveisiv**
nonjudgmental **nondshadshmental**
nonpartisan
nonprofit
nonrefundable **nonrifandabl**
nonsense **nonsens**
nonstandard **nonständard**
nonstop
nonviolent **nonvaiolent**
noodle **nuudl**
nook **nuk**
noon **nuun**
noose **nuuss**
nope **noup**
nor
norm
normal
normalise **normalais**
north
northeast **northiist**
northern
northward
northwest
nose **nous**
nosebleed **nousbliid**
nosh
nostalgia **nostaldshia**
nostril
nostrum
nosy **nousi**
not
notability **noutabiliti**
notable **noutabl**

notarial *notärial*
notarization **notariseishon**
notarize **notarais**
notation **noteishon**
notch **natsh** *notsh*
note **nout**
notebook **noutbuk**
notepad **noutpäd**
noteworthy **noutwörthi**
nothing *nathing*
notice **noutis**
noticeable **noutisabl**
notification **noutifikeishon**
notify **noutifai**
notion **noushon**
notoriety **notoraieti**
notorious **notoorios**
notwithstanding **notwithständing**
nought **noot**
noun **naun**
nourish **nörish**
nova
novation **noveishon**
novel
novelty **novelti**
November
novice **novis**
now **nau**
nowadays **nauödeis**
nowhere **nouwer** *nouwär*
noxious **nokshos** *nakshiös*
nozzle **nozl**
nuance **nuans**
nub **nab**
nubile **nuubil** *nuubail*
nuclear **nuklear**
nucleus **nukleus**
nuclide **nuklaid**
nude **nuud**
nudge **nadsh**
nudism
nugget **naget**
nuisance **nuusans**
nuke **nuuk**

null **nal**
nullification **nallifikeishon**
nullify **nallifai**
numb **namb** *nam*
number **namber**
numbing **nambing** *naming*
numbskull **nambskal** *namskal*
numen *nuumen*
numerable **numerabl**
numeral
numerical **numerikal**
numerous **numeros**
numismatic **numismätik**
nun **nan**
nunnery **naneri**
nuptial **napshial**
nurse **nöörs** *nörs*
nursery **nöörseri**
nursing **nöörsing**
nurture **nöörtshör**
nut **nat**
nutmeg **natmeg**
nutria *nuutria*
nutrient *nuutrient*
nutrition **nutrisshon** *nutrishon*
nuts **nats**
nutty **nati**
nuzzle **nazl**
nylon **nailon**
nymph **nimf**
nymphomania **nimfomeinia**

O

oaf **ouf**
oak **ouk**
oar **oor**
oasis **oeisis**
oat **out**
oath **outh**
obdurate **obdureit**
obedience **obiidiens**
obelisk
obese **obiis**
obey **obei**
obfuscate **obfuskeit**
obituary **obitshuäri**
object **obdshekt** *obshekt*
objectionable **obdshekshonabl** *obshekshonabl*
objective **obdshektiv** *obshektiv*
oblast
obligate **obligeit**
obligation **obligeishon**
obligatory **obligatori**
oblige **oblaidsh**
oblique **obliik**
obliterate **oblitereit**
oblivion
oblivious **obliviös**
oblong
obnoxious **obnakshos**
oboe **obo**
oboist
obscene **obsiin**
obscenity **obseniti**
obscure **obskjuur**
obsequious **obsiikwios**
observance **obsöörvans**
observe **obsöörv**
obsessive **obsessiv**
obsolescent **obsolessent**
obsolete **obsoliit**

obstacle **obstakl**
obstetrician **obstetrishan**
obstetrics **obstetriks**
obstinacy **obstinasi** *obstinäsi*
obstinate **obstinat**
obstruct **obstrakt**
obstructionist **obstrakshonist**
obtain **obtein**
obtrude **obtruud**
obtrusive **obtruusiv**
obtuse **obtuus**
obverse **obvöörs**
obviate **obvieit**
obvious **obviös**
occasional **okeishonal**
occidental **oksidental**
occlude **okluud**
occlusion **okluushon**
occult **okkalt** *okalt*
occupancy **okjupansi**
occupation **okjupeishon**
occupy **okjupai**
occur **oköör**
occurrence **oköörens**
ocean **oushan**
oceanic **oushaanik** *oushiänik*
oceanography **oushanoografi**
ocelot **osselot**
ocher **ouker**
o'clock **o'klok** *ö'klak*
octagon **oktagon**
octane **oktein**
octave **oktav** *akteiv*
October **Oktober**
octogenarian **oktodshenärian**
octopus **oktopus**
ocular **okjular**
odd **od**
oddity **oditi**
odds **ods**
ode **oud**
odious **oudiös**
odometer
odor

odorous **odoros**
oersted **örsted**
of
off
offal
offbeat **offbiit**
offend
offensive **offensiv**
offer
offering
office **offis**
officer **offiser**
official **offishal**
officiate **offishieit**
often
ogre **ouger**
oh **oo**
ohmmeter **oommeter** *oommiiter*
oil
ointment
okay **okei**
Okie **Ouki**
old **ould**
old-fashioned **ould-fäshond**
oldie **ouldi**
old-timer **ould-taimer**
oleander **oliänder**
oleomargarine **oliomardsharin**
olfaction **olfäkshon**
olfactory **olfäktori**
oligarchy **oligarki**
olive **oliv**
Olympic **Olimpik**
ombudsman **ombudsmän**
omega
omelet **omlet**
omen *oumen*
ominous **ominos**
omissible **omissibl**
omission **omisshon**
omissive **omissiv**
omit
omni-
omnibus

163

omnipotence **omnippotens**
omnipotent
omniscience **omnishens**
omniscient **omnishent**
omnivore **omnivor**
omnivorous **omnivoros**
on
once **wanss**
oncology **onkolodshi** *ankalodshi*
oncoming **onkaming**
one **wan**
onerous **oneros**
oneself **wanself**
ongoing
onion *anjon*
online **onlain**
onlooker **onluker**
only **ounli** *onli*
onset
onstage **onsteidsh**
onto **ontu**
ontology **ontolodshi**
onus
onyx **oniks**
oodles **uudls** *uudels*
ooh **uu** *oo*
oompah **uumpa**
oomph **uumf**
oops **uups**
ooze **uuz**
opacity **opässiti**
opal
opaque **opeik**
open
opener
opening
opera
operate **opereit**
operation **opereishon**
operative **operativ**
operator **opereitor**
operetta
ophthalmia **ofthalmia**
ophthalmology **ofthalmolodshi**

opiate **opieit**
opine **opain**
opinion
opinionated **opinioneited**
opium
opossum
opponent **opoonent**
opportune **oportuun**
opportunism **oportuunism**
opportunity **oportuuniti**
oppose **opous**
opposite **oposit**
opposition **oposishon**
oppress **opress**
opression **opreshon**
opprobrium **oprobrium**
opt
optic **optik**
optical **optikal**
optician **optishan**
optics **optiks**
optimal
optimism
optimize **optimais**
optimum **optimum**
option **opshon**
optometrist
optometry **optoometri**
opulence **opulens** *opjulens*
opulent *opjulent*
opus
or
oracle **orakl**
oral
orange **orindsh**
orangutang *orängutäng*
orate **oreit**
orator
orb
orbit
orbital
orbiter
orchard **ortshard**
orchestra **orkestra**

164

orchid **orkid**
ordain **ordein**
ordeal **ordiil**
order
ordinal
ordinance **ordinans**
ordinary **ordinari**
ordinate **ordinat**
ordnance **ordnans**
ore **oor**
oregano
organ
organdy **organdi**
organic **orgäänik** *orgaanik*
organism
organist
organization **organiseishon**
organize **organais**
orgasm *orgäsm*
orgiastic **ordshiästik** *orgiastik*
orgy **ordshi** *orgi*
orient
oriental
orientation **orienteishon**
orienteering **orientiiring**
orifice **orifis**
origami
origin **oridshin**
original **oridshinal**
originate **oridshineit**
oriole **oriol**
ornament
ornate **orneit**
ornithology **ornitholodshi**
orography **oroografi**
orphan **orfan**
ortho
orthodontia *orthodonsha*
orthodontics **orthodontiks**
orthodontist
orthodox **orthodoks**
orthogonal **orthoogonal**
orthography **orthoografi**
orthopedics **orthopediks**

oscillate **ossileit**
oscillation **ossileishon**
oscillator **ossileitor**
oscillograph **ossilogräf**
oscilloscope **ossiloskoup**
oscular **oskjular**
osculate **oskjuleit**
osculation **oskjuleishon**
osmosis
osprey **ospri**
ossify **ossifai**
osteitis **osteaitis**
ostensible **ostensibl**
ostentation **ostenteishon**
osteoarthritis **osteoarthraitis**
osteology **osteolodshi**
osteomyelitis **osteomaielaitis**
osteopath **osteopäth**
osteopathy **osteopäthi**
osteoporosis
ostracism **ostrasism**
ostracise **ostrasais**
ostrich **ostritsh**
other **ather**
otherwise **atherwais**
otitis **otaitis**
otology **otolodshi**
otorhinolaryngology
    otorainoläringolodshi
otosclerosis **otoskleroussis**
otter
ouch **autsh**
aught **oot**
ounce **auns**
our **aur**
ourselves **aurselvs**
oust **aust**
out **aut**
outboard **autboord**
outburst **autbörst**
outcast **autkäst**
outcry **autkrai**
outdated **autdeited**
outdo **autdu**

outdoors **autdoors**
outermost **autermoust**
outerwear **auterwear**
outfield **autfiild**
outfit **autfit**
outflow **autflou**
outgrowth **autgrouth**
outhouse **aut-haus** *authaus*
outing **auting**
outlaw **autloo**
outlay **autlei**
outlet **autlet**
outlook **autluk**
outmoded **autmouded**
outmost **autmoust**
output **autput**
outrage **autreidsh**
outrageous **autreidshos**
outreach **autriitsh**
outrigger **autriger**
outright **autrait**
outrun **autran**
outside **autsaid**
outsize **autsaiz**
outskirt **autskört**
outsmart **autsmart**
outsource **autsoors**
outspoken **autspouken**
outspread **autspred**
outstanding **autständing**
outtake **autteik**
outward **autward**
outwit **autwit**
outworn **autworn**
oval **ouval** *ooval*
ovarian **ovärian**
ovary **ouvari** *oovári*
ovation **oveishon**
oven
over *ouver*
overachieve **overätshiiv**
overactive **overäktiv**
overage (older) **overeidsh**
overage (excess) **overidsh**

overall **overool**
overbite **overbait**
overblown **overbloun**
overbook **overbuk**
overbuild **overbild**
overcapacity **overkäpässiti**
overcast **overkäst**
overcharge **overtshardsh**
overcome **overkam**
overcommit **overkommit**
overcompensate **overkompenseit**
overdo **overdu**
overdress
overdrive **overdraiv**
overdue **overduu**
overeat **overiit**
overestimate **overestimeit**
overexpose **overekspous**
overextend **overekstend**
overflow **overflou**
overgrow **overgrou**
overhang **overhäng**
overhead **overhed**
overhear **overhiir**
overindulge **overindaldsh**
overjoy **overdshoi**
overland **overländ**
overlap **overläp**
overlay **overlei**
overload **overloud**
overlook **overluk**
overlord
overnight **overnait**
overpopulate **overpopuleit**
overpower **overpauer**
overprice **overpraiss**
overqualified **overkwalifaid**
overrate **overreit**
overreach **overriitsh**
overact **overäkt**
override **overraid**
overripe **overraip**
overrule **overruul**
overrun **overran**

overseas **oversiis**
oversexed **overseksd**
oversight **oversait**
oversimplify **oversimplifai**
oversize **oversais** *oversaiz*
overspend
overstate **oversteit**
oversubscribe **oversabskraib**
overt *ouvört*
overtake **overteik**
overtrump **overtramp**
overture **overtshör**
overturn **overtöörn**
overuse (v) **overjuus**
overuse (n) **overjuuss**
overview **overvju**
overwatch **overwatsh**
overweight **overweit**
overwhelm **overwelm**
overwork **overwörk**
ovine **ovain**
ovular **ovjular** *ovular*
ovulate **ovjuleit** *ovuleit*
ovule **ovjul** *ovul*
ovum
owe **ou**
owl **aul**
own **oun**
ownership **ounership**
ox **oks**
oxblood **oksblad**
oxbow **oksbou**
oxen **oksen**
oxidant **oksidant**
oxidation **oksideishon**
oxide **oksaid**
oxidize **oksidais**
oxtail **oksteil**
oxygen **oksidshen**
oxymoron **oksimoron**
oyster **oister**
ozone **ozon** *ouzoun*
ozonosphere **ozonosfiir** *ouzounosfier*

P

pabulum **päbjulum**
pace **peiss**
pacemaker **peissmeiker**
pacer **peisser**
pachyderm **päkidöörm**
pacific **päsiffik**
pacifier **pässifaier** *pässifair*
pacifist **pässifist**
pacify **pässifai**
pack **päk**
package **päkidsh**
packet **päket**
pact **päkt**
pad **päd**
padding **päding**
paddle **pädl**
paddy **pädi**
padlock **pädlok**
padre
pagan **peidshan**
page **peidsh**
pageant **pädshent**
pager **peidsher**
paginate **pädshineit**
paging **peidshing**
pagoda **pagouda**
paid **peid**
pail **peil**
pain **pein**
painless **peinles**
paint **peint**
painter **peinter**
painting **peinting**
pair **päär**
paisley **peisli**
pajamas **padshaamas**
pal **päl**
palace **pälas**
palatable **pälatabl**

palate **pälat**
palatial **päleishal**
palatine **pälatain**
palaver **palaaver**
palazzo **palatso**
pale **peil**
paleface **peilfeiss**
paleontology **paleontolodshi**
   peiliontolodshi
palette **pälet** *pälett*
palimony **pälimoni**
palindrome **pälindroum**
palisade **päliseid**
pall **pool**
palladium **pälleidium**
pallbearer **poolbärer**
pallet **pället**
palliate **pällieit**
palliative **pällieitiv**
pallid **pällid**
pallor **pällor**
palm **paam**
palmetto
palmist **paamist**
palmistry **paamistri**
palomino **pälomaino**
palooka **paluuka**
palp **pälp**
palpable **pälpabl**
palpation **pälpeishon**
palpitate **pälpiteit**
palsy **poolsi**
paltry **pooltri**
pampas
pamper **pämper**
pamphlet **pämflet**
pan **pän**
panacea **pänasiia**
panache **panaash**
pancake **pänkeik**
pancreas **pänkreas**
panda **pända**
pandemic **pändeemik**
pandemonium **pändemounium**

pander **pänder**
pane **pein**
panel **pänel**
panelist **pänelist**
pang **päng**
panhandle **pänhändl**
panic **pänik**
panoply **pänopli**
panorama **panoraama**
pansy **pänsi**
pant **pänt**
pantalets **päntalets**
pantaloon **päntaluun**
pantheon **päntheon**
panther **pänther**
panties **päntis**
pantomime **päntomaim**
pantry **päntri**
pants **pänts**
pantyhose **päntihous**
pantywaist **päntiweist**
pap **päp**
papa
papacy **peipäsi**
papal **peipal** *peipl*
paparazzo **paparatso**
papaya **papaia**
paper **peiper** *peipör*
papilla
papilloma **papilooma**
papoose **päpuus**
pappy **päpi**
paprika
par
parable **pärabl**
parabola **paraabola** *päraabola*
parabolic **paraboolik**
parachute **pärashuut**
parade **päreid**
paradigm **päradaim**
paradise **päradais**
parador **parador** *pärador*
paradox **päradoks**
paraffin **pärafin**

168

paragon **päragon**
paragraph **päragräf**
parakeet **päräkiit**
paralegal **päraliigal**
parallax **päraläks**
parallel **päralel**
parallelism **päralelism**
parallelogram **päralellogräm**
paralysis **pärälisis**
paralyze **pärälais**
paramedic **pärämedik**
parameter **päräämeter**
paramount **pärämaunt**
paramour **päramuur** *paramuur*
paranoia **päranoia**
paranoid **päranoid**
parapet **pärapet**
paraphernalia **päraförneilia**
paraphrase **pärafreis**
paraplegia **pärapliidshia**
parasite **pärasait**
parasol **pärasol**
paratrooper **päratruuper**
parboil
parcel **parsel** *paarsl*
parched **partshd**
parchment **partshment**
pardner **pardner**
pardon *paardn*
pare **päär**
parent **pärent**
parentage **pärentidsh**
parental **pärental**
parenthesis **pärenthesis**
parenthetical **pärenthetikal**
parenting **pärenting**
parfait **parfee**
pariah **päraia**
parimutuel **pärimjutshuel**
paring **päring**
parish **pärish**
parity **päriti**
park
parka

parking
parkway **parkwei**
parlance **parlans**
parlay **parlei** *parlii*
parliament **parlament**
parliamentary **parlamentari**
parlor
parochial **päroukial**
parody **pärodi**
parole **päroul**
paronym **päronim**
parotid **pärotid**
parquet **parkee** *parkei*
parrot **pärrot**
parry **pärri**
parse **pars**
parser
parsimony **parsimoni**
parsley **paarsli**
parsnip **paarsnip**
parson **paarson**
parsonage **paarsonidsh**
part **paart**
partake **parteik**
parted **paarted**
partial **paarshal**
partiality **paarshiäliti**
partially **paarshali**
participant **partissipant**
participate **partissipeit**
participle **paartisipl**
particle **paartikl**
particular **partikjular**
particularity **partikjuläriti**
particularly **partikjularli**
particulate **partikjuleit**
parting **paarting**
partisan
partite **partait**
partition **partishon**
partner
partnership
partridge **partridsh**
party **paarti**

parvenu
paseo
pasha
pass **pääss** *pääs*
passable **päässabl**
passage **päässidsh**
passé **passee**
passenger **pässendsher**
passerby **päässerbai**
passing **päässing**
passion **päshon**
passionate **päshonat**
passive **pässiv**
passivity **pässiviti**
passport **pässport**
password **pässwörd**
past **pääst**
paste **peist**
pastel **pästell**
pasteurize **pästshörais**
pastille **pästill**
pastime **päästaim**
pastor **pästor**
pastoral **pästoral**
pastorale **pastoral**
pastrami **pastraami**
pastry **peistri**
pasture **pästshör**
pasty **peisti** *pästi*
pat **pät**
patch **pätsh**
pate **peit**
paté **patee**
patent **pätent**
patentee **pätentii**
patentor **pätentor**
paternal **pätöörnal**
paternity **pätöörniti**
paternoster
path **päth**
pathetic **pätheetik** *päthetik*
pathfinder **päthfainder**
pathogen **päthodshen**
pathological **pätholodshikal**

pathology **pätholodshi**
pathos **päthos** *peithos*
pathway **päthwei**
patience **peishens**
patient **peishent**
patina **pätiina**
patio **pätio**
patisserie **patisseri**
patois **patwaa**
patriarch **peitriark**
patrician **pätrishan**
patricide **pätrisaid**
patrimony **pätrimoni**
patriot **peitriot** *pätriot*
patrol
patron **peitron**
patronage **peitronidsh**
patronize **peitronais**
patsy **pätsi**
patter **päter**
pattern **pätern**
patty **päti**
paucity **poositi**
paunch **poontsh**
pauper **pooper**
pause **poos**
pave **peiv**
pavement **peivment**
pavilion **päviljon**
paw **poo**
pawn **poon**
pawnshop **poonshop**
pax **paks**
pay **pei**
payable **peiabl**
payback **peibäk**
payee **peii**
payer **peier**
payment **peiment**
payoff **peioff**
payola **peioola**
payroll **peiroll**
pea **pii**
peas **piis**

170

peace **piiss**
peaceful **piissful**
peacenik **piissnik**
peach **piitsh**
peachy **piitshi**
peacock **piikok**
peak **piik**
peal **piil**
peanut **piinat**
pear **päär** *peär*
pearl **pöörl**
peasant **pesant**
peat **piit**
pebble **pebl**
pecan **pikaan**
peccadillo **pekadillo**
peck **pek**
pecker **peker**
pectin **pektin**
pectoral **pektoral**
peculate **pekjuleit**
peculiar **pekjuliar**
peculiarity **pekjuliäriti**
pedagogue **pedagog**
pedagogy **pedagogi**
pedal
pedant
pedantic **pedantik**
pedantry **pedantri**
peddle **pedl**
peddler **pedler**
pedestal
pedestrian
pediatrics **pidiätriks**
pedicab **pedikäb**
pedicure **pedikjur**
pedigree **pedigrii**
pediment
pedology **pedolodshi**
pedophile **pedofail**
pedophilia **pedofilia**
pee **pii**
peek **piik**
peekaboo **piikabuu**

peel **piil**
peen **piin**
peep **piip**
peeper **piiper**
peer **piir**
peerage **piiridsh**
peerless **piirles**
peeve **piiv**
peevish **piivish**
peewee **piiwii**
peg
pegboard **pegboord**
pejoration **pedshoreishon**
pejorative **pedshoorativ**
pekoe **pikou**
pelican **pelikan**
pellet
pelt
pelvis
pen
penal **piinal** *penal*
penalize **penalais**
penalty **penalti**
penance **penans**
pence **penss**
penchant **pentshant**
pencil **pensil**
pend
pendant
pendent
pending
pendular **pendjular**
pendulum **pendjulum**
penetrant
penetrate **penetreit**
penetration **penetreishon**
penguin **pengwin**
penicillin **penisillin**
peninsula
penis **piinis**
penitent **penitent**
penitentiary **penitenshäri**
penmanship **penmänship**
pennant

171

penne
penniless **penniles**
penny **penni**
penology **pinolodshi**
pension **penshon**
pensioner **penshoner**
pensive **pensiv**
pentacle **pentakl**
pentagon
pentahedron **pentahiidron**
pentathlon
penthouse **penthaus**
pentode **pentoud**
penultimate **penaltimat**
penumbra **penambra**
penurious **penuurios**
penury **penjuri**
peon **pion**
people **piipl**
pep
pepper **peper**
peppery **peperi**
pepsin
peptic **peptik**
per **pör**
perceive **pörsiiv**
percent **pörsent**
percentage **pörsentidsh**
percentile **pörsentail**
perception **pörsepshon**
perch **pöörtsh**
percolate **pörkoleit**
percolator **pörkoleitor**
percussion **pörkashon**
peregrine **peregrin**
peremptory **peremptori**
perennial
perestroika
perfect **pörfekt**
perfection **pörfekshon**
perfectly **pörfektli**
perfidy **pörfidi**
perforate **pörforeit**
perforation **pörforeishon**

perform **pörfoorm**
performance **pörfoormans**
perfume **pörfjum** *pörfjuum*
perfunctory **pörfanktori**
perfuse **pörfjuus**
perhaps **pörhäps**
perigee **peridshii**
peril
perimeter **perimmiter** *perimeter*
period **piriod** *period*
periodic **piriodik**
periodontics **periodontiks**
peripheral **perifferal**
periphery **perifferi**
periscope **periskoup**
perish
perishable **perishabl**
periwinkle **periwinkl**
perjure **pöördshör**
perjury **pöördshöri**
perk **pöörk**
perm **pöörm**
permafrost **pörmafrost**
permanence **pörmanens**
permanent **pörmanent**
permeability **pörmiabiliti**
permeable **pörmiabl**
permeate **pörmieit**
permissible **pörmissibl**
permission **pörmishon**
permissive **pörmissiv**
permit (n) **pöörmit**
permit (v) **pörmitt**
permutation **pörmjuteishon**
permute **pörmjuut**
pernicious **pörnishos**
peroxide **pöroksaid**
perpendicular **pörpendikjular**
perpetrate **pörpetreit**
perpetual **pörpetshual**
perpetuate **pörpetshueit**
perpetuity **pörpetjuiti**
perplexity **pörpleksiti**
perquisite **pörkwisit**

persecute pörsekjut
persecution pörsekjuushon
perseverance pörseviirans
persevere pörseviir
persist pörsist
persistence pörsistens
persnickety pörsniketi
person pörson *pöörson*
persona pörsoona *persoona*
personable pörsonabl
personal pörsonal
personality pörsonaliti
personally pörsonali
personify pörsonifai
personnel pörsonel
perspective pörspektiv
perspicuous pörspikjuos
perspiration pörspireishon
perspire pörspair *pörspaier*
persuade pörsweid
persuasion pörsweishon
pert pöört
pertain pörtein
pertinent pöörtinent
perturb pörtöörb
perturbation pörtörbeishon
peruse pöruus
pervade pörveid
pervasive pörveisiv
perverse pörvöörs
perversion pörvöörshon
pervert pörvört
pervious pöörvios
pessimism
pessimist
pest
pester
pesticide pestisaid
pestilence pestilens
pesto
pet
petal
petite petiit
petition petisshon

petrify petrifai
petrochemical petrokemikal
petroglyph petroglif
petrol
petroleum petrooleum
petticoat petikout
petting peting
pettish petish
petty peti
petulant petshulant
petunia petuunia
pew pju
pewter pjuter
phaeton feiton
phalanx fälänks
phallus fällus
phantom fäntom
pharmaceutical farmasuutikal
pharmacist farmasist
pharmacology farmakolodshi
pharmacy farmasi
pharyngitis färindshaitis
pharynx färinks
phase feis *feiz*
phasor feisor
pheasant fesant
phenobarbital finobarbital
phenol finol
phenomenal fenoomenal
phenomenon fenoomenon
phew fjuu
philander filänder
philanthropy filänthropi
philharmonic filharmoonik
philodendron filodendron
philology filolodshi
philosopher filossofer
philosophical filosofikal
philosophize filossofais
philosophy filossofi
phlebitis flebaitis
phlegm flem
phlegmatic flegmätik
phlox floks

phobia **foubia**
phoebe **fiibi**
phoenix **fiiniks**
phon **fon**
phone **foun**
phoneme **foniim**
phonemic **foniimik**
phonetic **fonetik** *foneetik*
phonics **foniks**
phonogram **fonogräm**
phonograph **fonogräf**
phonology **fonoolodshi**
phony **founi**
phooey **fuui**
phosgene **fosdshiin**
phosphate **fosfeit**
phosphor **fosfor**
phosphorescence **fosforessens**
phot **fot**
photic **fotik**
photo **foto**
photoactive **fotoäktiv**
photocopy **fotokopi**
photoelectric **fotoelektrik**
photoemission **fotoemishon**
photogenic **fotodshenik**
photogrammetry **fotogrämmetri**
photograph **fotogräf**
photography **fotoogräfi**
photogravure **fotogravjuur**
photometry **fotoometri**
photon **foton** *fouton*
photosynthesis **fotosinthesis**
photovoltaic **fotovolteik**
phrase **freis**
phraseology **freisolodshi**
freisiolodshi
phreak **friik**
physical **fisikal**
physician **fisishan**
physicist **fisisist**
physics **fisiks**
physiological **fisiolodshikal**
physiology **fisiolodshi**

physique **fisiik**
phyton **faiton**
pi **pai**
pianissimo
pianist
piano
pianoforte
piazza **piatsa**
pic **pik**
pica **paika**
picante **pikante**
picayune **pikajuun**
piccata **pikaata**
piccolo **pikolo**
pick **pik**
pickerel **pikerel**
picket **piket**
pickings **pikings**
pickle **pikl**
pickled **pikld**
pickoff **pikoff**
pickup **pikap**
picky **piki**
pico **piko**
picofarad **pikofarad** *pikofäräd*
pictograph **piktogräf**
pictorial **piktorial**
picture **piktshör**
picturesque **piktshöresk**
piddle **pidl**
pidgin **pidshin**
pie **pai**
piece **piiss**
piecemeal **piissmiil**
piechart **paitshart**
piedmont **piidmont**
pier
pierce **piirs**
pietism **paietism**
piety **paieti**
piezoelectricity **piesoelektrisiti**
piffle **pifl**
pig
pigeon **pidshön**

pigeonhole **pidshönhoul**
piggish **pigish**
piggyback **pigibäk**
pigment
pigmentation **pigmenteishon**
pigskin
pigtail **pigteil**
pike **paik**
pilaf
pilaster **piläster**
pile **pail**
pileup **pailap**
pilfer
pilgrim
pilgrimage **pilgrimidsh**
pill
pillage **pillidsh**
pillar
pillbox **pillboks**
pillow **pillou**
pilot **pailot**
pilsner
pima
pimento
pimiento
pimp
pimple **pimpl**
pin
pinball **pinbool**
pincers **pinssers** *pinsers*
pinch **pintsh**
pincushion **pinkushon**
pine **pain**
pineal **pinial**
pineapple **painäpl**
ping
pinhead **pinhed**
pinhole **pinhoul**
pinion
pink
pinkeye **pinkai**
pinkie **pinki**
pinko
pinnacle **pinnakl**

pinochle **piinakl** *pinakl*
pinpoint
pinprick **pinprik**
pinsetter **pinseter**
pinstripe **pinstraip**
pint **paint**
pinto
pinup **pinap**
pioneer **paioniir**
pious **paios** *paiös*
pip
pipe **paip**
pipefitting **paipfiting**
pipeline **paiplain**
piper **paiper**
pipette **paipett**
pippin
pipsqueak **pipskwiik**
piquant **pikaant**
pique **piik**
piquet **pikee**
piracy **pairasi**
piranha **piraana** *piranja*
pirate **pairat** *pairöt*
piroshki
pirouette **piruet**
piss
pissed **pissd**
pissoir **piswar**
pistachio **pistasho**
pistol
piston
pit
pita
pitch **pitsh**
pitcher **pitsher**
pitchfork **pitshfork**
piteous **pitios**
pitfall **pitfool**
pith
pithy **pithi**
pitiful
pitiless **pitiles**
pittance **pittans**

175

pituitary **pituuitäri**
pity **piti**
pivot
pixel **piksel**
pixie **piksi**
pizza **piitsa**
pizzazz **pisääs** *pizääz*
pizzeria **piitseriia**
pizzicato **pitsikaato**
placable **pläkabl**
placard **pläkard**
placate **pleikeit**
place **pleiss**
placebo **pläsiibo**
placement **pleissment**
placenta **plasenta**
placer **pleisser** *plässer*
placid **plässid**
plagiarism **pleidshörism**
plagiarize **pleidshörais**
plague **pleig**
plaice **pleiss**
plaid **pläd**
plain **plein**
plaint **pleint**
plaintiff **pleintif**
plaintive **pleintiv**
plait **pleit**
plan **plään** *plän*
planar **pleinar**
plane **plein**
planet **plänet**
planetarium **plänetärium**
planetary **plänetäri**
planetology **plänetolodshi**
planimeter **plänimeter**
plank **plänk**
plankton **plänkton**
planner **pläner**
plant **plänt**
plantain **pläntön**
plantar **pläntar**
plantation **plänteishon**
planter **plänter**

plaque **pläk**
plash **pläsh**
plasma **pläsma**
plaster **pläster**
plastic **plästik**
plasticity **plästissiti**
plat **plät**
plate **pleit**
plateau **plätoo**
plated **pleited**
platen **pläten** *plätn*
platform **plätform**
platina **plätiina**
plating **pleiting**
platinum **plätinum** *plätnum*
platitude **plätitud**
platonic **plätoonik**
platoon **plätuun**
platter **pläter**
plaudit **ploodit**
plausible **ploosibl**
play **plei**
player **pleier**
playful **pleiful**
playmate **pleimeit**
playoff **pleioff**
plays **pleis**
plaza **plaasa** *plaaza*
plea **plii**
plead **pliid**
pleasant **plesant**
please **pliis**
pleasure **pleshör**
pleat **pliit**
pleb
plebe **pliib**
plebeian **plibiian**
plebiscite **plebisait**
pledge **pledsh**
plenary **plenäri**
plenipotentiary **plenipotenshiäri**
plenitude **plenitud**
plentiful
plenty **plenti**

plenum
plethora
pleura **pluura**
pleurisy **pluurisi**
plexus **pleksus**
pliable **plaiabl**
pliant **plaiant**
pliers **plaiers** *plairs*
plight **plait**
plink
plissé **plissee**
plod
plonk
plop
plosive **plousiv**
plot
plotter **ploter**
plover **plaver**
plow **plau**
ploy **ploi**
pluck **plak**
plug **plag**
plum **plam**
plumage **pluumidsh**
plumb **plam**
plumber **plamer** *plammer*
plumbing **plaming**
plume **pluum**
plummet **plammet**
plump **plamp**
plunder **plander**
plunge **plandsh**
plunger **plandsher**
plunk **plank**
plural
pluralism
plurality **pluräliti**
plus **plas**
plush **plash**
plutocracy **plutookrasi**
plutonium **plutoonium**
pluvial
ply **plai**
plywood **plaiwud**

pneumatic **numäätik**
pneumonia **numounia**
poach **poutsh**
pocket **poket**
pocketbook **poketbuk**
pockmark **pokmark**
pod
podgy **podshi**
podiatry **podaietri**
podium **poudium** *podium*
poem
poet
poetic **poeetik**
poetry **poetri**
pogrom
poi
poignant **poinjant**
poinsettia **poinsetia**
point
pointedly **pointedli**
pointer
pointless **pointles**
poise **pois**
poison
poisonous **poisonos**
poke **pouk**
poker **pouker**
pokey **pouki**
polar
polarity **polariti** *poläriti*
polarize **polarais**
pole **poul**
polecat **poulkät**
polemic **poleemik**
polenta
police **poliis**
policy **polisi**
polio
poliomyelitis **poliomaielaitis**
polish
polite **polait**
political **politikal**
politician **politishan**
politicize **politisais**

politics **politiks**
polka
poll
pollen
pollinate **pollineit**
pollster
pollutant **polluutant**
pollute **polluut**
pollution **polluushon**
polo
polonaise **poloneis**
polonium
poly- **poli-**
polycarbonate **polikarbonat** *polikarboneit*
polyester **poliester**
polygamy **poligami**
polyglot **poliglot**
polyhedron **polihiidron**
polymer **polimer**
polynomial **polinomial** *polinoomial*
polyp **polip**
polytechnic **politeknik**
polyurethane **polijurethein**
pomace **pomas**
pomegranate **pomgränat**
pomelo
pommel
pomp
pompadour **pompaduur**
pompon
pomposity **pompossiti** *pompositi*
pompous **pompos**
poncho **pontsho**
pond
ponder
ponderous **ponderos**
pons
pontiff **pontif**
pontifical **pontiffikal**
pontificate **pontiffikeit**
pontoon **pontuun**
pony **pouni**
ponytail **pouniteil**

poo **puu**
pooch **puutsh**
poodle **puudl**
poof **puuf**
pooh **puu**
pool **puul**
poop **puup**
poor **puur**
poorhouse **puurhaus**
pop
popcorn **popkorn**
pope **poup**
popeyed **popaid**
popgun **popgan**
poplar
poplin
popper **poper**
poppet **popet**
popple **popl**
poppy **popi**
pops
populace **popjulas** *popjulös*
popular **popjular**
populate **popjuleit**
population **popjuleishon**
populism **popjulism**
populous **popjulos**
porcelain **porselan** *porsselan*
porch **portsh**
porcine **porsain**
porcupine **porkjupain**
pore **poor**
porgy **pordshi**
pork
porn
pornography **pornoografi**
porosity **porossiti**
porous **poros**
porpoise **porpos**
porridge **poridsh**
port
portable **portabl**
portage **portidsh**
portal

portamento
portend
portent
portentous **portentos**
porter
portfolio
porthole **porthoul**
portico **portiko**
portion **porshon** *poorshon*
portmanteau **portmantoo**
portrait **portreit**
portray **portrei**
posada
pose **pous**
posh
posit
position **posishon**
positive **positiv**
positron
posse **possi**
possess **posess** *possess*
possession **poseshon**
possessive **posessiv**
possibility **possibiliti**
possible **possibl**
possum
post *poust*
postage **poustidsh**
postal **poustal**
postcard **poustkaard**
postdate **poustdeit**
postdoctoral **poustdoktoral**
poster **pouster**
posterity **posteriti**
postgraduate **poustgrädshuat**
posthaste **poust-heist** *poustheist*
posthole **poust-houl** *pousthoul*
posthumous **postshumos** *postshömos*
posting **pousting**
postlude **poustlud**
postmaster **poustmäster**
postmortem **poustmortem**
postnatal **poustneital**
postnuptial **poustnapshal**

postpartum **poustpartum**
postpone **poustpoun**
postscript **poustskript**
posttraumatic **pousttromätik**
postulate **postshuleit**
posture **postshör**
postwar **poustwor**
posy **pousi**
pot
potable **poutabl**
potash **poutäsh**
potassium **potässium**
potation **poteishon**
potato **poteito**
potbelly **potbelli**
potency **poutensi**
potent **poutent**
potentate **poutenteit**
potential **potenshal**
potentiometer **potenshioometer**
pothead **pot-hed** *pothed*
pothole **pot-houl** *pothoul*
potion **poushon**
potluck **potlak**
potpourri **popurii**
potshot
potted **poted**
pottery **poteri**
potty **poti**
pouch **pautsh**
pouf **puuf**
poultry **poultri**
pounce **pauns**
pound **paund**
poundage **paundidsh**
pour **poor** *puur*
pout **paut**
poverty **poverti**
pow **pau**
powder **pauder**
power **pauer**
powerful **pauerful**
powerhouse **pauerhaus**
powerless **pauerles**

pox **poks**
practicable **präktikabl**
practical **präktikal**
practice **präktis**
practicum **präktikum**
practitioner **präktishoner**
praetorian **pritorian**
pragmatic **prägmätik**
pragmatism **prägmätism**
praire **präri**
praise **preis**
praiseworthy **preiswörthi**
praline **preilin**
prance **präns** *prääns*
prank **pränk**
prankster **pränkster**
prattle **prätl**
prawn **proon**
praxis **präksis**
pray **prei**
prayer **preier**
postoffice **poustofis**
preach **priitsh**
preacher **priitsher**
preamble **priämbl**
precarious **prekärios**
precast **prikäst**
precaution **prekooshon**
precede **presiid**
precedence **pressedens**
precedent **pressedent**
preceding **presiiding**
precept **prisept**
preceptive **priseptiv**
precess **prisess**
precession **priseshon**
precinct **prisinkt**
precious **preshos**
precipice **pressipis**
precipitate **presipiteit**
precipitous **presipitos**
precise **presais**
precision **presishon**
preclude **prekluud**

precocious **prekoushos**
preconceived **prikonsiivd**
precondition **prikondishon**
precursor **priköörsor**
predator
predatory **predatori**
predecease **pridisiis**
predecessor **predesessor**
predestine **pridestin**
predetermine **priditöörmin**
predicable **predikabl**
predicament **predikament**
predicate **predikeit**
predict **predikt**
predictable **prediktabl**
prediction **predikshon**
predispose **pridispous**
predisposition **pridisposishon**
prednisone **prednisoun**
predoctoral **pridoktoral**
predominant
predominate **predomineit**
preemie **priimi**
preeminent **prieminent**
preempt **priempt**
preemptive **priemptiv**
preen **priin**
preexist **prieksist**
prefabricate **prifäbrikeit**
preface **prefas**
prefect **prifekt** *prefekt*
prefer *priför*
preferable **preferabl**
preference **preferens**
preferential **preferenshal**
prefigure **prifigjur**
prefix **prifiks**
preflight **priflait**
pregnancy **pregnansi**
pregnant
prehension **prihenshon**
prehistoric **prihistoorik**
prejudge **pridshadsh**
prejudice **predshudis**

prejudicial **predshudishal**
prelate **prelat** *prileit*
preliminary **preliminäri**
prelude **prelud**
premarital **primärital**
premature **primätuur** *primätshuur*
premeditated **primediteited**
premier **primiir**
premiere **primiir**
premise **premis**
premium **priimium**
premonition **premonisshon**
prenuptial **prinapshal**
preoccupation **priokjupeishon**
preoccupied **priokjupaid**
preordain **priordein**
preparation **prepareishon**
preparatory **pripäratori**
prepare **pripäär**
preponderance **priponderans**
preposition **preposishon**
preposterous **priposteros**
preppy **prepi**
preregister **priredshister**
prerequisite **prirekwisit**
prerogative **prirogativ**
presage **presidsh** *priseidsh*
presbyterian **presbitiirian**
prescribe **priskraib**
prescription **priskripshon**
presence **presens**
present
presentable **presentabl** *presenttabl*
presentation **presenteishon**
preservation **preserveishon**
preserve **prisöörv**
preset **priset**
preside **prisaid**
presidency **presidensi**
president
presidential **presidenshal**
presidio
presidium
press

pressure **preshör**
pressurize **preshörais**
prestige **prestiish**
prestissimo
presto
presumably **prisuumabli**
presume **prisuum**
presumption **prisampshon**
presumptious **prisampshos**
    prisumptshuos
presuppose **prisupous**
pretend **pritend**
pretense **pritens**
pretension **pritenshon**
pretentious **pritenshos**
pretext **pritekst**
pretty **priti**
pretzel **pretsel**
prevail **priveil**
prevalent
prevaricate **privärikeit**
prevent **privent**
prevention **privenshon**
preview **priivju**
previous **priivios**
prey **prei**
price **praiss**
priceless **praissles**
pricey **praissi**
prick **prik**
prickle **prikl**
prickly **prikli**
pride **praid**
priest **priist**
prim
primacy **praimasi**
primal **praimal**
primarily **praimärili**
primary **praimäri**
primate **praimeit**
prime **praim**
primer **praimer**
primeval **praimiival** *praimiivl*
primitive **primitiv**

primo
primordial
primrose **primrous**
prince **prinss** *prins*
princely **prinssli**
princess **prinssess** *prinsess*
principal **prinsipal** *prinsipl*
principality **prinsipäliti**
principle **prinsipl**
print
printer
printhead **printhed**
printing
printout **printaut**
prior **praior** *prair*
prioritize **praiooritais**
priority **praiooriti**
prism
prismatic **prismätik**
prison
prisoner
priss
pristine **pristiin**
privacy **praivasi** *privasi*
private **praivat** *praivöt*
privation **praiveishon**
privatize **praivatais**
privet
privilege **privilidsh**
privileged **privilidshd**
privy **privi**
prize **praiz** *prais*
pro
proactive **proäktiv**
probability **probabiliti**
probable **probabl**
probate **probeit**
probation **probeishon**
probe **proub**
problem
problematic **problemätik**
proboscis **probossis**
procedure **prosiidshör**
proceed **prosiid**

process (n) **prosses**
process (v) **prosess**
procession **proseshon**
processional **proseshonal**
processor **prossesor** *prosessor*
proclaim **prokleim**
proclamation **proklameishon**
proclivity **prokliviti**
procrastinate **prokrästineit**
procreate **prokrieit**
proctology **proktolodshi**
proctor **proktor**
proctoscope **proktoskoup**
procuration **prokjureishon**
procure **prokjuur**
prod
prodigal
prodigious **prodidshos**
prodigy **prodidshi**
produce **produuss**
producer **produusser**
product **prodakt**
production **prodakshon**
productivity **prodaktiviti**
prof
profane **profein**
profanity **profäniti**
profess
profession **professhon**
professional **professhonal**
professor
proffer
proficient **profishent**
profile **profail**
profit
profiteer **profitiir**
profligate **profligeit**
profound **profaund**
profuse **profjuus**
progeny **prodsheni**
progesterone **prodshesteron**
prognosis **prognousis**
prognosticate **prognostikeit**
program *prograäm*

programme **progräm**
programmer **progrämer**
programming **prograʹming**
progress (n) **progres**
progress (v) **progress**
progression **progresshon**
prohibit
prohibition **prohibishon**
prohibitive **prohibitiv**
project **prodshekt**
projectile **prodshektail**
projection **prodshekshon**
projector **prodshektor**
prolapse **proläps**
prolepsis
proletarian **proletärian**
proletariat **proletäriat**
proliferate **prolifereit**
prolific **proliffik**
prologue **prolog**
prolong
prom
promenade **promeneid**
prominence **prominens**
prominent
promiscuity **promiskjuuiti**
promiscuous **promiskjuos**
promise **promis**
promissory **promisori**
promo
promote **promout**
promotion **promoushon**
prompt
promulgate **promulgeit**
prone **proun**
prong
pronoun **pronaun**
pronounce **pronauns**
pronto **pronto**
pronunciation **pronansieishon**
proof **pruuf**
prop
propaganda **propagända**
propagandize **propagändais**

propagate **propageit**
propane **propein**
propel **propell**
propellant
propellent
propeller
propene **propiin**
proper
property **properti**
prophecy **profesi**
prophet **profet**
prophetic **profeetik**
prophylactic **profiläktik**
prophylaxis **profiläksis**
propionate **propioneit**
propitious **propishos**
propjet **propdshet**
proponent **propoonent** *propounent*
proportional **propoorshonal**
proportionate **propoorshonat**
proposal **propousal**
propose **propous**
proposition **proposishon**
propound **propaund**
proprietary **propraietäri**
proprietor **propraietor**
propriety **propraieti**
propulsion **propalshon**
propylene **propiliin**
prorate **proreit**
prosaic **proseik**
proscribe **proskraib**
proscription **proskripshon**
prose **prous**
prosecute **prosekjut**
prosecution **prosekjuushon**
prosecutor **prosekjuutor**
proselyte **proselit** *proselait*
proselytize **proselitais**
prosit *proosit*
prospect **prospekt**
prospective **prospektiv**
prospector **prospektor**
prospectus **prospektus**

prosper
prosperity **prosperiti**
prosperous **prosperos**
prostate **prosteit**
prostatectomy **prostatektomi**
prostatitis **prostataitis**
prosthesis **prosthiisis**
prosthetics **prosthetiks**
prostitute **prostitut**
prostitution **prostituushon**
prostrate **prostreit**
prosy **prousi**
protagonist **protägonist**
protect **protekt**
protection **protekshon**
protector **protektor**
protégé **proteshee**
protein
protest
Protestant
protestation **protesteishon**
protocol **protokol**
proton
protoplasm **protopläsm**
prototype **prototaip**
protozoan
protract **proträkt**
protractor **proträktor**
protrude **protruud**
protrusion **protruushon**
protuberance **protuberans**
protuberate **protubereit**
proud **praud**
prove **pruuv**
proven **pruuven**
provenance **provenans**
proverb **provörb**
proverbial **provöörbial**
provide **provaid**
providence **providens**
provider **provaider**
province **provins**
provincial **provinshal**
provision **provishon**

provisory **provaisori**
provocation **provokeishon**
provocative **provokativ**
provoke **provouk**
provost
prow **prau**
prowess **prauess** *praues*
prowl **praul**
proximate **proksimat**
proximity **proksimiti**
proxy **proksi**
prude **pruud**
prudent **pruudent**
prudential **prudenshal**
prune **pruun**
prurient
pry **prai**
psalm *saam*
pseudo **suudo**
pseudonym **suudonim**
pseudorandom **suudorändom**
psoriasis **soraiasis**
psyche **saiki**
psychedelia **saikidiilia**
psychedelic **saikidelik**
psychiatric **saikiätrik**
psychiatrist **saikaiatrist**
psychiatry **saikaiatri**
psychic **saikik**
psycho **saiko**
psychoanalysis **saikoänälisis**
psychoanalyze **saikoänälais**
psychological **saikolodshikal**
psychologist **saikolodshist**
psychology **saikolodshi**
psychopath **saikopäth**
psychosis **saikousis**
psyllium **sillium**
ptomaine **tomein**
ptosis **tousis**
puberty **pjuberti**
pubescent **pjubessent**
pubic **pjubik**
public **pablik**

publication **pablikeishon**
publicist **pablisist**
publicity **pablissiti**
publicize **pablisais**
publish **pablish**
publisher **pablisher**
puck **pak**
pucker **paker**
pudding **puding**
puddle **padl**
pudgy **padshi**
pueblo
puerile **pjuuril**
puff **paf**
puffery **paferi**
pug **pag**
pugilism **pjudshilism**
pugnacious **pagneishos**
puke **pjuuk**
pulchritude **palkritud**
pull
pulley **pulli**
pulmonary **pulmonäri**
pulp **palp**
pulpit **palpit**
pulsar **palsar**
pulsate **palseit**
pulsation **palseishon**
pulse **pals**
pulverize **palveirais**
puma
pummel **pammel**
pump **pamp**
pumpernickel **pampernikl**
pumpkin **pampkin**
pun **pan**
punch **pantsh**
punchline **pantshlain**
punchy **pantshi**
punctilious **panktilios**
punctual **panktshual**
punctuate **panktshueit**
punctuation **panktshueishon**
puncture **panktshör**

pundit **pandit**
pungent **pandshent**
punish **panish**
punishment **panishment**
punitive **pjunitiv**
punk **pank**
punster **panster**
punt **pant**
puny **pjuni**
pup **pap**
pupil **pjupil**
pupillary **pjupiläri**
puppet **papet**
puppeteer **papetiir**
puppetry **papetri**
puppy **papi**
purchase **pörtshas**
pure **pjuur** *pjur*
purée **pjuree**
purely **pjuurli**
purgatory **pörgatori**
purge **pöördsh**
purify **pjurifai**
purist **pjurist**
puritan **pjuritan**
purity **pjuriti**
purl **pöörl**
purlin **pörlin** *pöörlin*
purloin **pörloin**
purple **pörpl**
purport **pörport**
purpose **pörpos**
purr **pör** *pöör*
purse **pörs**
purser **pörser**
pursuant **pörsuuant**
pursue **pörsuu**
pursuit **pörsuut**
purvey **pörvei**
purveyor **pörveior**
purview **pörvju**
pus **pas**
push
pusillanimous **pjusilänimos**

puss
pussy **pussi**
pussycat **pussikät**
pussyfoot **pussifut**
pustule **pastshul**
put
putative **pjutativ**
putdown **putdaun**
putrefy **pjutrefai**
putrid **pjutrid**
putsch **putsh**
putt **pat**
putter **pater**
putty **pati**
puzzle **passl**
pygmy **pigmi**
pylon **pailon**
pyracantha **pairakäntha**
pyramid **piramid**
pyre **pair**
pyrite **pairait**
pyro- **pairo-**
pyrography **pairoogräfi**
pyromania **pairomeinia**
pyrophobia **pairofoubia**
pyrosis **pairousis**
pyrotechnics **pairotekniks**
pyrrhic **pirrik**
python **paithon**

Q

quack **kwäk**
quad **kwad**
quadrangle **kwadrängl** *kwodrängl*
quadrant **kwadrant**
quadrate **kwadrat**
quadratic **kwadrätik**
quadrature **kwadratshör**
quadrennial **kwadrennial**
quadrilateral **kwadriläteral**
quadrillion **kwadrillion**
quadripartite **kwadrapartait**
quadriplegic **kwadripledshik**
quadruped **kwadrupd**
quadruple **kwadrupl**
quadruplet **kwadruplet**
quaff **kwaf**
quaggy **kwagi** *kwogi*
quagmire **kwägmair** *kwägmaier*
quail **kweil**
quaint **kweint**
quake **kweik**
qualification **kwalifikeishon**
qualify **kwalifai**
qualitative **kwaliteitiv**
quality **kwaliti**
qualm **kwaam**
quandary **kwandari**
quantic **kwantik**
quantifier **kwantifaier**
quantify **kwantifai**
quantitative **kwantiteitiv**
quantity **kwantiti**
quantize **kwantais**
quantum **kwantum**
quarantine **kwarantin** *kwarantiin*
quark **kwark**
quarrel **kworrel** *kwarrel*
quarry **kworri**
quart **kwort**

quarter **kworter**
quarterback **kworterbäk**
quarterly **kworterli**
quartermaster **kwortermäster**
quarters **kworters**
quartet **kwortet** *kwartet*
quartile **kwortail** *kwartail*
quartz **kworts**
quartzite **kwortsait**
quasar **kweisar**
quash **kwash**
quasi **kweisai**
quaternary **kwoterneri**
quaver **kweiver**
quay **kii**
queasy **kwiisi**
queen **kwiin**
queer **kwiir**
quell **kwel** *kwell*
quench **kwentsh**
querulous **kwerulos** *kwerölos*
query **kweri**
quest **kwest**
question **kwestshon**
questionable **kwestshonabl**
questionnaire **kwestshonär**
queue **kju** *kjuu*
quibble **kwibl**
quiche **kiish**
quick **kwik**
quid **kwid**
quiescent **kwiessent**
quiet **kwaiet**
quill **kwil**
quilt **kwilt**
quinary **kwainari**
quince **kwinss**
quinine **kwainain**
quint **kwint**
quintessence **kwintessens**
quintet **kwintet**
quintile **kwintail**
quintuple **kwintupl**
quintuplet **kwintuplet**

quintuplicate **kwintuplikat**
quip **kwip**
quirk **kwörk**
quisling **kwisling**
quit **kwit**
quite **kwait**
quiver **kwiver**
quixotic **kwiksotik**
quiz **kwiz**
quizzical **kwizikal**
quoin **kwoin**
quoit **kwoit**
quorum **kworum**
quota **kwouta** *kwota*
quotable **kwoutabl** *kwotabl*
quotation **kwouteishon** *kwoteishon*
quote **kwout**
quotient **kwoushent**

R

rabbet **räbet**
rabbi **räbai**
rabbit **räbit**
rabble **räbl**
rabid **reibid**
rabies **reibis**
raccoon **rakuun** *räkuun*
race **reiss**
racecourse **reisskoors**
racehorse **reisshoors**
raceme **reissiim**
racer **reisser**
racetrack **reissträk**
racewalking **reisswooking**
raceway **reisswei**
rachet **rätshet**
rachis **reikis**
racial **reishal**
racing **reissing**
racism **reissism**
racist **reissist**
rack **räk**
racket **räket**
racketeer **räketiir**
rackety **räketi**
rackle **räkl**
raconteur **räkontöör**
racoon **rakuun**
racquetball **räketbool**
racy **reissi**
rad **räd**
radar **reidar**
raddle **rädl**
radial **reidial**
radian **reidian**
radiance **reidians**
radiant **reidiant**
radiate **reidieit**
radiation **reidieishon**

radiator **reidieitor**
radical **rädikal**
radicalise (-ize) **rädikalais**
radicalism **rädikalism**
radically **rädikali**
radicand **rädikand**
radicchio **rädikkio**
radices **rädises**
radicle **rädikl**
radicular **rädikjular**
radii **reidiai**
radio **reidio**
radioactive **reidioäktiv**
radioactivity **reidioäktiviti**
radiobiology **reidiobaiolodshi**
radiocarbon **reidiokarbon**
radiochemistry **reidiokemistri**
radiochromatogram **reidiokromatogram**
radiology **reidiolodshi**
radiotelephone **reidiotelefoun**
radium **reidium**
radius **reidius**
radix **reidiks**
radome **reidoum**
radon **reidon**
raffle **räfl**
raft **räft**
rafter **räfter**
rag **räg**
rage **reidsh**
ragtime **rägtaim**
ragweed **rägwiid**
rah **raa**
raid **reid**
rail **reil**
railroad **reilroud**
railway **reilwei**
rain **rein**
rainbow **reinbou**
rainstorm **reinstoorm**
raise **reis**
raisin **reisin**
rajah **raadsha**

rake **reik**
rakish **reikish**
rally **rälli**
ram **räm**
ramble **rämbl**
rambunctious **rämbankshos**
ramen **reimen**
ramification **rämifikeishon**
ramify **rämifai**
ramjet **rämdshet**
ramp **rämp**
rampage **rämpidsh**
rampant **rämpant**
rampart **rämpart**
ran **rän**
ranch **räntsh** *rääntsh*
rancher **räntsher**
rancid **ränsid**
rancor **ränkor**
random **rändom**
randomize **rändomais**
range **reindsh**
ranger **reindsher**
rangy **reindshi**
rank **ränk**
rankle **ränkl**
ransack **ränsäk**
ransom **ränsom**
rant **ränt**
rap **räp**
rapacious **räpeishos**
rape **reip**
rapid **räpid**
rapier **reipier**
rapist **reipist**
rappel **räpell**
rapport **rapoor**
rapt **räpt**
rapture **räptshör**
rare **räär**
rarefaction **rärefäkshon**
rarefy **rärefai**
rarely **räärli**
raring **rääring**

rarity **räriti**
rascal **räskal**
rash **räsh**
rasp **rääsp**
raspberry **rääsberi** *räspberri*
raster **räster**
rat **rät**
ratable **reitabl**
ratatouille **ratatuui**
ratchet **rätshet**
rate **reit**
rater **reiter**
ratfink **rätfink**
rather **räther** *rather*
ratify **rätifai**
rating **reiting**
ratio **reisho**
ration **räshon** *reishn*
rationality **räshonäliti**
rational **räshonal**
rationale **räshonääl**
rationality **räshonäliti**
rationalization **räshonäliseishon**
rationalize **räshonälais**
rattle **rätl**
rattlesnake **rätlsneik**
rattrap **rätträp**
ratty **räti**
raucous **rookos**
raunchy **roontshi**
ravage **rävidsh**
rave **reiv**
ravel **rävel** *rävl*
raven **reiven**
ravenous **reivenos**
ravine **räviin**
raving **reiving**
ravioli *rävioli*
ravish **rävish**
raw **roo**
rawhide **roohaid**
ray **rei**
rayon **reion**
raze **reiz** *reis*

razor **reizor**
razzle **räzl**
razzmatazz **räzmätäz**
reach **riitsh**
react **riäkt**
reactionary **riäkshonäri**
reactivate **riäktiveit**
reactor **riäktor**
read **riid**
read (past Tense) **red**
readable **riidabl**
readership **riidership**
reading **riiding**
readjust **riödshast**
readmit **riädmit**
readout **riidaut**
ready **redi**
reagent **rieidshent**
real **rial**
realign **riölain**
realistic **rialistik**
reality **rialiti** *riäliti*
realize **rialais**
reallocate **riällokeit**
really **riali**
realm **relm**
ream **riim**
reap **riip**
rear **riir** *rier*
rearward **riirward**
reasonable **riisonabl**
reassemble **riässembl**
reassess **riässess**
reassign **riässain**
reassure **riäshuur**
rebate **ribeit**
rebel (n) **rebl**
rebel (v) **rebell** *ribell*
rebellion *ribeljon*
reboot **ribuut**
rebound **ribaund**
rebuff **ribaff** *ribaf*
rebut **ribatt** *ribat*
recalcitrant **rikälsitrant**

recall **rikool**
recant **rikänt**
recap **rikäp**
recapitulate **rikäpitshuleit**
recapture **rikäptshör**
recede **risiid**
receipt **risiit**
receive **risiiv**
receiver **risiiver**
receivership **risiivership**
recent **riisent** *riissent*
receptacle **riseptakl**
reception **risepshon**
receptive **riseptiv**
receptor **riseptor**
recess **risess**
recession **riseshon**
recharge **ritshaardsh**
recidivism **risidivism**
recipe **resipi**
recipient **resipient**
reciprocal **resiprokal**
reciprocate **resiprokeit**
reciprocity **resiprossiti**
recision **risishon**
recital **risaital**
recitation **resiteishon**
recite **risait**
reckless **rekles**
reckon **rekon**
reckoning **rekoning**
reclaim **rikleim**
recline **riklain**
recluse **rikluus**
recognition **rekognishon**
recognize **rekognais**
recoil **rikoil**
recoilless **rikoilles**
recollection **rekollekshon**
recombine **rikombain**
recommend **rekomend**
recommit **rikomit**
recompense **rekompens**
reconcile **rekonsail**

recondition **rikondishon**
reconfirm **rikonföörm**
reconnaissance **rikonasans**
reconnoiter **rikonoiter** *rekonoiter*
reconsider **rikonsider**
record (n) **rekord**
record (v) **rikoord**
recording **rikoording**
recount **rikaunt**
recoup **rikuup**
recourse **riikoors**
recover **rikaver**
recreate (create again) **rikrieit**
recreation **rekrieishon**
recriminate **rikrimineit**
recruit **rikruut**
rectangle **rektängl**
rectangular **rektängjular**
rectifier **rektifaier**
rectify **rektifai**
rectilinear **rektiliniar**
rectitude **rektitud**
rector **rektor**
rectory **rektori**
rectum **rektum**
recumbent **rikambent**
recuperate **rikuupereit**
recur **riköör**
recurrent **rikörrent**
recursion **riköörshon**
recursive **riköörsiv**
recuse **rikjuus**
recycle **risaikl**
red
redact **ridäkt**
redeem **ridiim**
redemption **ridempshon**
redevelop **ridevelop**
redeye **redai**
redial **ridaial**
redirect **ridirekt**
redline **redlain**
redneck **rednek**
redo **ridu**

redolent
redouble **ridabl**
redress **ridress**
redskin
reduce **riduus**
reduction **ridakshon**
redundancy **ridandansi**
redundant **ridandant**
redwood **redwud**
reed **riid**
reef **riif**
reefer **riifer**
reek **riik**
reel **riil**
reelect **rielekt**
reenact **rienäkt**
reestablish **riestäblish**
reeve **riiv**
reexamine **rieksämin**
refectory **rifektori**
refer **riföör**
referee **referii**
reference **referens**
referendum
referral **rifööral**
refill **rifil**
refinance **rifainäns**
refine **rifain**
reflect **riflekt**
reflection **riflekshon**
reflex **rifleks**
reflux **riflaks**
refocus **rifoukus**
reform **refoorm** *rifoorm*
reformation **reformeishon**
reformative **refoormativ**
reformatory **refoormatori**
reformed **refoormd**
reformer **refoormer**
reformism **refoormism**
reformist **refoormist**
refract **rifräkt**
refraction **rifräkshon**
refrain **rifrein**

refresh **rifresh**
refreshment **rifreshment**
refrigerant **rifridsherant**
refrigerate **rifridshireit**
refrigerator **rifridshirieitor**
refuel **rifjuel**
refuge **refjudsh**
refugee **refjudshii**
refund **rifand**
refurbish **riföörbish**
refuse (v) **rifjuus**
refuse (n) **refjus**
refute **rifjuut**
regain **rigein**
regal **riigal**
regale **rigeil**
regalia **rigeilia**
regardless **rigaardles**
regatta *rigatta*
regency **riidshensi**
regenerate **ridshenereit**
regent **riidshent**
reggae **regei**
regime **reshiim**
regimen **redshimen**
regiment **redshiment**
regimentation **redshimenteishon**
region **riidshon**
regional **riidshonal**
régisseur **reshisöör**
register **redshister**
registrar **redshistrar**
registration **redshistreishon**
registry **redshistri**
regress **rigress**
regression **rigreshon**
regret **rigrett**
regrettable **rigrettabl**
regroup **rigruup**
regular *regjular*
regulate **regjuleit**
regulation **regjuleishon**
regulator **regjuleitor**
regurgitate **rigöördshiteit**

rehab **rihäb**
rehabilitate **rihäbiliteit**
rehash **rihäsh**
rehearse **rihöörs**
reign **rein**
reimburse **riimböörs**
rein
reincarnation **riinkarneishon**
reindeer **reindiir**
reinforce **riinfoors**
reiterate **riitereit**
reject **ridshekt**
rejoice **ridshoiss**
rejuvenate **ridshuveneit**
relapse **riläps**
relate **rileit**
relational **rileishonal**
relationship **rileishonship**
relative **relativ**
relativity **relativiti**
relax **riläks**
relaxation **riläkseishon**
relay **rilei**
release **riliis**
relegate **relegeit**
relent **rilent**
relentless **rilentles**
relevant
reliable **rilaiabl**
reliance **rilaians**
relic **relik**
relief **riliif**
relieve **riliiv**
religion **relidshon** *rilidshon*
religious **relidshos**
relinquish **rilinkwish**
relish
relocate **riloukeit**
reluctance **rilaktans**
rely **rilai**
rem
remain **rimein**
remainder **rimeinder**
remains **rimeins**

remand **rimäänd**
remanence **remanens**
remark **rimaark**
remarkably **rimaarkabli**
remedial **rimiidial**
remedy **remedi**
remember **rimember**
remembrance **rimembrans**
remind **rimaind**
reminder **rimainder**
reminisce **reminiss**
reminiscence **reminissens**
remiss **rimiss**
remission **rimisshon**
remit **rimitt**
remittance **rimittans**
remnant
remodel **rimodel** *rimadl*
remonstrate **rimonstreit**
remorse **rimoors**
remorseless **rimoorsles**
remote **rimout**
remove **rimuuv**
remunerate **rimjuunereit**
remuneration **rimjuunereishon**
renaissance **renesaans**
renal **riinal**
renascent **rinässent**
rend
render
rendering
rendezvous **randevu**
rendition **rendishon**
renegade **renegeid**
renege **rineg**
renew **rinuu**
renewable **rinuuabl**
renounce **rinaunss**
renovate **renoveit**
renowned **rinaund**
rent
rental
renter
renunciation **rinansieishon**

repair **ripäär**
reparation **repareishon**
repartee **repartii**
repast **ripääst**
repatriate **ripeitrieit**
repeal **ripiil**
repeat **ripiit**
repel **ripell**
repellent **ripellent**
repent **ripent**
repercussion **reperkashon**
repertoir **repertwar**
repertory **repertori**
repetition **repetishon**
repetitious **repetishos**
repetitive **repetitiv**
replace **ripleiss**
replenish **riplenish**
replete **ripliit**
replica **replika**
replicate **replikeit**
reply **riplai**
repo **ripo**
report **repoort** *ripoort*
reporter **repoorter**
repose **ripous**
repository **ripoositori**
reprehend **reprihend**
reprehensible **reprihensibl**
represent
representation **representeishon**
representative **representativ**
repress **ripress**
repression **ripreshon**
reprieve **ripriiv**
reprimand **reprimänd**
reprint **riprint**
reprisal **ripraisal**
reprise **riprais**
repro **ripro**
reproach **riproutsh**
reproduce **riproduuss**
reproduction **riprodakshon**
reprogram **riprogräm**

reprove **ripruuv**
reptile **reptail**
republic **ripablik** *repablik*
republican **ripablikan**
repudiate **ripjuudieit**
repugnant **ripagnant**
repulsion **ripalshon**
repulsive **ripalsiv**
reputable **repjutabl**
reputation **repjuteishon**
repute **repjuut** *ripjuut*
reputedly **repjuutedli**
request **rekwest** *rikwest*
requiem **rekwiem**
require **rekwair** *rikwair*
requirement **rekwaierment**
requisite **rekwisit**
requisition **rekwisishon**
requite **rikwait**
reroute **riraut**
rerun **riran**
res
resale **riseil**
reschedule **riskedshul**
rescind **ressind**
rescission **resishon**
rescue **reskju**
research **risöörtsh**
resect **risekt**
resemblance **risemblans**
resemble **risembl**
resent **risent**
resentful **risentful**
resentment **risentment**
reservation **resörveishon**
reserve **resöörv** *risöörv*
reserved **resöörvd**
reservist **resöörvist**
reservoir **reservuar**
reset **riset**
resettle **risetl**
reside **risaid**
residence **residens**
resident

residential **residenshal**
residual **residshual**
residue **residu**
resign **resain** *risain*
resignation **resigneishon**
resilient
resin
resist
resistance **resistans**
resistive **resistiv**
resistor
resolute **resoluut**
resolution **resoluushon**
resolve **risolv**
resonance **resonans**
resonate **resoneit**
resort **risort**
resound **risaund**
resource **risoors**
resourceful **risoorsful**
respect **rispekt**
respectable **rispektable**
respectfully **rispektfuli**
respectively **rispektivli**
respiration **respireishon**
respirator **respireitor**
respire **respair** *rispair*
respite **rispait**
resplendent **risplendent**
respond **rispond**
respondent **rispondent**
response **rispons**
responsibility **risponsibiliti**
responsible **risponsibl**
responsive **risponsiv**
rest
restaurant **restorant**
restitution **restituushon**
restive **restiv**
restless **restles**
restoration **restoreishon**
restore **restoor**
restrain **ristrein**
restraint **ristreint**

restricted **ristrikted**
restriction **ristrikshon**
restroom **restruum**
restructure **ristraktshör**
result **risalt**
resultant **risaltant**
resume **risuum**
résumé **resumee**
resumption **risampshon**
resurge **risöördsh**
resurgent **risöördshent**
resurrect **resörekt**
resurrection **resörekshon**
resuscitate **risassiteit**
retail **riteil**
retain **ritein**
retainer **riteiner**
retaliate **ritälieit**
retard **retaard** *ritaard*
retardant **retaardant**
retardation **retardeishon**
retch **retsh**
retention **ritenshon**
retentivity **ritendiviti**
reticent **retisent**
reticle **retikl**
reticular **retikjular**
reticule **retikjul**
retina
retinol
retinopathy **retinopathi**
retinue **retinu** *retnu*
retire **ritair**
retiree **ritairi**
retirement **ritairment**
retort **ritoort**
retouch **ritatsh**
retrace **ritreiss**
retract **riträkt**
retreat **ritriit**
retrench **ritrentsh**
retribution **retribjuushon**
retrieve **ritriiv**
retro

retroactive **retroäktiv**
retrofit
retrograde **retrogreid**
retrogress
retrospect **retrospekt**
retry **ritrai**
retune **rituun**
return **ritöörn**
reunion **rijuunion** *rijunion*
reunite **rijunait**
reuse **rijuus**
rev
revamp **rivämp**
reveal **reviil** *riviil*
reveille **reveli**
revel
revelation **reveleishon**
revelry **revelri**
revenge **rivendsh**
revenue **revenu**
reverb **rivöörb**
reverberate **rivöörbereit**
revere **reviir** *riviir*
reverence **reverens**
reverend
reverent
reversal **rivöörsal**
reverse **rivöörs**
reversion **rivöörshon**
revert **rivöört**
revet **rivet** *rivett*
revetment **rivetment**
review **rivjuu**
revile **rivail**
revise **revais** *rivais*
revision **revishon**
revisit **rivisit**
revitalize **rivaitalais**
revival **rivaival**
revive **rivaiv**
revocable **revokabl**
revoke **revouk** *rivouk*
revolt *rivoult*
revolution **revoluushon**

revolutionary **revoluushonäri**
revolve **revolv** *rivolv*
revolver
revue **rivjuu**
revulsion **rivalshon**
reward **riwoord**
rewind **riwaind**
rewire **riwair**
reword **riwöörd**
rework **riwöörk**
rewrite **rirait**
rhapsody **räpsodi**
rheostat **riostät**
rhetoric **retorik**
rhetorical **retoorikal**
rheumatic **rumätik** *rumäätik*
rheumatism **rumatism**
rheumatoid **rumatoid**
rhinal **rainal**
rhinestone **rainstoun**
rhinitis **rainaitis**
rhino **raino**
rhinoceros **rainosseros**
rho **ro**
rhododendron **rododendron**
rhomboid **romboid**
rhombus **rombus**
rhubarb **rubarb**
rhyme **raim**
rhythm **rithm** *rithem*
rhythmic **rithmik**
ria
rialto
rib
ribald
ribaldry **ribaldri**
ribbed **ribd**
ribbing **ribing**
ribbon **ribon**
riboflavin **ribofleivin**
rice **raiss**
rich **ritsh**
ricin **raissin**
rickets **rikets**

rickety **riketi**
rickshaw **riksho**
ricochet **rikoshee**
rid
riddance **ridans**
riddle **ridl**
ride **raid**
ridge **ridsh**
ridicule **ridikjul**
ridiculous **ridikjulos**
riding **raiding**
riesling **riisling**
rife **raif**
riff **rif**
riffle **rifl**
riffraff **rifräf**
rifle **raifl**
rift
rig
rigamarole **rigmaroul**
rigger **riger**
rigging **riging**
right **rait**
righteous **raitshos**
rightful **raitful**
rightist **raitist**
rigid **ridshid**
rigmarole **rigmaroul**
rigor *rigör*
rigorous **rigoros**
rile **rail**
riley **raili**
rill
rim
rime **raim**
rind **raind**
ring
ringleader **ringliider**
ringside **ringsaid**
ringworm **ringwöörm**
rink
rinse **rins**
riot **raiot**
rip

ripe **raip**
ripple **ripl**
riptide **riptaid**
rise **rais**
risk
risqué **riskee**
ritardando
rite **rait**
ritenuto
ritual **ritshual**
ritzy **ritsi**
rival **raival**
rivalry **raivalri**
river
riverside **riversaid**
rivet
riveter
roach **routsh**
road **roud**
roadability **roudöbiliti**
roadrunner **roudranner**
roadster **roudster**
roadway **roudwei**
roam **roum**
roan **roun**
roar **roor**
roast **roust**
roasting **rousting**
rob
robbery **roberi**
robe **roub**
robin
robot *roubot*
robotics **robotiks** *roubotiks*
robust **robast**
rochet **rotshet**
rock **rok**
rocker **roker**
rocket **roket**
rocky **roki**
rococo **rokoko**
rod **rod**
rode **roud**
rodent **roudent**

rodeo **roudeo**
roe **rou**
roentgen **röntgen**
rogation **rogeishon**
roger **rodsher**
rogue **roug**
roil
roister
roisterous **roisteros**
role **roul**
roll
rollaway **rollöwei**
roller
rollick **rollik**
rolling
rollout **rollaut**
rollover
romaine **romein**
roman
romance **romäns**
Romanesque **Romanesk**
romantic **romäntik**
romanticize **romäntisais**
romp
rondo
röntgen
roof **ruf**
rooftop **ruftop**
rook **ruk**
rookie **ruki**
room **ruum**
roommate **ruummeit**
roost **ruust**
root **ruut** *rut*
rope **roup**
rosacea **roseisha**
rosary **rousari**
rose **rous**
rosé **rosee**
rosemary **rousmäri**
rosette **rosett**
rosin
roster
rösti

rostrum
rosy **rousi**
rot
rotary **rotari**
rotate **roteit**
rotator **roteitor**
rote **rout**
rotisserie **rotisseri**
rotogravure **rotogravjuur**
rotor
rotten
rotund **rotand**
rotunda **rotanda**
rouge **ruush**
rough **raf**
roughage **rafidsh**
roughen **rafen**
roulade **rulaad**
roulette **rulett**
round **raund**
roundabout **raundöbaut**
roundtable **raundteibl**
roundup **raundap**
rouse **raus**
rousing **rausing**
roust **raust**
rout **raut**
route **raut** *ruut*
router **rauter** *ruuter*
routine **rutiin**
rove **rouv**
rover **rouver**
row **rou**
row (quarrel) **rau**
rowboat **roubout**
rowdy **raudi**
royal **roial**
royalty **roialti**
rub **rab**
rubber **raber**
rubberneck **rabernek**
rubbing **rabing**
rubbish **rabish**
rubble **rabl**

rube **ruub**
rubella
rubidium
ruble **ruubl**
rubric **rubrik**
ruby **rubi**
ruck **rak**
rucksack **raksäk**
ruckus **rakas** *rakkös*
rudder **rader**
ruddy **radi**
rude **ruud**
rudiment
rudimentary **rudimentari**
rue **ruu**
rueful **ruuful**
ruff **raf**
ruffian **rafian**
ruffle **rafl**
rug **rag**
rugby **ragbi**
rugged **raged**
ruin
ruinous **ruinos**
rule **ruul**
ruler **ruuler**
ruling **ruuling**
ruly **ruli**
rum **ram**
rumba **ramba**
rumble **rambl**
rumbustious **rambastshos**
rumen
ruminate **rumineit**
rummage **rammidsh**
rummy **rammi**
rumor
rump **ramp**
rumple **rampl**
rumpus **rampus**
run **ran**
runaway **ranöwei**
rundown **randaun**
rung **rang**

runner **ranner**
running **ranning**
runny **ranni**
runoff **ranoff**
runt **rant**
runway **ranwei**
rupture **raptshör** *rapshör*
rural
ruse **ruus**
rush **rash**
rusk **rask**
russet **rasset**
rust **rast**
rustic **rastik**
rustle **rassl**
rusty **rasti**
rut **rat**
ruth
rye **rai**

S

sabbatical **säbätikal**
saber **seiber**
sable **seibl**
sabotage **säbotaash**
saboteur **säbotuur**
sac **säk**
saccharin **säkarin**
saccharine **säkarin**
sachet **sätshet**
sack **säk**
sacrament **säkrament**
sacred **seikred**
sacrifice **säkrifais**
sacrilege **säkrilidsh**
sacroiliac **säkroiliäk**
sacrosanct **säkrosänkt**
sad **säd**
sadden **säden**
saddle **sädl**
sadism **seidism**
sadomasochism **seidomäsokism**
safe **seif**
safeguard **seifgaard**
safflower **säflauer**
saffron **säfron**
sag **säg**
saga **saaga**
sagacity **sägässiti**
sage **seidsh**
sahib
said **sed**
sail **seil**
sailboat **seilbout**
sailor **seilor**
saint **seint**
sake (for) **seik**
sake (drink) **saki**
salaam
salacious **säleishos**

salad **sälad** *säläd*
salamander **sälämänder**
salami **salaami**
salary **sälari**
sale **seil**
salesperson **seilspörson**
salient **seilient**
saline **seilin**
saliva **sälaiva**
salivary **säliväri**
salivate **säliveit**
sallow **sällou** *sällo*
sally **sälli**
salmon **sämon** *sälmon*
salmonella **sämonella**
salon
saloon **söluun**
salsa
salt **soolt**
saltpeter **sooltpiiter**
saltshaker **sooltsheiker**
salubrious **salubrios**
salutary **säljutäri**
salutation **säljuteishon**
salute **säluut**
salvage **sälvidsh**
salve **sälv**
salvo **sälvo**
samba
sambo
same **seim**
samite **sämit**
samovar
sample **sämpl** *sämpel*
sampling **sämpling**
samurai
sanatorium **sänatoorium**
sanctify **sänktifai**
sanctimonious **sänktimounios**
sanction **sänkshon**
sanctity **sänktiti**
sanctuary **sänktshuäri**
sanctum **sänktum**
sand **sänd**

sandal **sändal**
sandalwood **sändalwud**
sandbag **sändbäg**
sandblast **sändbläst**
sander **sänder**
sandman **sändmän**
sandstorm **sändstorm**
sandwich **sändwitsh**
sane **sein**
sanguine **sängwin**
sanitary **sänitäri**
sanitation **säniteishon**
sanitize **sänitais**
sanity **säniti**
sans **säns**
sap **säp**
sapling **säpling**
sapphire **säfair**
sarcasm **sarkäsm**
sarcastic **sarkästik**
sarcoma **sarkoma**
sarcophagus **sarkoffagus**
sardine **sardin**
sardonic **sardoonik**
sarge **saardsh**
sari
sarong
sarsaparilla
sartorial **sartoorial**
sash **säsh**
sashay **säshei**
sass **säss**
sassafras **sässäfräs**
satan **seitän**
satanic **seitäänik** *seitänik*
satchel **sätshel**
sate **seit**
sateen **satiin**
satellite **sätelait** *sätlait*
satiate **seishieit**
satiety **sätaieti**
satin **sätin** *sätn*
satire **sätair**
satirical **sätiirikal** *sätirikal*

satisfaction **sätisfäkshon**
satisfy **sätisfai**
saturate **sätshöreit**
saturation **sätshöreishon**
Saturday **Sätördei**
sauce **sooss**
saucy **soossi**
sauerkraut
sauna *soona*
saunter **soonter**
sausage **soosidsh**
sauté **sotee**
savage **sävidsh**
savant **savaant**
save **seiv**
savings **seivings**
savior **seivior**
savor **seivor** *seivör*
savory **seivori**
savvy **sävi**
saw **soo**
sawmill **soomill**
saxophone **säksofoun**
say **sei**
saying **seiing**
scab **skäb**
scabies **skeibis**
scaffold **skäfold**
scalar **skeilar**
scald **skoold**
scalding **skoolding**
scale **skeil**
scallion **skällion**
scallop **skällop**
scalp **skälp**
scalpel **skälpel**
scam **skäm**
scamp **skämp**
scan **skän**
scandal **skändal**
scandalize **skändalais**
scandalous **skändalos**
scanner **skäner**
scant **sként**

scape **skeip**
scapegoat **skeipgout**
scar **skar**
scarce **skärs**
scarcity **skärsiti**
scare **skär**
scarecrow **skärkrou**
scarf **skarf**
scarlet **skarlet**
scarp **skarp**
scary **skäri**
scat **skät**
scathe **skeith**
scatter **skäter**
scatterbrain **skäterbrein**
scatterin **skätering**
scavenge **skävendsh**
scavenger **skävendsher**
scenario **senaario**
scene **siin**
scenery **siineri**
scenic **siinik**
scent **sent**
scepter **septer**
schedule **skedshul** *shedshul*
schema **skiima**
schematic **skemätik**
scheme **skiim**
scherzo **skertso** *shertso*
schism **sism** *skism*
schizophrenia **skitsofriinia**
schlep **shlep**
schlock **shlok**
schmeer **shmiir**
schmooze **shmuus**
schmuck **shmak**
schnapps **shnaps**
schnauzer **shnauser**
schnitzel **shnitsel**
scholar **skolar**
scholarship **skolarship**
scholastic **skolästik**
school **skuul**
schoolmate **skuulmeit**

schoolyard **skuuljaard**
schooner **skuuner**
schwa **shva**
sciatic **saiäätik**
sciatica **saiäätika**
science **saiens**
scientific **saientifik**
scientist **saientist**
scintilla **sintilla**
scintillate **sintileit**
scion **saion**
scissors **sisors** *sisörs*
sclera **sklera**
scleroderma **sklerodörma**
sclerosis **sklerousis**
scoff **skof**
scofflaw **skofloo**
scold **skould**
sconce **skons**
scone **skoun**
scoop **skuup**
scoot **skuut**
scooter **skuuter**
scope **skoup**
scorch **skoortsh**
score **skoor**
scoreboard **skoorboord**
scorn **skoorn**
scornful **skoornful**
scotch **skotsh**
scotia **skousha**
scoundrel **skaundrel**
scour **skaur** *skauer*
scourge **sköördsh**
scout **skaut**
scoutmaster **skautmäster**
scowl **skaul**
scrabble **skräbl**
scrag **skräg**
scraggly **skrägli**
scram **skräm**
scramble **skrämbl**
scrap **skräp**
scrape **skreip**

scrappy **skräpi**
scratch **skrätsh**
scratchpad **skrätshpäd**
scrawl **skrool**
scrawny **skrooni**
screak **skriik**
scream **skriim**
screach **skriitsh**
screed **skriid**
screen **skriin**
screw **skru** *skruu*
screwball **skrubool**
screwup **skruap**
scribble **skribl**
scribe **skraib**
scrimmage **skrimmidsh**
scrimp **skrimp**
scrimshaw **skrimsho**
scrip **skrip**
script **skript**
scripture **skriptshör**
scroll **skrol**
scrooge **skruudsh**
scrotum **skroutum**
scrounge **skraundsh**
scrub **skrab**
scruff **skraf**
scrumptious **skrampshos**
scruple **skruupl**
scrupulous **skruupjulos**
scrutable **skruutabl**
scrutinize **skruutinais**
scrutiny **skruutini**
scuba **skuuba**
scud **skad**
scuff **skaf**
scuffle **skafl**
scull **skal**
sculpt **skalpt**
sculptor **skalptor**
sculpture **skalptshör**
scum **skam**
scumbag **skambäg**
scurrilous **skörilos**

scurry **skörri**
scurvy **skörvi**
scutter **skater**
scuttle **skatl**
scuttlebutt **skatlbat**
scythe **skaith**
sea **sii**
seagull **siigall**
seal **siil**
sealant **siilant**
sealer **siiler**
seam **siim**
seamless **siimles**
seamy **siimi**
seancé **seans**
sear **siir** *sier*
search **söörtsh**
searchlight **söörtshlait**
seashell **siishell**
seasick **siisik**
seaside **siisaid**
season **siison** *siisn*
seasonal **siisonal**
seasoning **siisoning**
seat **siit**
seating **siiting**
seaward **siiward**
sebaceous **sebeishos**
seborrhea **seboriia**
secant **siikänt**
secco **seko**
secede **sisiid**
secession **sisesshon**
seclude **sekluud**
seclusion **sekluushon**
second **sekond**
secondary **sekondäri**
secondhand **sekondhänd**
secrecy **siikresi** *siikressi*
secret **siikret**
secretariat **sekretäriat**
secrete **sekriit**
secretive **siikretiv**
sect **sekt**

sectarian **sektärian**
section **sekshon** *sekshn*
sectional **sekshonal**
sector **sektor**
secular **sekjular**
secure **sekjuur**
security **sekjuuriti**
sedan **sedään**
sedate **sedeit**
sedative **sedativ**
sedentary **sedentäri**
sediment
sedition **sedisshon**
seduce **seduus**
seductive **sedaktiv**
seductress **sedaktres**
see **sii**
seed **siid**
seeing **siiing**
seek **siik**
seem **siim**
seemly **siimli**
seen **siin**
seep **siip**
seepage **siipidsh**
seer **siir** *siier*
seersucker **siirsaker**
seesaw **siisoo**
seething **siithing**
segment
segmentation **segmenteishon**
segregate **segregeit**
seismic **saismik** *seismik*
seismograph **saismogräf**
seismology **saismolodshi**
seize **siiz** *siis*
seizure **siizhör**
seldom
select **selekt**
selection **selekshon**
selenium
self
selfish
selfless **selfles**

sell
seller
sellout **sellaut**
selsyn **selsin**
seltzer **seltser**
selvage **selvidsh**
semantics **semäntiks**
semaphore **semafor**
semblance **semblans**
semen **siimen**
semester
semi *semai*
semicolon **semikolon**
semiconductor **semikondaktor**
seminal
seminar
seminary **seminäri**
senate **senat**
senator
send
senile **siinail**
senior **siinior**
seniority **siinioriti**
sensation **senseishon**
sensational **senseishonal**
sense **sens**
senseless **sensles**
sensibility **sensibiliti**
sensible **sensibl**
sensitive **sensitiv**
sensitize **sensitais**
sensor
sensual *senshual*
sensuous **sensuos**
sent
sentence **sentens**
sentimental
sentinel
sentry **sentri**
separable **separabl**
separate **separat** *separet*
separation **separeishon**
sepia **siipia**
sepsis

September
septennium
septet
septic **septik**
septum
septuplet
sequel **siikwel**
sequence **siikwens**
sequential **sikwenshal**
sequester **sikwester**
sequoia **sikwoia**
serenade **sereneid**
serenata
serendipity **serendipiti**
serene **seriin**
serf **söörf**
sergeant **sardshent**
serial **siirial**
serialize **siirialais**
series **siiris**
serif
serious **siirios**
sermon **söörmon**
sermonize **söörmonais**
serotonin **serotounin**
serpent **söörpent**
serpentine **söörpentin** *söörpentain*
serrate **serreit**
serum **sirum** *siirum*
servant **söörvant**
serve **söörv**
service **söörvis** *sörvis*
serviceable **söörvisabl**
serviette **söörviett**
servile **söörvail**
servitude **söörvitud**
servo **söörvo**
sesame
sesquicentennial **seskwisentennial**
sesquipedalian **seskwipedeilian**
session **seshon**
set
setback **setbäk**
settee **setii**

setting **seting**
settle **setl**
settlement **setlment**
setup **setap**
seven
seventeen **seventiin**
seventh
seventy **seventi**
sever
several
severance **severans**
severe **seviir**
severity **seviiriti** *seveeriti*
sew **sou**
sewage **suidsh** *suuidsh*
sewer (sewage) **suer**
sewer (who sews) **souer**
sex **seks**
sexist **seksist**
sexless **seksles**
sexpot **sekspot**
sextant **sekstant**
sextet **sekstet**
sexton **sekston**
sextuple **sekstupl**
sextuplet **sekstuplet**
sexual **seksual**
sexuality **seksuäliti**
sexy **seksi**
shabby **shäbi**
shack **shäk**
shackle **shäkl**
shad **shäd**
shade **sheid**
shadow **shädou**
shadowy **shädoui**
shady **sheidi**
shaft **shäft**
shag **shäg**
shaggy **shägi**
shah
shake **sheik**
shakedown **sheikdaun**
shaker **sheiker**

shale **sheil**
shall **shäl**
shallow **shällou**
shalom
shalt **shält**
sham **shäm**
shambles **shämbls**
shame **sheim**
shameful **sheimful**
shameless **sheimles**
shampoo **shämpuu**
shamrock **shämrok**
shanghai **shänghai**
shank **shänk**
shanty **shänti**
shape **sheip**
shapeless **sheiples**
shard
share **shär**
sharecropper **shärkroper**
sharif
shark
sharkskin
sharp
sharpie **sharpi**
shashlik
shatter **shäter**
shave **sheiv**
shaver **sheiver**
shaving **sheiving**
shawl **shool**
she **shi**
sheaf **shiif**
shear **shiir**
sheath **shiith**
sheathe **shiith**
sheave **shiiv**
shed
she'd **shi'd**
sheen **shiin**
sheep **shiip**
sheepish **shiipish**
sheepskin **shiipskin**
sheer **shiir**

sheet shiit
sheik
shelf
shell
she'll shi'l
shellac shelläk
shellfish
shelter
shelve shelv
shelving
shepherd sheperd
sherbet shörbet
sheriff sherif
she's shi's
shiatsu
shield shiild
shift
shifty shifti
shilling
shim
shimmer
shin
shindig
shine shain
shiner shainer
shingle shingl
shingles shingls
shiny shaini
ship
shipboard shipboord
shipment
shipping shiping
shipwreck shiprek
shirk shöörk
shirt shöört
shirttail shöörtteil
shit
shiver
shoal shoul
shock shok
shocking shoking
shoddy shodi
shoe shu *shuu*
shoo shuu

shoot shuut
shop
shopper shoper
shoptalk shoptook
shore shoor *shor*
shorn
short
shortchange shorttsheinds
shorten
shortly shortli
shortwave shortweiv
shot
shotgun shotgan
should shud
shoulder
shout shaut
shove shav
shovel shavel
show shou
showboat shoubout
showcase shoukeis
shower shauer
showerhead shauerhed
shrapnel shräpnel
shred
shredder shreder
shrew shruu
shrewd shruud
shriek shriik
shrike shraik
shrill
shrimp
shrine shrain
shrink
shrinkage shrinkidsh
shrive shraiv
shrivel
shroud shraud
shrub shrab
shrubbery shraberi
shrug shrag
shrunk shrank
shuck shak
shucks shaks

shudder **shader**
shuffle **shafl**
shuffleboard **shaflboord**
shun **shan**
shunt **shant**
shush **shash**
shut **shat**
shutter **shater**
shuttle **shatl**
shwa **shva**
shy **shai**
shyster **shaister**
sib
sibilant
sibling
sic **sik**
sick **sik**
sickening **sikening**
sickle **sikl**
sickness **siknes**
sicko **siko**
side **said**
sideburns **saidböörns**
sidekick **saidkik**
sideline **saidlain**
sidereal **saidiirial**
sidewalk **saidwook**
sideways **saidweis**
siding **saiding**
sidle **saidl**
siege **siidsh**
sierra
siesta
sieve **siiv**
sievert **siivert**
sift
sigh **sai**
sight **sait**
sightless **saitles**
sightsee **saitsii** *saitsi*
sightseeing **saitsiiing** *saitsiing*
sigma
sign **sain**
signal

signature **signatshör**
signed **saind**
signet
significant **siginifikänt**
signify **signifai**
silence **sailens**
silent **sailent**
silhouette **siluett**
silicon **silikon**
silicone **silikoun**
silk
sill
silly **silli**
silo **sailo**
silt
silver
silversmith
silverware **silverwär**
similar **similär** *similer*
similarity **similäriti**
simile **simili**
similitude **similitud**
simmer
simper
simple **simpel** *simpl*
simplest
simpleton **simpelton**
simplex **simpleks**
simplify **simplifai**
simplistic **simplistik**
simulate **simjuleit**
simulation **simjuleishon**
simulcast **saimulkääst**
simultaneous **saimulteinios**
sin
sins
since **sinss**
sincere **sinsiir**
sincerity **sinseriti**
sine **sain**
sinew **sinju**
sinewy **sinjui**
sinful
sing

singe **sindsh**
singer
singing
single **singl**
singsong
singular **singjular**
singularity **singjuläriti**
sinister
sink
sinker
sinner
sinter
sinuate **sinjueit**
sinuous **sinjuos**
sinus **sainus**
sinusoid **sainusoid**
sip
siphon **saifon**
sir **sör** *söör*
sire **sair**
siren **sairen**
sirloin **sörloin**
sirree **sörii**
sirup
sis
sissy **sissi**
sister
sit
sitar
sitcom **sitkom**
sitter
sitting
situate **sitshueit**
situation **sitshueishon**
situs **saitus**
six **siks**
sixteen **sikstiin**
sixth **siksth** *sikst*
sixty **siksti**
size **saiz** *sais*
sizzle **sizl** *sisl*
skate **skeit**
skateboard **skeitboord**
skater **skeiter**

skeet **skiit**
skein
skeleton
skell
sceptical **skeptikal**
scepticism **skeptisism**
sketch **sketsh**
skew **skju**
skewer **skjuer**
ski **skii**
skis **skiis**
skid
skied **skiid**
skier **skiier**
skiff **skif**
skiing *skiiing*
skill **skil**
skillet
skillful **skilful**
skim
skimmer *skimer*
skimp
skin
skinhead **skinhed**
skip
skipper (who skips) **skiper**
skipper (captain)
skirmish **sköörmish**
skirt **sköört**
skit
skittish **skitish**
skoal **skoul**
skulduggery **skaldageri**
skulk **skalk**
skull **skal** *skall*
skunk **skank**
sky **skai**
skyjack **skaidshäk**
skyrocket **skairoket**
slab **släb**
slack **släk**
slacken **släkken** *släken*
slag **släg**
slalom

slam **släm**
slammer **slämmer**
slander **sländer**
slang **släng**
slant **slänt**
slap **släp**
slapstick **släpstik**
slash **släsh**
slat **slät**
slate **sleit**
slather **släther**
slaughter **slooter**
slave **sleiv**
slavery **sleiveri**
slavish **sleivish**
slaw **sloo**
slay **slei**
sleaze **sliiz**
sleazy **sliizi**
sled
sledge **sledsh**
sledgehammer **sledshhämmer**
sleek **sliik**
sleep **sliip**
sleet **sliit**
sleeve **sliiv**
sleigh **slei**
sleight **slait** *sleit*
slender
slept
sleuth **sluuth**
slew **sluu**
slice **slaiss**
slick **slik**
slide **slaid**
slight **slait**
slim
slime **slaim**
sling
slingshot
slink
slip
slipcover **slipkaver**
slippery **sliperi**

slit
slither
sliver
slob
slobber **slober**
sloe **slou**
slog
slogan **slougan** *slogan*
sloop **sluup**
slop
slope **sloup**
sloppy **slopi**
slosh
slot
sloth
slouch **slautsh**
slough (swamp_ **sluu**
slough **slaf**
slovenly **slovenli**
slow **slou**
slowpoke **sloupouk**
slub **slab**
slue **slu**
slug **slag**
slugger **slager**
sluggish **slagish**
sluice **sluuss**
sluicegate **sluussgeit**
slum **slam**
slumber **slamber**
slumlord **slamlord**
slump **slamp**
slung **slang**
slur **slöör**
slurp **slöörp**
slurry **slörri** *slööri*
slush **slash**
slut **slat**
sly **slai**
smack **smäk**
small **smool**
smallpox **smoolpoks**
smarm
smart

smartaleck **smartälek**
smartass **smartäss**
smash **smäsh**
smatter **smäter**
smear **smiir**
smell *smel*
smelt
smelter
smidgen **smidshen**
smile **smail**
smiley **smaili**
smirch **smöörtsh**
smirk **smöörk**
smite **smait**
smith
smitten
smock **smok**
smog
smoke **smouk**
smoker **smouker**
smolder **smoulder**
smooch **smuutsh**
smooth **smuuth**
smoothie **smuuthi**
smorgasbord
smother *smather*
smudge **smadsh**
smug **smag**
smuggle **smagl**
smurf **smöörf**
smut **smat**
snack **snäk**
snafu
snag **snäg**
snail **sneil**
snake **sneik**
snap **snäp**
snapper **snäper**
snappish **snäpish**
snapshot **snäpshot**
snarl **snaarl**
sneak **sniik**
sneer **sniir**
sneeze **sniiz** *sniis*

snicker **sniker**
snide **snaid**
sniff **snif**
sniffer **snifer**
sniffle **snifl**
snifter
snig
snip
snipe **snaip**
snippet **snipet**
snippy **snipi**
snips
snit
snitch **snitsh**
snivel *snivl*
snob
snook **snuk**
snooker **snuker**
snoop **snuup**
snoot **snuut**
snooze **snuuz**
snore **snoor**
snorkel **snoorkel**
snort **snoort**
snot
snout **snaut**
snow **snou**
snowball **snoubool**
snowboard **snouboord**
snowcap **snoukäp**
snowdrift **snoudrift**
snowfall **snoufool**
snowflake **snoufleik**
snowplow **snouplau**
snowy **snoui**
snub **snab**
snubby **snabi**
snuff **snaf**
snuffer **snafer**
snuffle **snafl**
snug **snag**
snuggle **snagl**
so *sou*
soak **souk**

soap **soup**
soapbox **soupboks**
soar **soor**
sob
sober **souber**
sobriety **sobraieti**
sobriquet **sobriket**
soccer **soker**
sociable **soushabl**
social **soushal**
socialism **soushalism**
socialist **soushalist**
socialite **soushalait**
socialize **soushalais**
society **sosaieti**
socioeconomic **soushioekonoomik**
sociology **soushiolodshi**
    soussiolodshi
sociopath **soushiopäth**
sock **sok**
socket **soket**
sockeye **sokai**
sod
soda *souda*
sodden **soden**
sodium
sodomize **sodomais**
sodomy **sodomi**
sofa
soffit **sofit**
soft
softball **softbool**
soften
softener
software **softwär**
soggy **sogi**
soil
sojourn **soudshöörn**
sol
solace **solas**
solar
solarium **solärium**
sold **sould**
solder **sooder**

soldier **souldsher**
sole **soul**
solely **soulli**
solemn **solem**
solenoid
solicit **solissit**
solicitor **solissitor**
solid
solidarity **solidäriti**
solidify **solidifai**
solitaire **solitäär**
solitary **solitäri**
solitude **solitud**
solo
soloist
solon *soulon*
solstice **solstis**
soluble **soljubl**
solution **soluushon**
solve **solv**
solvent
soma
somatic **somäätik**
somber
sombrero
some **sam**
somehow **samhau**
someone **samwan**
somersault **samersoolt** *somersoolt*
something **samthing**
sometime **samtaim**
somewhat **samwat**
somewhere **samwer**
somnambulate **somnämbjuleit**
somnolent
son *san*
sonar
sonata **sonaata**
song
songfest
sonic **sonik**
sonnet
sonny **sonni** *sanni*
sonorous **sonoros**

soon **suun**
soot **sut**
soothe **suuth**
soothsayer **suuthseier**
sooty **suti**
sop
sophism **sofism**
sophisticated **sofistikeited**
sophistry **sofistri**
sophomore **sofomor**
soporific **soporifik**
soppy **sopi**
soprano
sorbet *sorbee*
sorcery **soorseri**
sordid **soordid**
sore **soor**
sorehead **soorhed**
sorghum **soorgum**
sorority **soorooriti**
sorrel
sorrow **sorrou**
sorry **sorri**
sort **soort**
sortie **soorti**
sostenuto **sostenuuto**
soufflé **suflee**
sought **soot**
soul
sound **saund**
sounding **saunding**
soundtrack **saundträk**
soup **suup**
sour **saur** *sauer*
source **soorss**
sourdough **saurdou**
sousaphone **suusafoun**
souse **sauss**
south **sauth**
southerly **satherli**
southerner **satherner**
southpaw **sauthpoo**
sovereign **sovren**
sovereignty **sovrenti**

soviet *sovjet*
sow **sou**
soy **soi**
soybean **soibiin**
spa
space **speiss**
spacesuit **speisssuut**
spacious **speishos**
spade **speid**
spaghetti **spägetti**
span **spän**
spandrel **spändrel**
spangle **spängl**
spanglish **spänglish**
spaniel **späniel**
spank **spänk**
spanner **spänner**
spar
spare **spär**
sparerib **spärrib**
spark
sparkle **sparkl**
sparkler
sparrow **spärrou**
sparse **spars**
spartan
spasm **späsm**
spasmodic **späsmodik**
spastic **spästik**
spat **spät**
spatter **später**
spatula **spätshula**
spawn **spoon**
spay **spei**
speak **spiik**
spear **spiir**
spearfish **spiirfish**
spec **spek**
special **speshal**
specialist **speshalist**
specialization **speshaliseishon**
specialize **speshalais**
specially **speshali**
specialty **speshalti**

species spiisis
specific spessifik
specification spessifikeishon
specify spessifai
specimen spessimen
specious spiishos
speck spek
speckled spekld
spectacle spektäkl
spectacular spektäkjular
spectator spekteitor
specter spekter
spectral spektral
spectrometer spektroometer
spectrum spektrum
speculate spekjuleit
speculative spekjuleitiv
sped
speech spiitsh
speechless spiitshles
speed spiid
speedometer spiidoometer
speedway spiidwei
spell
spellbinding spellbainding
spelling
spelunking spelanking
spend
spendthrift
spent
sperm spöörm
spermicide spöörmisaid
spew spju
sphagnum sfägnum
sphenoid sfinoid
sphere sfiir
spherical sfiirikal
spheroid sfiiroid
sphincter sfinkter
sphinz sfinks
spice spaiss
spider spaider
spiderweb spaiderweb
spiel spiil

spiffy spifi
spigot
spike spaik
spile spail
spill
spillage spillidsh
spillway spillwei
spin
spinach spinitsh
spindle spindl
spine spain
spineless spainles
spinet
spinnaker spinaker
spinner
spinoff
spinster
spiral spairal
spire spair
spirit
spiritual spiritshual
spirituality spiritshuäliti
spirograph spairográf
spit
spitball spitbool
spite spait
spiteful spaitful
spitfire spitfair
spittoon spituun
spitz spits
splash spläsh
splat splät
splatter spläter
splay splei
spleen spliin
splendent
splendid
splendor
splice splaiss
spline splain
splint
splinter
split
splotch splotsh

213

splurge **splöördsh**
splutter **splater**
spoil
spoilage **spoilidsh**
spoke **spouk**
spoken **spouken**
sponge **spondsh**
sponsor
spontaneity **spontaneiti**
spontaneous **sponteinios**
spoof **spuuf**
spook **spuuk**
spool **spuul**
spoon **spuun**
spoor **spuur** *spoor*
sporadic **sporädik**
spore **spoor**
sport
sportscast **sportskäst**
spot
spotless **spotles**
spotlight **spotlait**
spotter **spoter**
spouse **spaus**
spout **spaut**
sprain **sprein**
sprat **sprät**
sprawl **sprool**
spray **sprei**
spread **spred**
spreadsheet **spredshiit**
spree **sprii**
sprig
sprightly **spraitli**
spring
springboard **springboord**
springtime **springtaim**
sprinkle **sprinkl**
sprint
sprite **sprait**
spritz **sprits**
spritzer **spritser**
sprocket **sproket**
sprout **spraut**

spruce **spruuss**
spry **sprai**
spud **spad**
spume **spjuum**
spumoni **spumouni**
spunk **spank**
spur **spöör**
spurios **spjurios**
spurn **spöörn**
spurt **spöört**
sputnik
sputter **spater**
sputum **spjutum**
spy **spai**
spyware **spaiwär**
squab **skwab**
squabble **skwabl**
squad **skwad**
squadron **skwadron**
squalid **skwalid**
squall **skwool**
squalor **skwalor**
squamous **skwamos** *skweimos*
squander **skwander**
square **skwär**
squash **skwash**
squashy **skwashi**
squat **skwat**
squatter **skwater**
squaw **skwoo**
squawk **skwook**
squeak **skwiik**
squeal **skwiil**
squeamish **skwiimish**
squeeze **skwiis**
squelch **skweltsh**
squib **skwib**
squid **skwid**
squiggle **skwigl**
squint **skwint**
squire **skwair**
squirm **skwöörm**
squirrel **skwörrel**
squirt **skwöört**

squish **skwish**
stab **stäb**
stabbing **stäbing**
stability **stäbiliti** *steibiliti*
stabilizer **steibilaiser**
stable **steibl**
staccato **stakaato**
stack **stäk**
stadium **steidium**
staff **stäf**
stag **stäg**
stage **steidsh**
stagecoach **steidshkoutsh**
stagflation **stägfleishon**
stagger **stäger**
staging **steidshing**
stagnant **stägnant**
stagnate **stägneit**
staid **steid**
stain **stein**
stainless **steinles**
stair **stäär** *steö*
stairway **stäärwei**
stake **steik**
stakeout **steikaut**
stalactite **staläktait**
stalagmite **stalägmait**
stale **steil**
stalemate **steilmeit**
stalk **stook**
stall **stool**
stallion **ställion**
stamina **stämina**
stammer **stämmer**
stamp **stämp**
stampede **stämpiid**
stance **stääns**
stanch **stääntsh**
stanchion **stäntshon**
stand **ständ**
standard **ständard**
standardize **ständardais**
standby **ständbai**
stanza **stänza**

staph **stäf**
staple **steipl**
stapler **steipler**
star
starboard **starbord**
starch **startsh**
stardom
stare **stär**
stark
starlet
starling
start
starter
startle **startl**
starvation **starveishon**
starve **staarv**
stash **stäsh**
stasis **steisis**
state **steit**
statehood **steithud**
stately **steitli**
statement **steitment**
static **stätik**
statics **stätiks**
station **steishon**
stationary **steishonäri**
stationery **steishoneri**
statistic **stätistik**
stator **steitor** *stätör*
statoscope **stätoskoup**
statuary **stätshuäri**
statue **stätshu**
statuesque **stätshuesk**
stature **stätshör**
status **stätus** *stätös*
statute **stätshut**
statutory **stätshutori**
staunch **stoontsh**
stave **steiv**
stay **stei**
stead **sted**
steadfast **stedfäst**
steady **stedi**
steak **steik**

steal **stiil**
stealth **stelth**
steam **stiim**
steamer **stiimer**
steamroller **stiimroller**
steamship **stiimship**
stearate **stiireit**
steed **stiid**
steel **stiil**
steelhead **stiilhed**
steep **stiip**
steeple **stiipl**
steeplejack **stiipldshäk**
steer **stiir**
steerage **stiiridsh**
stein **stain**
stellar
stem
stemware **stimwär**
stench **stentsh**
stencil **stensil**
steno
stenography **stenoografi**
stenosis **stenousis**
step
stepchild **steptshaild**
stepparent **steppärent**
steradian **stereidian**
stereo *steriou*
stereography **stereoografi**
stereophonic **stereofonik**
stereoscope **stereoskoup**
stereotype **stereotaip**
sterile **steril**
sterilize **sterilais**
sterling **stöörling**
stern **stöörn**
sternum **stöörnum**
steroid
stet
stethoscope **stethoskoup**
stevedore **stiivedor**
stew **stuu**
steward **stuard**

stewardess **stuardes**
stewed **stuud**
stick **stik**
stickler **stikler**
sticky **stiki**
stiff
stiffen
stifle **staifl**
stigma
stigmatize **stigmatais**
stile **stail**
stiletto
still
stillborn
stilt
stimulant **stimjulant**
stimulate **stimjuleit**
stimulus **stimjulus**
sting
stinger
stingray **stingrei**
stingy **stindshi**
stink
stinker
stinko
stint
stipend **staipend**
stipple **stipl**
stipulate **stipjuleit**
stir **stöör**
stirring **stööring**
stirrup **stöörup**
stitch **stitsh**
stochastic **stokästik**
stock **stok**
stockade **stokeid**
stockbroker **stokbrouker**
stockholder **stokhoulder**
stocking **stoking**
stockpile **stokpail**
stocky **stoki**
stockyard **stokjaard**
stodgy **stodshi**
stogy **stougi**

stoic **stoik**
stoicism **stoisism**
stoke **stouk**
stole **stoul**
stolid
stollen
stolon
stomach **stomak**
stomachache **stomakeik**
stomp
stone **stoun**
stonewall **stounwool**
stood **stud**
stooge **stuudsh**
stool **stuul**
stoolie **stuuli**
stoop **stuup**
stop
stoppable **stopabl**
stopper **stoper**
storage **stooridsh**
store **stoor** *stor*
storm **stoorm** *storm*
story **stoori**
stout **staut**
stove **stouv**
stow **stou**
stowage **stouidsh**
stowaway **stouöwei**
straddle **strädl**
strafe **streif**
straggle **strägl**
straight **streit**
straightedge **streitedsh**
strain **strein**
strainer **streiner**
strait **streit**
straitjacket **streitdshäket**
strand **stränd**
strange **streindsh**
stranger **streindsher**
strangle **strängl**
strangulate **strnängjuleit**
strap **sträp**

strapless **sträples**
stratagem **strätadshem**
strategic **strätiidshik**
strategy **strätedshi**
stratify **strätifai**
stratosphere **strätosfiir**
stratum **strätum**
stratus **strätus**
straw **stroo**
strawberry **strooberri**
stray **strei**
streak **striik**
streaker **striiker**
stream **striim**
streamline **striimlain**
street **striit**
streetcar **striitkaar**
strength
strenuous **strenjuos**
strep
streptococcus **streptokokus**
stress
stressful
stretch **stretsh**
stretcher **stretsher**
strew **struu**
stria **straia**
striated **straieited**
stricken **striken**
strict **strikt**
stricture **striktshör**
stride **straid**
strident **straident**
strife **straif**
strike **straik**
string
stringent **strindshent**
strip
stripe **straip**
stripper **striper**
striptease **striptiis**
strive **straiv**
strobe **stroub**
stroboscope **strouboskoup**

stroke **strouk**
stroll
stroller
strong
stronghold **stronghould**
strontium
struck **strak**
structural **straktshöral**
structure **straktshör**
strudel
struggle **stragl**
strum **stram**
strung **strang**
strut **strat**
strychnine **striknain** *striknin*
stub **stab**
stubble **stabl**
stubborn **staborn**
stubby **stabi**
stucco **stako**
stuck **stak**
stud **stad**
student **stuudent**
studio **stuudio**
studios **stuudios**
studious **stuudiös** *stuudios*
study **stadi**
stuff **staf**
stuffed **stafd**
stuffing **stafing**
stultify **staltifai**
stumble **stambl**
stump **stamp**
stun **stan**
stunning **staning**
stunt **stant**
stupe **stuup**
stupefaction **stupefäkshon**
stupefy **stupefai**
stupendous **stupendos**
stupid
stupor
sturdy **stöördi**
sturgeon **stöördshon**

stutter **stater**
sty **stai**
style **stail**
stylish **stailish**
stylus **stailus**
stymie **staimi**
styptic **stiptik**
suave **swaav** *suaav*
sub **sab**
subassembly **sabässembli**
subcommittee **sabkomitti** *sabkomiti*
subcompact **sabkompäkt**
subconscious **sabkanshos**
subcontract **sabkontrakt**
subculture **sabkaltshör**
subcutaneous **sabkjuteineos**
subdivision **sabdivishon**
subdue **sabduu**
subject **sabdshekt**
subjectivity **sabdshektiviti**
subjugate **sabdshugeit**
subjunctive **sabdshanktiv**
sublease **sabliiss**
sublet **sablet**
sublimate **sablimeit**
sublime **sablaim**
submarine **sabmäriin**
submerge **sabmöördsh**
submerse **sabmöörs**
submersible **sabmöörsibl**
submission **sabmishon**
submit **sabmit**
subordinate **saboordinat**
subpoena **sabpiina** *sapiina*
subrogate **sabrogeit**
subroutine **sabrutiin**
subscribe **sabskraib**
subscript **sabskript**
subscription **sabskripshon**
subsequence **sabsekwens**
subsequent **sabsekwent**
subservient **sabsöörvient**
subside **sabsaid**
subsidiary **sabsidiäri**

subsidize **sabsidais**
subsidy **sabsidi**
subsist **sabsist**
subsistence **sabsistens**
substance **sabstans**
substandard **sabständard**
substantial **sabstänshal**
substantive **sabstäntiv**
substation **sabsteishon**
substitute **sabstitut**
substrate **sabstreit**
subsystem **sabsistem**
subterfuge **sabterfjuudsh**
subterranean **sabterreinian**
subtitle **sabtaitl**
subtle **satl**
subtract **sabträkt**
subtraction **sabträktshon**
suburb **sabörb**
suburbia **saböörbia**
subvention **sabvenshon**
subversion **sabvöörshon**
subvert **sabvöört**
subway **sabwei**
succeed **saksiid**
success **saksess**
successful **saksessful**
succession **saksesshon**
succint **saksint**
succor **sakor**
succulent **sakjulent**
succumb **sakamb** *sakamm*
such **satsh**
suck **sak**
sucker **saker**
suckle **sakl**
suction **sakshon**
suddent **sadn** *saden*
suds **sads**
sue **suu**
suede **sweid** *sueid*
suffer **safer**
suffice **safaiss** *söfaiss*
sufficient **safisshent**

suffix **safiks**
suffocate **safokeit**
suffrage **safridsh**
suffuse **safjuus**
sugar **shugar**
sugarcoat **shugarkout**
suggest **sadshest** *sagdshest*
suggestion **sadshestshon**
suicidal **suisaidal**
suicide **suisaid**
suit **suut**
suitable **suutabl**
suitcase **suutkeiss**
suite **suiit** *swiit*
suitor **suutor**
sulfate **salfeit**
sulfur **salför**
sulfuric **salfjuurik**
sulk **salk**
sullen **sallen**
sultan **saltan** *sultan*
sultry **saltri**
sum **sam**
sumac **sumak**
summa **samma** *summa*
summarily **sammärili**
summarize **sammarais**
summation **sammeishon**
summer **sammer**
summit **sammit**
summon **sammon**
sumo
sump **samp**
sumptuous **samptshuos** *sampshos*
sun **san**
sunburn **sanböörn**
sundae **sandi**
Sunday **Sandei**
sunder **sander**
sundry **sandri**
sunflower **sanflauer**
sung **sang**
sunglasses **sanglääses**
sunk **sank**

sunken **sanken**
sunlight **sanlait**
sunrise **sanrais**
sunset **sanset**
sunshine **sanshain**
sup **sap**
super
superb **supöörb**
supercharger **supertshaardsher**
supercilious **supersilios**
superconductivity **superkondaktiviti**
superficial **superfishal**
superfluous **supöörfluos**
superheat **superhiit**
superimpose **superimpous**
superintendent
superior
superlative **supöörlativ**
superman **supermän**
supermarket
supernatural **supernätshural**
superpose **superpous**
superpower **superpauer**
supersaver **superseiver**
superscribe **superskraib**
superscript **superskript**
supersede **supersiid**
supersonic **supersoonik**
superstar
superstition **superstishon**
superstitious **superstishos**
superstructure **superstraktshör**
supervene **superviin**
supervise **supervais**
supervisor **supervaisor**
supine **supain**
supper **sapper** *saper*
supplant **sapplänt**
supple **sapl**
supplement **saplement**
supplementary **saplementari**
supply **suplai** *saplai*
support **suport** *supoort*
suppose **supous**
supposition **saposishon**
suppository **supoositori**
suppress **sapress**
suppression **sapresshon**
supra
supremacy **supreemasi**
supreme **supriim**
surcharge **söörtshaardsh**
sure **shuur** *shuör*
surf **söörf**
surface **söörfas**
surfactant **sörfäktant**
surfboard **söörfboord**
surfeit **sörfit**
surge **söördsh**
surgeon **söördshon** *söördshen*
surgery **söördsheri**
surgical **söördshikal**
surly **söörli**
surmise **sörmais**
surmount **sörmaunt**
surname **söörneim**
surpass **sörpääss**
surplus **söörplas**
surprise **sörprais**
surreal **sörrial**
surrender **sörrender**
surreptitious **sörreptishos**
surrogate **sörrogeit**
surround **sörraund**
surtax **söörtäks**
surveillance **sörveilans**
survey **söörvei**
surveyor **söörveior**
survive **sörvaiv**
survivor **sörvaivor**
susceptibl **saseptibl**
sushi
suspect **saspekt**
suspend **saspend**
suspenders **saspenders**
suspense **saspens**
suspension **saspenshon**
suspicion **saspisshon**

suspicious **saspisshos**
suss **sass**
sustain **sastein**
sustainer **sasteiner**
sustenance **sastenans**
suture **suutshör**
svelte **svelt**
swab
swaddle **swadl**
swagger **swäger**
swain **swein**
swale **sweil**
swallow **swallou**
swam **swäm**
swami
swamp
swan
swank **swänk**
swap
swarm **swoorm**
swash
swashbuckler **swashbakler**
swastika
swat
swatch **swatsh**
swath
swathe **sweith**
swatter
sway **swei**
swear **swär**
swearword **swärwörd**
sweat **swet**
sweater **sweter**
sweatshirt **swetshöört**
sweep **swiip**
sweepstakes **swiipsteiks**
sweet **swiit**
sweetbriar **swiitbrair**
sweeten **swiiten**
sweetheart **swiithaart**
sweetie **swiiti**
swell
swelter
swept

sweptwing
swerve **swöörv**
swift
swig
swill
swim
swimming **swiming**
swimsuit **swimsuut**
swindle **swindl**
swine **swain**
swing
swinger
swipe **swaip**
swirl **swöörl**
swish
switch **switsh**
switchgear **switshgiir**
swivel
swizzle **swizl**
swollen
swoon **swuun**
swoop **swuup**
swoosh **swuush**
swop **swap**
sword **soord**
swordfish **soordfish**
swot **swat**
swung **swang**
sycamore **sikamor**
sycophant **sikofänt**
syllabic **sillääbik** *sillaabik*
syllable **sillabl** *sillabel*
syllabus **sillabus**
syllogism **sillodshism**
syllogize **sillodshais**
sylvan **silvan**
symbiosis **simbiousis**
symbol **simbol**
symmetrical **simmetrikal**
symmetry **simmetri**
sympathetic **simpätheetik**
sympathize **simpäthais**
sympathy **simpäthi**
symphonic **simfoonik**

symphony **simfoni**
symposium **simpousium**
symptom **simptom**
symptomatic **simptomätik**
synagogue **sinagoug**
sync **sink**
synchronic **sinkroonik**
synchronize **sinkronais**
synchronous **sinkronos**
synchroscope **sinkroskoup**
synchrotron **sinkrotron**
syncopate **sinkopeit**
syndicate **sindikeit**
syndrome **sindroum**
synecology **sinekolodshi**
synergy **sinerdshi**
synfuel **sinfjuul**
synod **sinod**
synonym **sinonim**
synonymous **sinoonimos**
synopsis **sinopsis**
synopsize **sinopsais**
synoptic **sinoptik**
syntactic **sintäktik**
syntax **sintäks**
synthesis **sinthesis**
synthesize **sinthesais**
synthetic **sinthetik**
syphilis **sifilis**
syringe **sirindsh**
syrup **sirup**
system **sistem**
systematic **sistemätik**
systematize **sistematais**
systemic **sistemik**
systole **sistoli**
syzygy **sisidshi** *sizidshi*

T

tab **täb**
tabby **täbi**
tabernacle **täbernäkl**
table **teibl**
tableau **täbloo**
tablecloth **teiblkloth**
tablespoon **teiblspuun**
tablet **täblet**
tabloid **täbloid**
taboo **täbuu**
tabular **täbjular**
tabulate **täbjuleit**
tach **täk**
tachometer **täkoometer**
tacit **tässit**
taciturn **tässitöörn**
tack **täk**
tackle **täkl**
tacky **täki**
taco **tako**
tact **täkt**
tactful **täktful**
tactic **täktik**
tactile **täktil** *täktail*
tactless **täktles**
tad **täd**
tadpole **tädpoul**
taffeta **täfeta**
tag **täg**
tagalong **tägölong** *tägalong*
taiga
tail **teil**
tailgate **teilgeit**
taillight **teillait**
tailor **teilor**
tailpipe **teilpaip**
taint **teint**
take **teik**
takeout **teikaut**

takeover **teikover**
talc **tälk**
tale **teil**
talent **tälent**
talisman **tälisman** *talisman*
talk **took**
talkathon **tookathon**
talkative **tookativ**
tall **tool**
tallow **tällou**
tally **tälli**
tallyho **tällihou**
talon **tälon**
talus **teilus**
tambour **tämbuur**
tamboutin **tämburin**
tame **teim**
tamp **tämp**
tamper **tämper**
tampon **tämpon**
tan **tän**
tandem **tändem**
tang **täng**
tangelo **tändshelo**
tangent **tändshent**
tangerine **tändsherin**
tangible **tändshibl**
tangle **tängl**
tango **tängo**
tank **tänk**
tannin **tännin**
tanning **tänning**
tantalize **täntalais**
tantalizing **täntalaising**
tantamount **täntamaunt**
tantrum **täntrum**
tap **täp**
tapas
tape **teip**
taper **teiper**
tapestry **täpestri**
tapeworm **teipwöörm**
tapioca **täpiouka**
taps **täps**

tar **taar**
tarantella
tarantula **täräntshula**
tardy **taardi**
tare **tär**
target
tariff **tärif**
tarmac **tarmäk**
tarnish
tarp **taarp**
tarpaper **taarpeiper**
tarpaulin **tarpoolin**
tarpon
tarragon **tärragon**
tarsus
tart **taart**
tartan **taartan**
tartar **taartar**
task **tääsk**
tassel **tässel**
taste **teist**
tasteless **teistles**
tasty **teisti**
tattered **täterd**
tattle **tätl**
tattoo **tätuu**
tau
taunt **toont**
taupe **toup**
taut **toot**
tavern **tävern**
taverna
tawdry **toodri**
tawny **tooni**
tax **täks**
taxation **täkseishon**
taxi **täksi**
taxidermy **täksidöörmi**
taxing **täksing**
taxiway **täksiwei**
taxpayer **täkspeier**
tea **tii**
teach **tiitsh**
teacher **tiitsher**

teak **tiik**
team **tiim**
teammate **tiimmeit**
teamster **tiimster**
teapot **tiipot**
tear (rip) *teer*
tear (cry) **tiir** *tier*
tearful **tiirful**
tearjerker **tiirdshörker**
tearoom **tiiruum**
teary **tiiri**
tease **tiis**
teaser **tiiser**
teaspoon **tiispuun**
teat **tiit**
tech **tek**
techie **teki**
technical **teknikal**
technicality **teknikäliti**
technician **teknisshan** *teknishan*
technique **tekniik**
technology **teknolodshi**
tectonic **tektoonik**
teddy **tedi**
tedious **tiidios**
tee **tii**
teem **tiim**
teen **tiin**
teenager **tiineidsher**
teensy **tiinsi**
teeny **tiini**
teenybopper **tiiniboper**
teeter **tiiter**
teeth **tiith**
teething **tiithing**
teetotal **tiitoutal**
telecast **telekääst**
telecommunication
    telekomjunikeishon
telecommute **telekomjuut**
teleconferencing **telekonferensing**
telegram **telegräm**
telegraph **telegräf**
telekinesis **telekiniisis**

telemarketing
telepathy **teleppäthi**
telephone **telefoun** *telefon*
telephony **teleffoni**
telephoto **telefoto**
telescope **teleskoup**
telescopic **teleskopik** *teleskoopik*
telethon
teletypewriter **teletaipraiter**
televise **televais**
television **televishon**
tell
teller
telltale **tellteil**
telluric **telluurik**
temblor
temerity **temeeriti** *temeriti*
temp
temper
temperament
temperance **temperans**
temperate **temperat**
temperature **temperatshur**
    temprätshör
tempered **temperd**
tempest
template **templet**
temple **templ** *tempel*
tempo
temporal
temporary **temporäri**
tempt
temptation **tempteishon**
temptress **temptres**
ten
tenable **tenabl**
tenacious **teneishos**
tenancy **tenansi**
tenant
tend
tendency **tendensi**
tender
tenderfoot **tenderfut**
tenderize **tenderais**

tenderloin
tendon
tenement
tenet
tennis
tenor
tense **tenss**
tensile **tensil**
tension **tenshon**
tensor
tent
tentacle **tentakl**
tentative **tentativ**
tenth
tenuous **tenjuos**
tenure **tenjur** *tenjör*
tepee **tiipii**
tepid
tequila **tekiila**
tera-
terabyte **terabait**
terahertz **teraherts** *terahörts*
teriyaki **terijaki**
term **töörm**
terminal **töörminal**
terminate **töörmineit**
terminology **töörminolodshi**
termite **töörmait**
ternary **töörnäri**
terra
terrace **terrass**
terrain **terrein**
terrarium **terrärium**
terrazzo **terratso**
terrestrial
terrible **terribl**
terrier **terrier**
terrific **terrifik**
terrify **terrifai**
terrine **terriin**
territorial **territoorial**
territory **territori**
terror
terrorist

terrorize **terrorais**
terry **terri**
terse **töörs**
tertiary **töörshiäri**
tesla
test
testament
testate **testeit**
testator **testeitor**
testicle **testikl**
testify **testifai**
testimonial **testimoonial**
testimony **testimoni**
testy **testi**
tetanus
tetany **tetani**
tether
tetherball **tetherbool**
tetragon
tetrahedron **tetrahiidron**
text **tekst**
textile **tekstail**
texture **tekstshör**
thalamus **thälamus**
than **thän**
thank **thänk**
thankfully **thänkfuli**
thankless **thänkles**
thanksgiving **thänksgiving**
that **thät**
thatch **thätsh**
thaw **thoo**
the
the (before vowel) **thi**
thearchy **thiarki**
theater **thiater** *thiäter*
theatrical **thiatrikal** *thiätrikal*
thee **thii**
theft
their *thär*
theism **thiism**
them
thematic **themäätik**
theme **thiim**

themselves **themselvs**
then
thence **thenss**
theocracy **thiookrässi**
theodolite **thioodolait**
theological **thiolodshikal**
theology **thiolodshi**
theorem **thiorem**
theoretical **thioretikal**
theoretician **thioretishan**
theory **thiori**
therapeutic **therapjuutik**
therapist
therapy **therapi**
there **ther** *thär*
thereabouts **theröbauts**
thereafter **theräfter**
thereby **therbai**
therefore **therfor**
thereupon **therö̈pon**
therm **thö̈örm**
thermal **thö̈örmal**
thermic **thö̈örmik**
thermionics **thörmiooniks**
thermistor **thörmistor**
thermocouple **thö̈örmokapl**
thermodynamics **thö̈örmodainämiks**
thermoelectric **thö̈örmoelektrik**
thermometer **thörmoometer**
   thö̈örmometer
thermonuclear **thö̈örmonuklear**
thermoplastic **thö̈örmoplästik**
thermostat **thö̈örmostät**
thesaurus **thesoorus**
these **thiis**
thesis **thiisis**
thespian **thespiän**
theta
they **thei**
they'll **thei'l**
thiamine **thaiamin**
thick **thik**
thicken **thikken** *thiken*
thickheaded **thikheded**

thickness **thiknes**
thief **thiif**
thieve **thiiv**
thigh **thai**
thimble **thimbl**
thin
thine **thain**
thing
think
thinner
third **thö̈örd**
thirst **thö̈örst**
thirteen **thö̈örtiin** *thörtiin*
thirtieth **thö̈örtieth**
thirty **thö̈örti** *thörti*
this
thistle **thissl**
thong
thorax **thoräks**
thorium
thorn **thoorn**
thorough **thoro** *thorou*
thoroughbred **thorobred**
thoroughfare **thorofäär**
those **thous**
though **thou**
thought **thoot**
thoughtful **thootful**
thoughtless **thootles**
thousand **thausand** *thausnd*
thrall **throol**
thrash **thräsh**
thrashing **thräshing**
thread **thred**
threadbare **thredbär**
threat **thret**
threaten **threten** *thretn*
three **thri** *thrii*
threedimensional **thridimenshonal**
threefold **thrifould**
threesome **thrisam**
thresh
threshold
threw **thruu**

thrice **thraiss**
thrift
thrill
thriller
thrive **thraiv**
throat **throut**
throb
thrombosis **thrombousis**
throne **throun**
throng
throttle **throtl**
through **thru**
throughout **thruaut**
throw **throu**
throwaway **throuöwei**
throwback **throubäk**
thru
thrum **thram**
thrush **thrash**
thrust **thrast**
thud **thad**
thug **thag**
thumb **tham**
thumbnail **thamneil**
thump **thamp**
thunder **thander**
thunderbolt **thanderbolt**
thundercloud **thanderklaud**
thunderstorm **thanderstoorm**
thunk **thank**
Thursday **Thörsdei**
thus **thas**
thwack **thwäk**
thwart **thwoort**
thy **thai**
thyme **thaim**
thymus **thaimus**
thyratron **thairatron**
thyristor **thairistor**
thyroid **thairoid**
tiara
tibia
tic **tik**
tick **tik**

ticker **tiker**
ticket **tiket**
tickle **tikl**
ticklish **tiklish**
ticktack **tiktäk**
tidal **taidal**
tidbit
tide **taid**
tidewater **taidwoter**
tidings **taidings**
tidy **taidi**
tie **tai**
tieback **taibäk**
tier *tiir*
tiff
tiger **taiger**
tight **tait**
tightfitting **taitfiting**
tightknit **taitnit**
tights **taits**
tigress **taigres**
tilapia
tilde
tile **tail**
till
tiller
tilt
timber
timbre **täämber**
time **taim**
timekeeper **taimkiiper**
timeless **taimles**
timeout **taimaut**
timepiece **taimpiiss**
timer **taimer**
timeshare **taimshär**
timid
timorous **timoros**
tin
tincture **tinktshör**
tinder
ting
tinge **tindsh**
tingle **tingl**

tinker
tinkle **tinkl**
tinnitus
tinny **tinni**
tinsel
tint
tiny **taini**
tip
tipple **tipl**
tippler **tipler**
tipster
tipsy **tipsi**
tiptoe **tiptou**
tiramisu
tire **tair**
tireless **tairles**
tiresome **tairsam**
tissue **tishu**
tit
titan **taitan** *taitn*
titanic **taitäänik**
tithe **taith**
titillate **titileit**
title **taitl**
titlist **taitlist**
titration **taitreishon**
titter **titer**
titular **titshular**
tizzy **tizi** *tisi*
to **tu**
toad **toud**
toast **toust**
toaster **touster**
tobacco **tobäko**
tobacconist **tobäkonist**
toboggan **toboogan**
toccata **tokaata**
today **tudei**
toddle **todl**
toddler **todler**
toe **tou**
toenail **touneil**
tofu
toga

together *tugether*
togetherness **togethernes**
toggle **togl**
toil
toilet
toilette **twalett** *tualett*
token **touken**
tolerable **tolerabl**
tolerance **tolerans**
tolerant
tolerate **tolereit**
toleration **tolereishon**
toll
tollgate **tollgeit**
tomahawk **tomahook**
tomato **tomeito**
tomb **tuum**
tombstone **tuumstoun**
tomcat **tomkät**
tome **toum**
tomfoolery **tomfuuleri**
tomography **tomoogräfi**
tomorrow **tomorrou**
ton
tonal **tounal**
tonality **tonäliti**
tone **toun**
toner **touner**
tongs
tongue **tang**
tonic **tonik**
tonnage **tonnidsh**
tonsil
tonsillectomy **tonsilektomi**
tonsillitis **tonsilaitis**
tonsorial
too **tuu**
took **tuk**
tool **tuul**
toot **tuut**
tooth **tuuth**
toothache **tuutheik**
toothless **tuuthles**
tootsie **tutsi**

top
topaz
topiary **toupiäri**
topic **topik**
topless **toples**
topography **topoogräfi**
topper **toper**
topping **toping**
topple **topl**
tops
topsoil
torch **toortsh**
toreador
torero
torment
tormentor
torn
tornado
torpedo **torpiido**
torpid
torpor
torque **tork**
torrent
torrid
torsion **torshon**
torso
tortoise **tortos**
tortuous **tortshuos**
torture **tortshör**
toss
tot
total *toutl*
totalitarian **totalitärian**
totality **totäliti**
tote **tout**
totem **toutem**
totter **toter**
touch **tatsh**
touchdown **tatshdaun**
touché **tushee**
touching **tatshing**
touchup **tatshap**
touchy **tatshi**
tough **taf**

toughen **tafen**
toughness **tafnes**
toupee **tupee**
tour **tuur**
tourism **tuurism**
tourist **tuurist**
tournament **tuurnament** *töörnament*
tourniquet **töörniket**
tousle **tausl**
tout **taut**
tow **tou**
towage **touidsh**
toward *touard*
towel **tauel**
tower **tauer**
town **taun**
toxic **toksik**
toxicity **toksissiti**
toxicology **toksikolodshi**
toxin **toksin**
toy **toi**
trace **treiss**
tracer **treisser**
trachea **treikia**
tracing **treissing**
track **träk**
tract **träkt**
traction **träkshon**
tractor **träktor**
trade **treid**
trademark **treidmark**
trader **treider**
tradition **trädishon**
traditional **trädishonal**
traffic **träfik**
tragedy **trädshedi**
tragic **trädshik**
tragicomedy **trädshikomedi**
trail **treil**
trailblazer **treilbleizer**
trailer **treiler**
train **trein**
trainee **treinii**
trainer **treiner**

traipse **treips**
trait **treit**
traitor **treitor**
trajectory **trädshektori**
tram **träm**
tramline **trämlain**
tramp **trämp**
trample **trämpl**
trampoline **trämpolin**
tramway **trämwei**
trance **träänss**
tranquil **tränkwil**
tranquility **tränkwiliti**
tranquilizer **tränkwilaiser**
transact **tränsäkt**
transaction **tränsäkshon**
transatlantic **tränsätläntik**
transceiver **tränssiiver**
transcend **tränssend**
transcontinental **tränskontinental**
transcribe **tränskraib**
transcript **tränskript**
transcription **tränskripshon**
transduce **tränsduuss**
transducer **tränsduusser**
transect **tränsekt**
transfer **tränsfer**
transform **tränsform**
transformation **tränsformeishon**
transformer **tränsformer**
transfuse **tränsfjuus**
transgress **tränsgress**
transient **tränsient**
transistor **tränsistor**
transit **tränsit**
transition **tränsishon**
translate **tränsleit**
translation **tränleishon**
translator **tränsleitor**
translocate **tränsloukeit**
translucent **tränsluusent**
transmission **tränsmishon**
transmit **tränsmit**
transmitter **tränsmiter**

transom **tränsom**
transonic **tränsoonik**
transparency **tränspärensi**
transparent **tränspärent**
transpire **tränspair**
transplant **tränsplänt**
transponder **tränsponder**
transport **tränsport**
transportation **tränsporteishon**
transporter **tränsporter**
transpose **tränspous**
transposition **tränsposishon**
transsexual **tränssekshual**
transverse **tränsvöörs**
transvestite **tränsvestait**
trap **träp**
trapeze **träpiiz**
trapezoid **träpezoid**
trapper **träper**
trappings **träpings**
trash **träsh**
trauma
traumatic **traumätik**
traumatize **traumatais**
travail **träveil**
travel **trävel** *trävl*
traveler **träveler**
travelog **trävelog**
traverse **trävöörs**
travesty **trävesti**
trawl **trool**
tray **trei**
treacherous **tretsheros**
treachery **tretsheri**
tread **tred**
treadmill **tredmill**
treason **triison**
treasure **treshör**
treasurer **treshörer**
treasury **treshöri**
treat **triit**
treatment **triitment**
treaty **triiti**
treble **trebl**

tree **trii**
trek
trellis
tremble **trembl**
tremendous **tremendos**
tremolo
tremor *tremör*
trench **trentsh**
trenchant **trentshant**
trend
trendsetter **trendseter**
trendy **trendi**
trepidation **trepideishon**
trespass **trespäs**
tress
trestle **tressl**
triad **traiäd**
trial **traial**
triangle **traiängl**
triangulate **traiängjuleit**
triathlon **traiäthlon**
tribe **traib**
tribulation **tribjuleishon**
tribunal **tribjuunal**
tribune **tribjun**
tributary **tribjutäri**
trice **traiss**
triceps **traisseps** *traiseps*
trick **trik**
trickery **trikeri**
trickle **trikl**
trickster **trikster**
tricolor **traikolor**
tricot **trikou** *trikoo*
tricuspid **traikaspid**
tricycle **traisikl**
trident **traident**
tried **traid**
triennial **traiennial**
trifle **traifl**
trifurcate **traiförkeit**
trig
trigger **triger**
trigonometry **trigonoometri**

trigonometric **trigonometrik**
trihedron **traihiidron**
trilateral **trailäteral**
trilingual **trailingwal**
trill
trillion **triljon**
trilogy **trilodshi**
trim
trimester **traimester**
trimmer **trimer**
trinary **trainäri**
trine **train**
trinity **triniti**
trinket
trio
trip
tripartite **traipartait**
triple **tripl**
triplet
triplicate **triplikat**
tripod **traipod**
trisect **traisekt**
trite **trait**
triumph **traiumf**
triumphant **traiamfant**
triumvirate **traiamvirat** *traiamvireit*
trivet
trivia
trivial
trivialize **trivialais**
trod
troika
troll
trolley **trolli**
trollop
trombone **tromboun**
tromp
troop **truup**
trooper **truuper**
trophy **troufi**
tropic **tropik**
tropical **tropikal**
troposphere **troposfiir**
trot

troth
trotter **troter**
troubadour **trubador**
trouble **trabl**
troubled **trabld**
troublesome **trablsam**
trough **troof**
trounce **traunss**
troupe **truup**
trouper **truuper**
trousers **trausers**
trousseau **trussoo**
trout **traut**
trove **trouv**
trowel **trauel**
troy **troi**
truant
truce **truuss**
truck **trak**
trucker **traker**
truckload **trakloud**
truculent **trakjulent**
trudge **tradsh**
true **truu**
truffle **trafl**
truism **truuism**
truly **truuli**
trump **tramp**
trumpet **trampet**
trumps **tramps**
truncate **trankeit**
truncheon **trantshon**
trundle **trandl**
trunk **trank**
truss **trass**
trust **trast**
trustee **trastii**
truth **truuth**
truthfully **truuthfuli**
try **trai**
trying **traiing**
tryst **trist**
tsar
tsunami

tub **tab**
tuba **tuuba**
tubal **tuubal**
tubby **tabi**
tube **tuub**
tubeless **tuubles**
tuberculosis **tuberkjulousis**
tubing **tuubing**
tubular **tuubjular**
tuck **tak**
Tuesday **Tuusdei**
tuft **taft**
tug **tag**
tuition **tuisshon** *tuishon*
tulip
tumble **tambl**
tummy **tammi**
tumor
tumult **tumalt**
tumultuous **tumaltshuos**
tuna
tundra *tandra*
tune **tuun**
tungsten **tangsten**
tunic **tuunik**
tunnel **tannel** *tanl*
tupelo
turban **töörban**
turbid **töörbid**
turbine **töörbain**
turbo **töörbo**
turbulence **töörbjulens**
turd **töörd**
tureen **töriin**
turf **töörf**
turgid **töördshid**
turkey **töörki**
turmoil **töörmoil**
turn **töörn**
turnip **töörnip**
turnkey **töörnkii**
turnover **töörnover**
turpentine **töörpentain**
turpitude **töörpitud**

turquoise **töörkois**
turret **törret**
turtle **töörtl**
tush
tusk **task**
tut **tat**
tutelage **tuutlidsh**
tutor
tutorial **tutoorial**
tutu
tuxedo **taksiido**
twaddle **twadl**
twang **twäng**
tweak **twiik**
tweed **twiid**
tweet **twiit**
tweezers **twiizers**
twelve **twelv**
twenty **twenti**
twerp **twörp**
twice **twaiss**
twiddle **twidl**
twig
twilight **twailait**
twill
twin
twine **twain**
twinge **twindsh**
twinkle **twinkl**
twirl **twöörl**
twist
twister
twitch **twitsh**
twitter **twiter**
two **tuu** *tu*
twosome **tuusam**
tycoon **taikuun**
tyke **taik**
type **taip**
typecast **taipkääst**
typewriter **taipraiter**
typhoid **taifoid**
typhoon **taifuun**
typhus **taifus**

typical **tipikal**
typify **tipifai**
typist **taipist**
typo **taipo**
tyrannical **tirännikal**
tyranny **tirani**
tyrant **tairänt**
tyro **tairo**
tzar **tsar**
tzetze **tsetse**

U

ubiquitous **jubikwitos**
udder **ader**
ugh **ag**
ugly **agli**
ukulele
ulcer **alsser**
ulcerate **alssereit**
ulterior **altiirior** *alterior*
ultimate **altimat** *altimöt*
ultimatum **altimeitum**
ultra *altra*
ultramodern **altramodern**
ultrasonics **altrasoniks**
ultrasound **altrasaund**
ultraviolet **altravaiolet**
um **am**
umbilical **ambilikal**
umbra **ambra**
umbrage **ambridsh**
umbrella **ambrella**
umlaut
umpire **ampair**
un- **an-**
unacceptable **anäkseptabl**
unaccompanied **anökompanid**
unaccostomed **anökastomd**
unadulterated **anödaltereited**
unaltered **anoolterd**
unanimous **junänimos**
unapproachable **anöproutshabl**
unarmed **anarmd**
unassuming **anässuuming**
unattached **anätätshd**
unattractive **anäträktiv**
unaware **anäwär**
unbalanced **anbälänsd**
unbelievable **anbeliivabl**
unborn **anborn**
unbreakable **anbreikabl**

uncanny **ankänni**
uncertain **ansöörtan**
uncharted **antsharted**
uncivilized **ansivilaisd**
uncle **ankl**
unclean **ankliin**
unconditional **ankondishonal**
unconfirmed **ankonföörmd**
unconscious **ankonshios**
unconventional **ankonvenshonal**
uncool **ankuul**
uncover **ankaver**
unction **ankshon**
unctious **anktshuos**
uncut **ankat**
undecided **andissaided**
undeniable **andinaiabl**
under **ander**
underarm **anderarm**
undercarriage **anderkäridsh**
underclass **anderklääss**
undercoat **anderkout**
undercover **anderkaver**
undercurrent **anderkörrent**
underdog **anderdog**
underestimate **anderestimeit**
undergo **andergou**
undergraduate **andergrädshuat**
underground **andergraund**
underhanded **anderhänded**
underlay **anderlei**
underlie **anderlai**
underline **anderlain**
underling **anderling**
undermine **andermain**
underneath **anderniith**
undernourish **andernörish**
underpass **anderpääss**
underprivileged **anderprivilidshd**
underrate **anderreit**
underscore **anderskoor**
undersecretary **andersekretäri**
undersigned **andersaind**
understand **anderständ**

understate **andersteit**
understudy **anderstadi**
undertake **anderteik**
undertow **andertou**
underwater **anderwoter**
underwear **anderwear**
underworld **anderwöörld**
underwrite **anderrait**
undeserving **andisöörving**
undesirable **andisairabl**
undeveloped **andivelopd**
undiminished **andiminishd**
undisciplined **andissiplind**
undisguised **andisgaisd**
undisposed **andispousd**
undisputable **andispjuutabl**
undistinguished **andistingwishd**
undistorted **andistoorted**
undo **andu**
undoing **anduing**
undone **andan**
undoubtedly **andautedli**
undress **andress**
undue **anduu**
undulate **andjuleit**
unduly **anduuli**
undying **andaiing**
uneasy **aniisi**
unemployed **anemploid**
unenforceable **anenfoorssabl**
unequal **aniikwal**
unethical **anethikal**
uneven **aniiven**
uneventful **aniventful**
unfair **anfäär**
unfavorable **anfeivorabl**
unfettered **anfetterd**
unfinished **anfinishd**
unfit **anfit**
unfold **anfould**
unforgivable **anforgivabl**
unfortunate **anfoortshunat**
unfriendly **anfrendli**
ungainly **angeinli**

unglued **angluud**
ungrateful **angreitful**
unhappy **anhäpi**
unharmed **anhaarmd**
unhealthy **anhelthi**
unheard **anhöörd**
unhinge **anhindsh**
unicorn **unikorn** *junikorn*
unification **unifikeishon**
 junifikeishon
uniform
unify **unifai** *junifai*
unilateral **uniläteral** *juniläteral*
unincorporated **aninkorporeited**
uninformed **aninfoormd**
uninhabited **aninhäbited**
uninhibited **aninhibited**
uninstall **aninstool**
uninsured **aninshuurd**
unintelligible **anintelidshibl**
unintentional **anintenshonal**
uninvited **aninvaited**
union *juunion*
unionize **unionais** *juunionais*
unipolar *junipolar*
unique **uniik** *juniik*
unisex **uniseks** *juniseks*
unison *junison*
unit *junit*
unitarian **unitärian** *junitärian*
united **unaited** *junaited*
United States **Unaited Steits**
unity **uniti** *juniti*
universal **univöörsal** *junivöörsal*
universe **univörs** *junivörs*
university **univöörsiti** *junivöörsiti*
univocal **univoukal** *junivoukal*
unjustified **andshastifaid**
unknown **announ**
unlawful **anlooful**
unleaded **anleded**
unless **anles** *anless*
unlike **anlaik**
unlimited **anlimited**

unlock **anlok**
unlucky **anlaki**
unmentionable **anmenshonabl**
unmistakable **anmisteikabl**
unmitigated **anmitigeited**
unnamed **anneimd**
unnatural **annätshural**
unobscured **anobskjuurd**
unoccupied **anokjupaid**
unofficial **anoffishal**
unopposed **anopousd**
unplanned **anpläänd**
unpleasant **anplesant**
unplug **anplag**
unpredictable **anpredikatbl**
unprepared **anpripäärd**
unprintable **anprintabl**
unproductive **anprodaktiv**
unprofessional **anprofeshonal**
unprotected **anprotekted**
unproven **anpruuven**
unprovoked **anprovoukd**
unqualified **ankwolifaid**
unravel **anrävel** *anrävl*
unreadable **anriidabl**
unrealistic **anrialistik**
unreel **anriil**
unrelated **anrileited**
unreliable **anrilaiabl**
unremarkable **anrimaarkabl**
unrepentant **anripentant**
unresponsive **anrisponsiv**
unrest **anrest**
unrestrained **anristreind**
unripe **anraip**
unroll **anroll**
unruly **anruli**
unsafe **anseif**
unsaid **ansed**
unsanitary **ansänitäri**
unsatisfactory **ansätisfäktori**
unsatisfied **ansätisfaid**
unsavory **anseivori**
unscientific **ansaientifik**

unscrew **anskru** *anskruu*
unseal **ansiil**
unseasonable **ansiisonabl**
unseat **ansiit**
unsecured **ansekjuurd**
unseen **ansiin**
unselfish **anselfish**
unserviceable **ansöörvisabl**
unsettled **ansetld**
unsightly **ansaitli**
unsigned **ansaind**
unskilled **anskild**
unsnag **ansnäg**
unsolicited **ansolissited**
unsophisticated **ansofistikeited**
unsound **ansaund**
unspeakable **anspiikabl**
unspoiled **anspoild**
unspoken **anspouken**
unstable **ansteibl**
unsteady **anstedi**
unstoppable **anstopabl**
unstructured **anstraktshörd**
unsuccessful **ansaksessful**
unsuitable **ansuutabl**
unsure **anshuur**
unsustainable **ansusteinabl**
 ansasteinabl
unsweetened **answiitend**
untarnished **antarnishd**
untenable **antenabl**
unthinkable **anthinkabl**
untie **antai**
until **antil**
untimely **antaimli**
untouchable **antatshabl**
untried **antraid**
untrue **antruu**
unused **anjuusd**
unusual **anjuushual**
unvarnished **anvarnishd**
unveil **anveil**
unwanted **anwonted**
unwarranted **anworranted**

unwavering **anweivering**
unwieldy **anwiildi**
unwind **anwaind**
unwise **anwais**
unworthy **anwörthi** *anwöörthi*
unwrap **anräp**
unwritten **anritten**
unyielding **anjiilding**
unzip **anzip**
up **ap**
upbeat **apbiit**
upbringing **apbringing**
upcoming **apkaming**
update **apdeit**
updraft **apdräft**
upgrade **apgreid**
upheaval **aphiival**
uphill **aphill**
upholster **apholster** *aphoulster*
upkeep **apkiip**
upland **apländ**
uplift **aplift**
uplink **aplink**
upload **aploud**
upmanship **apmänship**
upon **öpon** *apon*
upper **aper**
uppercase **aperkeis** *apperkeiss*
uppity **apiti**
uprising **apraising**
uproar **aproor**
uproot **aprut**
upscale **apskeil**
upset **apset**
upstage **apsteidsh**
upstairs **apstäärs**
upstanding **apständing**
upstart **apstart**
upstream **apstriim**
uptake **apteik**
uptight **aptait**
upturn **aptöörn**
upward **apward** *apwörd*
upwind **apwind**

uranium **jureinium**
urban **öörban**
urbane **örbein**
urbanize **öörbanais**
urchin **öörtshin**
urea **juriia**
uremia **juriimia**
urethane **jurethein**
urethra **juriithra**
uretic **juretik**
urge **öördsh**
urgent **öördshent**
uric **jurik**
urinal **jurinal**
urinalysis **jurinälisis**
urinate **jurineit**
urine **jurin**
urn **öörn**
urology **jurolodshi**
ursine **öörsin** *öörsain*
urticaria **örtikäria**
us **as**
usable **juusabl**
usage **juusidsh**
use (v) **juus**
use (n) **juuss**
used **juusd**
useful **juusful**
useless **juusles**
user **juuser**
usher **asher**
usual **juushual**
usurp **jusöörp**
usury **jushuri** *juushöri*
ute **juut**
uterine **juterin**
uterus **juterus**
utilitarian **jutilitärian**
utility **jutiliti**
utilize **jutilais** *jutlais*
utmost **atmoust**
utopia **jutoupia**
utter **ater**
utterance **aterans**

uvea **juvia**
uvula **juvula** *juvjula*
uxorious **uksoorios** *aksoorios*

V

vacancy **veikansi**
vacant **veikant**
vacate **veikeit**
vacation **veikeishon**
vaccine **väksiin**
vacillate **vässileit**
vacuous **väkjuos**
vacuum **väkjum**
vagabond **vägabond**
vagary **veigari**
vagina **vädshaina**
vaginitis **vädshinaitis**
vagrant **veigrant**
vague **veig**
vain **vein**
vainglorious **veinglorios**
valance **välans**
vale **veil**
valediction **väledikshon**
valedictorian **välediktorian**
valence **veilens**
valentine **välentain**
valet **välee** *välei*
valiant **väliant**
valid **välid**
validate **välideit**
valise **valiis**
valley **välli**
valor **välor**
valorous **väloros**
valse **vals** *vaals*
valuable **väljuabl**
valuation **väljueishon**
value **välju**
valueless **väljules**
valuta **valuuta**
valve **välv**
vamp **vämp**
vampire **vämpair**

van **vän**
vanadium **väneidium**
vanguard **vängard**
vanilla
vanillin
vanish **vänish**
vanity **väniti**
vanpool **vänpuul**
vanquish **vänkwish**
vantage **väntidsh**
vapid **väpid**
vapor **veipor** *veipör*
vaporize **veiporais**
varactor **väräktor**
variable **väriabl**
variance **värians**
variant **väriant**
variation **värieishon**
varicose **värikous**
varicosity **värikositi**
varied **värid**
varietal **väraietal**
variety **väraieti**
varifocal **värifoukal**
various **värios**
varistor **väristor**
varmint
varnish
varsity **varsiti**
vary **väri**
vascular **väskjular**
vase **veis**
vasectomy **väsektomi**
vasoconstriction **veisokonstrikshon**
vasodilation **veisodaileishon**
vassal **vässal**
vast **vääst**
vastness **väästnes**
vat **vät**
vaudeville **voodvil**
vaunt **voont**
veal **viil**
vector **vektor**
veer **viir**

veg **vedsh**
vegetable **vedshetabl**
vegetarian **vedshetärian**
vegetate **vedsheteit**
vegetation **vedsheteishon**
veggie **vedshi**
vehement **vihement** *viement*
vehicle **vihikl**
vehicular **vihikjular**
veil
vein
velar **vilar**
vellum
velocity **velossiti**
velour **veluur**
velvet
venal **viinal**
vend
vendetta
vendor
veneer **veniir**
venerable **venerabl**
venerate **venereit**
veneration **venereishon**
venereal **veniirial**
vengeance **vendshens**
vengeful **vendshful**
venison
venom
vent
ventilate **ventileit**
ventilation **ventileishon**
ventilator **ventileitor**
ventricle **ventrikl**
ventricular **ventrikjular**
ventriloquism **ventrilokwism**
ventriloquist **ventrilokwist**
venture **ventshör**
venturesome **ventshörsam**
venturi **ventuuri**
venue **venju**
veracity **verässiti**
veranda *verända*
verb **vöörb**

verbal **vöörbal**
verbatim **vörbeitim**
verbiage **vörbidsh**
verbose **vörbous**
verdant **vördant**
verdict **vördikt**
verge **vöördsh**
verification **verifikeishon**
verify **verifai**
verily **verili**
veritable **veritabl**
verity **veriti**
vermiculite **vermikjulait**
vermin **vöörmin**
vernacular **vörnäkjular**
vernal **vöörnal**
vernier **vörniir**
versatile **vörsatail**
verse **vöörs**
version **vöörshon**
versus **vöörsus**
vertebra **vörtebra**
vertebrate **vörtebreit**
vertex **vörteks**
vertical **vörtikal**
vertigo **vörtigo** *vörtigou*
verve **vöörv**
very **veri**
vesicant **vesikant**
vesicle **vesikl**
vespers
vessel
vest
vested
vestibule **vestibjul**
vestige **vestidsh**
vesting
vestment
vestry **vestri**
vet
veteran
veto **viito**
vex **veks**
vexation **vekseishon**

via *vaia*
viable **vaiabl**
viaduct **vaiadakt**
vial **vaial**
vibe **vaib**
vibrant **vaibrant**
vibraphone **vaibrafoun**
vibrate **vaibreit**
vibration **vaibreishon**
vibrato
vicar **vaikar**
vicarious **vaikärios**
vice **vaiss**
viceroy **vaissroi**
vicinity **visiniti**
vicious **vishos**
vicissitude **visissitud**
victim **viktim**
victimize **viktimais**
victor **viktor**
victorious **viktoorios**
victory **viktori**
victuals **vitls**
vicuña **vikunja**
video
videocassette **videokäsett**
videodisk
videotape **videoteip**
vie **vai**
view **vju**
viewer **vjuer**
viewing **vjuing**
viewpoint **vjupoint**
vigil **vidshil**
vigilance **vidshiläns** *vidshilans*
vigilant **vidshilänt**
vigilante **vidshilänti**
vignette **vinjett**
vigor *vigör*
vigorous **vigoros** *vigöros*
vile **vail**
vilify **vilifai**
villa
village **villidsh**

villain **villan**
vim
vinaigrette **vinegret** *vinigret*
vindicate **vindikeit**
vindictive **vindiktiv**
vinegar *vinigör*
vinery **vaineri** *waineri*
vineyard **vinjard**
vintage **vintidsh**
vinyl **vainl**
viola
violate **vaioleit**
violence **vaiolens**
violet **vaiolet**
violin **vaiolin**
viper **vaiper**
viral **vairal**
virgin **vöördshin**
virginity **vördshiniti**
virgule **vöörgjul**
virile **viril** *virail*
virility **viriliti**
virology **virolodshi**
virtual **vöörtshual**
virtuality **vöörtshuäliti**
virtue **vöörtshu**
virtuoso **vöörtshuoso**
virulent *virjulent*
virus **vairus**
visa
visage **visidsh**
visceral **visseral**
viscosity **viskositi** *viskossiti*
viscount **vaikaunt**
viscous **viskos**
vise **vaiss**
visibility **visibiliti**
visible **visibl**
vision **vishon** *vishn*
visionary **vishonäri**
visit
visitation **visiteishon**
visitor
visor **vaisor**

vista
visual **vishual**
visualize **vishualais**
vita
vital **vaital**
vitality **vaitäliti**
vitamin **vaitamin**
vitiate **vishieit**
viticulture **vitikaltshör**
vitreous **vitrios**
vitrify **vitrifai**
vitriol
vituperate **vituupereit**
viva
vivace **vivaatshe**
vivaceous **viveishos**
vivid
vivisect **vivisekt**
vixen **viksen**
vocable **voukabl**
vocabulary **vokäbjuläri**
vocal **voukal**
vocalize **voukalais**
vocation **vokeishon**
vocational **vokeishonal**
vociferous **vosifferos**
vodka
vogue **voug**
voice **voiss**
voiceless **voissles**
void
voidance **voidans**
volatile **volatil**
volcanic **volkäänik**
vole **voul**
volition **volisshon**
volley **volli**
volleyball **vollibool**
volt
voltaic **volteik**
voltmeter *voltmiiter*
volume **voljum**
voluminous **voluuminos**
voluntarism

volunteer **voluntiir**
voluptuous **volaptshuos**
volute **voluut**
vomit
voodoo **vuuduu**
voracious **voreishos**
vortex **vorteks**
vote **vout**
vouch **vautsh**
voucher **vautsher**
vow **vau**
vowel **vauel**
voyage **voiidsh**
voyeur **voiör**
vroom **vruum**
vulcanize **valkanais**
vulgar **valgar**
vulgarity **valgäriti**
vulnerable **valnerabl**
vulture **valtshör**
vulva **valva**
vying **vaiing**

W

wack **wäk**
wacko **wäko**
wacky **wäki**
wad *wod*
waddle **wadl**
wade **weid**
wafer **weifer**
waffle **wafl**
waft
wag **wäg**
wage **weidsh**
wager **weidsher**
waggle **wägl**
wagon **wägon**
waif **weif**
wail **weil**
wainscot **weinskot**
waist **weist**
waistline **weistlain**
wait **weit**
waiter **weiter**
waitress **weitres**
waive **weiv**
waiver **weiver**
wake **weik**
waken **weiken**
wale **weil**
walk **wook**
walkout **wookaut**
walkway **wookwei**
wall **wool**
wallaby **wallabi** *wollabi*
wallboard **woolboord**
wallchart **wooltshart**
wallet *wollet*
wallflower **woolflauer**
wallop
wallow **wallou**
wallpaper **woolpeiper**

walnut **wolnat**
walrus **wolras**
waltz **woolts**
wan
wand
wander
wane **wein**
wangle **wängl**
wannabe **wannabi**
want
wanting
wanton
war **woor**
warbler **woorbler**
ward **woord**
warden **woorden**
wardrobe **woordroub**
ware **wär**
warehouse **wärhaus**
warfare **woorfär**
warm **woorm**
warmhearted **woormhaarted**
warmonger **woormonger**
warmth **woormth**
warn **woorn**
warning **woorning**
warp **woorp**
warrant **worrant**
warranty **worranti**
warren **worren**
warrior **woorior**
warship **woorship**
wart **woort**
wartime **woortaim**
wartorn **woortoorn**
wary **wäri**
was *wos*
wash **wosh**
washer **wosher**
washroom **woshruum**
wasp
wastage **weistidsh**
waste **weist**
wasteful **weistful**

watch **watsh**
watchdog **watshdog**
watchful **watshful**
water **woter**
waterborne **woterborn**
watercolor **woterkolor**
waterfall **woterfool**
waterlogged **woterlogd**
watermark **wotermark**
watermelon **wotermelon**
waterproof **woterpruuf**
watershed **wotershed**
waterspoust **woterspaut**
watertight **wotertait**
waterworks **woterwörks**
watt
wattmeter *wattmiiter*
wave **weiv**
waveband **weivbänd**
waveform **weivform**
waveguide **weivgaid**
wavelength **weivlength**
waver **weiver**
wax **wäks**
waxen **wäksen**
way **wei**
waylay **weilei**
wayside **weisaid**
we **wi**
weak **wiik**
weakness **wiiknes**
wealthy **welthi**
wean **wiin**
weapon **wepon**
weaponry **weponri**
wear *wär*
weary **wiiri** *weari*
weasel **wiisl**
weather **wether**
weatherize **wetherais**
weave **wiiv**
web
webbing **webing**
weber

webfoot **webfut**
webmaster **webmäster**
wed
wedding **weding**
wedge **wedsh**
wedgie **wedshi**
wedlock **wedlok**
Wednesday **Wensdei**
wee **wii**
weed **wiid**
week **wiik**
weeknight **wiiknait**
weenie **wiini**
weep **wiip**
weevil **wiivl**
weigh **wei**
weight **weit**
weir **wiir**
weird **wiird**
weirdo **wiirdo**
welcome **welkam**
weld
welfare **welfär**
well
wellhead **wellhed**
wellness **wellnes**
welt
welter
welterweight **welterweit**
wen
wench **wentsh**
wend
went
wept
were **wöör** *wer*
we're **wiir**
weren't **wöörnt** *wärnt*
werewolf **wärwulf** *werwulf*
west
westerly **westerli**
western
westernize **westernais**
wet
wetback **wetbäk**

wetland **wetländ**
whack **wäk**
whale **weil**
wham **wäm**
whammy **wämmi**
whang **wäng**
wharf **woorf**
what **wat**
whatever **watever**
whatsoever **watsoever**
wheal **wiil**
wheat **wiit**
whee **wii**
wheedle **wiidl**
wheel **wiil**
wheelbarrow **wiilbärrou**
wheelbase **wiilbeis**
wheeze **weez**
when **wen**
whence **wenss**
whenever **wenever**
where **wer**
whereabouts **weröbauts**
whereafter **weräfter**
whereas **weräs**
whereby **werbai**
wherein **werin**
whereto **wertu**
whereupon **weröpon**
wherever **werever**
whet **wet**
whether **wether**
which **witsh**
whichever **witshever**
whiff **wif**
while **wail**
whim **wim**
whimper **wimper**
whimsical **wimsikal**
whine **wain**
whip **wip**
whiplash **wipläsh**
whippersnapper **wipersnäper**
whipping **wiping**

whipsaw **wipsoo**
whir **wöör**
whirl **wöörl**
whirlpool **wöörlpuul**
whirlwind **wöörlwind**
whisk **wisk**
whisker **wisker**
whiskey **wiski**
whisper **wisper**
whistle **wissl**
whistler **wissler** *wistler*
whit **wit**
white **wait**
whiteboard **waitboord**
whiten **waiten**
whitener **waitener**
whiteout **waitaut**
whitewall **waitwool**
whitewash **waitwosh**
whitey **waiti**
whither **wither**
whittle **witl**
whiz **wiz**
who **hu** *huu*
whoa **wou**
whodunit **hudanit**
whoever **huever**
whole **houl**
wholehearted **houlhaarted**
wholesale **houlseil**
wholesome **houlsam**
who'll **hu'l**
wholly **houlli**
whom **huum**
whomever **huumever**
whomp **womp**
whoop **wuup**
whoopdedoo **wuupdiduu**
whoopee **wuupii** *wupi*
whoops **wuups**
whoosh **wuush**
whop **wop**
whopper **woper**
whopping **woping**

whore **hoor**
whorehouse **hoorhaus**
whorl **woorl**
who's **hu's**
whose **huus**
whosoever **husoever**
whump **wamp**
whup **wap**
why **wai**
wick **wik**
wicked **wiked** *wikid*
wicker **wiker**
wickerwork **wikerwörk**
wicket **wiket**
widespread **waidspred**
widget **widshet**
widow **wido** *widou*
widower **widoer**
width
wield **wiild**
wieldy **wiildi**
wiener **wiiner**
wieny **wiini**
wife **waif**
wig
wiggle **wigl**
wigwag **wigwäg**
wigwam
wikiwiki
wild **waild**
wildcat **waildkät**
wilderness **wildernes**
wildfire **waildfair**
wildlife **waildlaif**
wile **wail**
will (v) **wil**
will (n)
willful **wilful**
willies **willis**
willing
willow **willou**
willowy **willoui**
wilt
wily **waili**

wimp
win
wince **winss**
winch **wintsh**
wind (air) **wind**
wind (turn) **waind**
windbag **windbäg**
windblown **windbloun**
winding **wainding**
windmill
window **windo** *windou*
windowsill **windosill**
windscreen **windskriin**
windshield **windshiild**
windup **waindap**
wine **wain**
winery **waineri**
wing
wingding
wink
winner
winning
wino **waino**
winsome **winsam**
winter
winterize **winterais**
wipe **waip**
wipeout **waipaut**
wiper **waiper**
wire **wair**
wiretap **wairtäp**
wiry **wairi**
wisdom
wise **wais**
wisecrack **waiskräk**
wish
wishbone **wishboun**
wishful
wisp
wistful
wit
witch **witsh**
witchcraft **witshkräft**
with

withdrawal **withdrooal**
withdrawn **withdroon**
wither
withhold
within
without **withaut**
withstand **withständ**
witless **witles**
witness **witnes**
witty **witi**
wizard *wisard*
wizened **waizend**
wobble **wobl**
woe **wou**
woeful **wouful**
wok
wolf **wulf**
wolverine **wulveriin**
woman **wuman**
womanhood **wumanhud**
womanize **wumanais**
womb **wuum**
women **wimin** *wimen*
womenfolk **wiminfouk**
womenswear **wiminswear**
won
wonder
wonderful
wonderland **wonderländ**
wonk
wonton
won't **woun't**
woo **wuu**
wood **wud**
woodcraft **wudkräft**
woodcut **wudkat**
wooden **wudn**
woodland **wudländ**
woodpecker **wudpeker**
woodwind **wudwind**
woodwork **wudwörk**
woof **wuf**
woofer **wufer**
wool **wul**

246

woolen **wullen**
woolly **wulli**
woozy **wuuzi**
word **wöörd** *wörd*
wordplay **wöördplei**
work **wöörk** *wörk*
workable **wöörkabl**
workaholic **wöörkaholik**
workbench **wöörkbentsh**
workday **wöörkdei**
worker **wöörker**
workload **wöörkloud**
workmanship **wöörkmänship**
workout **wöörkaut**
workroom **wöörkruum**
works **wöörks**
workshop **wöörkshop**
workstation **wöörksteishon**
worktable **wöörkteibl**
world **wöörld** *wörld*
worldwide **wöörldwaid**
worm **wöörm**
worn **woorn**
worrisome **wörrisam**
worry **wörri**
worrywart **wörriwoort**
worse **wöörs**
worship **wörship**
worst **wöörst**
worth **wöörth**
worthless **wöörthles**
worthwhile **wöörthwail**
worthy **wöörthi**
would **wud**
wouldn't **wudn't**
would've **wud'v**
wound (injury) **wuund**
wound (past tense of wind) **waund**
woven **wouven**
wow **wau**
wrangle **rängl**
wrap **räp**
wraparound **räpöraund**
wrapper **räper**

wrath **rääth**
wreak **riik**
wreath **riith**
wreck **rek**
wreckage **rekidsh**
wrecker **reker**
wren **ren**
wrench **rentsh**
wrestle **ressl**
wretch **retsh**
wretched **retshed**
wriggle **rigl**
wring **ring**
wringer **ringer**
wrinkle **rinkl**
wrist **rist**
wristband **ristbänd**
wristlet **ristlet**
wristlock **ristlok**
wristwatch **ristwatsh**
writ **rit**
write **rait**
writer **raiter**
writhe **raith**
writing **raiting**
written **ritten**
wrong **rong**
wrongful **rongful**
wrote **rout**
wrought **root**
wrung **rang**
wry **rai**
wunderkind **wunderkind**
wurst **wurst**
wye **wai**

X

x-axis **eks-äksis**
x-coordinate **eks-koordinat**
xenobiotic **zenobaiootik**
xenolith **zenolith**
xenon **zinon**
xenophile **zenofail**
xenophobe **zenofoob**
xenophobia **zenofoobia**
xeric **zerik**
xeroderma **zirodöörma**
xerography **ziroografi**
xerophthalmia **zirofthalmia**
x-intercept **eks-intersept**
x-radiation **eks-reidieishon**
X-rated **eks-reited**
X-ray **eks-rei**
xylene **zailiin**
xylography **zailoografi**
xylophone **zailofon** *zailofoun*

Y

yabber **jäber**
yacht **jaht**
yahoo **jahuu**
yak **jäk**
yam **jäm**
yammer **jämmer**
yank **jänk**
yap **jäp**
yard **jaard**
yardage **jaardidsh**
yardstick **jaardstik**
yarn **jaarn**
yaw **joo**
yawl **jool**
yawn **joon**
y-axis **wai-äksis**
y-coordinate **wai-koordinat**
yea **jei**
yeah **jaa** *jea*
year **jiir** *jier*
yearn **jöörn**
yeast **jiist**
yech **jek**
yell **jell**
yellow **jello**
yelp **jelp**
yen **jen**
yeoman **joumän**
yep **jep**
yes **jes**
yesterday **jesterdei** *jestördei*
yet **jet**
yew **juu**
Yiddish **Jidish**
yield **jiild**
yikes **jaiks**
y-intercept **wai-intersept**
yip **jip**
yippee **jipii**

yippie **jipi**
yodel **joodl**
yoga **joga**
yoghurt **jogurt**
yoke **jouk**
yokel **joukl**
yolk **jouk** *jolk*
yon **jon**
yonder **jonder**
yoo-hoo **juu-huu**
yore **joor**
you **ju**
you-all **ju-ool**
you'd **ju'd**
you'll **ju'l**
young **jang**
younger **janger**
youngest **jangest**
youngling **jangling**
youngster **jangster**
your **jur**
you're **ju'r**
yours **jurs**
yourself **jurself**
yourselves **jurselvs**
youth **juuth**
youthful **juuthful**
you've **ju'v**
yowl **jaul**
yo-yo **jo-jo**
yucca **juka**
yuck **jak**
yucky **jaki**
yule **juul**
yuletide **juultaid**
yummy **jammi**
yum-yum **jam-jam**
yup **jap**
yuppie **japi**

Z

zag **zäg**
zany **zeini**
zap **zäp**
zapper **zäper**
zeal **ziil**
zealot **zelot**
zebra *ziibra*
zenith **ziinith**
zephyr **zeför**
zeppelin
zero **ziro**
zest
zeta
zig
zigzag **zigzäg**
zilch **ziltsh**
zillion
zinc **zink**
zing
zip
zipper **ziper**
zither
zodiac **zodiäk** *zoudiäk*
zombie **zombi**
zonal **zounal**
zone **zoun**
zonk
zoo **zuu** *zoo*
zoological **zoolodshikal**
zoology **zoolodshi**
zoom **zuum**
zoophilic **zoofilik**
zowie **zaui**
zoysia **zoisia**
zucchini **zukiini**
Zulu
zygoma **zigoma**
zymase **zaimeis**

Part Two:

Alphabetical Listing of Words in Simpel-Fonetik Spelling with the Corresponding Words in the Original, Traditional Spelling

A/Ä

a, aa aah
aa ah
aant aunt
äär air
äärborn airborne
aardvark
ääreit aerate
äärfäär airfare
äärfiild airfield
äärfoil airfoil
ääri airy
äärial aerial
äärili airily
ääring airing
äärkräft aircraft
äärlain airline
äärles airless
äärlift airlift
äärmän airman
äärmeil airmail
ääroub aerobe
äärplein airplane
äärport airport
äärtait airtight
äärwei airway
äbaid abide
äbaidans abidance
äbaiding abiding
abakus abacus
abalouni abalone
äbändon abandon
äbäsh abash
äbdakshon abduction
äbdakt abduct
äbdaktii abductee
äbdaktor abductor
äbdikeit abdicate
äbdomen abdomen
äbdominal abdominal

äbdshekshon abjection
äbdshur abjure
äbdshureishon abjuration
äbeians abeyance
äbeis abase
äbeit abate
äberrant aberrant
äberreishon aberration
äbet abet
äbhor abhor
äbhorrens abhorrence
äbhorrent abhorrent
äbi abbey
äbiliti ability
äbiootik abiotic
äblativ ablative
ablaut
äbleishon ablation
äbleit ablate
äbnegeishon abnegation
äbnegeit abnegate
äbnormal abnormal
äbnormali abnormally
äbnormaliti abnormality
äbolish abolish
äbolisshon abolition
äbominabl abominable
äbomineishon abomination
äboord aboard
äboridshinal aboriginal
äboridshini aborigine
äborshon abortion
äbort abort
äbortiv abortive
äbot abbot
äbötwaar abattoir
äboud abode
abrakadabra abracadabra
äbriivieishon abbreviation
äbriivieit abbreviate
äbrogeit abrogate
äbsens absence
äbsent absent
äbsentii absentee

äbsentiiism absenteeism
äbsess abscess
äbsinth absinthe
äbsissa abscissa
äbskond abscond
äbsoluushon absolution
äbsoluut absolute
äbsolv absolve
äbsöörd absurd
äbsorb absorb
äbsorpshon absorption
äbstein abstain
äbstenshon abstention
äbstinens abstinence
äbsträkshon abstraction
äbsträkt abstract
äbstruus abstruse
äd add
adadshio adagio
ädalt adult
ädaltereit adultereit
ädalteri adultery
ädamant adamant
ädäpt adapt
ädäpteishon adaptation
ädekwet adequate
ädend addend
ädendum addendum
ädenoid adenoid
ädept adept
ader udder
äder adder
ädhier adhere
ädhiishon adhesion
ädidsh adage
ädikshon addiction
ädikt addict
adios
ädishon addition
ädishonali additionally
äditiv additive
ädl addle
ädmair admire
ädmininstreitiv administrative

ädminister admininster
ädministreishon admininstration
ädministreitor administrator
ädmirabl admirable
ädmiral admiral
ädmireishon admiration
ädmisshon admission
ädmissibl admissible
ädmit admit
ädmittans admittance
ädmonish admonish
ädmonisshon admonition
ädolessens adolescence
ädolessent adolescent
ädoorabl adorable
ädoorn adorn
ädopshon adoption
ädopt adopt
ädoubi adobe
ädrenalin adrenaline
ädres address
ädrift adrift
ädriinal adrenal
ädroit adroit
ädshaar ajar
ädshadsh adjudge
ädshail agile
ädshankt adjunct
ädshast adjust
ädsheissent adjacent
ädshektiv adjective
ädshenda agenda
ädshio agio
ädshiteishon agitation
ädshiteit agitate
ädshiteitor agitator
ädshoin adjoin
ädshöörn adjourn
ädshudikeit adjudicate
ädshuleishon adulation
ädshuleit adulate
ädshutant adjutant
ädsorb adsorb
ädsorbent adsorbent

ädsorpshon adsorption
ädu ado
ädvääns advance
ädväänsment advancement
ädvais advise
ädvaisabl advisable
ädvaiser adviser
ädvaisii advisee
ädvaisori advisory
ädvaiss advice
ädvänteidshos advantageous
ädväntidsh advantage
ädvent advent
ädventshör adventure
ädventshörism adventurism
ädventshöros adventurous
ädvokasi advocacy
ädvokat advocate (noun)
ädvokeit advocate (verb)
ädvörb adverb
ädvörs adverse
ädvörsäri adversary
ädvörsärial adversarial
ädvörtais advertise
ädvörtaisment advertisement
äfäär affair
äfar afar
äfekshon affection
äfekt affect
äfekteishon affectation
äffabl affable
äffiks affix
äfford afford
äfideivit affidavit
äfilieit affiliate
äfiniti affinity
afishionado aficionado
äflikt afflict
äfluent affluent
äföörm affirm
äforism aphorism
äförmativ affirmative
äförmeishon affirmation
äfrodisiäk aphrodisiac

äfront affront
äft aft
äfter after
äfterefekt aftereffect
äfterlaif afterlife
äftermäth aftermath
äfternuun afternoon
äftersheiv aftershave
äftershok aftershock
äfterteist aftertaste
äfterward afterward
äfterwörd afterword
äfterwörld afterworld
ag ugh
agape
ägat agate
äglet aglet
agli ugly
äglomereit agglomerate
äglutineit agglutinate
ägnostik agnostic
ägonais agonize
ägoni agony
ägrändais aggrandize
ägrärian agrarian
ägraveishon aggravation
ägraveit aggravate
ägreget aggregate
ägreshon aggression
ägressiv aggressive
ägrii agree
ägriiabl agreeable
ägriiment agreement
ägriiv aggrieve
ägrikaltshör agriculture
ägrikaltshural agricultural
ägronomi agronomy
ägronomik agronomic
ahaa aha
ahem
ahoi ahoy
ai aye
ai eye
ai I

aiatolla ayatollah
aibrau eyebrow
aidentifai identify
aidentifaier identifier
aidentifikeishon identification
aidentikal identical
aidentiti identity
aider eider
aidetik eidetic
aidiia idea
aidiial ideal
aidiialaiz idealize
aidiiali ideally
aidiialism idealism
aidiolodshi ideology
aidiolog ideologue
aidl idle
aidler idler
aidol, idol
aidolatri idolatry
aids ides
aier ire
aigenvälju eigenvalue
aikido
aikon icon
aikonokläst iconoclast
aikonolodshi iconology
aikonoografi iconography
aikoonik iconic
ail aisle
ail isle
ailänd island
ailet eyelet
ailid eyelid
aiodain iodine
aion ion
aionais ionize
aioniseishon ionization
aionosfiir ionosphere
aioonik ionic
aiota iota
airis iris
airon iron
aironi irony

aironik ironic
aironkläd ironclad
aisentropik isentropic
aiso- iso-
aisobar isobar
aisoleishon isolation
aisoleit isolate
aisometrik isometric
aisoor eyesore
aisooseles isosceles
aisotoup isotope
aiss, ice
aissberg iceberg
aissboks icebox
aissi icy
aissikl icicle
aissili icily
aissing icing
aitem item
aitemais itemize
aivi ivy
aivori ivory
äkädemi academy
äkädemik academic
äkädiimia academia
äkin akin
äkjuiti acuity
äkjumen acumen
äkjupanktshör acupuncture
äkjurasi accuracy
äkjurat accurate
äkjuseishon accusation
äkjuus accuse
äkjuusativ accusative
äkjuut acute
äklaimatais acclimatize
äklameishon acclamation
äkleim acclaim
äklimeit acclimate
äkliviti acclivity
äkmi acme
äkni acne
äknolidsh acknowledge
äkolait acolyte

äkoleid accolade
akoordion accordion
äkrilik acrylic
äkrimoni acrimony
äkrimoonios acrimonious
äkrobät acrobat
äkrobätiks acrobatics
äkromätik achromatic
äkronim acronym
äkross across
äks ax
äks axe
äksel axle
äkselereishon acceleration
äkselereit accelerate
äkselereitor accelerator
äksent accent
äksentshueit accentuate
äksept accept
äkseptabl acceptable
äkseptans acceptance
äkseptor acceptor
äksess access
äksesshon accession
äksessibl accessible
äksessori accessory
äkshon action
äkshual actual
äkshualais actualize
äkshuali actually
äkshuari actuary
äkshuarial actuarial
äkshueit actuate
äksial axial
äksidens accidence
äksidentali accidentally
äksiid accede
äksiläri axillary
äksiom axiom
äksiomätik axiomatic
äksion axion
äksis axis
äkt act
äktiv active

äktiveit activate
äktivism activism
äktiviti activity
äktor actor
äktres actress
äkuustik acoustic
akwa aqua
äkwair acquire
akwarel aquarelle
akwärium aquarium
akwaatik aquatic
akwedakt aqueduct
äkweint acquaint
äkweintans acquaintance
akweos aqueous
äkwiess acquiesce
akwifer aquifer
äkwisishon acquisition
äkwisitiv acquisitive
äkwit acquit
akwiver aquiver
äläk alack
äläkriti alacrity
alamna alumna
alamni alumnae
alamnus alumnus
alarm
älbaino albino
älbakor albacore
älbatros albatross
älbum album
äldshebra algebra
äldshebreik algebraic
äldshi algae
äldshisaid algicide
alfa alpha
alfabet alphabet
alfabetais alphabetize
alfalfa
alfanumeerik alphanumeric
älfresko alfresco
älga alga
älgorithm algorithm
älibai alibi

älimentari alimentary
älimoni alimony
älkalai alkali
älkalain alkaline
älkemi alchemy
älkohol alcohol
älkoholism alcoholism
älkohoolik alcoholic
älkouv alcove
ällaai ally (verb)
ällai ally (noun)
ällaians alliance
ällaid allied
ällau allow
ällauans allowance
älledsh allege
ällegeishon allegation
ällegori allegory
ällegorikal allegorical
allegro
ällei allay
ällerdshen allergen
ällerdshi allergy
älli alley
älligeitor alligator
älliidshans allegiance
älliivieit alleviate
ällitereishon alliteration
älloi alloy
ällokeishon allocation
ällokeit allocate
ällokjuushon allocution
ällöördshik allergic
ällot allot
ällotment allotment
älluud allude
älluur allure
älluushon allusion
älluusiv allusive
älluuvial alluvial
almond
alms
aloft
aloha

älört alert
alou aloe
älpain alpine
alsser ulcer
alssereit ulcerate
altar oltör *altar*
alter oltör
altiirior ulterior
altimat ultimate
altimeitum ultimatum
altimeter
altitud altitude
alto
altra ultra
altramodern ultramodern
altrasaund ultrasound
altrasoniks ultrasonics
altravaiolet ultraviolet
altruism
aluminium
aluminum
älviolar alveolar
am um
amalgam
amalgameit amalgamate
amareto amaretto
ämatör amateur
ämbässador ambassador
ämber amber
ämbians ambiance
ämbidekstros ambidextrous
ämbient ambient
ämbigjuos ambiguous
ämbigjuuiti ambiguity
ambilikal umbilical
ämbishon ambition
ämbivalens ambivalence
ämbjulans ambulance
ämbjulatori ambulatory
ämbjuleit ambulate
ämbl amble
ambra umbra
ambrella umbrella
ambridsh umbrage

ämbrousia ambrosia
ämbush ambush
amen
amend
ämeniti amenity
Amerika America
ämethist amethyst
ämfibios amphibious
ämfithiater amphitheater
amigo
ämikabl amicable
ämilioreit ameliorate
amino-
Amish
ämjulet amulet
ämjunishon ammunition
ämmiiter ammeter
ämnesti amnesty
ämniisia amnesia
ämoonia ammonia
ämoonium ammonium
ämorist amorist
ämoros amorous
ämortais amortize
ämp amp
ampair umpire
ämper ampere
ämperidsh amperage
ämpersänd ampersand
ämpisillin ampicillin
ämpjuteit amputate
ämpjutii amputee
ämpl ample
ämplifai amplify
ämplifaier amplifier
ämplifikeishon amplification
ämplitud amplitude
amuur amour
än an
an- un-
änägräm anagram
änaion anion
anakonda anaconda
anakronism anachronism

anäkseptabl unacceptable
änalais analyze
änaldshiisia analgesia
änaldshiisik analgesic
änalisis analysis
änalist analyst
änalitik analytic
änall annul
änalodshi analogy
änalog analog
änalog analogue
änalogos analogous
änansieishon annunciation
änansieitor annunciator
änarki anarchy
änarkik anarchic
änarkism anarchism
anarmd unarmed
änäroobik anaerobic
anässuuming unassuming
anätätshd unattached
änäthema anathema
änatomikal anatomical
anäträktiv unattractive
änattomi anatomy
anäwär unaware
anbälänsd unbalanced
anbeliivabl unbelievable
anborn unborn
anbreikabl unbreakable
änd and
andaiing undying
andan undone
andante
andantino
andautedli undoubtedly
ander under
anderarm underarm
anderdog underdog
anderestimeit underestimate
andergou undergo
andergrädshuat undergraduate
andergraund underground
anderhänded underhanded

anderkäridsh undercarriage
anderkaver undercover
anderklääss underclass
anderkörrent undercurrent
anderkout undercoat
anderlai underlie
anderlain underline
anderlei underlay
anderling underling
andermain undermine
anderniith underneath
andernörish undernourish
anderpääss underpass
anderprivilidshd underprivileged
anderrait underwrite
anderreit underrate
andersaind undersigned
andersekretäri undersecretary
anderskoor underscore
anderstadi understudy
anderständ understand
andersteit understate
anderteik undertake
andertou undertow
anderwear underwear
anderwöörld underworld
anderwoter underwater
andiminishd undiminished
andinaiabl undeniable
andisairabl undesirable
andisgaisd undisguised
andisöörving undeserving
andispjuutabl undisputable
andispousd undisposed
andissaided undecided
andissiplind undisciplined
andistingwishd undistinguished
andistoorted undistorted
andivelopd undeveloped
andjuleit undulate
andress undress
ändrodshen androgen
ändrodshinos androgynous
ändroid android
ändshaina angina
andshastifaid unjustified
ändshio- angio-
andu undo
anduing undoing
anduu undue
anduuli unduly
änekdout anecdote
änekdoutal anecdotal
änekoik anechoic
änemoni anemone
anemploid unemployed
anenfoorssabl unenforceable
änesthetais anesthetize
änesthetik anesthetic
änesthetist anesthetist
änesthiisia anesthesia
änesthiisiolodshi anesthesiology
anethikal unethical
anfäär unfair
anfeivorabl unfavorable
anfetterd unfettered
anfinishd unfinished
anfit unfit
anfoortshunat unfortunate
anforgivabl unforgivable
anfould unfold
anfrendli unfriendly
angeinli ungainly
änger anger
ängjular angular
ängl angle
ängler angler
änglofoun anglophone
angluud unglued
ängoora angora
angreitful ungrateful
ängri angry
ängst angst
ängsti angsty
ängstrom angstrom
ängwish anguish
anhaarmd unharmed
änhaidros anhydrous

anhäpi unhappy
anhelthi unhealthy
anhindsh unhinge
anhöörd unheard
aniikwal unequal
äniimia anemia
äniimik anemic
äniis anise
aniisi uneasy
aniiven uneven
änimal animal
änimeishon animation
änimeit animate
änimeitor animator
änimositi animosity
änimus animus
aninfoormd uninformed
aninhäbited uninhabited
aninhibited uninhibited
aninkorporeited unincorporated
aninshuurd uninsured
aninstool uninstall
anintelidshibl unintelligible
anintenshonal unintentional
aninvaited uninvited
äniset anisette
aniventful uneventful
anjiilding unyielding
änjual annual
änjuitant annuitant
änjuiti annuity
änjular annular
änjurism aneurism
anjuusd unused
anjuushual unusual
ankänni uncanny
ankat uncut
ankaver uncover
ankl uncle
änkl ankle
änklet anklet
ankliin unclean
ankondishonal unconditional
ankonföörmd unconfirmed

ankonshios unconscious
ankonvenshonal unconventional
ankor encore
änkor anchor
änkoridsh anchorage
änksaieti anxiety
ankshon unction
änkshos anxious
anktshuos unctious
ankuul uncool
ankwolifaid unqualified
anlaik unlike
anlaki unlucky
anleded unleaded
anles unless
anlimited unlimited
anlok unlock
anlooful unlawful
anmenshonabl unmentionable
anmisteikabl unmistakable
anmitigeited unmitigated
ännaiöleishon annihilation
ännaiöleit annihilate
ännals annals
annätshural unnatural
ännauns announce
anneimd unnamed
änneks annex
änniil anneal
ännivörsari anniversary
ännoians annoyance
ännoteishon annotation
ännoteit annotate
announ unknown
anobskjuurd unobscured
änodais anodize
anödaltereited unadulterated
anoffishal unofficial
änoint anoint
anökastomd unaccustomed
anokjupaid unoccupied
anökompanid unaccompanied
änonimiti anonymity
änonömos anonymous

anoolterd unaltered
änoomali anomaly
änoomalos anomalous
anopousd unopposed
anöproutshabl unapproachable
änoreksia anorexia
änoud anode
anpläänd unplanned
anplag unplug
anplesant unpleasant
anpredikatbl unpredictable
anprintabl unprintable
anpripäärd unprepared
anprodaktiv unproductive
anprofeshonal unprofessional
anprotekted unprotected
anprovoukd unprovoked
anpruuven unproven
anraip unripe
anräp unwrap
anrävel unravel
anrest unrest
anrialistik unrealistic
anriidabl unreadable
anriil unreel
anrilaiabl unreliable
anrileited unrelated
anrimaarkabl unremarkable
anripentant unrepentant
anrisponsiv unresponsive
anristreind unrestrained
anritten unwritten
anroll unroll
anruli unruly
ansaientifik unscientific
ansaind unsigned
ansaitli unsightly
ansaksessful unsuccessful
ansambl ensemble
ansänitäri unsanitary
ansätisfaid unsatisfied
ansätisfäktori unsatisfactory
ansaund unsound
ansed unsaid

anseif unsafe
anseivori unsavory
ansekjuurd unsecured
anselfish unselfish
änser answer
änserabl answerable
änsestor ancestor
änsestral ancestral
änsestri ancestry
ansetld unsettled
anshuur unsure
ansiil unseal
ansiin unseen
ansiisonabl unseasonable
ansiit unseat
ansivilaisd uncivilized
anskild unskilled
anskru unscrew
ansnäg unsnag
ansofistikeited unsophisticated
ansolissited unsolicited
ansöörtan uncertain
ansöörvisabl unserviceable
anspiikabl unspeakable
anspoild unspoiled
anspouken unspoken
änssiläri ancillary
anstedi unsteady
ansteibl unstable
anstopabl unstoppable
anstraktshörd unstructured
ansusteinabl unsustainable
ansuutabl unsuitable
answiitend unsweetened
änt ant
änt-hill anthill
antaant entente
äntägonais antagonize
äntägonism antagonism
antai untie
antaimli untimely
antarnishd untarnished
äntässid antacid
antatshabl untouchable

änteloup antelope
antenabl untenable
äntenna antenna
änthem anthem
anthinkabl unthinkable
äntholodshi anthology
änthräks anthrax
änthrasait anthracite
änthropoid anthropoid
änthropolodshi anthropology
änti ante
änti anti
äntibellum antebellum
äntibodi antibody
äntidout antidote
äntidshen antigen
äntifriis antifreez
äntihistamin antihistamine
äntiik antique
äntiinflämmatori antiinflammatory
äntiiter anteater
äntik antic
äntiklaimäks anticlimax
äntikwäri antiquary
äntikwiti antiquity
antil until
äntimeridian antemeridian
äntipasto antipasto
äntipathi antipathy
äntirior anterior
äntiseptik antiseptic
äntisiid antecede
äntisiident antecedent
äntissipeishon anticipation
äntissipeit anticipate
äntithiisis antithesis
äntler antler
äntonim antonym
antraid untried
antre entrée
antruu untrue
antsharted uncharted
äntshouvi anchovy
anturaash entourage

anvarnishd unvarnished
anveil unveil
änvil anvil
anwaind unwind
anwais unwise
anweivering unwavering
anwiildi unwieldy
anwonted unwanted
anworranted unwarranted
anwörthi unworthy
anzip unzip
ap up
äpäärent apparent
äparatus apparatus
äpärishon apparition
äpärrel apparel
apart
apartment
äpathetik apathetic
äpathi apathy
apbiit upbeat
apbringing upbringing
apdeit update
apdräft updraft
äpellant appellant
äpellat appellate
äpend append
äpendant appendant
äpendektomi appendectomy
äpendidsh appendage
äpendiks appendix
äpendisaitis appendicitis
aper upper
äperitif aperitif
aperkeis uppercase
äpertshör aperture
äpetaiser appetizer
äpetait appetite
apgreid upgrade
aphiival upheaval
aphill uphill
apholster upholster
äpiil appeal
äpiir appear

äpiirans appearance
äpiis appease
apiti uppity
apkaming upcoming
apkiip upkeep
äpl apple
äplai apply
äplaians appliance
äplaid applied
apländ upland
aplift uplift
äplikabl applicable
äplikant applicant
äplikeishon application
äplikeitor applicator
aplink uplink
äplood applaud
äploos applause
aploud upload
apmänship upmanship
äpnia apnea
äpodshii apogee
äpointment appointment
apokalips apocalypse
apokaliptik apocalyptic
äpolodshais apologize
äpolodshetik apologetic
äpolodshi apology
äpopleksi apoplexy
äpoplektik apoplectic
äporshonment apportionment
äpörtein appertain
äpörtenans appurtenance
äposishon apposition
apossl apostle
aposstrofi apostrophe
apothekeri apothecary
äprais apprise
apraising uprising
äpreis appraise
äpreisal appraisal
äprentis apprentice
äprihend apprehend
äprihenshon apprehension

äprihensiv apprehensive
äpriishabl appreciable
äpriishieishon appreciation
äprikot apricot
äprobeishon approbation
äproksimat approximate
äproksimeit approximate (verb)
aproor uproar
äpropo apropos
äproutsh approach
äproutshabl approachable
aprut uproot
äpruuv approve
äpruuval approval
äps apse
apset upset
apskeil upscale
apstäärs upstairs
apständing upstanding
apstart upstart
apsteidsh upstage
apstriim upstream
äpt apt
aptait uptight
apteik uptake
äptitud aptitude
aptöörn upturn
apward upward
apwind upwind
ar are
Arab
arabesk arabesque
ärabl arable
arbiter
arbitraash arbitrage
arbiträri arbitrary
arbitreishon arbitration
arbitreit arbitrate
arbitreitor arbitrator
arbor
arboriitum arboretum
arborist
ardent
ardor

ardshuos arduous
areola
argju argue
argjuabl arguable
argjument argument
argon
ärid arid
ariina arena
äriol areole
äristokrasi aristocracy
äristokrät aristocrat
äristokrätik aristocratic
ärithmetik arithmetic
ark arc
ark
arkaiv archive
arkaivist archivist
arkeid arcade
arkeik archaic
arkein arcane
arkeindshel archangel
arkiolodshi archaeology
arkiolodshi archeology
arkipelago archipelago
arkitekt architect
arkitektshör architecture
arkitaip archetype
arktik arctic
arm
armada
armadillo
armament
armatshör armature
armd armed
armi army
armistis armistice
armor
armori armory
armwaar armoire
arn't aren't
ärobätiks aerobatics
ärodainämiks aerodynamics
äromätik aromatic
äronootikal aeronautical

äronootiks aeronautics
äroobik aerobic
äroplein aeroplane
ärosol aerosol
ärouma aroma
arpedshio arpeggio
ärraiv arrive
ärraival arrival
ärrei array
ärrein arraign
ärreindsh arrange
ärreindshment arrangement
ärrest arrest
ärriirs arrears
ärrithmia arrythmia
ärrogant arrogant
ärrogeit arrogate
ärrou arrow
ärrouhed arrowhead
arsenal
arsenik arsenic
arsis
arson
art
arteri artery
artful
arthraitis arthritis
arthräldshia arthralgia
artifäkt artifact
artifis artifice
artifishal artificial
artiirial arterial
artiirioul arteriole
artikjuleishon articulation
artikjuleit articulate
artikl article
artilleri artillery
artisan
artist
artistik artistic
artistri artistry
artitshouk artichoke
artsh arch
artshbishop archbishop

artsheri archery
as us
äs as
äsailum asylum
äsander asunder
äsässin assassin
äsässineishon assassination
äsbestos asbestos
äsbestousis asbestosis
äseptik aseptic
äsess assess
äsessment assessment
äsessor assessor
äsfalt asphalt
äsfiksia asphyxia
äsfiksieit asphyxiate
äsh ash
äshen ashen
asher usher
äshi ashy
äshtrei ashtray
äshuur assure
äshuurans assurance
äsimetrikl asymmetrical
äsimmetri asymmetry
äsimptout asymptote
äsk ask
äskääns askance
äskjuu askew
äskot ascot
äskraib ascribe
äskripshon ascription
äsp asp
äspair aspire
äspäragus asparagus
äsparteim aspartame
äspekt aspect
äspen aspen
äsperiti asperity
äspirant aspirant
äspireishon aspiration
äspirin aspirin
äspöörshon aspersion
äss ass

ässain assign
ässainment assignment
ässampshon assumption
ässei assay
ässeil assail
ässeilant assailant
ässembl assemble
ässembli assembly
ässend ascend
ässendansi ascendancy
ässenshon ascension
ässent ascent
ässent assent
ässet asset
ässeteit acetate
ässetik acetic
ässetik ascetic
ässetoun acetone
ässhoul asshole
ässid acid
ässidifai acidify
ässidik acidic
ässimileishon assimilation
ässimileit assimilate
ässinain asinine
ässist assist
ässistans assistance
ässoolt assault
ässöörbik acerbic
ässöörshon assertion
ässöört assert
ässöörtiv assertive
ässörbeit acerbate
ässort assort
ässörtein ascertain
ässortment assortment
ässoushieishon association
ässoushieit associate
ässuum assume
ästaund astound
äster aster
ästerisk asterisk
ästeroid asteroid
ästhetik aesthetic

ästhetiks aesthetics
ästhetisism aestheticism
ästigmatism astigmatism
ästma asthma
ästmätik asthmatic
ästonish astonish
ästöör astir
ästöörn astern
äströdl astraddle
äströid astride
ästral astral
ästrei astray
ästrindshent astringent
ästrodoum astrodome
ästrolodshi astrology
ästronomi astronomy
ästronomikal astronomical
ästronoot astronaut
ästronootiks astronautics
ästuut astute
äsweidsh assuage
ät at
ätaboi attaboy
ätair attire
ätäkk attack
ätäksia ataxia
ätätsh attach
ätätshment attachment
ätävism atavism
ätein attain
äteinment attainment
äteljee atelier
ätempt attempt
ätend attend
ätendans attendance
ätenjueit attenuate
ätenshon attention
ätentiv attentive
ater utter
aterans utterance
ätest attest
ather other
atherwais otherwise
äthletik athletic

äthliit athlete
ätik attic
ätitud attitude
ätlas atlas
ätmosfiir atmosphere
atmoust utmost
ätoll atoll
ätom atom
ätomais atomize
ätomik atomic
ätöörni attorney
äträkshon attraction
äträkt attract
äträktiv attractive
ätribjuut attribute (noun)
ätrishon attrition
ätrofi atrophy
ätropin atropine
ätrossiti atrocity
ätroushos atrocious
ätshiiv achieve
ättribjut attribute (verb)
ätuun attune
August August
aul owl
auns ounce
aur hour
aur our
aurgläs hourglass
aurli hourly
aurselvs ourselves
auslese
aust oust
aut out
aut-haus outhouse
autboord outboard
autbörst outburst
autdeited outdated
autdoors outdoors
autdu outdo
autermoust outermost
auterwear outerwear
autfiild outfield
autfit outfit

autflou outflow
autgrouth outgrowth
auting outing
autkäst outcast
autkrai outcry
autlei outlay
autlet outlet
autloo outlaw
autluk outlook
autmouded outmoded
autmoust outmost
autput output
autrait outright
autran outrun
autreidsh outrage
autreidshos outrageous
autriger outrigger
autriitsh outreach
autsaid outside
autsaiz outsize
autsh ouch
autskört outskirt
autsmart outsmart
autsoors outsource
autspouken outspoken
autspred outspread
autständing outstanding
autteik outtake
autward outward
autwit outwit
autworn outworn
äväläntsh avalanche
äväris avarice
ävärishos avaricious
ävatar avatar
ävau avow
ävaual avowal
äveil avail
äveilabiliti availability
äveilabl available
ävendsh avenge
ävenu avenue
äveridsh average
ävid avid

ävoid avoid
ävoidans avoidance
avokaado avocado
ävokeishon avocation
ävöör aver
ävöörs averse
ävöörshon aversion
ävöört avert
ävördupois avoirdupois
äzeilia azalea
äzhör azure
äzimuth azimuth

B

baa
baa bah
baam balm
baami balmy
baar bar
bäär bare
baarb barb
baarbd barbed
baarbel barbell
baarber barber
baarbershop barbershop
baard bard
baard barred
baardsh barge
baarf barf
baarflai barfly
bäärfut barefoot
baargan bargain
baarhop barhop
baark bark
baarker barker
baarli barley
bäärli barely
baarn barn
baarnakl barnacle
bäärnakl bareknuckle
baarnjaard barnyard
baartender bartender
baarter barter
bab bub
baba
baba bubba
babl bubble
bäbl babble
babler bubbler
babu
babushka
bäbuun baboon
bad bud
bäd bad

badi buddy
bädli badly
bädminton badminton
badsh budge
bädsh badge
bädsher badger
badshet budget
baf buff
bafer buffer
bafet buffet (blow, hit)
bäfl baffle
bäfling baffling
bafuun buffoon
bag bug
bäg bag
bagabuu bugaboo
bägatell bagatelle
bager bugger
bagi buggy
bägidsh baggage
bägis baggies
bägpaips bagpipes
bai bi
bai buy
bai by
bai bye
baiänjual biannual
baias bias
baiäthlon biathlon
Baibl Bible
baid bide
baiennial biennial
baifö̈rkeit bifurcate
baifoukal bifocal
baigon bygone
baik bike
baikämeral bicameral
baikarboneit bicarbonate
baikaspid bicuspid
bail bile
bailain byline
bailäteral bilateral
bailevel bilevel
bailingwal bilingual

bailoo bylaw
baimanthli bimonthly
baimoudal bimodal
bainäri binary
baind bind
bainder binder
bainokjular binocular
bainooral binaural
bainoumial binomial
baio- bio-
baioladshikal biological
baiolodshi biology
baioografi biography
baioonik bionic
baiootik biotic
baiopsi biopsy
baipartait bipartite
baipartisan bipartisan
baipäs bypass
baiped biped
baipolar bipolar
baiseksual bisexual
baisekt bisect
baiseps biceps
baisikl bycycle
baison bison
baisteibl bistable
bait bite
bait byte
baituumen bitumen
baiu bayou
baiveilens bivalence
baiwei byway
bak buck
bäk back
bakal buccal
bakalooreat baccalaureate
bakaniir buccaneer
bäkap backup
bakarat baccarat
bakaruu buckaroo
bäkbait backbite
bäkboord backboard
bäkboun backbone

bäkbreiking backbreaking
bäkdeit backdate
bäkdrop backdrop
bäkeik backache
baket bucket
bäkfair backfire
bäkfil backfill
bäkflou backflow
bäkgämmon backgammon
bäkgraund background
bäkhänd backhand
bäkhou backhoe
bakl buckle
bäklait backlight
bäkläsh backlash
baklava
bäklist backlist
bäklog backlog
bäkpäk backpack
bäkpedal backpedal
bäkrest backrest
bäksiit backseat
bäkskäter backscatter
bäksläp backslap
bäksläsh backslash
baksom buxom
bäkstäärs backstairs
bäkstäbing backstabbing
bäksteidsh backstage
bäkstop backstop
bäkstrouk backstroke
bäktiiria bacteria
bäktiirial bacterial
bäktiiriolodshi bacteriology
bäktiirisaid bactericide
bäktiirium bacterium
bäkträk backtrack
bäkward backward
bäkwosh backwash
bäkwoter backwater
balalaika
bälans balance
balb bulb
baldsh bulge

balk bulk
bälkoni balcony
ballad ballad
ballast ballast
bällee ballet
bälleriina ballerina
bällihuu ballyhoo
bällistik ballistic
bällot ballot
bälluun balloon
bäluster baluster
bam bum
bäm bam
bambino
bambl bumble
bämbuu bamboo
bämbuusl bamboozle
bammer bummer
bamp bump
bampkin bumpkin
bampshos bumptious
ban bun
bän ban
banaana banana
bänäl banal
bänäliti banality
bänd band
bändänna bandanna
bändi bandy
bändidsh bandage
bändit bandit
bandl bundle
bändliider bandleader
bändoliir bandoleer
bandshi bungee
bändsho banjo
bändwägon bandwagon
bändwidth bandwidth
bang bung
bäng bang
bangalou bungalow
bangl bungle
bängl bangle
banion bunion

bänish banish
bänister banister
bank bunk
bänk bank
banker bunker
bänker banker
bänkett banquette
banko bunco
bänkrapt bankrupt
bänkraptsi bankruptcy
bänkrol bankroll
bänkwet banquet
bänner banner
banni bunny
bant bunt
bäntam bantam
bänter banter
bantsh bunch
bäptais baptize
bäptism baptism
barbärian barbarian
barbärik barbaric
barbarism
barbekjuu barbecue
barbitshurat barbiturate
bäritoun baritone
barkaroul barcarole
bäron baron
bärones baroness
bäroometer barometer
barouk baroque
bärraash barrage
bärrak barrack
bärrakuuda barracuda
bärrel barrel
bärren barren
bärrier barrier
bärrikeid barricade
barrio
bärrister barrister
bas bus
bäshful bashful
basilika basilica
basillus bacillus

bäsk bask
bäsk basque
bäsket basket
bäsketbool basketball
basoolt basalt
bass buss
bäss bass (fish)
bassing busing
bassl bustle
bässuun bassoon
bast bust
bästard bastard
baster buster
basti busty
bästion bastion
bastling bustling
bat but
bat butt
bät bat
bater butter
bäter batter
baterflai butterfly
bäteri battery
bäth bath
bäthruum bathroom
bäti batty
bätiik batik
bäting batting
bätl battle
batler butler
bätlgraund battleground
bätlship battleship
bätmän batman
batok buttock
bäton baton
batres buttress
bätsh batch
bätshelor bachelor
bättäljon battalion
bätten batten
batton button
bau bough (tree branch)
bau bow (bend, front of ship)
bauel bowel

baund bound
baundari boundary
baundles boundless
baunds bounds
baunss bounce
baunsser bouncer
baunti bounty
bauntiful bountiful
bauntios bounteous
baut bout
baz buzz
bazaar
bazer buzzer
bazuuka bazooka
bear bear (tolerate, support)
bearer
bearing
bed
beding bedding
bedlam
bedriden bedridden
bedruum bedroom
beer bear (animal)
beerish bearish
beg
beger beggar
beginn begin
beginner
bei bay
beib babe
beibi baby
beibid babied
beibiing babying
beibisit babysit
beigl bagel
beik bake
beiker baker
beikeri bakery
beikon bacon
beil bail
beil bale
beilaut bailout
beilful baleful
beilif bailiff

276

bein bane
beinful baneful
beionet bayonet
beis base
beisal basal
beisbool baseball
beisboord baseboard
beish beige
beisik basic
beisikli basically
beisil basil
beislain baseline
beisles baseless
beisment basement
beiss bass (sound)
beissin basin
beissis basis
beist baste
beit bait
beith bathe
beiz baize
bek beck
bekerel becquerel
bekon beckon
bel
bel bell
bel belle
belboi bellboy
belfri belfry
belhop bellhop
belidsherens belligerence
belidsherent belligerent
belikous bellicose
belladonna
belli belly
bellieik bellyache
belliful bellyful
bellous bellows
belmän bellman
belt
belting
beltsh belch
beluga
belvediir belvedere

bend
benedikshon benediction
benefäkshon benefaction
benefäktor benefactor
beneffisent beneficent
benefis benefice
benefishal beneficial
benefishiäri beneficiary
benefit
benevolent
bent
bentsh bench
bentshmark benchmark
benziin benzene
beree beret
beriberi
berri berry
best
bestial
bestialiti bestiality
bet
beter better
beting betting
betor bettor
betsha betcha
beveridsh beverage
bevi bevy
bevl bevel
bezel
bi be
biätifai beatify
biätitud beatitude
bib
biblikal biblical
biblioografi bibliography
bibop bebop
bid
bidee bidet
bidek bedeck
bidevil bedevil
biding bidding
bidshuuel bejewel
bifadl befuddle
bifaul befoul

bifit befit
bifog befog
bifool befall
bifor before
biforhänd beforehand
big
bigail beguile
bigami bigamy
bigamos bigamous
biget beget
bigi biggie
bigiin beguine
bigon begone
bigoonia begonia
bigot
bigradsh begrudge
bigwig
bihääf behalf
bihaind behind
bihed behead
biheiv behave
biheivior behavior
bihiimoth behemoth
bihould behold
bihoulden beholden
bii bee
biid bead
biif beef
biifi beefy
biifkeik beefcake
biigl beagle
biihaiv beehive
biik beak
biiker beaker
biikon beacon
biilain beeline
biim beam
biin bean
biin been
biing being
biini beanie
biip beep
biir beer
biird beard

biist beast
biiswäks beeswax
biit beat
biit beet
biiter beater
biiting beating
biitl beetle
biitsh beach
biitsh beech
biiver beaver
bijond beyond
bikaam becalm
bikam become
bikiini bikini
biklaud becloud
bikoos because
bikwest bequest
bikwiith bequeath
bil bill
bilai belie
bilavd beloved
bilboord billboard
bild build
bilding building
bildsh bilge
bilei belay
bileibor belabor
bileited belated
bilfould billfold
biliif belief
biliiv believe
biling billing
bilios bilious
bilirubin
bilitl belittle
biljards billiards
biljon billion
biljonär billionaire
bilk
billabong
billet
billou billow
bilong belong
bilou below

bima bema
bimair bemire
bimbo
bimjuus bemuse
bimoun bemoan
bin
binain benign
binaited benighted
binam benumb
bindsh binge
bingo
binignant benignant
biniith beneath
binnakl binnacle
bireft bereft
bireit berate
biriiv bereave
bisaid beside
biset beset
bishop
bisi busy
bisiidsh besiege
bisiitsh beseech
bisines business
bisk bisque
biskwit biscuit
bismöörtsh besmirch
bismuth
bistöör bestir
bistou bestow
bistro
bit
biter bitter
biterswiit bittersweet
bitn bitten
bitrei betray
bitrooth betroth
bitroothal betrothal
bitsh bitch
bitwiin between
bitwikst betwixt
bivuäk bivouac
biwär beware
biwigd bewigged

biwilder bewilder
biwiskerd bewhiskered
biwitsh bewitch
biz
bizaar bizarre
bjurett burette
bjurokkrässi bureaucracy
bjurokrät bureaucrat
bjutein butane
bjutiin butene
bjutil butyl
bjuugl bugle
bjuuro bureau
bjuut beaut
bjuut butte
bjuuti beauty
bjuutiful beautiful
bjuutishan beautician
bla blah
blääntsh blanch
bläb blab
blaber blubber
bläbermauth blabbermouth
blad blood
bläder bladder
bladi bloody
bladshed bloodshed
bladshon bludgeon
bladshot bloodshot
blaf bluff
blaind blind
blaindfould blindfold
blait blight
blaith blithe
bläk black
bläkaut blackout
bläkdshäk blackjack
bläken blacken
bläkmeil blackmail
bläksmith blacksmith
bläktop blacktop
bländ bland
blander blunder
blänk blank

blänket blanket
blant blunt
blär blare
blarni blarney
bläsfemi blasphemy
bläsfemos blasphemous
bläsfiim blaspheme
blash blush
bläst blast
blaster bluster
blästoff blastoff
bläther blather
blaus blouse
bleb
bleid blade
bleim blame
bleimles blameless
bleitant blatant
bleiz blaze
bleizer blazer
bleizing blazing
bleizon blazon
blemish
blend
bless
bliid bleed
bliik bleak
bliip bleep
bliiri bleary
bliit bleat
bliitsh bleach
blimp
blini
blink
blinker
blip
bliss
blissful
blister
blits blitz
blivet
blob
blog
bloger blogger

blok bloc
blok block
blokeid blockade
blokidsh blockage
blond
blöör blur
blöört blurt
blossom
blot
blotsh blotch
blotter
blou blow
blouap blowup
blout bloat
bluu blue
bluuish bluish
bluum bloom
bluumers bloomers
bluuper blooper
bluuprint blueprint
bluus blues
boa
bob
bober bobber
bobi bobby
bobin bobbin
bobkät bobcat
bobl bobble
bobsled
bobteil bobtail
bodega
bodeishos bodacious
bodi body
bodili bodily
bof boff
bofo boffo
bog
bogl boggle
bohiimia bohemia
boi boy
boiansi buoyancy
boifrend boyfriend
boiish boyish
boikot boycott

280

boil
boing
boisteros boisterous
bokatsho bocaccio
boks box
bokser boxer
bol boll
bolard bollard
bolero
bolonja bologna
bölouni baloney
Bolshevik
bolster
bolt
bom bomb
bombard
bombardiir bombardier
bombäst bombast
bomer bomber
bonänsa bonanza
bonbon
bond
bondidsh bondage
bonfair bonfire
bong
bonk
bonkers
bonnet
bonni bonny
bonsai
bonus
boobl bauble
bood baud
boodi bawdy
book balk
bool ball
bool bawl
boold bald
boolderdäsh balderdash
boolding balding
boolpark ballpark
boolruum ballroom
boolsa balsa
boolsam balsam

boor boar
boor bore
böör burr
böörbon bourbon
boord board
boord bored
böörd bird
böördi birdie
boordom boredom
böörk burke
böörka burka
böörl burl
böörläp burlap
böörli burly
böörm berm
böörn burn
böörnish burnish
böörnt burnt
böörp burp
böörst burst
böörth birth
böörthdei birthday
böörtsh birch
boot bought
bop
bör bur
boräks borax
börbl burble
bordello
börden burden
border
borderlain borderline
bördshon burgeon
borer
börg burg
börger burger
börglar burglar
börglarais burglarize
börgundi burgundy
böri bury
börial burial
borik boric
boring
börlesk burlesque

born
boron
börou borough
börro burro
borrou borrow
börrou burrow
borrouing borrowing
börsa bursa
börsaitis bursitis
börsar bursar
börsöörk berserk
börth berth
bosh
boss
bossi bossy
botani botany
botänikal botanical
bother bother
botl bottle
botlnek bottleneck
botom bottom
botomles bottomless
botsh botch
botshi bocce
botshulism botulism
bou beau
bou bough
bou bow (tie)
boud bode
bougi bogey
bougus bogus
boul bowl
bould bold
boulder
bouling bowling
boun bone
bouner boner
bouni bony
bousn boatswain
boust boast
bout boat
bout-house boathouse
bouth both
bovain bovine

bozo
bra
brääss brass
bräd brad
bräg brag
brägart braggart
braiar briar
braib bribe
braiberi bribery
braid bride
braidal bridal
braidl bridle
brain brine
brait bright
braitnes brightness
bräket bracket
bräkish brackish
brämbl bramble
brän bran
bränd brand
brändi brandy
brändish brandish
bränigan brannigan
brant brunt
brantsh brunch
bräntsh branch
braseero bracero
brash brush
bräsh brash
brask brusque
brasserii brasserie
brässi brassy
brässiir brassiere
brät brat
brau brow
braubiit browbeat
braun brown
brauni brownie
braus browse
bravaado bravado
bravissimo
bravo
bravuura bravura
bred bread

bred
bredth breadth
brei brae
brei bray
breid braid
breik brake
breik break
breikabl breakable
breikap breakup
breiker breaker
breikidsh breakage
breikium brachium
breikthru breakthrough
brein brain
breis braise
breiss brace
breisser bracer
breisslet bracelet
breiv brave
breiveri bravery
breiz braze
breizen brazen
breizier brazier
brest breast
breth breath
brethles breathless
brethren
brev breve
breviti brevity
bridsh bridge
brig
brigeid brigade
briid breed
briif brief
briith breathe
briitsh breach
briitsh breech
briiz breeze
brik brick
brikett briquette
briljans brilliance
brim
bring
brink

brinkmänship brinkmanship
briosh brioche
brisk
brissl bristle
britl brittle
britshes britches
bro
broil
brokeid brocade
brokoli broccoli
bromaid bromide
bronkaitis bronchitis
bronkiol bronchiole
bronko bronco
bronz bronze
brood broad
broodkääst broadcast
broodsaid broadside
brool brawl
broon brawn
broshett brochette
broshuur brochure
broth
brothel
brother
brouam brougham
broug brogue
brouk broke
brouker broker
broukeridsh brokerage
broutsh broach
broutsh brooch
bruk brook
brunet
brunett brunette
brut
brutal
brutaliti brutality
bruu brew
bruud brood
bruueri brewery
bruum broom
bruus bruise
bruut bruit

bruut brute
buboonik bubonic
budwar boudoir
bufaant bouffant
bufee buffet (meal)
buger booger
bugi boogie
buk book
bukee bouquet
bukkeis bookcase
bukkiiping bookkeeping
buklet booklet
bukoolik bucolic
buljabeis bouillabaisse
buljon buillon
bull
bulldous bulldoze
bullet
bulletin
bulli bully
bullion
bullshit
buriito burito
burshwaa bourgeois
burshwasii bourgeoisie
bush
bushd bushed
bushel
bushing
bushwäk bushwhack
butiik boutique
butoniir boutonniere
butsh butch
butsher butcher
buu boo
buub boob
buubi booby
buuhuu boohoo
buui buoy
buulevard boulevard
buum boom
buumeräng boomerang
buun boon
buundogl boondoggle

buundoks boondocks
buur boor
buust boost
buusum bosom
buut boot
buuth booth
buuti booty
buutii bootee
buutleg bootleg
buuz booze
buuzer boozer

D

daa dah
dääd dad
daalia dahlia
dääns dance
däänsersais dancercise
däär dare
dääri dairy
daark dark
daarknes darkness
daarling darling
daarn darn
daart dart
dab dub
däb dab
dabing dubbing
dabl double
däbl dabble
dablet doublet
däbling dabbling
dad dud
Dada
dadaism
dädi daddy
dads duds
daf duff
dafer duffer
däfi daffy
dafl duffel
däfodil daffodil
däft daft
dag dug
dagaut dugout
däger dagger
dai die
dai dye
daiääbolism diabolism
daiäägonal diagonal
daiäämeter diameter
daiabiitik diabetic

daiabiitis diabetes
daiabolikal diabolical
daiadem diadem
daiaiäfräm diaphragm
daiagnostik diagnostic
daiagnous diagnose
daiagnousis diagnosis
daiagräm diagram
daiakritik diacritic
daial dial
daialais dialyze
daialekt dialect
daialektikal dialectical
daiälisis dialysis
daialog dialogue
daiamond diamond
daiapeison diapason
daiaper diaper
daiari diary
daiariia diarrhea
daiarki diarchy
daiaspora diaspora
daiätom diatom
daiatoonik diatonic
daiatraib diatribe
daidäktik didactic
daidshest digest
daidshestshon digestion
daielektrik dielectric
daiet diet
daietetiks dietetics
daietishan dietitian
daigräf digraph
daigreshon digression
daigress digress
daihard diehard
daiing dying
daik dike
daikaatomi dichotomy
daikromäätik dichromatic
daileishon dilation
daileit dilate
dailuut dilute
daim dime

dain dyne
dainamait dynamite
dainämik dynamic
dainamo dynamo
dainamometer dynamometer
dainast dynast
dainasti dynasty
dainett dinette
dainosoor dinosaur
daioksaid dioxide
daiöörnal diurnal
daiopter diopter
daioraama diorama
daiosis diocese
daioud diode
daipleks diplex
daipoul dipole
dair dire
daiss dice
daissi dicey
daiuretik diuretic
daiuriisis diuresis
daiv dive
daiver diver
dak duck
däkri daiquiri
dakshund dachshund
dakt duct
daktil ductile
däktil dactyl
däktilolodshi dactylology
dall dull
dallard dullard
däls dalles
dam dumb
däm dam
däm damn
dämäsk damask
dambel dumbbell
dambo dumbo
dämd damned
dämidsh damage
dämit dammit
dammi dummy

damp dump
dämp damp
dampling dumpling
damps dumps
dämsel damsel
dan done
dan dun
dändelaion dandelion
dänder dander
dändi dandy
dändraf dandruff
dandshon dungeon
dang dung
däng dang
dangarii dungaree
dängl dangle
dank dunk
dänk dank
dans dunce
däp dap
däper dapper
däpl dapple
däsh dash
dasha dacha
däshboord dashboard
däshing dashing
dask dusk
dasn dozen
dasn't doesn't
dast dust
dästardli dastardly
daster duster
datshi duchy
dauadsher dowager
daudi dowdy
dauel dowel
dauer dower
daun down
dauner downer
dauni downy
daunloud download
daunrait downright
daunstärs downstairs
dauntaun downtown

daunward downward
daur dour
dauri dowry
daus douse
daut doubt
dautful doubtful
dautles doubtless
dav dove (bird)
dävit davit
davteil dovetail
däzl dazzle
debaakl debacle
debit
debjutant debutante
debjuu debut
debonäär debonair
debrii debris
ded dead
deden deaden
dedikeishon dedication
dedikeit dedicate
dedpän deadpan
def deaf
defekeit defecate
defening deafening
deferens deference
definishon definition
definit definite
defisit deficit
deft
degradeishon degradation
dei day
deido dado
deigo dago
deil dale
deilait daylight
deili daily
deim dame
dein deign
deindshör danger
deindshöros dangerous
deinti dainty
deisi daisy
deit date

deita data
deitiv dativ
deitum datum
deiz daze
dek deck
dekadens decadence
dekeid decade
dekläär declare
deklameishon declamation
deklarant declarant
deklareishon declaration
dekleim declaim
deklineishon declination
dekoltaash decolletage
dekoltee decolleté
dekoor decor
dekoorum decorum
dekopaash decoupage
dekoreishon decoration
dekoreit decorate
dekoros decorous
dekrement decrement
deksteriti dexterity
deksteros dexterous
dekstral dextral
delegeishon delegation
delegeit delegate
deletiirios deleterious
deli
deliberat deliberate
delibereishon deliberation
delikasi delicacy
delikat delicate
delikatessen delicatessen
delishos delicious
deljudsh deluge
delta
delv delve
demagog demagogue
demigod
demitas demitasse
demo
demográfik demographic
demokrasi democracy

demokrat democrat
demokratais democratize
demonstrabl demonstrable
demonstrativ demonstrative
demonstreit demonstrate
den
dendrait dendrite
dendroid
denigreit denigrate
denim
denisen denizen
densiti density
denss dense
dent
dental
dentifris dentifrice
dentiin dentine
dentikl denticle
dentist
dentistri dentistry
dentshör denture
depjutais deputize
depjuti deputy
depo depot
deposishon deposition
deprekeit deprecate
depriveishon deprivation
depth
derelikshon dereliction
derelikt derelict
derivativ derivative
deriveishon derivation
derogeit derogate
deroogatori derogatory
derrieer derriere
derrik derrick
derrindsher derringer
derris
desaltori desultory
desekreit desecrate
deshavuu déjavu
designeit designate
designii designee
desikänt desiccant

desikeit desiccate
desist
desk
desolat desolate
desört desert (hot sandy area)
desperaado desperado
desperat desperate
despereishon desperation
despot
dessibel decibel
dessimal decimal
dessimeit decimate
destin destine
destineishon destination
destini destiny
destituushon destitution
destituut destitute
det debt
detaant détente
deth death
detoneit detonate
detoneitor detonator
detriment
devästeit devastate
devil
devoluushon devolution
diaisser deicer
diäktiveit deactivate
dibaark debark
dibag debug
dibank debunk
dibeis debase
dibeit debate
dibeitabl debatable
dibentshör debenture
dibiliteiting debilitating
dibootsh debauch
diboun debone
dibriif debrief
dibs
did
didakshon deduction
didaktibl deductible
didhekshon dejection

didl diddle
didshekted dejected
didshenerasi degeneracy
didshenereit degenerate
didshit digit
didshitais digitize
didshital digital
diduuss deduce
diemfasais deemphasize
dienerdshais deenergize
dier dear
difai defy
difaians defiance
difaiant defiant
difail defile
difain define
difankt defunct
difeim defame
difeis deface
difekt defect
difektiv defective
difend defend
difendant defendant
difens defense
difensiv defensive
difer differ
diferens difference
diferenshal differential
diferenshieit differentiate
differens difference
diferent different
difibrileit defibrillate
difiit defeat
difikalt difficult
difinitiv definitive
difishensi deficiency
difishent deficient
difjuus defuse
difleishon deflation
difleit deflate
diflekshon deflection
diflekt deflect
difolieit defoliate
difoog defog

difooger defogger
difoolt default
difoorm deform
difoormiti deformity
diför defer
diformeishon deformation
difrägment defragment
difrei defray
difrood defraud
difrost defrost
diftiiria diphtheria
diftong diphthong
dig
diger digger
dignifai dignify
dignitäri dignitary
digreidabl degradable
digreshon degression
digrii degree
dihaidreishon dehydration
dihaidreit dehydrate
dihjuumanais dehumanize
diid deed
diidal daedal
diifai deify
diik deke
diikon deacon
diil deal
diim deem
diimon daemon
diimon demon
diimonais demonize
diin dean
diip deep
diipen deepen
diir deer
diisel diesel
diisensi decency
diisent decent
diism deism
diiti deity
diiva diva
diivan divan
diivians deviance

diivieishon deviation
diivieit deviate
diiviös devious
dik dick
dikäf decaf
dikäfeneited decaffeinated
dikäl decal
dikänter decanter
dikäpiteit decapitate
dikapl decouple
dikäthlon decathlon
dikei decay
dikeiing decaying
diker dicker
diklain decline
diklässifai declassify
diklenshon declension
dikloo declaw
dikoi decoy
dikolonais decolonize
dikomishon decommission
dikompailer decompiler
dikompous decompose
dikompres decompress
dikompreshon decompression
dikondshestant decongestant
dikonstrakt deconstruct
dikontämineit decontanimate
dikontrol decontrol
dikoud decode
dikrepit decrepit
dikrii decree
dikriiss decrease
dikshon diction
dikshonäri dictionary
diktatoorial dictatorial
dikteishon dictation
dikteit dictate
dikteitor dictator
diktum dictum
dilait delight
dilaks deluxe
dilaus delouse
dildo

diledshitimais delegitimize
dilei delay
dilektabl delectable
dilemma
diletaant diletante
dilidshens diligence
diliishon deletion
diliit delete
dilimit delimit
dilinieit delineate
dilinkwensi delinquency
dilirios delirious
dilirium delirium
diliver deliver
diliverans deliverance
dill
diluud delude
diluushon delusion
diluusori delusory
dim
dimäänd demand
dimägnetais demagnetize
dimais demise
dimarkeishon demarcation
dimaunt demount
dimenshia dementia
dimenshon dimension
dimented demented
dimerit demerit
dimiin demean
dimilitarais demilitarize
diminish
diminjutiv diminutive
diminuushon diminution
dimjuur demure
dimmer
dimodshuleit demodulate
dimolish demolish
dimoonik demonic
dimöör demur
dimooralais demoralize
dimoubilais demobilize
dimoushon demotion
dimout demote

dimoutiveit demotivate
dimpel dimple
dimwit
din
dinai deny
dinaial denial
dinätshuralais denaturalize
dinauns denounce
dindshi dingy
dineitshör denature
ding
dingbät dingbat
dingi dinghy
dingo
dink
dinner
dinomineishon denomination
dinomineitor denominator
dinout denote
dint
dinuud denude
dioudorais deodorize
dioudorant deodorant
dip
dipaart depart
dipaartment department
dipaartmentalais departmentalize
dipaartshör departure
dipend depend
dipendensi dependency
dipendent dependent
diper dipper
dipikt depict
diplein deplane
diploi deploy
diplomaatik diplomatic
diplomat diplomat
diplooma diploma
diploomasi diplomacy
diploor deplore
dipoosit deposit
dipoositori depository
diport deport
diportment deportment

dipous depose
dipraiv deprive
dipräviti depravity
dipreivd depraved
dipreshon depression
dipress depress
dipriishieishon depreciation
dipriishieit depreciate
dipsomeinia dipsomania
dipstik dipstick
diraid deride
diraissiv derisive
diraiv derive
diregjuleit deregulate
direil derail
direilör derailleur
direindsh derange
direit derate
direkshon direction
direkt direct
direktiv directive
direktli directly
direktor director
direktori directory
dirishon derision
dirndl
dis
dis- dys-
disäbiliti disability
disädväntidsh disadvantage
disägrii disagree
disaifer decipher
disain design
disair desire
disairabl desirable
disairos desirous
disaisiv decisive
disäpiir disappear
disäpointment disappointment
disäpruuv disapprove
disarmament
disärrei disarray
disässembl disassemble
disäster disaster

disästros disastrous
disbaar disbar
disbänd disband
disbiliiv disbelieve
disböörs disburse
disdein disdain
disdshoint disjoint
disegreit desegregate
diseibl disable
diselekt deselect
diselereit decelerate
disembark
Disember December
disengeidsh disengage
disensitais desensitize
disentängl disentangle
disenteri dysentery
disentralais decentralize
disentshäänt disenchant
disepshon deception
diseptiv deceptive
disestäblish disestablish
disfankshonal dysfunctional
disfeivör disfavor
disgais disguise
disgast disgust
disgreiss disgrace
dish
dishaarmoni disharmony
dishaarten dishearten
disheveld disheveled
disi dizzy
disidshuos deciduous
disiis decease
disiis disease
disiluushon disillusion
disindshenjuos disingenuous
disinfekt disinfect
disintegreit disintegrate
disinterested
disishon decision
disk
diskaard discard
diskamfort discomfort

diskass discuss
diskaunt discount
diskaver discover
diskett diskette
diskleim disclaim
disklous disclose
diskloushör disclosure
disko disco
diskombabjuleit discombobulate
diskonekt disconnect
diskonsöörting disconcerting
diskontent discontent
diskontinju discontinue
diskontinuuiti discontinuity
diskord discord
disköridsh discourage
diskors discourse
diskraib describe
diskrämbl descramble
diskredit discredit
diskrepansi discrepancy
diskreshon discretion
diskreshonäri discretionary
diskriit discreet
diskriit discrete
diskrimineishon discrimination
diskrimineit discriminate
diskripshon description
diskus discus
dislaik dislike
disleksia dyslexia
dislodsh dislodge
disloial disloyal
disloukeit dislocate
dismal
dismäntl dismantle
dismaunt dismount
dismei dismay
dismiss
disobei disobey
disobiidiens disobedience
disöbjuus disabuse
disökoord disaccord
disonest dishonest

disonorabl dishonorable
disöörshon desertion
disöört desert (abandon)
disöörv deserve
disorder
disövau disavow
dispäär despair
dispais despise
dispait despite
dispäridsh disparage
dispätsh dispatch
dispell dispel
dispens dispense
dispensari dispensary
dispenseishon dispensation
dispikabl despicable
dispjuut dispute
dispjuutabl disputable
displei display
displeiss displace
displiis displease
dispoil despoil
dispondent despondent
dispöörs disperse
dispootik despotic
disposishon disposition
dispous dispose
dispousal disposal
dispropoorshonat disproportionate
dispruuv disprove
disrapshon disruption
disrapt disrupt
disrigaard disregard
disrispekt disrespect
disroub disrobe
dissaid decide
dissaipl disciple
dissekt dissect
dissembl dissemble
dissemineit disseminate
dissend descend
dissendant descendant
dissenshon dissension
dissent descent

dissent
dissever dissever
dissident
dissiit deceit
dissiiv deceive
dissimilar
dissipeit dissipate
dissiplin discipline
dissiplinäri disciplinary
dissoluushon dissolution
dissolv dissolve
dissonant
dissöörn discern
dissöört dessert
dissörteishon dissertation
distans distance
disteibilais destabilize
disteist distaste
distemper
distend
distill
distilleishon distillation
distilleri distillery
distingwish distinguish
distinkshon distinction
distinkt distinct
distöörb disturb
distoorshon distortion
distoort distort
distrakshon destruction
disträkshon distraction
distrakt destruct
disträkt distract
distrast distrust
distress
distribjut distribute
distribjutor distributor
distribjuushon distribution
distrikt district
distrofi dystrophy
distroi destroy
distroier destroyer
distroot distraught
distshardsh discharge

disweid dissuade
dit
ditätsh detach
ditätshment detachment
diteil detail
ditein detain
diteiner detainer
diteinii detainee
ditekshon detection
ditekt detect
ditektiv detective
ditektor detector
ditenshon detention
ditent detent
ditest detest
dither
dithroun dethrone
diti ditty
ditiirioreit deteriorate
dito ditto
ditoks detox
ditöör deter
ditöördshent detergent
ditöörent deterrent
ditöörmin determine
ditöörminant determinant
ditöörmineishon determination
ditöörmineit determinate
diträkshon detraction
diträkt detract
ditsh ditch
dituur detour
divaid divide
divain divine
divais devise
divaisor divisor
divaiss device
divaissiv divisive
divaldsh divulge
divälju devalue
divaur devour
divaut devout
divelop develop
diveloper developer

divelopment development
divest
divestitshör divestiture
divi divvy
dividend
diviniti divinity
divishon division
divisibl divisible
divoid devoid
divolv devolve
divöördsh diverge
divöördshens divergence
divoors divorce
divöörs diverse
divöörsiti diversity
divöört divert
divorsee divorcé
divorsii divorcée
divot
divoushon devotion
divout devote
divoutii devotee
doder dodder
dodsh dodge
dof doff
dog
doged dogged
dogi doggy
dogma
dogmätik dogmatic
dogon doggone
doili doily
dok doc
dok dock
doket docket
dokidsh dockage
dokjument document
dokjumentari documentary
dokjumenteishon documentation
doktor doctor
doktorat doctorate
doktrin doctrine
doktrinäär doctrinaire
doldrums

294

dolfin dolphin
doll
dollar
dolli dolly
dollop
dolomait dolomite
dolor
dolt
doltshe dolce
domein domain
domestik domestic
domestikeit domesticate
dominans dominance
dominant
domineit dominate
dominiir domineer
dominion
domino
domisail domicile
don
don't
doneishon donation
doneit donate
dong
donki donkey
donnibruk donnybrook
donor
doob daub
doodl dawdle
doon dawn
doont daunt
door
döörbi derby
döördsh dirge
döörk dirk
döört dirt
dooter daughter
dopamain dopamine
dori dory
dork
dorm
dormant
dörmataitis dermatitis
dörmatolodshi dermatology

dörmis dermis
dormitori dormitory
dorsal
dosimmiter dosimeter
dossier
dot
doted dotted
doti dotty
dou dough
dodo
doul dole
doum dome
dounat doughnut
doun't don't
doup dope
doupi dopey
dous dose
dous doze
dousail docile
dousent docent
dousidsh dosage
dout dote
douti dhoti
douv dove (past tense of dive)
drab drub
dräb drab
dradsh drudge
dradsheri drudgery
dräft draft
dräft draught
dräftii draftee
drag drug
dräg drag
dragd drugged
drägi draggy
dragist druggist
drägnet dragnet
drägonflai dragonfly
dragstoor drugstore
dräguun dragoon
drai dry
draier drier
draier dryer
draiv drive

draiver driver
dram drum
dräm dram
drama
drämäätik dramatic
drämätais dramatize
drammer drummer
drank drunk
dränk drank
drankard drunkard
dranken drunken
drästik drastic
drät drat
drathers druthers
draun drown
draus drowse
drausi drowsy
draut drought
dred dread
dredfuli dreadfully
dredsh dredge
dredsher dredger
dregs
drei dray
dreikounian draconian
drein drain
dreinidsh drainage
dreip drape
dreiperi drapery
drek dreck
dremt dreamt
drentsh drench
dress
dresser
drib
dribl dribble
driblet
drift
drifter
driftidsh driftage
driim dream
driiri dreary
dril drill
drink

drinkabl drinkable
drinker
drip
drivel
driven
droit
drol droll
droo draw
drooer drawer
drooing drawing
drool drawl
droon drawn
drop
dropaut dropout
droplet
droshki droshky
dross
droug drogue
droun drone
drouv drove
dru drew
druul drool
dshääz jazz
dshäb jab
dshäber jabber
dshadsh judge
dshadshment judgment
dshag jug
dshäg jag
dshäged jagged
dshagjular jugular
dshagl juggle
dshäguar jaguar
dshaiant giant
dshaib gibe
dshaigäntik gigantic
dshaireit gyrate
dshairo giro
dshairo gyro
dshairomägnetik gyromagnetic
dshairoskoup gyroscope
dshaiv jive
dshäk jack
dshäkal jackal

dshäkäss jackass
dshäket jacket
dshäkhämmer jackhammer
dshäknaif jackknife
dshäkpot jackpot
dshäkräbit jackrabbit
dshäkskru jackscrew
dshakstaposishon juxtaposition
dshakstapous juxtapose
dshalopi jalopy
dshälosi jalousie
dshäm jam
dshämb jamb
dshambl jumble
dshambo jumbo
dshämborii jamboree
dshamp jump
dshamper jumper
dshampsuut jumpsuit
dshangl jungle
dshängl jangle
dshänitor janitor
Dshänjuäri January
dshank junk
dshanker junker
dshanki junkie
dshankjard junkyard
dshankshon junction
dshankshör juncture
dshar jar
dshargon jargon
dshäsmin jasmine
dshäsper jasper
dshassl justle
dshast just
dshastifaiabl justifiable
dshastifikeishon justification
dshastis justice
dshat jut
dshaul jowl
dshaunss jounce
dshaust joust
dshävelin javelin
dshei jay

dsheid jade
dsheided jaded
dsheik jake
dsheil jail
dsheilböörd jailbird
dsheilbreik jailbreak
dsheiler jailer
dsheilhaus jailhouse
dshel gel
dshelatin gelatin
dshell jell
dshellid jellied
dshelos jealous
dshem gem
dshemineit geminate
dshemstoun gemstone
dshender gender
dsheneerik generic
dsheneetik genetic
dsheneral general
dsheneralais generalize
dshenerali generally
dshenereishon generation
dshenereit generate
dshenereitor generator
dsheneros generous
dshenerositi generosity
dshenesis genesis
dshenital genital
dshenitiv genitive
dshenjuflekt genuflect
dshenjuin genuine
dshenosaid genocide
dshent gent
dshentail gentile
dshentiil genteel
dshentiliti gentility
dshentl gentle
dshentlmän gentleman
dshentri gentry
dshenus genus
dshepördais jeopardize
dshereinium geranium
dsheriätrik geriatric

dsherodontiks gerodontics
dsherontolodshi gerontology
dsherrimänder gerrymander
dsherund gerund
dshest jest
dshesteishon gestation
dshesteit gestate
dshester jester
dshestikjuleit gesticulate
dshestshör gesture
dshet jet
dsheti jetty
dshetison jettison
dshetlainer jetliner
dshetport jetport
dshetsam jetsam
dshib jib
dshiblets giblets
dshig jig
dshiger jigger
dshigolo gigolo
dshigsoo jigsaw
dshihad jehad
dshihad jihad
dshii gee
dshiin gene
dshiin jean
dshiini genie
dshiinial genial
dshiiniolodshi genealogy
dshiinius genious
dshiipers jeepers
dshiir jeer
dshiiz jeez
dshiljon jillion
dshilt jilt
dshim gym
dshimmi jimmy
dshimnästiks gymnastics
dshimneisium gymnasium
dshin gin
dshindsher ginger
dshindshivaitis gingivitis
dshingl jingle

dshingo jingo
dshingoism jingoism
dshink jink
dshinks jinx
dshinoum genome
dshio- geo-
dshiodesik geodesic
dshioid geoid
dshiolodshi geology
dshioodesi geodesy
dshioografi geography
dshioometri geometry
dshiosentrik geocentric
dshiosfiir geosphere
dshiothöörmik geothermic
dshioud geode
dship gyp
dshipsi gypsy
dshipsum gypsum
dshiräff giraffe
dshist gist
dshiter jitter
dshiterbag jitterbug
dshob job
dshober jobber
dshobless jobless
dshog jog
dshogl joggle
dshoi joy
dshoiful joyful
dshoin join
dshoiner joiner
dshoint joint
dshoios joyous
dshoist joist
dshokand jocund
dshoki jockey
dshokjular jocular
dshoksträp jockstrap
dsholli jolly
dsholt jolt
dshoo jaw
dshoobreiker jawbreaker
dshoondis jaundice

dshoont jaunt
dshöörbl gerbil
dshöörk jerk
dshöörm germ
dshöörnal journal
dshöörni journey
dshöörsi jersey
dshörmein germane
dshörmeinium germanium
dshörmineit germinate
dshosh josh
dshossl jostle
dshot jot
dshouk joke
dshouker joker
dshouvial jovial
dshubilant jubilant
dshubileit jubilate
dshubilii jubilee
dshudishal judicial
dshudishiari judiciary
dshudishos judicious
dshudshitsu jujitsu
dshuel jewel
dshueler jeweler
dshuelri jewelry
Dshulai July
dshulienn julienne
dshulip julep
dshunior junior
dshunioriti juniority
dshuniper juniper
dshural jural
dshuri jury
dshuridikal juridical
dshurisdikshon jurisdiction
dshurisprudens jurisprudence
dshurist jurist
dshuror juror
dshuudo judo
dshuukboks jukebox
dshuul joule
Dshuun June
dshuuss juice

dshuut jute
dshuvenil juvenile
du do
duabl doable
dual
dualism
dualiti duality
duel
duer doer
duet
duing doing
duma
duo
duodiinum duodenum
dupleks duplex
duplet
duplikeishon duplication
duplikeit duplicate
duplissiti duplicity
durabl durable
dureishon duration
duress
during
duti duty
dutiful
dutiirium deuterium
dutshe duce
duu dew
duu due
duubios dubious
duud dude
duudääd doodad
duudl doodle
duuhiki doohickey
duui dewy
duuk duke
duuli duly
duum doom
duun dune
duup dupe
duush douche
duusi doozy
duuss deuce
duvee duvet

dwell
dwindl dwindle
dwoorf dwarf

E

eb ebb
eboni ebony
ebullient
edelweiss
edi eddy
edibl edible
edifikeishon edification
edifis edifice
edishon edition
edit
editoorialais editorialize
editor
edjukeishon education
edjukeit educate
edjukeitor educator
edsh edge
ee eh
eer heir
eeres heiress
eerluum heirloom
efeiss efface
efekt effect
efektiv effective
efektshual effectual
efemera ephemera
efeminat effeminate
efervess effervesce
efidshi effigy
efiit effete
efikasi efficacy
efishensi efficiency
efishent efficient
efjuus effuse
efjuushon effusion
efloressens efflorescence
efluent effluent
efort effort
efortles effortless
eg egg

egalitarian
egnog eggnog
ego
egoist
egotism
egotist
eibiodshenesis abiogenesis
eibl able
eibl-bodid able-bodied
eid aide
eidsh age
eidshensi agency
eidshent agent
eidshing ageing
eidshing aging
eidshles ageless
eifid aphid
eik ache
eiker acre
eiki achy
eikorn acorn
eil ail
eil ale
eileron aileron
eilias alias
eilien alien
eilienabl alienable
eilieneit alienate
eiling ailing
eilment ailment
eim aim
eimiabl amiable
einal anal
eindshel angel
einshent ancient
einus anus
eiorta aorta
eip ape
eipeks apex
eiperiodik aperiodic
eipish apish
Eipril April
eipron apron
eisekshual asexual

eisoushal asocial
eiss ace
eit ate
eit eight
eith eighth
eithiism atheism
eithiistik atheistic
eitrium atrium
eiviäri aviary
eivieishon aviation
eivieitor aviator
eivioniks avionics
ekjumenikal ecumenical
ekläär éclair
ekliisia ecclesia
ekliisiästik ecclesiastic
eklips eclipse
eko echo
eko- eco-
ekoensefalogräf echoencephalograph
ekokardiogräf echocardiograph
ekokätässtrofi ecocatastrophe
ekolodshi ecology
ekonomi economy
ekonomist economist
ekonoomik economic
ekonoomikal economical
ekotuurism ecotourism
eks-äksis x-axis
eks-intersept x-intercept
eks-koordinat x-coordinate
eks-rei X-ray
eks-reidieishon x-radiation
eks-reited X-rated
eksädshereit exaggerate
eksail exile
eksais excise
eksait excite
eksaitabl excitable
eksaitment excitement
eksäkt exact
eksalt exult
eksäm exam

eksämin examine
eksämineishon examination
eksämpl example
eksäserbeit exacerbate
eksäspereit exasperate
eksekjutiv executive
eksekjutor executor
eksekjuut execute
eksekreit execrate
ekselens excellence
eksell excel
eksema eczema
eksemplari exemplary
eksemplifai exemplify
eksempshon exemption
eksempt exempt
eksentrik eccentric
eksentrissiti eccentricity
eksepshon exception
eksepshonal exceptional
eksept except
eksersais exercise
eksersaiser exerciser
eksess excess
eksessiv excessive
eksfoulieit exfoliate
eksheil exhale
ekshibishon exhibition
ekshibit exhibit
ekshibitiv exhibitive
ekshilareit exhilarate
ekshoost exhaust
ekshoostshon exhaustion
ekshort exhort
ekshuum exhume
eksidshensi exigency
eksiid exceed
eksist exist
eksistens existence
eksistenshal existential
eksit exit
eksiteishon excitation
ekskalpatori exculpatory
ekskalpeit exculpate

ekskaveit excavate
ekskjuus excuse
ekskleim exclaim
ekskluud exclude
ekskluusiv exclusive
ekskomjunikeit excommunicate
eksköörshon excursion
ekskrement excrement
ekskriit excrete
ekskruushieiting excruciating
ekskwisit exquisite
eksonereit exonerate
eksoolt exalt
eksoolteishon exaltation
eksoorbitant exorbitant
eksööršhon exertion
eksöört exert
eksootik exotic
eksörpt excerpt
eksorsais exorcise
ekspair expire
ekspalshon expulsion
ekspänd expand
ekspandsh expunge
ekspäns expanse
ekspänshon expansion
ekspaund expound
ekspedait expedite
ekspedishon expedition
ekspeitrieit expatriate
ekspekt expect
ekspektansi expectancy
ekspekteishon expectation
ekspektorant expectorant
ekspel expel
ekspend expend
ekspendabl expendable
ekspenditshör expenditure
ekspens expense
ekspensiv expensive
eksperiment experiment
ekspert expert
ekspertiis expertise
ekspieit expiate

ekspiidiensi expediency
ekspiidient expedient
ekspiiriens experience
eksplanatori explanatory
eksplaneishon explanation
eksplein explain
ekspletiv expletive
eksplissit explicit
eksploit exploit
eksploor explore
eksploud explode
eksploushon explosion
eksponenshal exponential
eksponent exponent
ekspörgeit expurgate
eksport export
eksposee exposé
eksposishon exposition
ekspous expose
ekspoushör exposure
ekspreshon expression
ekspress express
eksprouprieit expropriate
ekstäätik ecstatic
ekstant extant
ekstasi ecstacy
ekstemporais extemporize
ekstempreinios extemporaneous
ekstend extend
ekstenshon extension
ekstensiv extensive
ekstent extent
ekstiirior exterior
ekstingwish extinguish
ekstinkshon extinction
ekstinkt extinct
ekstol extol
ekstöörmineit exterminate
ekstöörnal external
ekstoorshon extortion
ekstoort extort
ekstra extra
ekstradait extradite
ekstradishon extradition

eksträkshon extraction
eksträkt extract
ekstramjuural extramural
ekstraordineri extraordinary
eksträpoleit extrapolate
ekstravagans extravagance
ekstravagansa extravaganza
ekstremiti extremity
ekstriim extreme
ekstrikeit extricate
ekstrinsik extrinsic
ekstrovört extrovert
ekstruud extrude
ekstruushon extrusion
ekstsheindsh exchange
ekstsheker exchequer
eksuuberant exuberant
eksuud exude
ekwi- equi-
ekwidistant equidistant
ekwiläteral equilateral
ekwilibrium equilibrium
ekwin equine
ekwinoks equinox
ekwip equip
ekwipment equipment
ekwitabl equitable
ekwiti equity
ekwivalent equivalent
ekwivokeit equivocate
ekwivoukal equivocal
el ell
elaan élan
elbo elbow
elder
elderli elderly
eledshi elegy
elefant elephant
elefantiasis elephantiasis
elefantin elephantine
elegant
elekshon election
elekshoniir electioneer
elekt elect

elektor elector
elektoral electoral
elektrifai electrify
elektrik electric
elektrikal electrical
elektrishan electrician
elektrisiti electricity
elektro- electro-
elektrokardiogräf
    electrocardiograph
elektrokjut electrocute
elektrolait electrolyte
elektrolisis electrolysis
elektromägnetik electromagnetic
elektromaiogräf electromyograph
elektrometer electrometer
elektromoutiv electromotive
elektroniks electronics
elektroskoup electroscope
elektrostätik electrostatic
elektroud electrode
element
elemental
elementari elementary
eleveishon elevation
eleveit elevate
eleveitor elevator
elf
elfin
elidshibl eligible
eliidshiak elegiac
eliit elite
eliitism elitism
elimineit eliminate
elips ellipse
elipsis ellipsis
elipsoid ellipsoid
eliptikal elliptical
elissit elicit
elk
elm
elokjuushon elocution
elokwens eloquence
elokwent eloquent

elongeishon elongation
elongeit elongate
eloup elope
els else
elswär elsewhere
eluud elude
eluusiv elusive
eluussideit elucidate
elvs elves
emalshon emulsion
emalsifair emulsifier
emaneishon emanation
emaneit emanate
emänsipeit emancipate
emäskjuleit emasculate
embaam embalm
embaargo embargo
embaark embark
embänkment embankment
embäräs embarrass
embäräsment embarrassment
embarkadeero embarcadero
embasi embassy
embätl embattle
embed
embellish
ember
embessl embezzle
embitter
embleison emblazon
emblem
emblemäätik emblematic
embodiment
embolism
emboss
emboulden embolden
embreiss embrace
embrio embryo
embroideri embroidery
embroil
emeishieited emaciated
emerald
emeri emery
emeritus emeritus

emf
emfäätik emphatic
emfasais emphasize
emfasis emphasis
emfösiima emphysema
emigrant
emigree emigré
emigreit emigrate
eminent
emir
emirat emirate
emisari emissary
emishon emission
emit
emjuleit emulate
emollient
emöördsh emerge
emöördshensi emergency
emoushon emotion
emout emote
emoutikon emoticon
empair empire
empathais empathize
empathi empathy
empauer empower
emperor
empirikal empirical
empleisment emplacement
emploi employ
emploier employer
emploii employee
emploiment employment
emporium
empres empress
emptii empty
emsii emcee
emtii empty
enäämor enamor
enäkt enact
enämel enamel
enansieit enunciate
end
endaiv endive
endau endow

endaument endowment
endeindshör endanger
endemik endemic
endevör endeavor
endiiring endearing
ending
endles endless
endodontiks endodontics
endokrain endocrine
endoors endorse
endoorsment endorsement
endothörmik endothermic
endshender engender
endshin engine
endshiniir engineer
endshiniiring engineering
endshoiment enjoyment
endshoin enjoin
enduurans endurance
eneibl enable
enema
enemi enemy
enerdshais energize
enerdshetik energetic
enerdshi energy
enerveit enervate
enfoorss enforce
enfould enfold
enfräntshais enfranchise
engalf engulf
engeidsh engage
engeidshment engagement
English
engoordsh engorge
engräft engraft
engreiv engrave
engrouss engross
enhääns enhance
eni any
enigma
enigmätik enigmatic
eniwan anyone
eniwei anyway
eniwer anywhere

enkamber encumber
enkambrans encumbrance
enkäpsuleit encapsulate
enkaunter encounter
enkeidsh encage
enkeiss encase
enkleiv enclave
enklous enclose
enkloushör enclosure
enkompas encompass
enköridsh encourage
enkoud encode
enkript encrypt
enkroutsh encrouch
enlaardsh enlarge
enlaiten enlighten
enlaitenment enlightenment
enlaiven enliven
enlist
enmesh
enmiti enmity
enoormiti enormity
enoormosnes enormousness
enräpt enrapt
enräptshör enrapture
enreidsh enrage
enritsh enrich
enroll
enrollment
enroub enrobe
ensaiklopiidia encyclopedia
ensaim enzyme
ensefalaitis encephalitis
enshrain enshrine
enshuur ensure
ensiklikal encyclical
ensin ensign
enskons ensconce
enslaiv enslave
ensnäär ensnare
ensöörkl encircle
ensuu ensue
entair entire
entaiss entice

entaitl entitle
entängl entangle
enteil entail
enter
enterprais enterprise
entertein entertain
enthälpi enthalpy
enthrool enthrall
enthuus enthuse
enthuusiäsm enthusiasm
entiti entity
entomolodshi entomolodshi
entrans entrance
enträp entrap
entrast entrust
entreils entrails
entrentsh entrench
entreprenuur entrepreneur
entri entry
entropi entropy
entshäänt enchant
entshilaada enchilada
entuum entomb
entwain entwine
enumereit enumerate
envaironment environment
envairons environs
envelop envelop
enveloup envelope
envi envy
enviabl enviable
envios envious
envisidsh envisage
envoi envoy
epi- epi-
epidemik epidemic
epidemiolodshi epidemiology
epidörmis epidermis
epiffani epiphany
epiglottis
epik epic
epikjuur epicure
epilepsi epilepsy
epilog epilogue

episenter epicenter
episkopal episcopal
episl epistle
episoud episode
epitäf epitaph
epithet
epitomais epitomize
epitomi epitome
epok epoch
epoksi epoxy
epolet epaulet
epsilon
era
erapshon eruption
erapt erupt
erekshon erection
erekt erect
erektor erector
erg
ergo
ergonoomiks ergonomics
erithiima erythema
erodshenos erogenous
erootik erotic
erootisism eroticism
eroud erode
eroushon erosion
err
erräätik erratic
erraatum erratum
errand
errant
error
errouneos erroneous
erstwail erstwhile
erudait erudite
erudishon erudition
eshelon echelon
eskaleid escalade
eskaleit escalate
eskaleitor escalator
eskapeid escapade
eskargou escargot
eskatshon escutcheon

eskeip escape
Eskimo
eskort escort
eskrou escrow
eskwair esquire
esofagus esophagus
esoteerik esoteric
espai espy
espaus espouse
Esperanto
espeshal especial
espionaash espionage
esplanaad esplanade
espresso
esprii esprit
essei essay
essens essence
essenshal essential
estäblish establish
esteit estate
ester
esthetiks esthetics
estiim esteem
estimeishon estimation
estimeit estimate (verb)
estimet estimate (noun)
estoppel
estreindsh estrange
estrodshen estrogen
estshiit escheat
estshuäri estuary
estshuu eschew
ethanol
ethein ethane
ethiirial ethereal
ethikal ethical
ethiks ethics
ethnik ethnic
ethnolodshi ethnology
ethöl ethyl
etholodshi ethology
ethos
etiket etiquette
etimolodshi etymology

etiolodshi etiology
etöörnal eternal
etöörniti eternity
etsh etch
etuud étude
etwii étui
Euro
eväkjueishon evacuation
eväkjueit evacuate
eväkjuii evacuee
eväljueishon evaluation
eväljueit evaluate
evandshelikal evangelical
eväporeishon evaporation
eväporeit evaporate
eveid evade
eveishon evasion
eveisiv evasive
event
eventshuäliti eventuality
ever
evergriin evergreen
everläästing everlasting
evidens evidence
evident
evikt evict
evinss evince
evissereit eviscerate
evokeishon evocation
evoluushon evolution
evolv evolve
evöörshon eversion
evöört evert
evouk evoke
evri every
evriwär everywhere

F

fäär fair
fäär fare
fääri fairy
faarm farm
faarmer farmer
faarss farce
faart fart
fäärwei fairway
fääst fast
fäästen fasten
fäästener fastener
fäästing fasting
faather father
fäbjulos fabulous
fäbrik fabric
fäbrikeishon fabrication
fäd fad
fadl fuddle
fadsh fudge
fäg fag
fägot faggot
fägot fagot
fahiitas fajitas
faiber fiber
faibergläs fiberglass
faibroid fibroid
faibros fibrous
faibrousis fibrosis
faif fife
fail file
failing filing
fain fine
fainait finite
fainal final
fainalais finalize
fainali finally
fainalist finalist
fainaliti finality
fainäns finance

fainänsial financial
fainänsier financier
faind find
fainding finding
faineri finery
fair fire
fairi fiery
fairing firing
faisti feisty
fait fight
faiter fighter
faiton phyton
faiv five
faiver fiver
fak fuck
fakiir fakir
fäks fax
fäkshon faction
fäksimili facsimile
fäkt fact
fäktoid factoid
fäktoorial factorial
fäktor factor
fäktori factory
fäktoring factoring
fäktshual factual
fäkulti faculty
falafel
fälänks phalanx
fäleishos fallacious
fälkon falcon
fällässi fallacy
fällibl fallible
fällou fallow
fällus phallus
falsetto
fambl fumble
fämili family
fämiliär familiar
fämiliärais familiarize
fämiliäriti familiarity
fämin famine
fämish famish
fan fun

fän fan
fänäätikal fanatical
fand fund
fandamental fundamental
fändängo fandango
fändshet fanjet
fandshibl fungible
fandshisaid fungicide
fänfär fanfare
fanfest funfest
fäng fang
fangus fungus
fani funny
fank funk
fanki funky
fankshon function
fankshonal functional
fankshonäliti functionality
fankshonäri functionary
fannel funnel
fänni fanny
fänsi fancy
fänsier fancier
fänsiful fanciful
fäntäsi fantasy
fäntästik fantastic
fänteil fantail
fänteishia fantasia
fäntom phantom
far
färäd farad
farfel
fariina farina
färindshaitis pharyngitis
färinks pharynx
farmakolodshi pharmacology
farmasi pharmacy
farmasist pharmacist
farmasuutikal pharmaceutical
Farsi
farther
färwel farewell
fasaad facade
fäshon fashion

fäshonabl fashionable
fäsiishos facetious
fass fuss
fässet facet
fässil facile
fässiliteit facilitate
fässiliteitor facilitator
fässiliti facility
fässineishon fascination
fässineit fascinate
fässism fascism
fasti fusty
fästidios fastidious
fät fat
fät-hed fathead
fätening fattening
fäthom fathom
fäti fatty
fätiig fatigue
fätshuos fatuous
fätso fatso
faul foul
faul fowl
faund found
faundeishon foundation
faunder founder
faundri foundry
faunt fount
fauntan fountain
faz fuzz
fazi fuzzy
faziheded fuzzyheaded
Februari February
federal
federalism
federeishon federation
federeit federate
fedoora fedora
feet féte
fei fey
feibl fable
feid fade
feik fake
feil fail

feiljör failure
feim fame
feimos famous
fein feign
feint faint
feint
feis phase
feishal facial
feishia fascia
feisor phasor
feiss face
feissing facing
feit fate
feital fatal
feitäliti fatality
feith faith
feithful faithful
feiton phaeton
feivör favor
feivörabl favorable
feivöritism favoritism
feiz faze
fekand fecund
fekles feckless
fel fell
felaatio fellatio
feldspar
felissiteit felicitate
felissiti felicity
fella
fello fellow
felon
feloni felony
felonios felonious
felt
fem femme
feminais feminize
feminin feminine
femininiti femininity
femör femur
femto
fend
fender
fenestra

fennel
fenoomenal phenomenal
fenoomenon phenomenon
fens fence
feroushos ferocious
ferrait ferrite
ferret
ferri ferry
ferrik ferric
ferro-
ferromägnetik ferromagnetic
ferros ferrous
ferrul ferrule
fesant pheasant
feskju fescue
fest
fester
festiv festive
festival
festiviti festivity
festuun festoon
feta
fether feather
fetid
fetishism
fetsh fetch
fetutshiini fetuccine
fez
fiansee fiancé
fiasko fiasco
fiat
fib
fibjula fibula
fibril
fibrileishon fibrillation
fibrileit fibrillate
fideliti fidelity
fidl fiddle
fidler fiddler
fidshet fidget
fiduushal fiducial
fiduushiari fiduciary
fiesta
fifth

fiftieth
fiftiin fifteen
fig
figjur figure
figjurativ figurative
figjureishon figuration
figjurhed figurehead
figjuriin figurine
figment
fii fee
fiibi phoebe
fiibl feeble
fiid feed
fiifdom fiefdom
fiil feel
fiild field
fiind fiend
fiindish fiendish
fiiniks phoenix
fiir fear
fiirles fearless
fiirs fierce
fiish fiche
fiisibiliti feasibility
fiisibl feasible
fiisis feces
fiist feast
fiit feat
fiit feet
fiital fetal
fiitshör feature
fiitus fetus
fiiver fever
fikl fickle
fiks fix
fiksd fixed
fikseishon fixation
fikseit fixate
fikser fixer
fikshon fiction
fikstshör fixture
fiktil fictile
fiktishos fictitious
filain feline

filament
filänder philander
filänthropi philanthropy
filbert
filee filet
filee fillet
filharmoonik philharmonic
filibaster filibuster
filid felid
filigri filigree
fill
filli filly
filling
fillip
film
filodendron philodendron
filolodshi philology
filosofikal philosophical
filossofais philosophize
filossofer philosopher
filossofi philosophy
filter
filth
filtreishon filtration
filtreit filtrate
filtsh filch
fimeil female
fin
finaale finale
finess finesse
finger
fingerneil fingernail
fingerprint
fingertip
finial
finiki finicky
finish
fink
finobarbital phenobarbital
finol phenol
fintsh finch
fish
fisheri fishery
fishi fishy

fishing
fishon fission
fishör fissure
fishteil fishtail
fisiik physique
fisikal physical
fisiks physics
fisiolodshi physiology
fisiolodshikal physiological
fisishan physician
fisisist physicist
fiskal fiscal
fist
fit
fited fitted
fiter fitter
fitful
fiting fitting
fitnes fitness
fiz fizz
fizi fizzy
fizl fizzle
fizler fizzler
fjord
fju few
fjudshitiv fugitive
fjuneral funeral
fjuniirial funereal
fjunikjular funicular
fjurankl furuncle
fjutil futile
fjutiliti futility
fjuu phew
fjuud feud
fjuudal feudal
fjuudalism feudalism
fjuug fugue
fjuul fuel
fjuum fume
fjuumigant fumigant
fjuumigeit fumigate
fjuuri fury
fjuurios furious
fjuuror furor

fjuus fuse
fjuuselaash fuselage
fjuusha fuchsia
fjuushon fusion
fjuusibl fusible
fjuusilaad fusillade
fjuutshör future
fjuutshörism futurism
fjuutshörolodshi futurology
fläär flair
fläär flare
flab flub
fläb flab
fläbergäst flabbergast
flad flood
fladlait floodlight
flädshelant flagellant
flädsheleit flagellate
flaf fluff
flafi fluffy
fläg flag
fläging flagging
flägon flagon
flägpoul flagpole
flägship flagship
flai fly
flaier flier
flaiing flying
flaiover flyover
flait flight
flaiti flighty
flaiwiil flywheel
fläk flack
fläk flak
flaks flux
fläks flax
fläksen flaxen
flakshueit fluctuate
fläksid faccid
fläm flam
flambee flambé
flämboiant flamboyant
flamenko flamenco
flamingo

flämmabl flammable
flän flan
fländsh flange
flang flung
flank flunk
flänk flank
flännel flannel
fläp flap
fläpabl flappable
fläpdshäk flapjack
fläper flapper
flash flush
fläsh flash
fläsher flasher
fläshing flashing
fläshlait flashlight
fläshpoint flashpoint
fläsk flask
flaster fluster
flät flat
flätbed flatbed
flater flutter
fläter flatter
flätkaar flatcar
flätshulent flatulent
flätten flatten
flättop flattop
flätwär flatware
flauer flower
flaunder flounder
flauns flounce
flaur flour
flaut flout
flebaitis phlebitis
fled
fledshling fledgling
flegmätik phlegmatic
flei flay
fleigrant flagrant
fleik flake
fleil flail
fleim flame
fleimaut flameout
fleiming flaming

fleivör flavor
flek fleck
fleks flex
flekshör flexure
flekstaim flextime
flem phlegm
Flemish
flesh
flii flea
flii flee
fliiss fleece
fliit fleet
fliiting fleeting
flik flick
fliker flicker
flimfläm flimflam
flimsi flimsy
fling
flint
flintsh flinch
flip
flipant flippant
fliper flipper
flit
fliter flitter
flog
flok flock
flokjulent flocculent
floks phlox
floo flaw
flooles flawless
floont flaunt
floor
flöört flirt
flop
flophaus flophouse
flopi floppy
flora
floraid fluoride
florait fluorite
floral
floress fluoresce
floressens florescence
floressens fluorescence

floressent fluorescent
floribunda
florid
florikaltshör floriculture
florin
florin fluorine
flörish flourish
florist
flörri flurry
flörteishon flirtation
flörteishos flirtatious
floss
floteishon flotation
flotel
flotilla
flotsam
flou floe
flou flow
floui flowy
flouidsh flowage
floun flown
flout float
flouter floater
flu flew
flu
fluent
fluid
fluidiks fluidics
fluu flue
fluuk fluke
fluum flume
fluusi floozy
fluut flute
fluutist flutist
fluuvial fluvial
fob
foder fodder
fog
fogi foggy
foibl foible
foier foyer
foil
foist
fokatsha focaccia

foks fox
fokshaund foxhound
fokshoul foxhole
foksi foxy
foksteil foxtail
fokstrot foxtrot
folio
folli folly
follikl follicle
follis follies
follo follow
folloer follower
folloing following
foment
fon phon
fond
fondl fondle
fonduu fondue
fonetik phonetic
foniim phoneme
foniimik phonemic
foniks phonics
fonogräf phonograph
fonogräm phonogram
fonoolodshi phonology
font
fool fall
foolaut fallout
foolen fallen
fools false
foolsifai falsify
foolsis falsies
foolsiti falsity
foolt fault
foolter falter
fooltles faultless
foon fawn
foona fauna
foor fore
foor four
föör fir
föör fur
foorbäär forebear
föörbish furbish

foorbouding foreboding
foord ford
foordsh forge
foordsheri forgery
foorgan foregone
foorgou forego
foorgraund foreground
foorhänd forehand
foorhed forehead
fööri furry
fööri̇er furrier
fööring furring
foorkääst forecast
foorklous foreclose
foorkloushör foreclosure
föörl furl
föörlou furlough
föörm firm
foormoust foremost
föörn fern
föörnas furnace
föörnish furnish
föörnishings furnishings
föörnitshör furniture
foorraner forerunner
foorsait foresight
foorsam foursome
foorseps forceps
foorsii foresee
foorskoor fourscore
foorss force
foorssd forced
foorssibl forcible
föörst first
foorstool forestall
foorth fourth
föörther further
föörtherans furtherance
föörthermoor furthermore
foorti forty
foortiin fourteen
foortiish fortyish
föörtiv furtive
foortshun fortune

foortshunat fortunate
foorum forum
foorwörd foreword
fooset faucet
foot fought
fop
for
forbäär forbear
forbäärans forbearance
forbid
forbidden
forei foray
forensik forensic
forest
forester
forestri forestry
forever
forfit forfeit
forfitshur forfeiture
forgeiv forgave
forgett forget
forgettabl forgettable
forgiv forgive
forgivnes forgiveness
forgot
forgou forgo
foridsh forage
forin foreign
foriner foreigner
fork
forklift
forlorn
form
formal
formalais formalize
formaldehaid formaldehyde
formaliti formality
format
formativ formative
formeishon formation
förment ferment
former
formidabl formidable
formjula formula

formjulari formulary
formjuleit formulate
formles formless
fornikeishon fornication
fornikeit fornicate
förrou furrow
forseik forsake
forsithia forsythia
forswäär forswear
fort
förtail fertile
forte
forth
forthkaming forthcoming
forthrait forthright
fortieth
fortifai fortify
fortifikeishon fortification
förtilaiser fertilizer
förtiliseishon fertilization
förtiliti fertility
fortissimo
fortitud fortitude
fortnait fortnight
fortres fortress
fortuitos fortuitous
förvent fervent
förvor fervor
forward
fosdshiin phosgene
fosfeit phosphate
fosfor phosphor
fosforessens phosphorescence
fossil
fossilais fossilize
foster
fosteridsh fosterage
fot phot
fotik photic
foto photo
fotoäktiv photoactive
fotodshenik photogenic
fotoelektrik photoelectric
fotoemishon photoemission

fotogräf photograph
fotogrämmetri photogrammetry
fotogravjuur photogravure
fotokopi photocopy
foton photon
fotoogräfi photography
fotoometri photometry
fotosinthesis photosynthesis
fotovolteik photovoltaic
fou foe
foubia phobia
fougi fogy
fouk folk
foukal focal
foukalais focalize
foukloor folklore
fouks folks
fouksi folksy
foukus focus
foul foal
fould fold
foulder folder
fouldöwei foldaway
fouliar foliar
foulidsh foliage
foulieishon foliation
foulieit foliate
foum foam
foun phone
founi phony
fouvia fovea
frädshail fragile
fräg frag
frägment fragment
frägmenteishon fragmentation
frai fry
fraid fried
Fraidei Friday
fraier fryer
frait fright
fraitful frightful
fräkas fracas
fräkshon fraction
fräkshonal fractional

fräktal fractal
fräktshör fracture
framp frump
fränk frank
fräntik frantic
fräntshais franchise
fräp frap
frapee frappé
fräsl frazzle
frastreishon frustration
frastreit frustrate
frät frat
frätöörnal fraternal
frätöörniti fraternity
frätörnais fraternize
frätrisaid fratricide
fraun frown
frei fray
freigrans fragrance
freigrant fragrant
freil frail
freilti frailty
freim frame
freimer framer
freimwörk framework
freis phrase
freisolodshi phraseology
freit freight
freiter freighter
frekl freckle
frend friend
frendship friendship
freneetik frenetic
frensi frenzy
Frentsh French
fresh
freshmän freshman
fresko fresco
fret
fretful
fridsh fridge
fridshid frigid
frigat frigate
frii free

friidom freedom
friik freak
friik phreak
friikwensi frequency
friikwent frequent
friilääns freelance
friilouder freeloader
friiz freeze
friiz frieze
friizer freezer
frikativ fricative
frill
frindsh fringe
friperi frippery
frisk
frit
friter fritter
frivoliti frivolity
frivolos frivolous
friz frizz
frizl frizzle
frog
frogmän frogman
frok frock
frolik frolic
from
frond
front
frontal
frontidsh frontage
frontiir frontier
frontlain frontline
frood fraud
froodshulent fraudulent
froot fraught
frosh
frost
frosting
froth
frous froze
frousen frozen
fruishon fruition
fruktous fructose
fruugal frugal

fruut fruit
fruutful fruitful
fruuti fruiti
fruutles fruitless
fugaato fugato
ful full
fulbäk fullback
fulfil fulfill
fulkrum fulcrum
fulmineit fulminate
fulsam fulsome
fut foot
futbool football
futer footer
futhil foothill
futidsh footage
futing footing
futlaits footlights
futloker footlocker
futnout footnote
futon
futprint footprint
futsi footsie
futwörk footwork
fuu foo
fuud food
fuui phooey
fuul fool
fuuleri foolery
fuulhaardi foolhardy
fuulish foolish
fuusbool foosball

G

gaarb garb
gaarbl garble
gaard guard
gaarden garden
gaardian guardian
gaardroub garderobe
gaargl gargle
gaarlik garlic
gaarment garment
gaarner garner
gaarnet garnet
gaarnish garnish
gaarter garter
gaarth garth
gääsp gasp
gäästli ghastly
gäb gab
gäbärdiin gabardine
gäbfest gabfest
gäbi gabby
gäbl gabble
gäd gad
gädflai gadfly
gädöbaut gadabout
gädshet gadget
gaf guff
gäf gaff
gäf gaffe
gäfer gaffer
gafo guffaw
gäg gag
gaga
gägl gaggle
gai guy
gaid guide
gaidans guidance
gaidlain guideline
gail guile
gailles guileless

gainekolodshi gynecology
gais guise
gaiser geyser
gaiwair guywire
gäl gal
gala
gäläksi galaxy
gäläktik galactic
gälant gallant
gälantri gallantry
gälävänt galavant
galf gulf
gälivänt gallivant
gall gull
gälleri gallery
gälleriia galleria
gallet gullet
galli gully
gälli galley
gallibl gullible
gällion galleon
gällium gallium
gällon gallon
gällop gallop
gällous gallows
galoshes
galp gulp
galtsh gulch
gälväänik galvanic
gälvänais galvanize
gälvänoometer galvanometer
gam gum
gäm gam
gämbit gambit
gämbl gamble
gambo gumbo
gambool gumball
gämbrel gambrel
gämma gamma
gammi gummy
gämmon gammon
gamp gump
gampshon gumption
gamshu gumshoe

gämut gamut
gan gun
ganait gunite
gänder gander
ganfait gunfight
gäng gang
gängbaster gangbuster
gängling gangling
gänglion ganglion
gängriin gangrene
gängster gangster
gängwei gangway
gank gunk
ganmän gunman
ganner gunner
ganpauder gunpowder
ganshot gunshot
gäntlet gantlet
gäntri gantry
gäp gap
gapi guppy
gar
garaash garage
garanti guaranty
garantii guarantee
garantor guarantor
garbidsh garbage
gardiinia gardenia
gargäntshuan gargantuan
gargoil gargoyle
gärish garish
garland
gärret garret
gärrison garrison
gärrout garrote
gärrulos garrulous
gäs gas
gash gush
gäsh gash
gäsifai gasify
gäsios gaseous
gäsket gasket
gäslait gaslight
gäsohol gasohol

gäsolin gasoline
gässer gasser
gasset gusset
gässi gassy
gast gust
gästait gastight
gasto gusto
gästrektomi gastrectomy
gästrik gastric
gästronomi gastronomy
gästronoum gastronome
gat gut
gät gat
gater gutter
gäther gather
gäthering gathering
gatles gutless
gatsi gutsy
gattural guttural
gaudsh gouge
gaun gown
gauss
gaut gout
gautsho gaucho
gav guv
gävel gavel
gavnor guvnor
gavott gavotte
gazell gazelle
gazett gazette
gaziibo gazebo
gazl guzzle
gei gay
geibl gable
geidsh gage
geidsh gauge
geieti gaiety
geil gale
geili gaily
geim game
geimi gamy
geiming gaming
geimsmänship gamesmanship
gein gain

geinsei gainsay
geip gape
geisha
geit gait
geit gate
geitkräsher gatecrasher
geitör gator
geitwei gateway
geiz gaze
geko gecko
gerilla guerilla
gerilla guerrilla
gess guess
gesswöörk guesswork
gest guest
gestalt
gestimeit guesstimate
gestruum guestroom
gesundhait gesundheit
get
getap getup
geto ghetto
gib
giberish gibberish
gidi giddy
gift
gifted
giftträp giftwrap
gig
giga-
gigabait gigabyte
gigl giggle
giik geek
giir gear
giirboks gearbox
giiss geese
giizer geezer
gilbert
gild
gild guild
gill
gillotin guillotine
gilt
gilt guilt
gilti guilty
giltles guiltless
gimbal
gimlet
gimmik gimmick
gimp
gini guinea
ginko gingko
ginko ginkgo
gismo
git
gitar guitar
giv give
given
givöwei giveaway
gizard gizzard
gizmo
glääns glance
gläär glair
gläär glare
glääs glass
glääses glasses
glääswär glassware
gläd glad
gläden gladden
glädieitor gladiator
glag glug
glaid glide
glaider glider
glam glum
gläm glam
glämor glamour
glämoros glamorous
gländ gland
gländshular glandular
glasee glacé
glat glut
glatton glutton
glaukooma glaucoma
glav glove
gleid glade
gleishal glacial
gleisher glacier
gleiz glaze

gleizier glazier
glen
glib
glif glyph
glii glee
gliim gleam
gliin glean
glimmer
glimps glimpse
glint
gliptik glyptic
glissando
glissen glisten
glisserin glycerin
gliter glitter
glits glitz
glitsh glitch
glob
globjul globule
globjular globular
glog glogg
glom
glomerat glomerate
glop
glori glory
glorifai glorify
glorios glorious
gloss
glossa
glossi glossy
glottis
glou glow
gloub globe
gloubal global
glouing glowing
glouming gloaming
glout gloat
glu glue
glukous glucose
glutameit glutamate
gluten
gluteus
gluum gloom
gluup gloop

gob
gobl gobble
gobldiguuk gobbledygook
gobler gobbler
goblet
goblin
god
goddäm goddam
goddes goddess
godfaather godfather
godles godless
godson
goffer
gogl goggle
going
golaiath goliath
gold
golden
goldfish
golf
golli golly
gon gone
gondola
gong
gonk
gonoriia gonorrhea
goodi gaudy
gook gawk
gool gall
goolbläder gallbladder
gooling galling
goolstoun gallstone
goont gaunt
goontlet gauntlet
goor gore
goord gourd
göörd gird
göörder girder
göördl girdle
goordsh gorge
goordshos gorgeous
göörgl gurgle
goori gory
göörkin gherkin

göörl girl
göörlfrend girlfriend
göörlish girlish
göörni gurney
göörth girth
gooz gauze
gorilla
gosh
gospel
gossamer
gossip
goth
gothik gothic
gotsha gotcha
gotten
gou go
goud goad
gouer goer
goufer gofer
goufer gopher
goul goal
gouli goalie
goulpoust goalpost
goultending goaltending
gous goes
goush gauche
goust ghost
gout goat
goutii goatee
govern
governes governess
government
governor
grääs grass
grääshoper grasshopper
grääsp grasp
gräässi grassy
grab grub
gräb grab
grabi grubby
gräbi grabby
grabsteik grubstake
gradsh grudge
grädshual gradual

grädshuat graduate (noun)
grädshueishon graduation
grädshueit graduate (verb)
graf gruff
gräf graph
gräfait graphite
gräfiim grapheme
grafiiti graffiti
gräfiks graphics
gräft graft
graim grime
graind grind
graindstoun grindstone
graip gripe
gräkl grackle
gräm gram
grambl grumble
grämma gramma
grämmar grammar
grämmi grammy
gramp grump
grämpa grampa
grampi grumpy
gränari granary
gränd grand
gränddäd granddad
gränddooter granddaughter
grändilokwens grandiloquence
grändious grandiose
grändma grandma
grändmather grandmother
grändpa grandpa
grändpärent grandparent
grandsh grunge
grändshör grandeur
grändson grandson
grändständ grandstand
gränit granite
gränjul granule
gränjular granular
gränjuleishon granulation
gränjuleit granulate
gränni granny
granoola granola

grant grunt
gränt grant
gräntii grantee
gräntor grantor
gräpl grapple
grätifai gratify
grätifikeishon gratification
gratin
gratis
grätitud gratitude
grätuiti gratuity
grätuitos gratuitous
graul growl
graund ground
graundhog groundhog
graundles groundless
graundskiiper groundskeeper
graundswel groundswell
graundwöörk groundwork
graus grouse
graut grout
grautsh grouch
grävel gravel
gräviteit gravitate
gräviti gravity
gravjuur gravure
gregärios gregarious
grei gray
grei grey
greid grade
greideishon gradation
greider grader
greidient gradient
greihaund greyhound
greiish greyish
greil grail
grein grain
greindsh grange
greip grape
greipfruut grapefruit
greishos gracious
greiss grace
greissles graceless
greit grate

greit great
greiter grater
greitful grateful
greiv grave
greivdiger gravedigger
greivi gravy
greivjard graveyard
greiz graze
gremlin
grenadiin grenadine
grenadiir grenadier
greneid grenade
gribl gribble
grid
gridairon gridiron
gridl griddle
gridlok gridlock
grift
griid greed
griif grief
griin green
griinbäk greenback
griinbelt greenbelt
griinhaus greenhouse
griinhorn greenhorn
griiss grease
griit greet
griiter greeter
griiv grieve
griivans grievance
griivos grievous
gril grill
gril grille
grim
grimas grimace
grin
gringo
grintsh grinch
grip
grip grippe
grisli grisly
grissl gristle
grist
gristmill

grit
griti gritty
grits
grizl grizzle
grog
grogi groggy
groin
grommet
grotesk grotesque
groto grotto
grou grow
groun groan
group grope
grouss gross
grousser grocer
grousseri grocery
grouth growth
grouv grove
grovel
gruul gruel
gruum groom
gruup group
gruuper grouper
gruupi groupie
gruusam gruesome
gruuv groove
gruuvi groovy
guava
gud good
gudbai goodbye
gudli goodly
gudnes goodness
guds goods
gudwil goodwill
gulag
gulash goulash
gurmaand gourmand
gurmee gourmet
guru
guu goo
guuf goof
guufbool goofball
guui gooey
guuk gook

guul ghoul
guulish ghoulish
guun goon
guup goop
guuss goose

H

haa hah
hääf half
hääfbäk halfback
hääftaim halftime
hääftoun halftone
hääfwei halfway
häär hair
häär hare
haarbor harbor
häärbreind harebrained
haard hard
haardboord hardboard
haarden harden
haardi hardy
haardkoor hardcore
haardlain hardline
haardli hardly
haardnes hardness
haardship hardship
haardtop hardtop
häärdu hairdo
haardwair hardwire
haardwär hardware
haark hark
haarken hearken
haarlekwin harlequin
häärlip harelip
haarlot harlot
haarm harm
haarmful harmful
haarmles harmless
haarmonais harmonize
haarmoni harmony
haarnes harness
haarp harp
haarsh harsh
haart heart
haartbiit heartbeat
haartböörn heartburn

haarteik heartache
haarten hearten
haarth hearth
haarti hearty
haartili heartily
haartles heartless
haarvest harvest
hääsp hasp
hääv halve
hab hub
habab hubbub
häberdäsher haberdasher
habi hubby
häbiliteit habilitate
häbit habit
häbitabl habitable
häbitant habitant
häbität habitat
häbiteishon habitation
häbitshual habitual
häbitshueit habituate
habkäp hubcap
hadl huddle
hädok haddock
haf huff
hag hug
häg hag
hägard haggard
hägl haggle
hai hi
hai high
haiasinth hyacinth
haiatus hiatus
haiberneit hibernate
haibiskus hibiscus
haibool highball
haibrau highbrow
haibrid hybrid
haid hide
haidaut hideout
haidöwei hideaway
haidraid hydride
haidrant hydrant
haidreit hydrate

haidro hydro
haidrodainämik hydrodynamic
haidrodshen hydrogen
haidroelektrik hydroelectric
haidrofoil hydrofoil
haidrogräfi hydrography
haidrokarbon hydrocarbon
haidrokloraid hydrochloride
haidrokortisoun hydrocortisone
haidroksaid hydroxide
haidrolais hydrolyze
haidrolisis hydrolysis
haidrolodshi hydrology
haidrometer hydrometer
haidroolik hydraulic
haidropauer hydropower
haidroplein hydroplane
haidrostätik hydrostatic
haidshäk hijack
haidshiin hygiene
haidshiinik hygienic
haierap higherup
haifen hyphen
haifeneit hyphenate
haigrometer hygrometer
haiina hyena
haik hike
hailait highlight
haimen hymen
haind hind
haines highness
haip hype
haiper hyper
haiperäktiv hyperactive
haiperboolik hyperbolic
haipersensitiv hypersensitive
haipersoonik hypersonic
haiperspeiss hyperspace
haipertenshon hypertension
haiperventileit hyperventilate
haipo hypo
haipodöörmik hypodermic
haipodöörmis hypodermis
haipokondria hypochondria

haipokondriak hypochondriac
haipoksia hypoxia
haipöörbola hyperbola
haipöörbole hyperbole
haipotenus hypotenuse
haipothekeit hypothecate
haipothesis hypothesis
haipothetikal hypothetical
haipothöörmia hypothermia
haipoventileit hypoventilate
hair hire
haist heist
hait height
haiteil hightail
haiten heighten
haiv hive
haiwei highway
häk hack
häker hacker
häkl hackle
haklberri huckleberry
häknid hackneyed
häksoo hacksaw
hakster huckster
häktivism hacktivism
hälaid halide
halibut
hälitousis halitosis
halk hulk
hall hull
halleluuja hallelujah
halloo
hällou hallow
Hällowiin Halloween
hällusinodshen hallucinogen
hälluussineit hallucinate
hälodshen halogen
hälsion halcyon
ham hum
häm ham
hambag humbug
hambl humble
hämbörger hamburger
hamdinger humdinger

hamdram humdrum
hamf humph
hämlet hamlet
hämmer hammer
hämmerlok hammerlock
hammingböörd hummingbird
hämmok hammock
hamp hump
hämper hamper
hämster hamster
hämstring hamstring
händ hand
händbäg handbag
händbool handball
händbuk handbook
händi handy
händikäp handicap
händikräft handicraft
händili handily
händimän handyman
händiwöörk handiwork
händkaf handcuff
händkörtshif handkerchief
händl handle
händmeid handmade
händoff handoff
händover handover
händpik handpick
händraiting handwriting
handred hundred
händreil handrail
händsheik handshake
händsom handsome
händständ handstand
händwöörk handwork
hang hung
häng hang
hängar hangar
hängaut hangout
hanger hunger
hänger hanger
hänging hanging
hangri hungry
hani honey

hanibii honeybee
haniduu honeydew
hanikoum honeycomb
hanimuun honeymoon
hanisakl honeysuckle
hank hunk
hänk hank
hanker hunker
hänker hanker
hänki hankie
hant hunt
hanter hunter
hantsh hunch
hantshbäk hunchback
häp hap
häpenstäns happenstance
häphäzard haphazard
häpi happy
häpili happily
häppen happen
häppening happening
harakiri
häräng harangue
häräss harass
harbindsher harbinger
härem harem
harmoonik harmonic
harmoonika harmonica
harmoonios harmonious
harmoonium harmonium
harpsikoord harpsichord
harpuun harpoon
harramf harrumph
härri harry
härrier harrier
härrou harrow
härrouing harrowing
häs has
hasband husband
hasbandri husbandry
hash hush
häsh hash
häshish hashish
hask husk

haski husky
hassi hussy
hassienda hacienda
hassl hustle
hässl hassle
hassler hustler
hässok hassock
hat hut
hät hat
hatsh hutch
hätsh hatch
hätshbäk hatchback
hätsheri hatchery
hätshet hatchet
hättshek hatcheck
hau how
haudi howdy
hauever however
hauitser howitzer
haul howl
haund hound
haus house
hausbout houseboat
hausflai housefly
hausing housing
hauskiiper housekeeper
hausmeit housemate
hausplänt houseplant
hauswaif housewife
hauswärs housewares
hauswöörk housework
häv have
hävok havoc
häzard hazard
hed head
hedeik headache
heder header
hedfouns headphones
hedhant headhunt
heding heading
hedkworters headquarters
hedlain headline
hedrest headrest
hedruum headroom

hedset headset
hedsh hedge
hedshemoni hegemony
hedshhog hedgehog
hedwei headway
heffer heifer
hefti hefty
hei hay
hei hey
heidei heyday
heil hail
heil hale
heilo halo
heiloft hayloft
heimeiker haymaker
heinos heinous
heiraid hayride
heist haste
heisten hasten
heit hate
heitful hateful
heitred hatred
heiwair haywire
heiz haze
heizi hazy
heizl hazel
hek heck
hekl heckle
heks hex
heksa- hexa-
heksaklorofiin hexachlorophine
hektar hectare
hektik hectic
hekto- hecto-
held
heli-
helikal helical
helikopter helicopter
helipäd helipad
heliport
hell
hellfair hellfire
hellhoul hellhole
hello

helm
helmet
help
helples helpless
helth health
helthi healthy
hem
hemisfiir hemisphere
hemlain hemline
hemlok hemlock
hemoridsh hemorrhage
hemoroids hemorrhoids
hemp
hen
henhaus henhouse
henpek henpeck
henri henry
henss hence
hentshmän henchman
hepataitis hepatitis
hepatouma hepatoma
heptagon
herald
heraldri heraldry
hereeditäri hereditary
hereediti heredity
heresi heresy
heretik heretic
heritabl heritable
heritidsh heritage
heroiks heroics
heroin
heroism
heron
herring
herts hertz
hesitant
hesiteishon hesitation
hesiteit hesitate
hetero-
heterodshenos heterogenous
heterodshiinios heterogeneous
heteronim heteronym
heteroseksuäliti heterosexuality

hether heather
heven heaven
hevi heavy
heviset heavyset
heviweit heavyweight
hi he
hibatshi hibachi
hid
hiden hidden
hideos hideous
hier here
hieräfter hereafter
hierarki hierarchy
hierbai hereby
hierin herein
hieroglif hieroglyph
hierwith herewith
hii'd he'd
hiid heed
hiidles heedless
hiidonism hedonism
hiidoonik hedonic
hiihoo heehaw
hii'l he'll
hiil heal
hiil heel
hiiliks helix
hiilio- helio-
hiilium helium
hiimal hemal
hiimatolodshi hematology
hiimatoma hematoma
hiip heap
hiiping heaping
hiir hear
hiiring hearing
hiiro hero
hiirsei hearsay
hii's he's
hiit heat
hiitedli heatedly
hiiter heater
hiith heath
hiithen heathen

hiiting heating
hiiv heave
hiivs heaves
hik hick
hikap hiccup
hiki hickey
hikori hickory
hilärios hilarious
hiläriti hilarity
hill
hillbilli hillbilly
hillok hillock
hilltop
hilt
him
himn hymn
himnal hymnal
himnolodshi hymnology
himo- hemo-
himofiilia hemophilia
himoglobin hemoglobin
himosteisis hemostasis
himself
hinder
hindrans hindrance
hindsh hinge
hint
hip
hipäätik hepatic
hipi hippie
hipnotais hypnotize
hipnousis hypnosis
hipodroum hippodrome
hipokrisi hypocrisy
hipokrit hypocrite
hipokritikal hypocritical
hipopotamus hippopotamus
hipster
hirsut hirsute
his
hiss
histamin histamine
histerektomi hysterectomy
histeresis hysteresis

histeria hysteria
histerikal hysterical
histeriks hysterics
histogräm histogram
histori history
historian
historikal historical
histrioniks histrionics
hit
hither
hitsh hitch
hju hue
hjubris hubris
hjumän human
hjumänitärian humanitarian
hjumänitis humanities
hjumänkaind humankind
hjumänoid humanoid
hjumein humane
hjumid humid
hjumidifai humidify
hjumidifaier humidifier
hjumiditi humidity
hjumidor humidor
hjumilieishon humiliation
hjumilieit humiliate
hjumiliti humility
hjumoresk humoresque
hjumorist humorist
hjumorles humorless
hjumoros humorous
hjumus humus
hjuristik heuristic
hjuu hew
hjuudsh huge
hjuumor humor
hobi hobby
hobiist hobbyist
hobit hobbit
hobl hobble
hobo
hog
hogish hoggish
hogwosh hogwash

hoist
hok hock
hoki hockey
hold
holdap holdup
holdaut holdout
holidei holiday
holistik holistic
holler
holli holly
hollou hollow
holokoost holocaust
holoografi holography
holster
homidsh homage
homili homily
homisaid homicide
homodsheniieti homogeneity
homodshiinios homogeneous
homofail homophile
homofoobia homophobia
homofoun homophone
homogräf homograph
homongos homongous
homonim homonym
homonimos homonymous
homoodshenais homogenize
homoseksual homosexual
homoseksuäliti homosexuality
honk
honker
hontsho honcho
hoo haw
hook hawk
hool hall
hool haul
hoolmark hallmark
hoolt halt
hoolter halter
hoolting halting
hoont haunt
hoontsh haunch
hoor whore
höörb herb

höörbalist herbalist
höörbisaid herbicide
hoord hoard
hoord horde
höörd heard
höörd herd
höörder herder
höördl hurdle
hoorhaus whorehouse
hoori hoary
höörl hurl
höörmit hermit
höörmitidsh hermitage
hoorn horn
hoornet hornet
hoorni horny
höörnia hernia
höörnieit herniate
hoornpaip hornpipe
höörpes herpes
hoors hoarse
höörs hearse
höört hurt
höörtl hurtle
hooser hawser
hoothorn hawthorn
hooti haughty
hop
hoper hopper
hoping hopping
hopsäk hopsack
hopskotsh hopscotch
hör her
horaison horizon
hörbäärium herbarium
hörbeishos herbaceous
horisontal horizontal
hörmäfrodait hermaphrodite
hörmeetik hermetic
hormoun hormone
horoskoup horoscope
horrendos horrendous
hörri hurry
horribl horrible

horrid horrid
horrifai horrify
horriffik horrific
hörrikein hurricane
horror
hors horse
horsbäk horseback
horsdroon horsedrawn
horspauer horsepower
horsplei horseplay
horsrädish horseradish
horsshuu horseshoe
hortikaltshör horticulture
hosanna
hospis hospice
hospitabl hospitable
hospital
hospitalais hospitalize
hospitäliti hospitality
hostail hostile
hostel
hostidsh hostage
hostiliti hostility
hot
hot-haus hothouse
hot-hed hothead
hotbed
hotel
hotlain hotline
hou ho
hou hoe
hougi hoagie
houki hokey
houks hoax
houkum hokum
houl hole
houl whole
houlhaarted wholehearted
houli holy
houlli wholly
houlsam wholesome
houlseil wholesale
houm home
houmbaund homebound

houmbodi homebody
houmer homer
houmgroun homegrown
houmi homey
houmkaming homecoming
houmländ homeland
houmles homeless
houmli homely
houmouner homeowner
houmsik homesick
houmspan homespun
houmsted homestead
houmward homeward
houmwöörk homework
houn hone
houp hope
houpfuli hopefully
houping hoping
houples hopeless
hous hose
houst host
houstes hostess
houv hove
hover
hu who
hu'l who'll
hu's who's
hud hood
hudanit whodunit
hudlum hoodlum
hudwink hoodwink
huever whoever
huf hoof
hufer hoofer
huk hook
hukap hookup
hukd hooked
huker hooker
huki hookey
hula
hunta junta
hurei hooray
hurraa hurrah
husoever whosoever

hutspa chutzpah
huui hooey
huum whom
huumever whomever
huup hoop
huupla hoopla
huus whose
huut hoot
huuvd hooved

I

ibidem
id
idill idyll
idillik idyllic
idiom
idiomätik idiomatic
idiosi idiocy
idiosinkrasi idisosyncracy
idiot
idiotik idiotic
idshäkjuleit ejaculate
idshekt eject
idshektor ejector
iduus educe
ier ear
if
ifi iffy
igääd egad
iglu igloo
ignait ignite
ignios igneous
ignishon ignition
ignominios ignominious
ignoor ignore
ignoramus
ignorans ignorance
ignorant
ignoubl ignoble
igres egress
igret egret
igriidshos egregious
iguana
iidikt edict
iidshis aegis
iiger eager
iigl eagle
iikwabl equable
iikwal equal
iikwalais equalize

iikwali equally
iikweishon equation
iikweit equate
iil eel
iireik earache
iiri eerie
iirmark earmark
iirpiiss earpiece
iirring earring
iirwäks earwax
iis ease
iisel easel
iisi easy
iisili easily
iisment easement
iist east
Iister Easter
iisterner easterner
iistward eastward
iit eat
iitabl eatable
iiteri eatery
iither either
iither ether
iitsh each
iiv eve
iiven even
iivl evil
iivning evening
iivs eaves
iki icky
ikwaliti equality
ikweitor equator
ikwestrian equestrian
iläboreit elaborate
ilaid elide
iläps elapse
ilästik elastic
ilästissiti elasticity
ilästomer elastomer
ileishon elation
ileit elate
ileven eleven
iliad

iliksör elixir
ilk
ill
illastrios illustrious
illativ illative
illedshibl illegible
illidshitimeit illegitimate
illigäliti illegality
illiigal illegal
illissit illicit
illiterat illiterate
illnes illness
illodshikal illogical
illuminans illuminance
illumineishon illumination
illumineit illuminate
illustreishon illustration
illustreit illustrate
illuushon illusion
illuusori illusory
imädshin imagine
imädshinabl imaginable
imädshinäri imaginary
imädshineishon imagination
imam
imbaib imbibe
imbälans imbalance
imbesil imbecile
imbju imbue
imidsh image
imidshing imaging
imidshri imagery
imiteishon imitation
imiteit imitate
imjunais immunize
imjunolodshi immunology
imjuun immune
imjuuniti immunity
imjuutabl immutable
immäkjulat immaculate
immätiirial immaterial
immätuur immature
immemorial
immens immense

immeshörabl immeasurable
immigrant
immigreishon immigration
immigreit immigrate
immiidiat immediate
imminent
immobilais immobilize
immodest
immoral
immörs immerse
immörshon immersion
immortal
immortalais immortalize
immoubil immobile
immuuvabl immovable
imp
impäär impair
impaieti impiety
impäkt impact
impälpabl impalpable
impals impulse
impalsiv impulsive
impänel impanel
imparshal impartial
impart
impäs impasse
impäshon impassion
impässabl impassable
impässiv impassive
impaund impound
impediment
impeil impale
impeishent impatient
impekabl impeccable
impel
impend
impending
impenetrabl impenetrable
imperativ imperative
imperil
imperseptibl imperceptible
impetiigo impetigo
impetshuos impetuous
impetus

impiid impede
impiidans impedance
impiirial imperial
impiitsh impeach
impindsh impinge
impish
impjudent impudent
impjuniti impunity
impjuun impugn
impjuur impure
impjuut impute
implai imply
impläkabl implacable
implänt implant
implement
implikeishon implication
implikeit implicate
implissit implicit
imploor implore
imploosibl implausible
imploud implode
imploushon implosion
impolait impolite
impöörfekt imperfect
impoortans importance
impoortant important
impörfekshon imperfection
impörsonal impersonal
impörsoneit impersonate
import
impörtinent impertinent
importuun importune
impörvios impervious
imposishon imposition
impossibiliti impossibility
impossibl impossible
impostor
impotent
impous impose
impoverish
impregnabl impregnable
impregneit impregnate
impresais imprecise
impresario

impreshon impression
impress
impressiv impressive
imprimatur
imprint
imprison
improbabl improbable
impromptu
improper
impropraieti impropriety
improvais improvise
impruuv improve
in
inädekwet inadequate
inädvörtentli inadvertently
inaf enough
inäkshon inaction
inäktiv inactive
inandeishon inundation
inandeit inundate
inänimat inanimate
inäpt inapt
inartikjulat inarticulate
inborn
inbred
indait indict
indaitment indictment
indakshon induction
indakt induct
indaktans inductance
indaktiv inductive
indaktor inductor
indaldsh indulge
indaldshens indulgence
indastri industry
indastrial industrial
indastrios industrious
indefinit indefinite
indeks index
indelibl indelible
indemnifai indemnify
indent
indenteishon indentation
indentshör indenture

indeted indebted
Indian
indidshenos indigenous
indidshens indigence
indidshent indigent
indidshestibl indigestible
indidshestshon indigestion
indifainabl indefinable
indifätigabl indefatigable
indifensabl indefensible
indifferens indifference
indignant
indigneishon indignation
indiid indeed
indiisensi indecency
indiisent indecent
indikativ indicative
indikeit indicate
indikeitor indicator
indipendent independent
indirekt indirect
indisaisiv indecisive
indises indices
indisishon indecision
indiskreshon indiscretion
indiskriit indiscreet
indiskriit indiscrete
indiskrimineit indiscriminate
indispensabl indispensable
indispjuutabl indisputable
indispousd indisposed
indistinkt indistinct
indium
individjual individual
individjualais individualize
indivisibl indivisible
indoktrineit indoctrinate
indolent
indomitabl indomitable
indoor
indshankshon injunction
indshastis injustice
indshekt inject
indshenjuos ingenuous

indshenuu ingenue
indshenuuiti ingenuity
indshest ingest
indshiinios ingenious
indshör injure
indubitabl indubitable
induus induce
induusment inducement
inedibl inedible
inefektiv ineffective
inefishent inefficient
inein inane
ineksorabl inexorable
inekwitabl inequitable
inelästik inelastic
inelidshibl ineligible
inept
ineskeipabl inescapable
inevitabl inevitable
infällibl infallible
infamos infamous
infant
infantail infantile
infantisaid infanticide
infantri infantry
infarkt infarct
infätshueishon infatuation
infätshueit infatuate
infekshon infection
infekt infect
inferens inference
infest
infidel
infiild infield
infiisibl infeasible
infiltreit infiltrate
infinit infinite
infinitesimal
infiniti infinity
infinitiv infinitive
infirior inferior
infjuurieit infuriate
infjuus infuse
infjuushon infusion

inflaks influx
inflämeishon inflammation
inflämmabl inflammable
infleim inflame
infleishon inflation
infleit inflate
inflekshon inflection
infleksibl inflexible
inflekt inflect
inflikt inflict
influens influence
influensa influenza
infomörshal infomercial
infoorm inform
infoormal informal
infoormant informant
infoormativ informative
infoormd informed
inför infer
införm infirm
införmari infirmary
informeishon information
införmiti infirmity
införno inferno
införtil infertile
infra
infräkt infract
infrared
infrastraktshör infrastructure
infriikwent infrequent
infrindsh infringe
ingot
ingrätitud ingratitude
ingrein ingrain
ingreishieit ingratiate
ingres ingress
ingressiv ingressive
ingriidient ingredient
inhäbit inhabit
inhäbitant inhabitant
inhaleishon inhalation
inheil inhale
inheilant inhalant
inherit

inheritans inheritance
inhibishon inhibition
inhibit
inhierent inherent
inhjumein inhumane
inhjuuman inhuman
inhospitabl inhospitable
iniibrieit inebriate
inikwaliti inequality
inikwiti iniquity
inimikal inimical
inimitabl inimitable
inishal initial
inishalais initialize
inishativ initiative
inishieit initiate
injuendo innuendo
ink
inkalkeit inculcate
inkälkjulabl incalculable
inkam income
inkambent incumbent
inkändessent incandescent
inkäpässiteit incapacitate
inkarneishon incarnation
inkarneit incarnate
inkeipabl incapable
inkjubeit incubate
inkjuurabl incurable
inklain incline
inklement inclement
inklineishon inclination
inkling
inkluushon inclusion
inkluusiv inclusive
inkogniito incognito
inkohiirent incoherent
inkombastibl incombustible
inkomensurat incommensurate
inkomjunikado incommunicado
inkomjuutabl incommutable
inkomparabl incomparable
inkompätibl incompatible
inkompetent incompetent

inkompliit incomplete
inkongruos incongruous
inkonsiderat inconsiderate
inkonsistent inconsistent
inkontinent incontinent
inkonviiniens inconvenience
inköör incur
inköörshon incursion
inkorekt incorrect
inkoridshibl incorrigible
inkorporeit incorporate
inkredibl incredible
inkredjulos incredulous
inkrement increment
inkriis increase
inkrimineit incriminate
inkwair inquire
inkwairi inquiry
inkwisishon inquisition
inkwisitiv inquisitive
inkwisitor inquisitor
inländ inland
inlei inlay
inleid inlaid
inlet
inmeit inmate
inn
innards
inneit innate
inner
inning
innkiiper innkeeper
innokjuos innocuous
innörveit innervate
innosens innocence
innoveishon innovation
innoveit innovate
innumerabl innumerable
inoffensiv inoffensive
inofishos inofficious
inokjuleit inoculate
inokorapt incorrupt
inoodibl inaudible
inoogjural inaugural

inoogjureit inaugurate
inoperabl inoperable
inoperativ inoperative
inoportuun inopportune
inordinat inordinate
inorgänik inorganic
inörsha inertia
inört inert
inospishos inauspicious
inpeishent inpatient
input
insabordinat insubordinate
insabstänshal insubstantial
insaferabl insufferable
insafishensi insufficiency
insafishent insufficient
insafleit insufflate
insaid inside
insais incise
insaisiv incisive
insait incite
insait insight
insalt insult
insäniti insanity
insein insane
inseishabl insatiable
insekjur insecure
insekjuriti insecurity
insekt insect
insektisaid insecticide
insemineit inseminate
insendiäri incendiary
insens incense
insensibl insensible
insensitiv insensitive
insentiv incentive
inseparabl inseparable
insepshon inception
insessant incessant
insest incest
insestshuos incestuous
inset
inshuur insure
inshuurans insurance

insidios insidious
insignia
insignifikant insignificant
insinereit incinerate
insinjueishon insinuation
insinjueit insinuate
insinsiir insincere
insipid
insipient incipient
insishon incision
insist
insistent
insiviliti incivility
inskraib inscribe
inskripshon inscription
inskriptiv inscriptive
inskrutabl inscrutable
insobraieti insobriety
insoleishon insolation
insolent
insoljubl insoluble
insolvabl insolvable
insolvent
insomnia
insöördshent insurgent
insörekshon insurrection
insörmauntabl insurmountable
insörshon insertion
insört insert
insoul insole
inspair inspire
inspairing inspiring
inspekshon inspection
inspekt inspect
inspektor inspector
inspireishon inspiration
inssidens incidence
instabiliti instability
instans instance
instänshieit instantiate
instant
instanteinios instantaneous
insted instead
insteibl instable

instep
instigeit instigate
instill
instinkt instinct
instinktiv instinctive
institushon institution
institushonalais institutionalize
institut institute
instoleishon installation
instool install
instoolment installment
instrakshon instruction
instrakt instruct
instraktor instructor
instrument
instrumental
instrumentalist
instrumenteishon instrumentation
insular
insuleishon insulation
insuleit insulate
insuleitor insulator
insulin
intäkt intact
intändshibl intangible
intedsher integer
integral
integrand
integreishon integration
integreit integrate
integreitor integrator
integriti integrity
inteik intake
intelekt intellect
intelektshual intellectual
intelidshens intelligence
intelidshent intelligent
intelidshentsia intelligentsia
intelidshibl intelligible
intemperat intemperate
intend
intens intense
intenshon intention
intenshonal intentinal

intensifai intensify
intensiti intensity
intensiv intensive
intent
inter-
interäkshon interaction
interäkt interact
interäktiv interactive
interdikt interdict
interdissiplinäri interdisciplinary
interdshekshon interjection
interdshekt interject
interest
interesting
interfeiss interface
interferon
interferoometer interferometer
interfiir interfere
interfiirens interference
interim
interkom intercom
interkonekt interconnect
interkontinental intercontinental
interkoors intercourse
interleiss interlace
interlok interlock
interlokjutor interlocutor
interlouper interloper
interlud interlude
intermetso intermezzo
intermiidiari intermediary
intermiidiat intermediate
intermishon intermission
intermittent
intermjuural intermural
intermoudal intermodal
internäshonal international
Internet
interogeishon interrogation
interogeit interrogate
interpol
interpous interpose
interrapshon interruption
interrapt interrupt

intersekshon intersection
intersekt intersect
intersepshon interception
intersept intercept
interseshon intercession
intersiid intercede
interspörs intersperse
intersteit interstate
interstishal interstitial
intertsheindsh interchange
intertwain intertwine
interval
intervenshon intervention
interviin intervene
interviinor intervenor
intervju interview
intesteit intestate
intestin intestine
intestinal
intiirior interior
intimasi intimacy
intimat intimate (noun)
intimeit intimate (verb)
intimideit intimidate
intoksikeit intoxicate
intolerabl intolerable
intolerant
intoneishon intonation
intoneit intonate
intöör inter
intöörment interment
intöörminabl interminable
intöörnal internal
intöörnist internist
intöörpret interpret
intöörpreter interpreter
intörn intern
intörnii internee
intörpoleit interpolate
intörpreteishon interpretation
intra-
inträktabl intractable
intramjural intramural
intranet

inttränsidshent intransigent
intraventrikjular intraventricular
intraviinos intravenous
intrepid
intriig intrigue
intrikasi intricacy
intrikat intricate
intrinsik intrinsic
intro-
introdakshon introduction
introduuss introduce
introspekt introspect
introvört introvert
intruud intrude
intruuder intruder
intruushon intrusion
intruusiv intrusive
intsh inch
intuishon intuition
intuitiv intuitive
intuit
inuur inure
invaiabl inviable
invaiolabl inviolable
invaiolet inviolate
invait invite
invälid, invalid invalid
invälideit invalidate
inväljuabl invaluable
inväriabl invariable
inväriant invariant
invei inveigh
inveid invade
inveishon invasion
inveisiv invasive
invektiv invective
invenshon invention
invent
inventiv inventive
inventori inventory
invest
investigeit investigate
investigeitor investigator
investitshur investiture

investment
investor
inveterat inveterate
invidios invidious
invigoreit invigorate
invinsibl invincible
invisibl invisible
inviteishon invitation
invokeishon invocation
involuntari involuntary
involuushon involution
involuut involute
involv involve
invörs inverse
invörshon inversion
invört invert
invörtebreit invertebrate
invörter inverter
invouk invoke
inward
ion eon
ioulian eolian
irädikeit eradicate
iräsibl irascible
ireis erase
ireishör erasure
iridessent iridescent
irrädikabl irradicable
irräshonal irrational
irrediimabl irredeemable
irredusibl irreducible
irregjular irregular
irreidieishon irradiation
irreidieit irradiate
irrekonsailabl irreconcilable
irrelevant
irresistibl irresistible
irrespektiv irrespective
irresponsibl irresponsible
irrevokabl irrevocable
irrevörsibl irreversible
irrigeit irrigate
irritabl irritable
irritant

irriteishon irritation
irriteit irritate
is
ishu issue
iskiimia ischemia
ismus isthmus
it
itälik italic
itälisais italicize
itereishon iteration
itereit iterate
itereitiv iterative
itinerant
itinerari itinerary
its its (possessive)
it's
itself
itsh itch

J

jaa yeah
jaard yard
jaardidsh yardage
jaardstik yardstick
jaarn yarn
jäber yabber
jaht yacht
jahuu yahoo
jaiks yikes
jak yuck
jäk yak
jaki yucky
jäm yam
jam-jam yum-yum
jämmer yammer
jammi yummy
jang young
janger younger
jangest youngest
jangling youngling
jangster youngster
jänk yank
jap yup
jäp yap
japi yuppie
jaul yowl
jei yea
jek yech
jell yell
jello yellow
jelp yelp
jen yen
jep yep
jes yes
jesterdei yesterday
jet yet
Jidish Yiddish
jiild yield
jiir year
jiist yeast
jip yip
jipi yippie
jipii yippee
jo-jo yo-yo
joga yoga
jogurt yoghurt
jon yon
jonder yonder
joo yaw
joodl yodel
jool yawl
joon yawn
joor yore
jöörn yearn
jouk yoke
jouk yolk
joukl yokel
joumän yeoman
ju you
ju-ool you-all
ju'd you'd
ju'l you'll
ju'r you're
ju'v you've
jubikwitos ubiquitous
judsheniks eugenics
jufooria euphoria
juka yucca
jukaliptus eucalyptus
juker euchre
julodshais eulogize
junänimos unanimous
junuk eunuch
jur your
jureinium uranium
jurethein urethane
juretik uretic
juriia urea
juriika eureka
juriimia uremia
juriithra urethra
jurik uric
jurin urine

jurinal urinal
jurinälisis urinalysis
jurineit urinate
jurolodshi urology
jurs yours
jurself yourself
jurselvs yourselves
jushuri usury
jusöörp usurp
justäshian eustachian
juterin uterine
juterus uterus
jutilais utilize
jutilitärian utilitarian
jutiliti utility
jutoupia utopia
juu ewe
juu yew
juu-huu yoo-hoo
juufemism euphemism
juufoni euphony
juul yule
juultaid yuletide
juus use (verb)
juusabl usable
juusd used
juuser user
juusful useful
juushual usual
juusidsh usage
juusles useless
juuss use (noun)
juut ute
juuth youth
juuthaneisha euthanasia
juuthful youthful
juvia uvea
juvula uvula

K

kääf calf
kaam calm
kaar car
käär care
kaarböreitör carburetor
kaard card
kaardboord cardboard
kaardshäking carjacking
käärfrii carefree
käärful careful
käärgiver caregiver
kaargo cargo
kaarhop carhop
kääring caring
kääris caries
käärles careless
käärlesnes carelessness
kaarmin carmine
käärn cairn
kaarnal carnal
kaarnidsh carnage
kaarnival carnival
kaarp carp
kaarpal carpal
kaarpenter carpenter
kaarpet carpet
kaarping carping
kaart cart
käärteiker caretaker
kaartlidsh cartelege
kaartop cartop
kaartridsh cartridge
kaartwiil cartwheel
kaarv carve
kääsk cask
kääsket casket
kääst cast
kääst caste
kääster caster

käästing casting
käästoff castoff
kääv calve
kab cub
käb cab
kabaal cabal
kabaljeero caballero
kabanja cabana
kabaree cabaret
käbi cabbie
käbidsh cabbage
kabihoul cubbyhole
käbin cabin
käbinet cabinet
käbinmeit cabinmate
kabord cupboard
kabriolee cabriolet
kabuus caboose
kad cud
käd cad
kädääver cadaver
kadensa cadenza
kadett cadet
kädi caddie
kädi caddy
kadl cuddle
kädmium cadmium
kädri cadre
kadshel cudgel
kädsher cadger
kaf cuff
kafee cafe
kafeiin caffeine
kafetiiria cafeteria
käftän caftan
kahuuts cahoots
kaiak kayak
kaib kibe
kaind kind
kaindhaarted kindhearted
kaindli kindly
kaindnes kindness
kaiouti coyote
kairoografi chirography

kairopräktik chiropractic
kait kite
kakao cacao
käkl cackle
kakoffoni cacophony
kakold cuckold
käktus cactus
kal cull
käläbäsh calabash
kälamain calamine
kalamari calamari
kälämiti calamity
kälämitos calamitous
kaleidoskoup kaleidoscope
kälender calendar
käliber caliber
kälibreit calibrate
kalifornium californium
kaliif caliph
käliko calico
käliper caliper
Kalipso Calypso
kälistheniks calisthenics
kälkjulabl calculable
kälkjuleishon calculation
kälkjuleitor calculator
kälkjulus calculus
källigräfi calligraphy
källioupi calliope
källos callous
källus callus
kalmineishon culmination
kalmineit culminate
kälori calorie
kälorimmiter calorimeter
kalpabl culpable
kalprit culprit
kälsifai calcify
kälsooni calzone
kälssium calcium
kalt cult
kaltiveit cultivate
kaltshör culture
kaltshöral cultural

kalvört culvert
kam come
kam cum
käm cam
kambäk comeback
kambät combat
kambättant combatant
kämber camber
kambersam cumbersome
kambineishon combination
kämbrik cambric
kämel camel
kämeo cameo
kämera camera
kameraaderi camaraderie
kamfi comfy
kämför camphor
kamfort comfort
kamfortabl comfortable
kamforter comforter
kämiilia camellia
kämiilion chameleon
kämiis camise
kaming coming
kämisoul camisole
kämkorder camcorder
kamkwat kumquat
kamli comely
kammi commie
kämoflaash camouflage
kämomail camomile
kämomail chamomile
kämp camp
kämpein campaign
kämper camper
kämpfaier campfire
kämpgraund campground
kämpus campus
kamrad comrade
kämshäft camshaft
kän can
kän't can't
kanaabis cannabis
känääl canal

kanaard canard
känääri canary
känäpee canape
kanasta canasta
känd canned
kändela candela
kändelabra candelabra
kändessent candescent
kändi candy
kändid candid
kändideit candidate
kändl candle
kändor candor
Käneidian Canadian
kängaruu kangaroo
känister canister
känjon canyon
känkän cancan
känker canker
kännelouni canneloni
känneri cannery
känni canny
kännibal cannibal
kännibalais cannibalize
kannilingus cunnilingus
kanning cunning
känning canning
kännon cannon
kännot cannot
kännouli cannoli
känon canon
känoola canola
känoonikal canonical
känopi canopy
känsel cancel
känseleishon cancellation
känser cancer
kant cunt
känt cant
kantaata cantata
käntaloup cantaloupe
käntänkeros cantankerous
känter canter
käntiin canteen

käntiina cantina
käntilever cantilever
känton canton
käntor cantor
käntounment cantonment
kantri country
känuu canoe
känvas canvas
känvas canvass
kap cup
käp cap
käpässitans capacitance
käpässiti capacity
käpässitor capacitor
käpeishos capacious
käper capper
käpiläri capillary
käpital capital
käpitalais capitalize
käpitalist capitalist
käpiteit capitate
käpitshuleit capitulate
kapl couple
kapler coupler
käplet caplet
kapling coupling
kappa
kapriis caprice
kapriol capriole
kaprishos capricious
kapritshio capriccio
käpsais capsize
käpshon caption
käpshör capture
käpshos captious
käpstan capstan
käpsul capsule
käpten captain
käptiveit captivate
käptiviti captivity
käptor captor
kaput
kaputshiino cappuccino
kärääf carafe

karaate karate
käräkter character
käräkterais characterize
käräkteriseishon characterization
kärämel caramel
kärämelais caramelize
karankl caruncle
käraouki karaoke
karat
kärat carat
kärauz carouse
kärävän caravan
käräwei caraway
karb- carb-
karbaid carbide
karbankl carbuncle
karbin carbine
karbiniir carbineer
karbo- carbo-
karbohaidreit carbohydrate
karbon carbon
karbonado carbonado
karboonik carbonic
kardamom cardamom
kardamon cardamon
kardiäk cardiac
kardigan cardigan
kardinal cardinal
kardio- cardio-
kardiogräf cardiograph
kardiolodshi cardiology
kardiopulmonäri cardiopulmonary
kardioväskjular cardiovascular
käress caress
käret caret
käribu caribou
käriin careen
käriir career
kärikatshör caricature
kärilon carillon
käriouka carioca
kärioul cariole
kärisma charisma
kärismäätik charismatic

karkäs carcass
karma
karneishon carnation
karniivoros carnivorous
karnivor carnivore
kärob carob
kärol carol
kärom carom
karotid carotid
kärotiin carotene
kärri carry
kärridsh carriage
kärrier carrier
kärrot carrot
karsinodshen carcinogen
karsinooma carcinoma
kartell cartel
kartogrääfik cartographic
kärusel carousel
kasett cassette
käsh cache
käsh cash
käshee cachet
käshiir cashier
käshmir cashmere
käshu cashew
käshual casual
käshuistri casuistry
kasiino casino
kasin cousin
käskeid cascade
käsm chasm
kasp cusp
kass cuss
kässeroul casserole
kässl castle
kästanet castanet
kastard custard
kästigeit castigate
kastodi custody
kastom custom
kastomais customize
kastomer customer
kastomeri customary

kastoms customs
kästör castor
kastoudial custodial
kastoudian custodian
kästreit castrate
kat cut
kät cat
kätaalisis catalysis
kätäästrofi catastrophy
kätaion cation
kätaklism cataclysm
kätakoum catacomb
kätalais catalyze
kätalist catalyst
kätalitik catalytic
kätalog catalog
kätamaran catamaran
kätapult catapult
kätaräkt cataract
katarr catarrh
kätästroofik catastrophic
kätatounia catatonia
kätatounik catatonic
kataut cutout
kätegoorikal categorical
kätegori category
kätekism catechism
kätenäri catenary
käterpillar caterpillar
käterwool caterwaul
käthaarsis catharsis
käthaartik cathartic
käthiidral cathedral
kätholik catholic
käthoud cathode
käti catty
kätl cattle
katläs cutlass
katleri cutlery
katlet cutlet
kätnäp catnap
kätnip catnip
katoff cutoff
kätsh catch

kätshi catchy
katshiatore cacciatore
kätshool catchall
katter cutter
katting cutting
kätwook catwalk
kau cow
kauard coward
kauboi cowboy
kaugörl cowgirl
kauhaid cowhide
kaul cowl
kaulik cowlick
kaunsel counsel
kaunselor counselor
kaunsil council
kaunt count
kauntenans countenance
kaunter counter
kaunterfit counterfeit
kauntermänd countermand
kaunterveil countervail
kauntes countess
kaunti county
kauntles countless
kaupouk cowpoke
kautau kowtow
kautsh couch
kävaliir cavalier
kävalkeid cavalcade
kävalri cavalry
kaveat caveat
kaver cover
kaveridsh coverage
kävern cavern
kavet covet
kavi covey
kaviar caviar
käviteishon cavitation
käviti cavity
kavoort cavort
kazuu kazoo
kebab
keg

kegler
kei cay
keibl cable
keidens cadence
keidsh cage
keik cake
keikwook cakewalk
keil kale
keim came
kein cane
keinain canine
keiootik chaotic
keios chaos
keip cape
keipabiliti capability
keipabl capable
keipör caper
keipskin capeskin
keisiin casein
keising casing
keiss case
keisson caisson
keiter cater
keiv cave
kelp
kelvin
kemikal chemical
kemist chemist
kemistri chemistry
kemp
kempt
ken
kennel
kept
kerataitis keratitis
keratin
keratoid
keratosis
kerosiin kerosene
ketl kettle
ketsh ketch
ketshap ketchup
kevl kevel
kibits kibitz

kibl kibble
kibosh
kid
kidalt kidult
kidnäp kidnap
kidni kidney
kido kiddo
kii key
kii quay
kiibord keyboard
kiil keel
kiileit chelate
kiimo chemo
kiin keen
kiino keno
kiip keep
kiiper keeper
kiipseik keepsake
kiish quiche
kiister keester
kiister keister
kiitoun ketone
kik kick
kill
killdiir killdeer
killdshoi killjoy
kiln
kilo
kilogram
kiloherts kilohertz
kilometer
kilosaikl kilocycle
kiloton
kilovolt
kilowatt
kilowattaur kilowatthour
kilt
kimiira chimera
kimiirikal chimerical
kimono
kin
kindergarten
kindl kindle
kindling

kindred
kinemätiks kinematics
kinetik kinetic
kinfouk kinfolk
king
kingdom
kingfish
kingpin
kingsaiz kingsize
kiniisiks kinesics
kiniisis kinesis
kinisiolodshi kinesiology
kink
kinship
kinsmän kinsman
kiosk
kip
kipper
kismet
kiss
kisser
kit
kiti kitty
kitsh kitsch
kitshen kitchen
kitshenet kitchenette
kitten
kiwi
kju cue
kju queue
kjukamber cucumber
kjurett curette
kjurioosa curiosa
kjuriositi curiosity
kjuub cube
kjuubik cubic
kjuubikl cubicle
kjuumjuleit cumulate
kjuumjulus cumulus
kjuupi kewpie
kjuupid cupid
kjuupola cupola
kjuur cure
kjuurabl curable

kjuureit curate
kjuureitor curator
kjuuria curia
kjuurios curious
kjuut cute
kjuutikl cuticle
klääsp clasp
klääss class
kläässi classy
kläässmeit classmate
klab club
klabhaus clubhouse
kläd clad
kläding cladding
klaient client
klaientel clientele
klaim clime
klaimäks climax
klaimäktik climactic
klaimat climate
klaimb climb
klaimber climber
klain cline
klak cluck
kläk clack
kläk claque
kläm clam
klämber clamber
klamidia chlamydia
klämor clamor
klämoros clamorous
klamp clump
klämp clamp
klamsi clumsy
klän clan
kländastain clandestine
kläng clang
klank clunk
klänk clank
klanker clunker
klänsmän clansman
kläp clap
kläpboord clapboard
kläper clapper

kläret claret
klärifai clarify
klärinet clarinet
klärion clarion
kläriti clarity
klärvoians clairvoyance
klärvoiant clairvoyant
kläsh clash
klässifai classify
klässifikeishon classification
klässik classic
klässikal classical
klässiks classics
klässism classism
klaster cluster
klater clutter
kläter clatter
klats klutz
klatsh clutch
klaud cloud
klaun clown
klaut clout
klavier clavier
klävikl clavicle
klävikord clavichord
klef clef
kleft cleft
klei clay
kleim claim
kleimant claimant
kleimant clamant
klemensi clemency
klement clement
klenlines cleanliness
klenser cleanser
klentsh clench
kleptomeinia kleptomania
kleptomeiniäk kleptomaniac
klerikal clerical
klever clever
klif cliff
klifhänger cliffhanger
kliik clique
kliin clean

kliinap cleanup
kliiner cleaner
kliir clear
kliirans clearance
kliiring clearing
kliirkat clearcut
kliit cleat
kliividsh cleavage
klik click
klik klick
kling cling
klingi clingy
klinik clinic
klinikal clinical
klinisshan clinician
klink clink
klinker clinker
klinoometer clinometer
klintsh clinch
klip clip
klipboord clipboard
kliper clipper
klishee cliche
klitoris clitoris
klober clobber
klod clod
klog clog
kloister cloister
klok clock
klokwais clockwise
klonk clonk
kloo claw
klöördshi clergy
klöörk clerk
kloos clause
kloostrofoubia claustrophobia
klop clop
kloraid chloride
klordein chlordane
kloreit chlorate
kloriin chlorine
klorik chloric
klorofil chlorophyll
kloroform chloroform

klorousis chlorosis
kloset closet
klot clot
kloth cloth
klouk cloak
kloun clone
klous close (verb)
klousaut closeout
klousd closed
kloushör closure
klousing closing
klousli closely
klouss close (adjective)
klouth clothe
klouthier clothier
kloutshör cloture
klouv clove
klouver clover
klouverliif cloverleaf
kluu clew
kluu clue
kluudsh kludge, kluge
knish
ko- co-
koägjulant coagulant
koägjuleit coagulate
koäks coax
koäksial coaxial
koala
koaless coalesce
koalishon coalition
kob cob
kobalt cobalt
kobl cobble
kobra cobra
kobweb cobweb
kod cod
kodifai codify
kodipendensi codependency
kodisil codicil
kodl coddle
kodshent cogent
kodshiteit cogitate
ködshoul cajole

koed coed
koefishent coefficient
koeksist coexist
kofer coffer
kofi coffee
kofin coffin
kog cog
kogneit cognate
kognisans cognizance
kognisshon cognition
kognitiv cognitive
kognosenti cognoscenti
kohäbit cohabit
kohiir cohere
kohiirent coherent
kohiishon cohesion
kohiisiv cohesive
kohort cohort
koi coy
koi
koif coif
koiikwal coequal
koil coil
koin coin
koinsaid coincide
koinssidens coincidence
kok cock
koka coca
kokaid cockeyed
kokameimi cockamamie
kokein cocaine
kokett coquette
koki cocky
kokl cockle
koklea cochlea
kokni cockney
koko coco
koko cocoa
kokonat coconut
kokpit cockpit
koksid coccid
kokswein coxswain
kokteil cocktail
kokuun cocoon

kola
kolaitis colitis
koländer colander
koleerik choleric
kolektomi colectomy
koler choler
kolera cholera
kolesistektomi cholecystectomy
kolesterol cholesterol
kolhoos kolkhoz
koliform coliform
kolik colic
kolinear colinear
kolisiium coliseum
kollaash collage
kolläboreit collaborate
kolladshen collagen
kollaid collide
kolläps collapse
kollar collar
kollard collard
kolläteral collateral
kolledsh college
kolleishon collation
kolleit collate
kollekshon collection
kollekt collect
kollektibl collectible
kollektor collector
kollet collet
kolli collie
kolliidshial collegial
kolliidshiat collegiate
kolliig colleague
kolliin colleen
kollins collins
kollishn collision
kolloid colloid
kollokwi colloquy
kollokwial colloquial
kollop collop
kolluud collude
kolluushon collusion
kolokeit collocate

kolonais colonize
koloneid colonnade
kolonel colonel (for international use)
koloni colony
kolonist colonist
kolonosskopi colonoscopy
koloonial colonial
kolor color
kolossal colossal
kolt colt
kolum column
kolumbain columbine
kom- com-
komandant commandant
komandiir commandeer
komatous comatose
kombain combine
kombastibl combustible
kombastshon combustion
kombo combo
komedi comedy
komentäri commentary
komenteitor commentator
komet comet
komiidian comedian
komiidien comedienne
komik comic
komikal comical
komingl commingle
komisar commissar
komisari commissary
komisereit commiserate
komitti committee
komjun commune (noun)
komjunikabl communicable
komjunikee communique
komjunikeishon communication
komjunikeit communicate
komjunikeitiv communicative
komjuteishon commutation
komjuteitor commutator
komjuun commune (verb)
komjuunal communal
komjuunion communion
komjuuniti community
komjuut commute
komma comma
kommaand command
kommaander commander
kommando commando
kommemoreit commemorate
kommend commend
kommendabl commendable
kommendeishon commendation
kommenss commence
kommensurat commensurate
komment comment
kommishon commission
kommishonär commissionaire
kommishoner commisssioner
kommit commit
kommoditi commodity
kommon common
kommöörshal commercial
kommörs commerce
kommoud commode
kommoushon commotion
kommunism communism
kommunist communist
komodor commodore
kompäär compare
kompäärabl comparable
kompaartment compartment
kompaartmentalais compartmentalize
kompail compile
kompäkshon compaction
kompäkt compact
kompäktor compactor
kompalshon compulsion
kompalsiv compulsive
kompalsori compulsory
kompani company
kompänion companion
kompankshon compunction
kompärativ comparative
kompärison comparison

kompas compass
kompäshon compassion
kompätibl compatible
kompaund compound
kompeitriot compatriot
kompell compel
kompendium compendium
kompensatori compensatory
kompenseishon compensation
kompenseit compensate
kompetens competence
kompetent competent
kompetishon competition
kompetitiv competitive
kompetitor competitor
kompiit compete
kompileishon compilation
kompjuteishon computation
kompjuut compute
kompjuuter computer
kompjuuterais computerize
komplai comply
komplaians compliance
komplein complain
kompleishent complacent
kompleks complex
komplekshon complexion
komplement complement
kompliishon completion
kompliit compleat
kompliit complete
komplikeishon complication
komplikeit complicate
kompliment compliment
komplimentari complimentary
komplissiti complicity
kompoonent component
kompoosit composite
komposishon composition
kompost compost
kompous compose
kompout compote
komprais comprise
kompres compress (noun)

kompreshon compression
kompress compress (verb)
kompressor compressor
komprihend comprehend
komprihenshon comprehension
komprihensibl comprehensible
kompromais compromise
kon con
konandrum conundrum
kondakshon conduction
kondakt conduct
kondaktiviti conductivity
kondaktor conductor
kondemm condemn
kondenseishon condensation
kondenser condenser
kondenss condense
kondesend condescend
kondesenshon condescension
kondiment condiment
kondishon condition
kondishonal conditional
kondishoner conditioner
kondo condo
kondom condom
kondominium condominium
kondor condor
kondoul condole
kondoulens condolence
kondoun condone
kondral chondral
kondshankshon conjunction
kondshankt conjunct
kondshanktivaitis conjunctivitis
kondshektshör conjecture
kondshenital congenital
kondshest congest
kondshestshon congestion
kondshiil congeal
kondshiinial congenial
kondshoin conjoin
kondshugal conjugal
kondshugeishon conjugation
kondshugeit conjugate

kondshureishon conjuration
kondshuur conjure
konduit conduit
konduus conduce
konfäb confab
konfaid confide
konfain confine
konfaund confound
konfederasi confederacy
konfederat confederate
konfekshon confection
konfekshoneri confectionery
konfer confer
konferens conference
konferii conferee
konfeshon confession
konfess confess
konfeti confetti
konfidant confidant
konfidens confidence
konfidenshal confidential
konfigjur configure
konfigjureishon configuration
konfiskeit confiscate
konfjuus confuse
konfjuushon confusion
konfjuut confute
konflikt conflict
konfluens confluence
konfoorm conform
konföörm confirm
konfoormist conformist
konfoormiti conformity
konformeishon conformation
konförmeishon confirmation
konfront confront
konfronteishon confrontation
konga conga
konglomerat conglomerate
kongrätshuleishon congratulation
kongrätshuleit congratulate
kongregeishon congregation
kongregeit congregate
kongres congress

kongresmän congressman
kongruent congruent
konifer confer
konikal conical
konjak cognac
konk conk
konkashon concussion
konkäteneit concatenate
konkeiv concave
konker conquer
konkeror conqueror
konkistador conquistador
konkjubain concubine
konkleiv conclave
konkluud conclude
konkluushon conclusion
konkluusiv conclusive
konkokshon concoction
konkokt concoct
konkomitant concomitant
konköör concur
konkoordans concordance
konkoors concourse
konkord concord
konkörrent concurrent
konkriit concrete
konkwest conquest
konnaiv connive
konnaivans connivance
konnekshon connection
konnekt connect
konnektiviti connectivity
konnout connote
konnouteishon connotation
konnuubial connubial
konosöör connoisseur
konsain consign
konsais concise
konsalt consult
konsaltant consultant
konsalteishon consultation
konsampshon consumption
konsekjutiv consecutive
konsekreit consecrate**

konsekwens consequence
konsekwenshal consequential
konsensus consensus
konsent consent
konsentreishon concentration
konsentreit concentrate
konsentrik concentric
konsepshon conception
konsept concept
konsert concert
konsertiina concertina
konserto concerto
konseshon concession
konshiens conscience
konshienshos conscientious
konshios conscious
konsider consider
konsidereishon consideration
konsierdsh concierge
konsiid concede
konsiil conceal
konsiit conceit
konsiiv conceive
konsiivabl conceivable
konsilieit conciliate
konsist consist
konsistensi consistency
konsistori consistory
konskripshon conscription
konskript conscript
konsoleishon consolation
konsolideit consolidate
konsomee consommé
konsonans consonance
konsonant consonant
konsöörn concern
konsoort consort
konsoortium consortium
konsöörv conserve
konsöörvansi conservancy
konsöörvatism conservatism
konsöörvativ conservative
konsöörvatori conservatory
konsoul console

konspair conspire
konspikjuos conspicuous
konspirasi conspiracy
konstabl constable
konstabulari constabulary
konstant constant
konsteleishon constellation
konstipeishon constipation
konstipeit constipate
konstitshuensi constituency
konstituushon constitution
konstituushonal constitutional
konstituut constitute
konstörneishon consternation
konstrakshon construction
konstrakt construct
konstrein constrain
konstrikshon constriction
konstrikt constrict
konsul consul
konsulat consulate
konsumeit consummate
konsuum consume
konsuumerism consumerism
kontakt contact
kontämineishon contamination
kontämineit contaminate
konteidshon contagion
konteidshos contagious
kontein contain
konteinerais containerize
konteinment containment
kontekst context
kontempleit contemplate
kontemporäri contemporary
kontemporeinios contemporaneous
kontempt contempt
kontemptshuos contemptuous
kontend contend
kontenshos contentious
kontent content
kontessa contessa
kontest contest
kontigjuiti contiguity

kontigjuos contiguous
kontindshensi contingency
kontinent continent
kontinju continue
kontinjuali continually
kontinjuans continuance
kontinjueishon continuation
kontinjuing continuing
kontinjuiti continuity
kontinjuos continuous
kontinjuum continuum
kontoorshonist contortionist
kontoort contort
kontra- contra-
kontrabänd contraband
kontrabeiss contrabass
kontradikshon contradiction
kontradikt contradict
kontrait contrite
kontraiv contrive
kontraivans contrivance
konträkshon contraction
kontrakt contract
kontraktor contractor
kontraktshual contractual
kontrari contrary
kontrarian contrarian
kontrasepshon contraception
kontrast contrast
kontraviin contravene
kontribjut contribute
kontrol control
kontrold controlled
kontroller comptroller
kontroller controller
kontrovöörshal controversial
kontrovörsi controversy
kontrovört controvert
kontuur contour
kontuushon contusion
konvaless convalesce
konvalessent convalescent
konvals convulse
konvalshon convulsion

konvei convey
konveians conveyance
konveks convex
konvekshon convection
konvenshon convention
konvenshonal conventional
konvenshoniir conventioneer
konvent convent
konventshual conventual
konviin convene
konviiniens convenience
konvikshon conviction
konvikt convict
konvinss convince
konvivial convivial
konvoi convoy
konvokeishon convocation
konvoluushon convolution
konvoluut convolute
konvöördsh converge
konvöördshens convergence
konvöörs converse
konvöörsant conversant
konvöörshon conversion
konvöört convert (verb)
konvöörter converter
konvöörtibl convertible
konvörseishon conversation
konvört convert (noun)
konvouk convoke
koo caw
koof cough
kook calk
kook caulk
kookus caucus
kool call
koola cola
kooldron caldron
kooler caller
kooliflauer cauliflower
kooling calling
koolon colon
koolrabi kohlrabi
kooothor coauthor

kooperativ cooperative
koor core
koor corps
köör cur
kooral choral
köörb curb
köörbstoun kerbstone
koord chord
koord cord
köörd curd
koordinat coordinate (noun)
koordineishon coordination
koordineit coordinate (verb)
koordineitor coordinator
köördl curdle
koordles cordless
koordon cordon
koordshial cordial
koordshialiti cordiality
köörf kerf
köörfju curfew
köörl curl
köörn kern
koorner corner
koornerstoun cornerstone
koornet cornet
koorni corny
koornia cornea
koornis cornice
köörnl colonel
köörnl kernel
koorps corpse
koors coarse
koors course
koörs coerce
köörs curse
koörshon coercion
köörsiv cursive
köörsor cursor
koort court
köört curt
köörtesi courtesy
koortli courtly
köörtn curtain

koortship courtship
köörtsi curtsy
koorus chorus
köörv curve
köörvatshör curvature
koos cause
koosal causal
koosäliti causality
kooseishon causation
kooshon caution
kooshos cautious
koostik caustic
kooterais cauterize
kop cop
kopailot copilot
kopek
koper copper
kopi copy
kopier copier
kopirait copyright
kopiraiter copyrighter
kopiraiter copywriter
kopjula copula
kopjuleit copulate
kopra copra
kopter copter
koraal chorale
koral coral
korduroi corduroy
koriänder coriander
köridsh courage
koriogräf choreograph
korioogräfi choreography
kork cork
korker corker
korkidsh corkage
korkskru corkscrew
kormorant cormorant
korn corn
kornukoupia cornucopia
koroid choroid
korolla corolla
koronäri coronary
koroneishon coronation

koroner coroner
koronet coronet
korouna corona
korpassl corpuscle
korpjulent corpulent
körplank kerplunk
korporal corporal
korporat corporate
korporeishon corporation
korpus corpus
korräl corral
körrant currant
korrapshon corruption
korrapt corrupt
korrekshonal correctional
korrekt correct
korreleishon correlation
korreleit correlate
körrensi currency
körrent current
korrespond correspond
körri curry
korridor corridor
körrikjulum curriculum
korroboreit corroborate
korroud corrode
korroushon corrosion
korrugeited corrugated
korsaash corsage
korsär corsair
korset corset
korslet corselet
korteesh cortege
körteil curtail
korteks cortex
kortesan courtesan
kortikoid corticoid
kortikosteroid corticosteroid
kortisoun cortisone
körtshif kerchief
korundum corundum
körveishos curvaceous
korvett corvette
kosain cosign

kosain cosine
kosher
kosmeetik cosmetic
kosmetolodshi cosmetology
kosmik cosmic
kosmolodshi cosmology
kosmonoot cosmonaut
kosmopolitan cosmopolitan
kosmos cosmos
kosponsor cosponsor
kost cost
kostar costar
kostli costly
kostum costume
kot cot
kotidsh cottage
kotilljon cotillion
kotton cotton
kottonteil cottontail
koud code
kouda coda
kouitus coitus
kouk coke
Koukeishan Caucasian
koul coal
koul cole
kould cold
koulsloo coleslaw
koum comb
koun cone
koup cope
kouping coping
koupios copious
kousi cozy
koust coast
kouster coaster
koustlain coastline
kout coat
kouting coating
koutsh coach
koutteil coattail
kouv cove
kouvört covert
kovärians covariance

koveilens covalence
kovenant covenant
kräb crab
kräbd crabbed
kräbi crabby
krad crud
kräft craft
kräft kraft
kräftsmän craftsman
kräg crag
krägi craggy
krai cry
kraier crier
kraiing crying
kraim crime
kraiodshen cryogen
kraiooniks cryonics
kraisis crisis
Kraist Christ
kraitiirion criterion
kräk crack
kräker cracker
kräkl crackle
kraks crux
kräm cram
kramb crumb
krambl crumble
krambli crumbly
krammi crummy
kramp crump
krämp cramp
krampl crumple
kränberri cranberry
kränk crank
kränkshäft crankshaft
krantsh crunch
kräp crap
kräper crapper
kräpi crappie
kräps craps
krash crush
kräsh crash
kräss crass
krast crust

krasteishan crustacean
kratsh crutch
kraud crowd
kraun crown
kraut
krautsh crouch
krävätt cravat
kredensa credenza
kredenshal credential
kredibiliti credibility
kredibl credible
kredit credit
kredjulos credulous
kreduliti credulity
kreep crepe
kreidl cradle
krein crane
kreinium cranium
kreion crayon
kreip crape
kreis craze
kreisi crazy
kreit crate
kreiter crater
kreiv crave
krematoorium crematorium
krenjuleishon crenulation
krenshoo crenshaw
kresh creche
kreshendo crescendo
kressent crescent
krest crest
kreväss crevasse
krevis crevice
krib crib
kribidsh cribbage
krieishon creation
krieit create
krieitiv creative
krieitiviti creativity
kriid creed
kriidens credence
kriido credo
kriik creak

kriik creek
kriim cream
kriimeri creamery
kriip creep
kriiss crease
kriitin cretin
kriitshör creature
krik crick
kriket cricket
krill
krimeishon cremation
krimeit cremate
kriminal criminal
kriminalais criminalize
kriminolodshi criminology
krimp crimp
krimson crimson
krindsh cringe
krinkl crinkle
kriol creole
kriosol creosol
kriosout creosote
kripl cripple
kript crypt
kriptik cryptic
kripton krypton
kriptoografi cryptography
krisänthemum chrysanthemum
kriskros crisscross
krisp crisp
krisper crisper
kristal crystal
kristalais crystallize
kristen christen
Kristmas Christmas
kriter critter
kritiik critique
kritikal critical
kritisais criticize
kroft croft
kroisaant croissant
krok crock
krokee croquet
krokeri crockery

krokett croquette
krokodail crocodile
kromäätik chromatic
kromait chromite
kromätin chromatin
kromätisiti chromaticity
kromeit chromate
kromik chromic
kromium chromium
kromosoum chromosome
kronolodshi chronology
kronolodshikal chronological
kronoometri chronometry
kroo craw
krool crawl
kroon
kroonik chronic
kroonikl chronicle
krop crop
kroper cropper
kroshee crochet
kross cross
krossing crossing
krotsh crotch
krotsheti crotchety
krou crow
kroukus crocus
kroum chrome
kroun crone
krouni crony
krouniism cronyism
kruel cruel
kruelti cruelty
kruk crook
kruked crooked
kruseid crusade
kruu crew
kruud crude
kruun croon
kruup croup
kruupier croupier
kruus cruise
kruuser cruiser
kruushal crucial

kruusibl crucible
kruusifai crucify
kruusifiks crucifix
kruuton crouton
kud could
kudos
kuk cook
kukaut cookout
kukeri cookery
kuki cookie
kuking cooking
kuku cuckoo
kulak
kulots culottes
kupee coupé
kuru
kushon cushion
kuu coo
kuu coup
kuubism cubism
kuugar cougar
kuuk kook
kuul cool
kuulant coolant
kuuli coolie
kuuli coulee
kuulli coolly
kuun coon
kuup coop
kuup coupe
kuupon coupon
kuurier courier
kuut coot
kuuth couth
kuutör couture
kuutörier couturier
kvetsh kvetch
kwaam qualm
kwad quad
kwadrängl quadrangle
kwadrant quadrant
kwadrapartait quadripartite
kwadrat quadrate
kwadrätik quadratic

kwadratshör quadrature
kwadrennial quadrennial
kwadriläteral quadrilateral
kwadrillion quadrillion
kwadripledshik quadriplegic
kwadrupd quadruped
kwadrupl quadruple
kwadruplet quadruplet
kwaf quaff
kwafjuur coiffure
kwaföör coiffeur
kwagi quaggy
kwägmair quagmire
kwaiet quiet
kwainain quinine
kwainari quinary
kwair choir
kwait quite
kwäk quack
kwalifai qualify
kwalifikeishon qualification
kwaliteitiv qualitative
kwaliti quality
kwandari quandary
kwantais quantize
kwantifai quantify
kwantifaier quantifier
kwantik quantic
kwantiteitiv quantitative
kwantiti quantity
kwantum quantum
kwarantin quarantine
kwark quark
kwash quash
kweik quake
kweil quail
kweint quaint
kweisai quasi
kweisar quasar
kweiver quaver
kwel quell
kwentsh quench
kweri query
kwerulos querulous

kwest quest
kwestshon question
kwestshonabl questionable
kwestshonär questionnaire
kwibl quibble
kwid quid
kwiessent quiescent
kwiin queen
kwiir queer
kwiisi queasy
kwik quick
kwiksotik quixotic
kwil quill
kwilt quilt
kwinss quince
kwint quint
kwintail quintile
kwintessens quintessence
kwintet quintet
kwintupl quintuple
kwintuplet quintuplet
kwintuplikat quintuplicate
kwip quip
kwisiin cuisine
kwisling quisling
kwit quit
kwiver quiver
kwiz quiz
kwizikal quizzical
kwoin quoin
kwoit quoit
kwörk quirk
kworrel quarrel
kworri quarry
kwort quart
kwortail quartile
kworter quarter
kworterbäk quarterback
kworterli quarterly
kwortermäster quartermaster
kworters quarters
kwortet quartet
kworts quartz
kwortsait quartzite

kworum quorum
kwoterneri quaternary
kwoushent quotient
kwout quote
kwouta quota
kwoutabl quotable
kwouteishon quotation

L

la
la-di-da
la-la
lääf laugh
laama llama
läär lair
laark lark
laarkspör larkspur
lääst last
läb lab
laber lubber
laboratori laboratory
läbörinth labyrinth
läd lad
läder ladder
lädi laddie
lag lug
läg lag
lägard laggard
lager
lager lugger
lagidsh luggage
läging lagging
laguun lagoon
lai lie
lai lye
laiabiliti liability
laiabl liable
laibeishon libation
laibl libel
laibräri library
laier liar
laif life
laifblad lifeblood
laifbout lifeboat
laifer lifer
laifgard lifeguard
laifles lifeless
laifseiver lifesaver

laiftaim lifetime
laiing lying
laik like
laikabl likable
laiken lichen
laiken liken
laikli likely
laiklihud likelyhood
laiknes likeness
laikopiin lycopene
laikwais likewise
lailak lilac
laim lime
laimeid limeade
laimi limey
laimi limy
lain line
lainap lineup
lainbäker linebacker
lainer liner
lainidsh linage
laining lining
laion lion
laionhaarted lionhearted
lair lyre
lais lyse
laiss lice
laissens license
laissenshör licensure
laissenshos licentious
laisseum lyceum
lait light
lait lite
lait-haus lighthouse
laiten lighten
laiter lighter
laith lithe
laitharted lighthearted
laitheded lightheaded
laiting lighting
laitles lightless
laitnes lightness
laitning lightning
laitweit lightweight

laiv live (adjective)
laiven liven
laivlihud livelihood
laivs lives
laivstok livestock
lak luck
läk lack
läkädeisikal lackadaisical
läki lackey
läklaster lackluster
lakles luckless
lakoonik laconic
läkör lacquer
läkrimeishon lacrimation
lakross lacrosse
laks lux
läks lax
läksativ laxative
laksuri luxury
laksuriant luxuriant
laksurios luxurious
läkteis lactase
läkteit lactate
läktik lactic
läktous lactose
lal lull
lalabai lullaby
läm lam
Lamaism
lämb lamb
lambar lumbar
lambeigo lumbago
lamber lumber
lamberdshäk lumberjack
lamberjard lumberyard
lämbert lambert
lämda lambda
lamee lamé
lament
lämineit laminate
lamp lump
lämp lamp
lampektomi lumpectomy
lampen lumpen

lampi lumpy
lampish lumpish
lämpri lamprey
lämpuun lampoon
lanai
länd land
ländfil landfill
länding landing
ländlaber landlubber
ländleidi landlady
ländlord landlord
ländmain landmine
ländmark landmark
ländmäs landmass
ländouner landowner
landsh lunge
ländskeip landscape
ländslaid landslide
ländward landward
lang lung
längor languor
längwid languid
längwidsh language
längwish languish
länjard lanyard
länk lank
lanker lunker
länolin lanolin
läns lance
lansheri lingerie
läntern lantern
lantsh lunch
lantshon lucheon
läp lap
läparotomi laparotomy
lapel
läpidäri lapidary
läpraskopi laparascopy
läpraskoup laparoscope
läps lapse
läptop laptop
lard
larder
lardsh large

lardshess largesse
largo
läriat lariat
lärin- laryn-
lärindshaitis laryngitis
lärindshektomi laryngectomy
lärindshial laryngeal
läringolodshi laryngology
lärinks larynx
larseni larceny
lartsh larch
larva
lasanja lasagna
lash lush
läsh lash
lashos luscious
läss lass
lässereit lacerate
lässi lassie
lässitud lassitude
lässivios lascivious
lässo lasso
last lust
laster luster
lasti lusty
lastral lustral
lastreit lustrate
lastros lustrous
läter latter
läteral lateral
läth lath
läther lather
Latiino Latino
Lätin Latin
lätis lattice
lätises latices
lätitud latitude
lätriin latrine
lätsh latch
laud loud
laudspiiker loudspeaker
laundsh lounge
laus louse
laut lout

lav love
lava
lavabl lovable
lavalier
lävatori lavatory
laveishon lavation
lävender lavender
laver lover
lävish lavish
lavles loveless
lavlorn lovelorn
led lead (metal)
led
leden leaden
lederhosen
ledsh ledge
ledshend legend
ledshendäri legendary
ledsherdemein legerdemain
ledshibl legible
ledshisleit legislate
ledshisleitshör legislature
ledshit legit
ledshitimat legitimate
left
leftist
leg
legato
legeishon legation
leghorn
legi leggy
leging legging
legjum legume
lei lay
lei
lei ley
leiaut layout
leibia labia
leibil labile
leibiodental labiodental
leibium labium
leibl label
leibld labeled
leibor labor

leiborer laborer
leiborintensiv laborintensive
leiborseiving laborsaving
leid lade
leidbäk laidback
leidi lady
leidibag ladybug
leidifinger ladyfinger
leidikiller ladykiller
leidilaik ladylike
leidilav ladylove
leiding lading
leidis ladies
leidl ladle
leidn laden
leier layer
leiett layette
leiikal laical
leik lake
leiker laker
leikshor lakeshore
leim lame
lein lane
leioff layoff
leis lase
leiser laser
leiss lace
leissi lacy
leissing lacing
leit late
leiteks latex
leitensi latency
leitent latent
leiter later
leitest latest
leith lathe
leiti laity
leitkamer latecomer
leitli lately
leiz laze
leizi lazy
leksikolodshi lexicology
leksikon lexicon
lektern lectern
lektor lector
lektshör lecture
lemming
lemon
lemoneid lemonade
lend
length
lens
lent leant
Lent
lentil
lepard leopard
leper
leprekon leprechaun
leprosi leprosy
lepton
lesbian
lesithin lecithin
less
lessen
lessii lessee
lesson
lessor
lest
let
leter letter
lether leather
letherett leatherette
letös lettuce
letsheros lecherous
level
levening leavening
lever
leveridsh leverage
levi levee
levi levy
leviathan
leviteit levitate
leviti levity
liaison
liberal
libereit liberate
libertärian libertarian
liberti liberty

369

libertiin libertine
libidinos libidinous
libiido libido
libra
libreto libretto
lid
lido
lien
lift
ligäliti legality
ligament
ligatshör ligature
ligjul ligule
lignait lignite
lignin
lignios ligneous
lii lee
liid lead (guide)
liider leader
liidership leadership
liidsh liege
liidshon legion
liidshonär legionnaire
liif leaf
liig league
liigal legal
liigalais legalize
liigaliis legalese
liik leak
liik leek
liin lean
liinient lenient
liip leap
liipd leapt
liir leer
liiri leary
liish leash
liishon lesion
liishör leisure
liiss lease
liist least
liitsh leach
liitsh leach
liiv leave

liiward leeward
liiwei leeway
lik lick
likör liqueur
likör liquor
likörish licorice
likörish liquorice
likwefai liquefy
likwefäkshon liquefaction
likweit liquate
likwid liquid
likwideit liquidate
lili lily
lilt
lim limn
limb
limber
limbo
limerik limerick
limf lymph
limfäätik lymphatic
limfo- lympho-
limfooma lymphoma
limfosait lymphocyte
limit
limiteishon limitation
limnetik limnetic
limnolodshi limnology
limo
limosiin limousine
limp
limpid
linden
lindi lindy
linen
linger
lingo
lingula
lingwa lingua
lingwal lingual
lingwini linguini
lingwist linguist
linial lineal
liniar linear

370

linidsh lineage
liniment
link
linkap linkup
linkidsh linkage
links lynx
linooleum linoleum
linsiid linseed
lint
lintel
linter
lintsh lynch
lintshpin linchpin
liotard leotard
lip
lipektomi lipectomy
lipid
lipo-
lipoma
lipoprotein
liposakshon liposuction
lipriiding lipreading
lipsink lipsync
lipstik lipstick
lirik lyric
lirisist lyricist
lisodshen lysogen
lisp
lissen listen
lissit licit
lissom lissome
list
lister
listii listee
listles listless
lit
litani litany
liter
liter litre
literal
literali literally
literari literary
literasi literacy
literat literate

literati
literatshur literature
lithik lithic
lithium
litho
lithoid
lithoografi lithography
lithosphiir lithosphere
litigabl litigable
litigant
litigeit litigate
litigios litigious
litl little
litmus
litöördshikal liturgical
litter
litterbag litterbug
liv live (verb)
livabl liveable
liver
liveri livery
liverwurst
livid
living
lizard
lo
lob
lobektomi lobectomy
lobi lobby
lobiist lobbyist
lobjular lobular
lobotomi lobotomy
lobster
lodsh lodge
lodsher lodger
lodshia loggia
lodshik logic
lodshikal logical
lodshing lodging
lodshishan logician
lodshistiks logistics
loft
log
loganberri loganberry

logarithm
logbuk logbook
logdshäm logjam
loger logger
loging logging
logo
logoriia logorrhea
logrolling
loial loyal
loid
loin
loiter
lok loch
lok lock
lokäl locale
lokalais localize
lokäliti locality
lokdshoo lockjaw
lokeishon location
lokeit locate
lokeitor locator
loker locker
loket locket
lokidsh lockage
lokjuushon locution
loko loco
lokomoushon locomotion
lokomoutiv locomotive
loks lox
lokus locus
lokust locust
lokweishos loquacious
loll, lol
lollipop
lollop
londsheviti longevity
londshitud longitude
long
longing
longshormän longshoreman
loo law
lood laud
loodabl laudable
loodatori laudatory

loojer lawyer
looles lawless
loon lawn
loonder launder
loonderet launderette
loondres laundress
loondromät laundromat
loontsh launch
loor lore
loorel laurel
loorieit laureate
löörk lurk
löörn learn
löörning learning
löörtsh lurch
loosh loge
loosuut lawsuit
lop
lopsaided lopsided
loral
loran
lord
lordship
lorri lorry
losai loci
loss
lost
lot
lots
lotteri lottery
lotto
lotus
lou low
loub lobe
loubd lobed
loud load
loud lode
louer lower
louf loaf
loufer loafer
loukal local
loulaiing lowlying
louli lowly
loum loam

loun loan
loun lone
louner loaner
lounsam lonesome
loushon lotion
louth loath(e)
louthsam loathsome
louvs loaves
lozendsh lozenge
lu loo
luau
lubrikant lubricant
lubrikeit lubricate
lubrishos lubricious
lubrisiti lubricity
ludikros ludicrous
lufa loofah
lufa luffa
luguubrios lugubrious
luk look
lukaut lookout
luker looker
lukooma leukoma
lukosait leukocyte
lukrativ lucrative
lulu
lumen
luminans luminance
luminári luminary
luminária luminaria
luminessens luminescence
luminifferos luminiferous
luminos luminous
luminossiti luminosity
lunar
lunarian
lunatik lunatic
lunett lunette
lunjula lunula
lupain lupine (wolflike)
lupjulin lupuline
lupus
lutein
lutenant lieutenant

luu lieu
luub lube
luud lewd
luukworm lukewarm
luum loom
luun loon
luun lune
luunassi lunacy
luup loop
luup loupe
luuphoul loophole
luupin lupine (plant)
luur lure
luurid lurid
luus lose
luuser loser
luush louche
luush luge
luuss loose
luussen loosen
luussent lucent
luussid lucid
luut loot
luut lute
luutist lutist
luuver louver

M

ma
maar
määr mare (horse)
maarbl marble
maarsh marsh
maartsh march
Maartsh March
määss mass
määst mast
määster master
mad mud
mäd mad
mädam madam
mädelin madeleine
mädening maddening
mäder madder
madi muddy
madl muddle
mädli madly
mädmosell mademoiselle
mädnes madness
madras
mädrigal madrigal
mädshenta magenta
mädshesti majesty
mädshestik majestic
mädshik magic
mädshikal magical
mädshishan magician
mädshistiirial magisterial
mädshistiirium magisterium
mädshistreit magistrate
madshong mahjongg
mädshoriti majority
maf muff
mafia
mafin muffin
mafl muffle
mafler muffler

mag mug
mägazin magazine
mager mugger
magi muggy
mäglev maglev
mägma magma
mägnänimiti magnanimity
mägnänimos magnanimous
mägneit magnate
mägnesait magnesite
mägnet magnet
mägnetais magnetize
mägnetik magnetic
mägnetism magnetism
mägneton magneton
mägnetron magnetron
mägnifai magnify
mägniffisens magnificence
mägnifikeishon magnification
mägniisia magnesia
mägniisium magnesium
mägniito magneto
mägniitometer magnetometer
mägniitomoutiv magnetomotive
mägniloukwent magniloquent
mägnitud magnitude
mägnolia magnolia
mägnum magnum
mägot maggot
mägpai magpie
mahalo
maharadsha maharajah
maharani
maharishi
mahatma
mahi-mahi
mahoogani mahogany
mai my
maiäldshia myalgia
maielin myelin
maielo- myelo-
maieloma myeloma
maier mire
maigrant migrant

maigratori migratory
maigrein migraine
maigreishon migration
maigreit migrate
maik mike
maika mica
maiko- myco-
maikolodshi mycology
maikousis mycosis
maikro micro
maikrofoun microphone
maikrokosm microcosm
maikron micron
maikroskoup microscope
maikroub microbe
mail mile
maild mild
mailidsh mileage
maim mime
main mine
maind mind
maindbogling mindboggling
maindful mindful
maindles mindless
mainer miner
maining mining
mainor minor
mainoriti minority
mainuutli minutely
maiokardial myocardial
maiolodshi myology
maioma myoma
maiopia myopia
maiopik myopic
maiself myself
maiser miser
maiserli miserly
maiss mice
maistro maestro
mait might
mait mite
maiter miter
maitral mitral
mak muck

makaaber macabre
mäkäädem macadam
mäkädeimia macadamia
makarena macarena
makaroni macaroni
makaruun macaroon
mäkerel macherel
mäkineishon machination
mäkineit machinate
mäkinoo mackinaw
mäkintosh mackintosh
mäkjula macula
makoo macaw
makrame macrame
mäkro macro
mäkrokosm macrocosm
mäkron macron
mäkrosaitosis macrocytosis
mäkroskopik macroscopic
mäks max
mäksimais maximize
mäksimum maximum
mal mull
mäl- mal-
mälain malign
malaria
malarki malarkey
malberi mulberry
mäleat maleate
mäledikshon malediction
mäleläktor malefactor
mäleis malaise
mäleit malate
malevolent
mälfankshon malfunction
mälfiisans malfeasance
mälignansi malignancy
mälinger malinger
mälis malice
mälisshos malicious
mälkontent malcontent
mällard mallard
mälleabl malleable
mället mallet

malligan mulligan
mälnörishd malnourished
mälnutrishon malnutition
mälpräktis malpractice
maltsh mulch
mam mum
mama
mama momma
mambo
mami mommy
mamilla mammilla
mämmal mammal
mämmari mammary
mammer mummer
mämmi mammy
mammifai mummify
mämmogram mammogram
mämmoografi mammography
mämmoplästi mammoplasty
mämmoth mammoth
mamps mumps
män man
mänäkl manacle
mänätii manatee
mänauer manhour
mänd manned
mändarin mandarin
mändatori mandatory
mandein mundane
mändeit mandate
mändibl mandible
mändolin mandolin
mändreik mandrake
mändrel mandrel
mängäänik manganic
mänganait manganite
mänganeit manganate
mänganiis manganese
mängl mangle
mängo mango
mani money
mänidsh manage
mänidshabl manageable
mänidsher manager

mänidshiirial managerial
mänidshment management
mänifest manifest
mänifesteishon manifestation
mänifesto manifesto
mänifold manifold
mänik manic
mänikin manikin
mänikjur manicure
manila
mänipjuleit manipulate
mänipjuleitiv manipulative
mänitu manitou
mänjual manual
mänjufäktshör manufacture
mänjuskript manuscript
mänkaind mankind
manki monkey
mankish monkish
mänli manly
männa manna
männer manner
männerism mannerism
mänor manor
mänpauer manpower
mänsard mansard
mänshon mansion
mäntl mantel
mäntra mantra
mantsh munch
mantshis munchies
mantshkin munchkin
mänuur manure
mänuuver maneuver
Maoism
mäp map
mäping mapping
märathon marathon
mardsharin margarine
mardshin margin
mardshineit marginate
mardshoram marjoram
mare (sea)
margarita

mariatshi mariachi
märigold marigold
marihuaana marijuana
märiin marine
marimba
marina
marinara
märineid marinade
märineit marinate
märiner mariner
märionet marionette
mariposa
märitaim maritime
märital marital
mark
markap markup
market
marketabl marketable
marketiir marketeer
markii marquee
markiis marquise
marking
markwess marquess
markwiss marquis
marlin
marmaleid marmalade
marmot
märri marry
märrid married
märridsh marriage
märrou marrow
marshal
marshal martial
marshmellou marshmallow
marsupial
mart
martinet
martingeil martingale
martini
martör martyr
märuun maroon
marvel
marvelos marvelous
marzipan

mash mush
mäsh mash
masheti machete
mashiin machine
mashiineri machinery
mashruum mushroom
mask musk
mäsk mask
maskaara mascara
maskät muscat
maskätel muscatel
masket musket
masketiir musketeer
maskjular muscular
mäskjulin masculine
mäsköreid masquerade
mäskot mascot
mäsokism masochism
masoonik masonic
mass muss
massaash massage
mässäker massacre
mässereit macerate
massi mussy
mässiv massive
massl muscle
massuur masseur
massuus masseuse
mast must
mästaitis mastitis
mastäng mustang
mastard mustard
mastäsh moustache
mastäsh mustache
mästektomi mastectomy
master muster
masti musty
mästik mastic
mästoidektomi mastoidectomy
mästörbeit masturbate
mät mat
mätador matador
mäter matter
mäth math

mäthemätiks mathematics
mäthemätishan mathematician
mather mother
mätiirial material
mätinee matinee
mäting matting
mätörniti maternity
mätres mattress
mätrikjuleit matriculate
mätrimoni matrimony
matsh much
mätsh match
matshismo machismo
matsho macho
matt mutt
matter mutter
matton mutton
mätureishon maturation
mätuur mature
mätuuriti maturity
maund mound
maunt mount
mauntan mountain
mauntaniir mountaineer
mauntanos mountainous
maus mouse
mausi mousey
mausi mousy
mauth mouth
mauthful mouthful
mauthi mouthy
mäverik maverick
mazi muzzy
mazl muzzle
mazurka
medal
medallion
medeväk medevac
medflai medfly
mediival medieval
medikal medical
medikär medicare
medikeit medicate
medisin medicine

medissinal medicinal
mediteishon meditation
mediteit meditate
medli medley
medlsam meddlesome
medou meadow
meerkät meerkat
meershaum meerschaum
mega
megabait megabyte
megabit
megafoun magaphone
megalo-
megalomeinia megalomania
megalopolis
mei may
Mei May
meibi maybe
meid made
meid maid
meidei mayday
meiden maiden
meidshor major
meidshoret majorette
meihem mayhem
meik make
meikap makeup
meiker maker
meil mail
meil male
meiler mailer
meilstrom maelstrom
meim maim
mein main
mein mane
meindsher manger
meinia mania
meiniäk maniac
meintein maintain
meintenans maintenance
meioneis mayonaise
meior mayor
meioralti mayoralty
meipl maple

meiser maser
meiss mace
meisson mason
meissonri masonry
meit mate
meitriks matrix
meitron matron
meiven maven
meiz maize
meiz maze
mekanais mechanize
mekanism mechanism
melamain melamine
melanin
melankolia melancholia
melanoma
melanosis
melatonin
meld
melee
mellou mellow
melodi melody
melodrama
melon
meloodios melodious
melt
member
membranos membranous
membrein membrane
memento
memo
memorabilia
memorais memorize
memorandum
memori memory
memorial
memuar memoir
men
menäädsheri menagerie
menas menace
mend
mendässiti mendacity
mendeishos mendacious
meni many

menindshes meninges
meniskus meniscus
menju menu
menopoos menopause
menshon mention
menstrual
menstrueit menstruate
mensurabl mensurable
ment meant
mental
mentäliti mentality
menthol
mentor
meräng meringue
merenge merengue
meridian
merino
merit
meritokrasi meritocracy
meritorios meritorious
merloo merlot
merri merry
merriment
mesa
mesh
meshör measure
meshörabl measurable
meskiit mesquite
mesmerais mesmerize
mesosfiir mesosphere
mess
messaia messiah
messendsher messenger
messi messy
messidsh message
messidshing messaging
meta-
metabolism
metafor metaphor
metal
metalördshi metallurgy
metamorfousis metamorphosis
metasstasais metastasize
metastasis

metathesis
meter
methadoun methadone
methanol
methein methane
method
methöl methyl
metikjulos meticulous
metl mettle
metonim metonym
metrik metric
metro
metrolodshi metrology
metronoum metronome
metroopolis metropolis
metropolitan
metso mezzo
mezanin mezzanine
mi me
miänder meander
miau meow
mid
midi
midioker mediocre
midiokriti mediocrity
midl middle
midling middling
midpoint
midrif midriff
midshet midget
midst
mien
mif miff
miid mead
miidia media
miidial medial
miidian median
miidieit mediate
miidieitor mediator
miidium medium
miiger meager
miik meek
miil meal
miilioreit meliorate

miin mean
miinial menial
miiningles meaningless
miins means
miir mere
miisial mesial
miisls measles
miit meat
miit meet
mikäänikal mechanical
miks mix
miksap mixup
miksd mixed
mikser mixer
miksidiima myxedema
mikstshör mixture
mil
mildu mildew
milisha militia
militant
militari military
militarism
miljöö milieu
milk
milktoust milquetoast
mill
millennium
miller
milli-
millibar
milliner
millineri millinery
milling
million
millionär millionaire
millionäres millionairess
millionth
millipiid millipede
milord
mimeogräf mimeograph
mimik mimic
mimosa
mineral
mineralodshi mineralogy

minestroni minestrone
mingl mingle
mini-
miniatshör miniature
minibar
minifai minify
minimais minimize
minimal
minimalais minimalize
minimalist
minimum
minion
minister
ministerial
ministri ministry
minit minute
minjon mignon
mink
minnou minnow
mins mince
minstrel
mint
minuend
minuet
minus
minuskjuul minuscule
minuushia minutiae
miosis
miraash mirage
miräkjulos miraculous
mirakl miracle
miriäd myriad
mirror
mis-
misdaial misdial
miserabl miserable
miseri misery
misfiisans misfeasance
misfit
mishäp mishap
mishmäsh mishmash
miskju miscue
miskriant miscreant
misnomer

miso
misoodshini misogyny
misoogami misogamy
misoolodshi misology
miss
missedsheneishon miscegenation
misseleini miscellany
misseleinia miscellanea
misseleinios miscellaneous
missibl miscible
missing
mission
missionäri missionary
missis
missiv missive
missltou mistletoe
mist
misteik mistake
misteiken mistaken
mister
misteri mystery
misti misty
mistiik mystique
mistiirios mysterious
mistik mystic
mistrail mistrial
mistral
mistres mistress
mistshif mischief
mistshivos mischievous
mistuk mistook
mith myth
mitholodshi mythology
mitholodshikal mythological
mithos mythos
mitigeit mitigate
mitior meteor
mitiorolodshi meteorology
mitousis mitosis
mitt
mitten
mju mew
mjukos mucous
mjukus mucus

mjunifisent munificent
mjunishon munition
mjunisipal municipal
mjural mural
mjuriin murine
mjus muse
mjuseum museum
mjusik music
mjusikäl musicale
mjusilidsh mucilage
mjusings musings
mjusishan musician
mjutabl mutable
mjutadshen mutagen
mjutant mutant
mjuteishon mutation
mjutileit mutilate
mjutini mutiny
mjutiniir mutineer
mjutinos mutinous
mjutshual mutual
mjuul mule
mjuus muse
mjuut mute
mob
mobil mobile
mobilais mobilize
mobiliti mobility
mobster
mod
model
modeling
modereishon moderation
modereit moderate
modereitor moderator
modern
modernais modernize
modest
modifaier modifier
modifikeishon modification
modikum modicum
modish, moudish
modjul module
modjular modular

modjuleit modulate
modjulus modulus
modsho mojo
mogul
mohäär mohair
mohiikan mohican
mohook mohawk
moil
moist
moistshör moisture
moistshöraiser moisturizer
mok mock
moka mocha
mokasin moccasin
mokeri mockery
moksi moxie
mola
molar
molässes molasses
molekjul molecule
molekjular molecular
molest
mollifai mollify
mollikodl mollycoddle
mollusk
molt
molten
moltous maltose
mom
moment
momentärili momentarily
momentos momentous
momentum
monark monarch
monasteri monastery
Mondei Monday
monetais monetize
monetäri monetary
monetarism
mongoloid
mongrel
monguus mongoose
monisshon monition
monitor

monjument monument
monk
mono-
monofonik monophonic
monoglot
monogräf monograph
monogräm monogram
monokjular monocular
monokkrassi monocracy
monokl monocle
monokroum monochrome
monoksaid monoxide
monolingwal monolingual
monolith
monolog monologue
monomial
monoodshini monogyny
monoogami monogamy
mönoometer manometer
monooral monaural
monopolais monopolize
monoppoli monopoly
monoreil monorail
monosait monocyte
monotoun monotone
monottonos monotonous
monoveilent monovalent
monster, manster
monstros monstrous
monstrositi monstrosity
monsuun monsoon
montaash montage
month
moodlin maudlin
mookish mawkish
mool mall
mool maul
moolt malt
moonder maunder
möörder murder
möörderos murderous
möördsh merge
moorg morgue
möörkuri mercury

moorn mourn
möörsenäri mercenary
möörsifuli mercifully
möörsiles merciless
möörssi mercy
möörtshandais merchandise
möörtshant merchant
moov mauve
mop
moped
mopet moppet
mor more
mör myrrh
moraal morale
moral
moralais moralize
moralism
moraliti morality
moräss morass
moratorium
morbid
mordant
mordent
morel
mores
morf morph
morfiim morpheme
morfiin morphine
morfolodshi morphology
morgidsh mortgage
morgidsher mortgager
morgidshii mortgagee
morgidshor mortgagor
moriband moribund
mörk murk
mörkantil mercantile
mörkantilism mercantilism
mörkuurial mercurial
mörlin merlin
mörmeid mermaid
mörmör murmur
morning
moron
mörood maraud

morous morose
morover moreover
morris
morsel
mortadella
mortal
mortaliti mortality
mortar
mörth mirth
mörthles mirthless
mortifai mortify
mortifikeishon mortification
mortis mortice
mortis mortise
mortisshan mortician
mörtl myrtle
mortshuari mortuary
moseik mosaic
mosh
mosk mosque
moskiito mosquito
mosoliium mausoleum
moss
mossi mossy
motel
moth
mothbool mothball
motl mottle
motli motley
motor
motorais motorize
motorist
motorsaikl motorcycle
motsarella mozzarella
motto
mou mow
moud mode
moudal modal
moudäliti modality
moudem modem
mouer mower
moul mole
mould mold
mould

mouldi moldy
moulding molding
moun moan
moup mope
moushon motion
mousi mosey
moust most
mout moat
moutif motif
moutiv motive
moutiveishon motivation
moutiveit motivate
mudshahedin mujaheddin
mulatto
mulla mullah
multi-
multikaltshural multicultural
multiläteral multilateral
multilingual
multimiidia multimedia
multipartait multipartite
multipl multiple
multiplai multiply
multiplaier multiplier
multipleks multiplex
multiplikänd multiplicand
multiplikeishon multiplication
multiplissiti multiplicity
multitud multitude
multivaitamin multivitamin
musaka moussaka
Muslim
muu moo
muud mood
muula moola
muumuu
muun moon
muunlait moonlight
muunshain moonshine
muur moor
muuridsh moorage
muuring mooring
muus moose
muuss mousse

muut moot
muuton mouton
muutsh mooch
muuv move
muuvabl movable
muuver mover
muuvi movie
muuving moving
muuvment movement

N

nääri nary
naarl gnarl
naarld gnarled
nab nub
näb nab
nadsh nudge
näftha naphtha
näg nag
naget nugget
nai nigh
naiasin niacin
naif knife
naiiv naive
naiivete naivete
nailon nylon
nain nine
nainth ninth
nainti ninety
naintiin nineteen
naiss nice
nait knight
nait night
naithud knighthood
naiti nightie
naitingeil nightingale
naitklab nightclub
naitlaif nightlife
naitmär nightmare
naitraid nitride
naitreit nitrate
naitrodshen nitrogen
naivs knives
näk knack
nakl knuckle
nal null
nallifai nullify
nallifikeishon nullification
namb numb
namber number

nambing numbing
nambskal numbskull
nan none
nan nun
naneri nunnery
nänni nanny
nano
näp knap
näp nap
näpkin napkin
näpsäk knapsack
napshial nuptial
narkolepsi narcolepsy
narkoosis narcosis
narkootik narcotic
närrativ narrative
närreit narrate
närrou narrow
narsisism narcissism
näsh gnash
näshonal national
nässent nascent
nat nut
nät gnat
nätatorium natatorium
nati nutty
näti natty
natmeg nutmeg
nats nuts
natsh notch
natsho nacho
nätshural natural
nätshurali naturally
Natsi Nazi
nau now
naun noun
nauödeis nowadays
nävigabl navigable
nazl nuzzle
nebjula nebula
nebjulos nebulous
nee
nefärios nefarious
nefju nephew
negativ negative
negeit negate
neglekt neglect
neglidshens negligence
neglidshibl negligible
neglishee negligee
negoushieit negotiate
nei nay
neibor neighbor
neiborhud neighborhood
neidir nadir
neiked naked
neil nail
neim name
neipaam napalm
neisal nasal
neishon nation
neishonwaid nationwide
neital natal
neitiv native
neitiviti nativity
neitshör nature
neiv knave
neiv nave
neival naval
neivel navel
neivi navy
nek neck
nekleiss necklace
nekst next
neksus nexus
nektai necktie
nektar nectar
nel knell
nemesis
nepenthi nepenthe
nepotism
nessessäri necessary
nessessiti necessity
nessl nestle
nest
net
network network
never

nib
nibl nibble
nifti nifty
nigard niggard
nigl niggle
nihilism
nii knee
niid knead
niid need
niidl needle
niil kneel
niir near
niiss niece
niit neat
niither neither
nik nick
nikerbokers knickerbockers
nikl nickle
niknäk knickknack
nikotin nicotine
niks nix
nil
nimbl nimble
nimf nymph
nimfomeinia nymphomania
nimoonik mnemonic
nindsha ninja
niofait neophyte
niolithik neolithic
nion neon
niopriin neoprene
nip
nipi nippy
nipl nipple
nirvana
nish niche
nit knit
niti-griti nitty-gritty
nitpik nitpick
nitwear knitwear
nitwit
no
nob knob
nob

nobi knobby
nobiliti nobility
nod
nodshul nodule
noel
nois noise
nok knock
nokaut knockout
nokdaun knockdown
noker knocker
nokshos noxious
noktöörnal nocturnal
nol knoll
nolidsh knowledge
nolidshabl knowledgeable
nominal
nominativ nominative
nomineit nominate
non
nondääri nondairy
nondeskript nondescript
nondistraktiv nondestructive
nondshadshmental nonjudgmental
nonessenshal nonessential
nonevent
nonfät nonfat
nonfikshon nonfiction
nonflämmabl nonflammable
noninveisiv noninvasive
nonkombätant noncombatant
nonkommishond noncommissioned
nonkommital noncommittal
nonkondaktor nonconductor
nonkonformans nonconformance
nonkonkör nonconcur
nonpartisan
nonprofit
nonrifandabl nonrefundable
nonsens nonsense
nonshalant nonchalant
nonständard nonstandard
nonstop
nonvaiolent nonviolent
noo gnaw

nöör knur
nöörd nerd
nöörl knurl
nöörs nurse
nöörseri nursery
nöörsing nursing
nöörtshör nurture
nöörv nerve
nöörvos nervous
nooshos nauseous
noosia nausea
noot naught
noot nought
nooti naughty
nootikal nautical
nor
nörish nourish
norm
normal
normalais normalise
north
northern
northiist northeast
northward
northwest
nosh
nostaldshia nostalgia
nostik gnostic
nostril
nostrum
not knot
not
notarais notarize
notarial
notariseishon notarization
noteishon notation
nothing
nothoul knothole
notoorios notorious
notoraieti notoriety
notted knotted
notti knotty
notwithständing notwithstanding
nou know

noubl noble
noubodi nobody
noud node
noudal nodal
noum gnome
noumäd nomad
noumenkleitshör nomenclature
noun known
noup nope
nous nose
nousbliid nosebleed
noushon notion
nousi nosy
nout note
noutabiliti notability
noutabl notable
noutbuk notebook
noutifai notify
noutifikeishon notification
noutis notice
noutisabl noticeable
noutpäd notepad
noutwörthi noteworthy
nouwer nowhere
nova
noveishon novation
novel
novelti novelty
November
novis novice
nozl nozzle
nu gnu
nu knew
nuans nuance
nudism
nuk nook
nuklaid nuclide
nuklear nuclear
nukleus nucleus
numäätik pneumatic
numen
numerabl numerable
numeral
numerikal numerical

numeros numerous
numismätik numismatic
numounia pneumonia
nuraitis neuritis
nuraldshia neuralgia
nurolodshi neurology
nurootik neurotic
nurousis neurosis
nutria
nutrient
nutriino neutrino
nutrisshon nutrition
nuu new
nuubil nubile
nuuborn newborn
nuud nude
nuudl noodle
nuuk nuke
nuukamer newcomer
nuuliwed newlywed
nuun noon
nuural neural
nuus news
nuusans nuisance
nuusleter newsletter
nuuspeiper newspaper
nuuss noose
nuuter neuter
nuuton newton
nuutral neutral
nuutralais neutralize
nuutron neutron

O/Ö

ö a (indefinite article)
öbäk aback
öbandans abundance
öbandant abundant
öbat abut
öbatment abutment
öbaund abound
öbaut about
öbav above
öbavmenshond abovementioned
öbaz abuzz
obdshekshonabl objectionable
obdshekt object
obdshektiv objective
obdureit obdurate
öbed abed
obei obey
obelisk
obfuskeit obfuscate
obiidiens obedience
obiis obese
öbismal abysmal
öbiss abyss
obitshuäri obituary
öbjuus abuse (verb)
öbjuuss abuse (noun)
öbjuussiv abusive
oblaidsh oblige
oblast
öbleis ablaze
obligatori obligatory
obligeishon obligation
obligeit obligate
obliik oblique
oblitereit obliterate
oblivion
obliviös oblivious
oblong
öbluum abloom

öbluushon ablution
öbluuted abluted
obnakshos obnoxious
obo oboe
oboist
öbrapt abrupt
öbreid abrade
öbreishon abrasion
öbreisiv abrasive
öbrest abreast
öbridsh abridge
öbrood abroad
obseniti obscenity
obsessiv obsessive
obsiikwios obsequious
obsiin obscene
obskjuur obscure
obsolessent obsolescent
obsoliit obsolete
obsöörv observe
obsöörvans observance
obstakl obstacle
obstetriks obstetrics
obstetrishan obstetrician
obstinasi obstinacy
obstinat obstinate
obstrakshonist obstructionist
obstrakt obstruct
obtein obtain
obtruud obtrude
obtruusiv obtrusive
obtuus obtuse
obvieit obviate
obviös obvious
obvöörs obverse
od odd
odässiti audacity
odeishos audacious
odisshon audition
oditi oddity
ödjuu adieu
odometer
odor
odoros odorous

ods odds
öduuss adduce
oeisis oasis
of
öfair afire
off
offal
offbiit offbeat
offend
offensiv offensive
offer
offering
offis office
offiser officer
offishal official
offishieit officiate
öfiild afield
öfleim aflame
öflout afloat
öformenshond aforementioned
öforsed aforesaid
öfreid afraid
öfresh afresh
often
ofthalmia ophthalmia
ofthalmolodshi ophthalmology
ögäst aghast
ögeip agape
ögen again
ögenst against
ögliim agleam
öglou aglow
ögog agog
ögou ago
öhed ahead
öhould ahold
oil
ointment
oister oyster
ökastom accustom
ökaunt account
ökauntabl accountable
ökauntant accountant
okei okay

ökeisha acacia
okeishonal occasional
okjular ocular
ökjumuleit accumulate
ökjumuleitor accumulator
okjupai occupy
okjupansi occupancy
okjupeishon occupation
okkalt occult
o'klok o'clock
okluud occlude
okluushon occlusion
ökomodeishon accommodation
ökomodeit accommodate
ökompani accompany
ökompaniment accompaniment
ökompanist accompanist
ökomplis accomplice
ökomplish accomplish
oköör occur
ökoord accord
ökoordans accordance
ökoordingli accordingly
oköörens occurrence
ökost accost
ökredit accredit
ökriishon accretion
ökriit accrete
ökruu accrue
oks ox
oksaid oxide
oksblad oxblood
oksbou oxbow
oksen oxen
oksidais oxidize
oksidant oxidant
oksideishon oxidation
oksidental occidental
oksidshen oxygen
oksimoron oxymoron
oksteil oxtail
oktagon octagon
oktav octave
oktein octane

Oktober October
oktodshenärian octogenarian
oktopus octopus
ökuuter accouter
ölaik alike
ölain align
ölait alight
ölaiv alive
ölaud aloud
olfäkshon olfaction
olfäktori olfactory
oliänder oleander
oligarki oligarchy
Olimpik Olympic
oliomardsharin oleomargarine
oliv olive
olmaiti almighty
olmanäk almanac
olmoust almost
ölong along
ölongsaid alongside
öloun alone
olrait alright
olredi already
olso also
olthou although
oltöörnativ alternative
oltör alter
oltöreishon alteration
oltörkeishon altercation
oltörneit alternate (verb)
oltörneitor alternator
oltörnet alternate (adjective)
oltörnetli alternately
öluuf aloof
olweis always
ömäss amass
ömaunt amount
ombudsmän ombudsman
omega
ömeis amaze
ömeising amazing
ömeisment amazement
omen

ömid amid
ömiiba amoeba
ömiinabl amenable
ominos ominous
ömiss amiss
omisshon omission
omissibl omissible
omissiv omissive
omit
ömjuus amuse
ömjuusing amusing
omlet omelet
omni-
omnibus
omnipotent
omnippotens omnipotence
omnishens omniscience
omnishent omniscient
omnivor omnivore
omnivoros omnivorous
ömok amok
ömong among
ömooral amoral
ömoorfos amorphous
on
önather another
oneros onerous
onest honest
onestli honestly
ongoing
oniks onyx
onion
onkaming oncoming
onkolodshi oncology
onlain online
onluker onlooker
onor honor
onorabl honorable
onoräri honorary
onorärium honorarium
onset
onsteidsh onstage
ontolodshi ontology
ontu onto

onus
önuu anew
oo aw
oo awe
oo oh
oobörn auburn
oodial audial
oodibl audible
oodiens audience
oodiolodshi audiology
oodiovishual audiovisual
oodit audit
ooditor auditor
ooditorium auditorium
ooful awful
oofuli awfully
oogast august
ooger auger
oogment augment
oogmentativ augmentative
oogmenteishon augmentation
ookshon auction
ooksiliäri auxiliary
ookward awkward
ool all
ool awl
oolder alder
ooldermän alderman
ooltogether altogether
oommeter ohmmeter
ooning awning
oor oar
oor ore
oora aura
öörban urban
öörbanais urbanize
öördsh urge
öördshent urgent
oorikl auricle
ooriol aureole
öörl earl
öörli early
öörn earn
öörn urn

öörner earner
öörsin ursine
öörth earth
öörthen earthen
öörthkweik earthquake
öörtshin urchin
oosam awesome
oospis auspice
oostrak awestruck
oot aught
oothor author
oothorais authorize
oothoriseishon authorization
oothoritärian authoritarian
oothoriteitiv authoritative
oothoriti authority
ootism autism
ootistik autistic
ooto- auto-
ootobaioografi autobiography
ootodail autodial
ootogräf autograph
ootoimjuun autoimmune
ootokrässi autocracy
ootokrät autocrat
ootokross autocross
ootomätik automatic
ootomeiker automaker
ootomeishon automation
ootomeit automate
ootomobil automobile
ootomobilia automobilia
ootomoutiv automotive
ootonomi autonomy
ootonomik autonomic
ootonomos autonomous
ootopailot autopilot
ootopsi autopsy
oototränsformer autotransformer
ootum autumn
opäär au pair
opain opine
opal
opässiti opacity

opeik opaque
open
opener
opening
opera
operativ operative
opereishon operation
opereit operate
opereitor operator
operetta
opieit opiate
öpiiss apiece
opinion
opinioneited opinionated
opium
öplenti aplenty
öplom aplomb
öpon upon
öpool appall
opoonent opponent
oportuun opportune
oportuunism opportunism
oportuuniti opportunity
oposishon opposition
oposit opposite
opossum
opous oppose
opreshon opression
opress oppress
oprobrium opprobrium
opshon option
opt
optik optic
optikal optical
optiks optics
optimais optimize
optimal
optimism
optimum
optishan optician
optometrist
optoometri optometry
opulens opulence
opulent

393

opus
or
örai awry
örais arise
orakl oracle
oral
orangutang
orator
öraund around
öraus arouse
orb
örbein urbane
orbit
orbital
orbiter
ordein ordain
order
ordiil ordeal
ordinal
ordinans ordinance
ordinari ordinary
ordinat ordinate
ordnans ordnance
ordshi orgy
ordshiästik orgiastic
oregano
oreit orate
orfan orphan
orgäänik organic
organ
organais organize
organdi organdy
organiseishon organization
organism
organist
orgasm
oridshin origin
oridshinal original
oridshineit originate
orient
oriental
orienteishon orientation
orientiiring orienteering
orifis orifice

origami
orikjular auricular
orindsh orange
oriol oriole
örk irk
orkestra orchestra
orkid orchid
örmin ermine
ornament
orneit ornate
ornitholodshi ornithology
oroografi orography
oroora aurora
örsted oersted
ortho
orthodoks orthodox
orthodontia
orthodontiks orthodontics
orthodontist
orthoogonal orthogonal
orthoografi orthography
orthopediks orthopedics
örtikäria urticaria
ortshard orchard
ösaid aside
ösheimd ashamed
öshoor ashore
oskjular oscular
oskjuleishon osculation
oskjuleit osculate
ösliip asleep
osmosis
ospishos auspicious
ospri osprey
osselot ocelot
ossifai ossify
ossileishon oscillation
ossileit oscillate
ossileitor oscillator
ossilogräf oscillograph
ossiloskoup oscilloscope
osteaitis osteitis
ostensibl ostensible
ostenteishon ostentation

osteoarthraitis osteoarthritis
osteolodshi osteology
osteomaielaitis osteomyelitis
osteopäth osteopath
osteopäthi osteopathy
osteoporosis
osteriti austerity
ostiir austere
ostrasais ostracise
ostrasism ostracism
ostritsh ostrich
otaitis otitis
othentik authentic
othentikeishon authentication
othentissiti authenticity
otolodshi otology
ötop atop
otorainoläringolodshi otorhinolaryngology
otoskleroussis otosclerosis
ötoun atone
ötounal atonal
ötounment atonement
otter
ou owe
oud ode
oudiös odious
ouf oaf
ouger ogre
ouk oak
ouker ocher
Ouki Okie
ould old
ould-fäshond old-fashioned
ould-taimer old-timer
ouldi oldie
oun own
ounership ownership
ounli only
oushaanik oceanic
oushan ocean
oushanoografi oceanography
out oat
outh oath

ouval oval
ouvari ovary
ovain ovine
ovärian ovarian
oveishon ovation
oven
over
overäkt overact
overäktiv overactive
overätshiiv overachieve
overbait overbite
overbild overbuild
overbloun overblown
overbuk overbook
overdraiv overdrive
overdress
overdshoi overjoy
overdu overdo
overduu overdue
overeidsh overage (older)
overekspous overexpose
overekstend overextend
overestimeit overestimate
overflou overflow
overgrou overgrow
overhäng overhang
overhed overhead
overhiir overhear
overidsh overage (excess)
overiit overeat
overindaldsh overindulge
overjuus, overjuuss overuse
overkam overcome
overkäpässiti overcapacity
overkäst overcast
overkommit overcommit
overkompenseit overcompensate
overkwalifaid overqualified
overländ overland
overläp overlap
overlei overlay
overlord
overloud overload
overluk overlook

overnait overnight
overool overall
overpauer overpower
overpopuleit overpopulate
overpraiss overprice
overraid override
overraip overripe
overran overrun
overreit overrate
overriitsh overreach
overruul overrule
oversabskraib oversubscribe
oversait oversight
oversais oversize
overseksd oversexed
oversiis overseas
oversimplifai oversimplify
overspend
oversteit overstate
overt, ouvört
overteik overtake
overtöörn overturn
overtramp overtrump
overtshardsh overcharge
overtshör overture
overvju overview
overwatsh overwatch
overweit overweight
overwelm overwhelm
overwörk overwork
ovjul ovule
ovjular ovular
ovjuleit ovulate
ovum
öwail awhile
öwär aware
öwash awash
öwei away
öweik awake
öweikening awakening
öweit await
öwoord award
öwörl awhirl
ozon ozone

ozonosfiir ozonosphere

P

paam palm
paamist palmist
paamistri palmistry
päär pair
päär pare
päär pear
paarshal partial
paarshali partially
paarshiäliti partiality
paarsli parsley
paarsnip parsnip
paarson parson
paarsonidsh parsonage
paart part
paarted parted
paarti party
paartikl particle
paarting parting
paartisipl participle
pääss pass
päässabl passable
päässerbai passerby
päässidsh passage
päässing passing
pääst past
päästaim pastime
päbjulum pabulum
pablik public
pablikeishon publication
pablisais publicize
pablish publish
pablisher publisher
pablisist publicist
pablissiti publicity
päd pad
pädi paddy
päding padding
padl puddle
pädl paddle
pädlok padlock
padre
padshaamas pajamas
pädshent pageant
padshi pudgy
pädshineit paginate
paf puff
paferi puffery
pag pug
pagneishos pugnacious
pagouda pagoda
pai pi
pai pie
paieti piety
paietism pietism
paik pike
paika pica
pail pile
pailap pileup
pailon pylon
pailot pilot
pain pine
painäpl pineapple
paint pint
paioniir pioneer
paios pious
paip pipe
paiper piper
paipett pipette
paipfiting pipefitting
paiplain pipeline
pair pyre
pairait pyrite
pairakäntha pyracantha
pairasi piracy
pairat pirate
pairo- pyro-
pairofoubia pyrophobia
pairomeinia pyromania
pairoogräfi pyrography
pairotekniks pyrotechnics
pairousis pyrosis
paithon python
paitshart piechart

pak puck
päk pack
paker pucker
päket packet
päkidöörm pachyderm
päkidsh package
paks pax
päkt pact
päl pal
palaaver palaver
pälas palace
pälat palate
pälatabl palatable
pälatain palatine
palatso palazzo
päleishal palatial
paleontolodshi paleontology
pälet palette
pälimoni palimony
pälindroum palindrome
päliseid palisade
palkritud pulchritude
pälleidium palladium
pället pallet
pällid pallid
pällieit palliate
pällieitiv palliative
pällor pallor
palmetto
pälomaino palomino
palp pulp
pälp palp
pälpabl palpable
pälpeishon palpation
palpit pulpit
pälpiteit palpitate
pals pulse
palsar pulsar
palseishon pulsation
palseit pulsate
paluuka palooka
palveirais pulverize
pämflet pamphlet
pammel pummel

pamp pump
pampas
pämper pamper
pampernikl pumpernickel
pampkin pumpkin
pan pun
pän pan
panaash panache
pänasiia panacea
pända panda
pändeemik pandemic
pändemounium pandemonium
pänder pander
pandit pundit
pandshent pungent
pänel panel
pänelist panelist
päng pang
pänhändl panhandle
pänik panic
panish punish
panishment punishment
pank punk
pänkeik pancake
pänkreas pancreas
panktilios punctilious
panktshör puncture
panktshual punctual
panktshueishon punctuation
panktshueit punctuate
pänopli panoply
panoraama panorama
pänsi pansy
panster punster
pant punt
pänt pant
päntalets pantalets
päntaluun pantaloon
päntheon pantheon
pänther panther
päntihous pantyhose
päntis panties
päntiweist pantywaist
päntomaim pantomime

päntri pantry
pänts pants
pantsh punch
pantshi punchy
pantshlain punchline
pap pup
päp pap
papa
papaia papaya
paparatso paparazzo
papet puppet
papetiir puppeteer
papetri puppetry
papi puppy
päpi pappy
papilla
papilooma papilloma
paprika
päpuus papoose
par
paraabola parabola
päräämeter parameter
pärabl parable
paraboolik parabolic
päradaim paradigm
päradais paradise
päradoks paradox
parador parador
pärafin paraffin
päraförneilia paraphernalia
pärafreis paraphrase
päragon paragon
päragräf paragraph
päraia pariah
pärakiit parakeet
pärälais paralyze
päraläks parallax
päralel parallel
päralelism parallelism
päralelloogräm parallelogram
päraliigal paralegal
pärälisis paralysis
pärämaunt paramount
pärämedik paramedic

päramuur paramour
päranoia paranoia
päranoid paranoid
pärapet parapet
pärapliidshia paraplegia
pärasait parasite
pärashuut parachute
pärasol parasol
päratruuper paratrooper
parboil
pardner pardner
pardon
päreid parade
pärent parent
pärental parental
pärenthesis parenthesis
pärenthetikal parenthetical
pärentidsh parentage
pärenting parenting
parfee parfait
pärimjutshuel parimutuel
päring paring
pärish parish
päriti parity
park
parka
parkee parquet
parking
parkwei parkway
parlament parliament
parlamentari parliamentary
parlans parlance
parlei parlay
parlor
pärodi parody
päronim paronym
pärotid parotid
päroukial parochial
päroul parole
pärri parry
pärrot parrot
pars parse
parsel parcel
parser

parsimoni parsimony
partait partite
parteik partake
partikjular particular
partikjuläriti particularity
partikjularli particularly
partikjuleit particulate
partisan
partishon partition
partissipant participant
partissipeit participate
partner
partnership
partridsh partridge
partshd parched
partshment parchment
parvenu
pas pus
paseo
pasha
päshon passion
päshonat passionate
päsiffik pacific
passee passé
pässendsher passenger
pässifai pacify
pässifaier pacifier
pässifist pacifist
pässiv passive
pässiviti passivity
passl puzzle
pässport passport
pässwörd password
pästell pastel
pästill pastille
pästor pastor
pastoral pastorale
pästoral pastoral
pastraami pastrami
pästshör pasture
pästshörais pasteurize
pastshul pustule
pat putt
pät pat

patee paté
pätent patent
pätentii patentee
pätentor patentor
pater putter
päter patter
pätern pattern
paternoster
päth path
pätheetik pathetic
päthfainder pathfinder
päthodshen pathogen
pätholodshi pathology
pätholodshikal pathological
päthos pathos
päthwei pathway
pati putty
päti patty
pätiina patina
pätio patio
patisseri patisserie
pätöörnal paternal
pätöörniti paternity
pätrimoni patrimony
pätrisaid patricide
pätrishan patrician
patrol
pätsh patch
pätsi patsy
patwaa patois
pau pow
pauder powder
pauer power
pauerful powerful
pauerhaus powerhouse
pauerles powerless
paund pound
paundidsh poundage
pauns pounce
paut pout
pautsh pouch
päviljon pavilion
pebl pebble
pedagog pedagogue

pedagogi pedagogy
pedal
pedant
pedantik pedantic
pedantri pedantry
pedestal
pedestrian
pedigrii pedigree
pedikäb pedicab
pedikjur pedicure
pediment
pedl peddle
pedler peddler
pedofail pedophile
pedofilia pedophilia
pedolodshi pedology
pedshoorativ pejorative
pedshoreishon pejoration
peg
pegboord pegboard
pei pay
peiabl payable
peibäk payback
peid paid
peidsh page
peidshan pagan
peidsher pager
peidshing paging
peier payer
peii payee
peil pail
peil pale
peilfeiss paleface
peiment payment
pein pain
pein pane
peinles painless
peint paint
peinter painter
peinting painting
peioff payoff
peioola payola
peipal papal
peipäsi papacy

peiper paper
peiroll payroll
peishens patience
peishent patient
peisli paisley
peiss pace
peisser pacer
peissmeiker pacemaker
peist paste
peisti pasty
peistri pastry
peit pate
peitriark patriarch
peitriot patriot
peitron patron
peitronais patronize
peitronidsh patronage
peiv pave
peivment pavement
pek peck
pekadillo peccadillo
peker pecker
pekjuleit peculate
pekjuliar peculiar
pekjuliäriti peculiarity
pektin pectin
pektoral pectoral
pelikan pelican
pellet
pelt
pelvis
pen
penalais penalize
penalti penalty
penaltimat penultimate
penambra penumbra
penans penance
pend
pendant
pendent
pending
pendjular pendular
pendjulum pendulum
penetrant

penetreishon penetration
penetreit penetrate
pengwin penguin
peninsula
penisillin penicillin
penitenshäri penitentiary
penitent
penjuri penury
penmänship penmanship
pennant
penne
penni penny
penniles penniless
penshon pension
penshoner pensioner
pensil pencil
pensiv pensive
penss pence
pentagon
pentahiidron pentahedron
pentakl pentacle
pentathlon
penthaus penthouse
pentoud pentode
pentshant penchant
penuurios penurious
pep
peper pepper
peperi peppery
pepsin
peptik peptic
peregrin peregrine
peremptori peremptory
perennial
perestroika
peridshii perigee
perifferal peripheral
perifferi periphery
peril
perimmiter perimeter
periodontiks periodontics
perish
perishabl perishable
periskoup periscope

periwinkl periwinkle
pesant peasant
pessimism
pessimist
pest
pester
pestilens pestilence
pestisaid pesticide
pesto
pet
petal
peti petty
petiit petite
petikout petticoat
peting petting
petish pettish
petisshon petition
petrifai petrify
petroglif petroglyph
petrokemikal petrochemical
petrol
petrooleum petroleum
petshulant petulant
petuunia petunia
pianissimo
pianist
piano
pianoforte
piatsa piazza
pidiätriks pediatrics
pidl piddle
pidshin pidgin
pidshön pigeon
pidshönhoul pigeonhole
pier
piesoelektrisiti piezoelectricity
pifl piffle
pig
pigibäk piggyback
pigish piggish
pigment
pigmenteishon pigmentation
pigmi pygmy
pigskin

pigteil pigtail
pii pea
pii pee
piidmont piedmont
piik peak
piik peek
piik pique
piikabuu peekaboo
piikok peacock
piil peal
piil peel
piin peen
piinakl pinochle
piinal penal
piinat peanut
piinis penis
piip peep
piiper peeper
piipl people
piir peer
piiridsh peerage
piirles peerless
piirs pierce
piis peas
piiss peace
piiss piece
piissful peaceful
piissmiil piecemeal
piissnik peacenik
piit peat
piitsa pizza
piitseriia pizzeria
piitsh peach
piitshi peachy
piiv peeve
piivish peevish
piiwii peewee
pik pic
pik pick
pikaan pecan
pikaant piquant
pikaata piccata
pikajuun picayune
pikante picante

pikap pickup
pikee piquet
pikerel pickerel
piket picket
piki picky
pikings pickings
pikl pickle
pikld pickled
piko pico
pikofarad picofarad
pikoff pickoff
pikolo piccolo
pikou pekoe
piksel pixel
piksi pixie
piktogräf pictograph
piktorial pictorial
piktshör picture
piktshöresk picturesque
pilaf
piläster pilaster
pilfer
pilgrim
pilgrimidsh pilgrimage
pill
pillar
pillboks pillbox
pillidsh pillage
pillou pillow
pilsner
pima
pimento
pimiento
pimp
pimpl pimple
pin
pinap pinup
pinbool pinball
ping
pinhed pinhead
pinhoul pinhole
pinial pineal
pinion
pink

pinkai pinkeye
pinki pinkie
pinko
pinkushon pincushion
pinnakl pinnacle
pinolodshi penology
pinpoint
pinprik pinprick
pinseter pinsetter
pinssers pincers
pinstraip pinstripe
pinto
pintsh pinch
pion peon
pip
pippin
pipskwiik pipsqueak
piraana piranha
piramid pyramid
piriod period
piriodik periodic
piroshki
pirrik pyrrhic
piruet pirouette
pisääs pizzazz
piss
pissd pissed
pistasho pistachio
pistol
piston
piswar pissoir
pit
pita
pitfool pitfall
pith
pithi pithy
piti pity
pitiful
pitiles pitiless
pitios piteous
pitsh pitch
pitsher pitcher
pitshfork pitchfork
pitsikaato pizzicato

pittans pittance
pituuitäri pituitary
pivot
pju pew
pjuberti puberty
pjubessent pubescent
pjubik pubic
pjudshilism pugilism
pjuni puny
pjunitiv punitive
pjupil pupil
pjupiläri pupillary
pjuree purée
pjurifai purify
pjurist purist
pjuritan puritan
pjuriti purity
pjusilänimos pusillanimous
pjutativ putative
pjuter pewter
pjutrefai putrefy
pjutrid putrid
pjuuk puke
pjuur pure
pjuuril puerile
pjuurli purely
plään plan
plaasa plaza
pläd plaid
plag plug
plai ply
plaiabl pliable
plaiant pliant
plaiers pliers
plait plight
plaiwud plywood
plak pluck
pläk plaque
pläkabl placable
pläkard placard
plam plum
plam plumb
plamer plumber
plaming plumbing

plammet plummet
plamp plump
plander plunder
plandsh plunge
plandsher plunger
pläner planner
plänet planet
plänetäri planetary
plänetärium planetarium
plänetolodshi planetology
plänimeter planimeter
plank plunk
plänk plank
plänkton plankton
plänt plant
pläntar plantar
plänteishon plantation
plänter planter
pläntön plantain
plas plus
plasenta placenta
plash plush
pläsh plash
pläsiibo placebo
pläsma plasma
plässid placid
pläster plaster
plästik plastic
plästissiti plasticity
plät plat
pläten platen
pläter platter
plätform platform
plätiina platina
plätinum platinum
plätitud platitude
plätoo plateau
plätoonik platonic
plätuun platoon
plau plow
plaver plover
pleb
plebisait plebiscite
pledsh pledge

plei play
pleidshörais plagiarize
pleidshörism plagiarism
pleier player
pleiful playful
pleig plague
pleikeit placate
pleimeit playmate
plein plain
plein plane
pleinar planar
pleint plaint
pleintif plaintiff
pleintiv plaintive
pleioff playoff
pleis plays
pleiss place
pleiss plaice
pleisser placer
pleissment placement
pleit plait
pleit plate
pleited plated
pleiting plating
pleksus plexus
plenäri plenary
plenipotenshiäri plenipotentiary
plenitud plenitude
plenti plenty
plentiful
plenum
plesant pleasant
pleshör pleasure
plethora
plibiian plebeian
plii plea
pliib plebe
pliid plead
pliis please
pliit pleat
plink
plissee plissé
plod
ploi ploy

plonk
ploodit plaudit
ploosibl plausible
plop
plot
ploter plotter
plousiv plosive
plural
pluralism
pluräliti plurality
plutookrasi plutocracy
plutoonium plutonium
pluum plume
pluumidsh plumage
pluura pleura
pluurisi pleurisy
pluvial
pod
podaietri podiatry
podshi podgy
poeetik poetic
poem
poet
poetri poetry
pogrom
poi
poinjant poignant
poinsetia poinsettia
point
pointedli pointedly
pointer
pointles pointless
pois poise
poison
poisonos poisonous
poket pocket
poketbuk pocketbook
pokmark pockmark
poks pox
polait polite
polar
polarais polarize
polariti polarity
poleemik polemic

polenta
poli- poly-
poliester polyester
poligami polygamy
poliglot polyglot
polihiidron polyhedron
poliis police
polijurethein polyurethane
polikarbonat polycarbonate
polimer polymer
polinomial polynomial
polio
poliomaielaitis poliomyelitis
polip polyp
polish
polisi policy
politeknik polytechnic
politikal political
politiks politics
politisais politicize
politishan politician
polka
poll
pollen
pollineit pollinate
pollster
polluushon pollution
polluut pollute
polluutant pollutant
polo
poloneis polonaise
polonium
pomas pomace
pomelo
pomgränat pomegranate
pommel
pomp
pompaduur pompadour
pompon
pompos pompous
pompossiti pomposity
pond
ponder
ponderos ponderous

pons
pontif pontiff
pontiffikal pontifical
pontiffikeit pontificate
pontsho poncho
pontuun pontoon
poo paw
pool pall
poolbärer pallbearer
poolsi palsy
pooltri paltry
poon pawn
poonshop pawnshop
poontsh paunch
pooper pauper
poor pore
poor pour
pöördsh purge
pöördshör perjure
pöördshöri perjury
pöörk perk
pöörl pearl
pöörl purl
pöörm perm
pöörmit permit (noun)
pöört pert
pöörtinent pertinent
pöörtsh perch
pöörvios pervious
poos pause
poositi paucity
pop
popaid popeyed
poper popper
popet poppet
popgan popgun
popi poppy
popjular popular
popjulas populace
popjuleishon population
popjuleit populate
popjulism populism
popjulos populous
popkorn popcorn

popl popple
poplar
poplin
pops
popurii potpourri
pör per
pör purr
pordshi porgy
pörfanktori perfunctory
pörfekshon perfection
pörfekt perfect
pörfektli perfectly
pörfidi perfidy
pörfjum perfume
pörfjuus perfuse
pörfoorm perform
pörfoormans performance
pörforeishon perforation
pörforeit perforate
pörgatori purgatory
pörhäps perhaps
poridsh porridge
pork
pörkashon percussion
porkjupain porcupine
pörkoleit percolate
pörkoleitor percolator
pörkwisit perquisite
pörlin purlin
pörloin purloin
pörmafrost permafrost
pörmanens permanence
pörmanent permanent
pörmiabiliti permeability
pörmiabl permeable
pörmieit permeate
pörmishon permission
pörmissibl permissible
pörmissiv permissive
pörmitt permit (verb)
pörmjuteishon permutation
pörmjuut permute
porn
pörnishos pernicious

pornoografi pornography
pöroksaid peroxide
poros porous
porossiti porosity
pörpendikjular perpendicular
pörpetjuiti perpetuity
pörpetreit perpetrate
pörpetshual perpetual
pörpetshueit perpetuate
pörpl purple
pörpleksiti perplexity
pörport purport
porpos porpoise
pörpos purpose
pörs purse
porsain porcine
pörsekjut persecute
pörsekjuushon persecution
porselan porcelain
pörsent percent
pörsentail percentile
pörsentidsh percentage
pörsepshon perception
pörser purser
pörseviir persevere
pörseviirans perseverance
porshon portion
pörsiiv perceive
pörsist persist
pörsistens persistence
pörsniketi persnickety
pörson person
pörsonabl personable
pörsonal personal
pörsonali personally
pörsonaliti personality
pörsonel personnel
pörsonifai personify
pörsoona persona
pörspair perspire
pörspektiv perspective
pörspikjuos perspicuous
pörspireishon perspiration
pörsuu pursue

pörsuuant pursuant
pörsuut pursuit
pörsweid persuade
pörsweishon persuasion
port
portabl portable
portal
portamento
pörtein pertain
portend
portent
portentos portentous
porter
portfolio
porthoul porthole
portidsh portage
portiko portico
portmantoo portmanteau
pörtöörb perturb
pörtörbeishon perturbation
portrei portray
portreit portrait
portsh porch
pörtshas purchase
pöruus peruse
pörvei purvey
pörveid pervade
pörveior purveyor
pörveisiv pervasive
pörvju purview
pörvöörs perverse
pörvöörshon perversion
pörvört pervert
posada
poseshon possession
posess possess
posessiv possessive
posh
posishon position
posit
positiv positive
positron
possi posse
possibiliti possibility

possibl possible
possum
posteriti posterity
postshör posture
postshuleit postulate
postshumos posthumous
pot
pot-hed pothead
pot-houl pothole
potässium potassium
potbelli potbelly
poted potted
poteishon potation
poteito potato
potenshal potential
potenshioometer potentiometer
poteri pottery
poti potty
potlak potluck
potshot
poudium podium
pouk poke
pouker poker
pouki pokey
poul pole
poulkät polecat
poultri poultry
pouni pony
pouniteil ponytail
poup pope
pous pose
poushon potion
pousi posy
poust post
poust-heist posthaste
poust-houl posthole
poustal postal
poustdeit postdate
poustdoktoral postdoctoral
pouster poster
poustgrädshuat postgraduate
poustidsh postage
pousting posting
poustkaard postcard
poustlud postlude
poustmäster postmaster
poustmortem postmortem
poustnapshal postnuptial
poustneital postnatal
poustofis postoffice
poustpartum postpartum
poustpoun postpone
poustskript postscript
pousttromätik posttraumatic
poustwor postwar
poutabl potable
poutäsh potash
poutensi potency
poutent potent
poutenteit potentate
poutsh poach
poverti poverty
prägmätik pragmatic
prägmätism pragmatism
prai pry
praid pride
praim prime
praimal primal
praimäri primary
praimärili primarily
praimasi primacy
praimeit primate
praimer primer
praimiival primeval
praiooritais prioritize
praiooriti priority
praior prior
praiss price
praissi pricey
praissles priceless
praivasi privacy
praivat private
praivatais privatize
praiveishon privation
praiz prize
präksis praxis
präktikabl practicable
präktikal practical

präktikum practicum
präktis practice
präktishoner practitioner
pränk prank
pränkster prankster
präns prance
präri praire
prätl prattle
prau prow
praud proud
prauess prowess
praul prowl
predator
predatori predatory
predesessor predecessor
predikabl predicable
predikament predicament
predikeit predicate
predikshon prediction
predikt predict
prediktabl predictable
prednisoun prednisone
predominant
predomineit predominate
predshudis prejudice
predshudishal prejudicial
prefas preface
preferabl preferable
preferens preference
preferenshal preferential
pregnansi pregnancy
pregnant
prei pray
prei prey
preier prayer
preilin praline
preis praise
preiswörthi praiseworthy
prekärios precarious
prekluud preclude
prekooshon precaution
prekoushos precocious
prelat prelate
preliminäri preliminary

prelud prelude
premis premise
premonisshon premonition
prepareishon preparation
prepi preppy
preposishon preposition
presais precise
presbitiirian presbyterian
presens presence
present
presentabl presentable
presenteishon presentation
preserveishon preservation
preshör pressure
preshörais pressurize
preshos precious
presidenshal presidential
presidensi presidency
president
presidio
presidium
presidsh presage
presiid precede
presiiding preceding
presipiteit precipitate
presipitos precipitous
presishon precision
press
pressedens precedence
pressedent precedent
pressipis precipice
prestiish prestige
prestissimo
presto
pretsel pretzel
prevalent
priämbl preamble
pridestin predestine
pridisiis predecease
pridisposishon predisposition
pridispous predispose
pridiTöörmin predetermine
pridoktoral predoctoral
pridshadsh prejudge

prieksist preexist
prieminent preeminent
priempt preempt
priemptiv preemptive
prifäbrikeit prefabricate
prifekt prefect
prifigjur prefigure
prifiks prefix
priflait preflight
priför prefer
prihenshon prehension
prihistoorik prehistoric
priimi preemie
priimium premium
priin preen
priist priest
priitsh preach
priitsher preacher
priivios previous
priivju preview
prik prick
prikäst precast
prikl prickle
prikli prickly
prikondishon precondition
prikonsiivd preconceived
priköörsor precursor
prim
primärital premarital
primätuur premature
primediteited premeditated
primiir premier
primiir premiere
primitiv primitive
primo
primordial
primrous primrose
prinapshal prenuptial
prinsipal principal
prinsipäliti principality
prinsipl principle
prinss prince
prinssess princess
prinssli princely

print
printaut printout
printer
printhed printhead
printing
priokjupaid preoccupied
priokjupeishon preoccupation
priordein preordain
pripäär prepare
pripäratori preparatory
priponderans preponderance
priposteros preposterous
priredshister preregister
prirekwisit prerequisite
prirogativ prerogative
prisaid preside
prisampshon presumption
prisampshos presumptious
prisept precept
priseptiv preceptive
priseshon precession
prisess precess
priset preset
prisinkt precinct
priskraib prescribe
priskripshon prescription
prism
prismätik prismatic
prison
prisoner
prisöörv preserve
priss
pristiin pristine
prisupous presuppose
prisuum presume
prisuumabli presumably
pritekst pretext
pritend pretend
pritens pretense
pritenshon pretension
pritenshos pretentious
priti pretty
pritorian praetorian
privärikeit prevaricate

privasi privacy
priveil prevail
privenshon prevention
privent prevent
privet
privi privy
privilidsh privilege
privilidshd privileged
pro
proäktiv proactive
probabiliti probability
probabl probable
probeishon probation
probeit probate
problem
problemätik problematic
probossis proboscis
prod
prodakshon production
prodakt product
prodaktiviti productivity
prodidshi prodigy
prodidshos prodigious
prodigal
prodshekshon projection
prodshekt project
prodshektail projectile
prodshektor projector
prodsheni progeny
prodshesteron progesterone
produuss produce
produusser producer
prof
profail profile
profäniti profanity
profaund profound
profeetik prophetic
profein profane
profesi prophecy
profess
professhon profession
professhonal professional
professor
profet prophet

proffer
profiläksis prophylaxis
profiläktik prophylactic
profishent proficient
profit
profitiir profiteer
profjuus profuse
profligeit profligate
prognostikeit prognosticate
prognousis prognosis
prográm program
prográm programme
prográmer programmer
prográming programming
progres progress (noun)
progress progress (verb)
progresshon progression
prohibishon prohibition
prohibit
prohibitiv prohibitive
prokjureishon procuration
prokjuur procure
proklameishon proclamation
prokleim proclaim
prokliviti proclivity
prokrästineit procrastinate
prokrieit procreate
proksi proxy
proksimat proximate
proksimiti proximity
proktolodshi proctology
proktor proctor
proktoskoup proctoscope
proläps prolapse
prolepsis
proletärian proletarian
proletäriat proletariat
prolifereit proliferate
proliffik prolific
prolog prologue
prolong
prom
promeneid promenade
prominens prominence

prominent
promis promise
promiskjuos promiscuous
promiskjuuiti promiscuity
promisori promissory
promo
promoushon promotion
promout promote
prompt
promulgeit promulgate
pronansieishon pronunciation
pronaun pronoun
pronauns pronounce
prong
pronto
proon prawn
prop
propagända propaganda
propagändais propagandize
propageit propagate
propalshon propulsion
propaund propound
propdshet propjet
propein propane
propell propel
propellant
propellent
propeller
proper
properti property
propiin propene
propiliin propylene
propioneit propionate
propishos propitious
propoonent proponent
propoorshonal proportional
propoorshonat proportionate
proposishon proposition
propous propose
propousal proposal
propraietäri proprietary
propraieti propriety
propraietor proprietor
proreit prorate

proseik prosaic
prosekjut prosecute
prosekjuushon prosecution
prosekjuutor prosecutor
proselit proselyte
proselitais proselytize
proseshon procession
proseshonal processional
prosess process (verb)
prosiid proceed
prosiidshör procedure
prosit
proskraib proscribe
proskripshon proscription
prospekt prospect
prospektiv prospective
prospektor prospector
prospektus prospectus
prosper
prosperiti prosperity
prosperos prosperous
prosses process (noun)
prossesor processor
prostataitis prostatitis
prostatektomi prostatectomy
prosteit prostate
prosthetiks prosthetics
prosthiisis prosthesis
prostitut prostitute
prostituushon prostitution
prostreit prostrate
protägonist protagonist
protein
protekshon protection
protekt protect
protektor protector
proteshee protégé
protest
Protestant
protesteishon protestation
protokol protocol
proton
protopläsm protoplasm
prototaip prototype

protozoan
proträkt protract
proträktor protractor
protruud protrude
protruushon protrusion
protuberans protuberance
protubereit protuberate
proub probe
proun prone
prous prose
prousi prosy
provaid provide
provaider provider
provaisori provisory
provenans provenance
providens providence
provins province
provinshal provincial
provishon provision
provokativ provocative
provokeishon provocation
provöörbial proverbial
provörb proverb
provost
provouk provoke
prudenshal prudential
prurient
pruud prude
pruudent prudent
pruuf proof
pruun prune
pruuv prove
pruuven proven
psalm
puding pudding
pueblo
pull
pulli pulley
pulmonäri pulmonary
puma
push
puss
pussi pussy
pussifut pussyfoot

pussikät pussycat
put
putdaun putdown
putsh putsch
puu poo
puu pooh
puudl poodle
puuf poof
puuf pouf
puul pool
puup poop
puur poor
puurhaus poorhouse
puutsh pooch

R

raa rah
raadsha rajah
räär rare
rääring raring
räärli rarely
rääsberi raspberry
rääsp rasp
rääth wrath
rab rub
räbai rabbi
raber rubber
rabernek rubberneck
räbet rabbet
rabing rubbing
rabish rubbish
räbit rabbit
rabl rubble
räbl rabble
racing
räd rad
rader rudder
radi ruddy
rädikal radical
rädikalais radicalise (-ize)
rädikali radically
rädikalism radicalism
rädikand radicand
rädikjular radicular
rädikkio radicchio
rädikl radicle
rädises radices
rädl raddle
raf rough
raf ruff
rafen roughen
rafian ruffian
rafidsh roughage
rafl ruffle
räfl raffle

räft raft
räfter rafter
rag rug
räg rag
ragbi rugby
raged rugged
rägtaim ragtime
ragweed
rai rye
rai wry
raid ride
raiding riding
raif rife
raifl rifle
rail rile
raili riley
raim rhyme
raim rime
rainaitis rhinitis
rainal rhinal
raind rind
raino rhino
rainosseros rhinoceros
rainstoun rhinestone
raiot riot
raip ripe
rais rise
raiss rice
raissin ricin
rait right
rait rite
rait write
raiter writer
raitful rightful
raith writhe
raiting writing
raitist rightist
raitshos righteous
raival rival
raivalri rivalry
rak ruck
räk rack
rakas ruckus
räket racket

räketbool racquetball
räketi rackety
räketiir racketeer
räkl rackle
räkontöör raconteur
raksäk rucksack
rakuun raccoon
rakuun racoon
rälli rally
ram rum
räm ram
ramba rumba
rämbankshos rambunctious
rambastshos rumbustious
rambl rumble
rämbl ramble
rämdshet ramjet
rämifai ramify
rämifikeishon ramification
rammi rummy
rammidsh rummage
ramp rump
rämp ramp
rämpant rampant
rämpart rampart
rämpidsh rampage
rampl rumple
rampus rumpus
ran run
rän ran
randaun rundown
randevu rendezvous
rändom random
rändomais randomize
rang rung
rang wrung
rängl wrangle
ränk rank
ränkl rankle
ränkor rancor
ranner runner
ranni runny
ranning running
ranoff runoff

ranöwei runaway
ränsäk ransack
ränsid rancid
ränsom ransom
rant runt
ränt rant
räntsh ranch
räntsher rancher
ranwei runway
räp rap
räp wrap
räpeishos rapacious
räpell rappel
räper wrapper
räpid rapid
rapoor rapport
räpöraund wraparound
räpsodi rhapsody
räpt rapt
raptshör rupture
räptshör rapture
rärefai rarefy
rärefäkshon rarefaction
räriti rarity
rash rush
räsh rash
räshon ration
räshonääl rationale
räshonal rational
räshonälais rationalize
räshonäliseishon rationalization
räshonäliti rationality
räshonäliti rationality
rask rusk
räskal rascal
rasset russet
rassl rustle
rast rust
räster raster
rasti rusty
rastik rustic
rat rut
rät rat
ratatuui ratatouille

416

rätfink ratfink
räther rather
räti ratty
rätifai ratify
rätl rattle
rätlsneik rattlesnake
rätshet rachet
rätshet ratchet
rätträp rattrap
rau row (quarrel)
raudi rowdy
raund round
raundap roundup
raundöbaut roundabout
raundteibl roundtable
raus rouse
rausing rousing
raust roust
raut rout
raut route
rauter router
rävel ravel
rävidsh ravage
räviin ravine
ravioli
rävish ravish
räzl razzle
räzmätäz razzmatazz
rebell rebel (v)
rebellion
rebl rebel (n)
red (color)
red read (past tense)
redai redeye
redi ready
redlain redline
rednek redneck
redolent
redshimen regimen
redshiment regiment
redshimenteishon regimentation
redshister register
redshistrar registrar
redshistreishon registration

redshistri registry
redskin
redwud redwood
referendum
referens reference
referii referee
refjudsh refuge
refjudshii refugee
refjus refuse (noun)
refoorm reform
refoormativ reformative
refoormatori reformatory
refoormd reformed
refoormer reformer
refoormism reformism
refoormist reformist
reformeishon reformation
regatta
regei reggae
regjular regular
regjuleishon regulation
regjuleit regulate
regjuleitor regulator
rei ray
reibid rabid
reibis rabies
reid raid
reidar radar
reidiai radii
reidial radial
reidian radian
reidians radiance
reidiant radiant
reidieishon radiation
reidieit radiate
reidieitor radiator
reidiks radix
reidio radio
reidioäktiv radioactive
reidioäktiviti radioactivity
reidiobaiolodshi radiobiology
reidiokarbon radiocarbon
reidiokemistri radiochemistry
reidiokromatogram

    radiochromatogram
reidiolodshi radiology
reidiotelefoun radiotelephone
reidium radium
reidius radius
reidon radon
reidoum radome
reidsh rage
reik rake
reikis rachis
reikish rakish
reil rail
reilroud railroad
reilwei railway
reimen ramen
rein rain
rein reign
rein
reinbou rainbow
reindiir reindeer
reindsh range
reindsher ranger
reindshi rangy
reinstoorm rainstorm
reion rayon
reip rape
reipier rapier
reipist rapist
reis raise
reis rays
reishal racial
reisho ratio
reisin raisin
reiss race
reisser racer
reisshoors racehorse
reissi racy
reissiim raceme
reissism racism
reissist racist
reisskoors racecourse
reissträk racetrack
reisswei raceway
reisswooking racewalking

reit rate
reitabl ratable
reiter rater
reiting rating
reiv rave
reiven raven
reivenos ravenous
reiving raving
reiz raze
reizor razor
rek wreck
reker wrecker
rekidsh wreckage
rekles reckless
rekognais recognize
rekognishon recognition
rekollekshon recollection
rekomend recommend
rekompens recompense
rekon reckon
rekoning reckoning
rekonsail reconcile
rekord record (noun)
rekrieishon recreation
rektängjular rectangular
rektängl rectangle
rektifai rectify
rektifaier rectifier
rektiliniar rectilinear
rektitud rectitude
rektor rector
rektori rectory
rektum rectum
rekwaierment requirement
rekwair require
rekwest request
rekwiem requiem
rekwisishon requisition
rekwisit requisite
relativ relative
relativiti relativity
relegeit relegate
relevant
relidshon religion

relidshos religious
relik relic
relish
relm realm
rem
remanens remanence
remedi remedy
reminiss reminisce
reminissens reminiscence
remnant
ren wren
rend
render
rendering
rendishon rendition
renegeid renegade
renesaans renaissance
renoveit renovate
rent
rental
renter
rentsh wrench
repareishon reparation
repartii repartee
reperkashon repercussion
repertori repertory
repertwar repertoir
repetishon repetition
repetishos repetitious
repetitiv repetitive
repjutabl reputable
repjuteishon reputation
repjuut repute
repjuutedli reputedly
replika replica
replikeit replicate
repoort report
repoorter reporter
represent
representativ representative
representeishon representation
reprihend reprehend
reprihensibl reprehensible
reprimänd reprimand

reptail reptile
res
resain resign
reservuar reservoir
reshiim regime
reshisöör régisseur
residens residence
residenshal residential
resident
residshual residual
residu residue
resigneishon resignation
resilient
resin
resipi recipe
resipient recipient
resiprokal reciprocal
resiprokeit reciprocate
resiprossiti reciprocity
resishon rescission
resist
resistans resistance
resistiv resistive
resistor
resiteishon recitation
reskju rescue
resoluushon resolution
resoluut resolute
resonans resonance
resoneit resonate
resöörv reserve
resöörvd reserved
resöörvist reservist
resörekshon resurrection
resörekt resurrect
resörveishon reservation
respair respire
respireishon respiration
respireitor respirator
ressind rescind
ressl wrestle
rest
restituushon restitution
restiv restive

restles restless
restoor restore
restorant restaurant
restoreishon restoration
restruum restroom
resumee résumé
retaard retard
retaardant retardant
retardeishon retardation
retikjul reticule
retikjular reticular
retikl reticle
retina
retinol
retinopathi retinopathy
retinu retinue
retisent reticent
retoorikal rhetorical
retorik rhetoric
retribjuushon retribution
retro
retroäktiv retroactive
retrofit
retrogreid retrograde
retrogress
retrospekt retrospect
retsh retch
retsh wretch
retshed wretched
rev
revais revise
revel
reveleishon revelation
reveli reveille
revelri revelry
revenu revenue
reverend
reverens reverence
reverent
reviil reveal
reviir revere
revishon revision
revokabl revocable
revoluushon revolution
revoluushonäri revolutionary
revolv revolve
revolver
revouk revoke
ria
riädmit readmit
riäkshonäri reactionary
riäkt react
riäktiveit reactivate
riäktor reactor
rial real
rialais realize
riali really
rialistik realistic
rialiti reality
riällokeit reallocate
rialto
riäshuur reassure
riässain reassign
riässembl reassemble
riässess reassess
rib
ribaff rebuff
ribald
ribaldri ribaldry
ribatt rebut
ribaund rebound
ribd ribbed
ribeit rebate
ribing ribbing
ribofleivin riboflavin
ribon ribbon
ribuut reboot
rid
ridabl redouble
ridaial redial
ridakshon reduction
ridäkt redact
ridandansi redundancy
ridandant redundant
ridans riddance
ridempshon redemption
ridevelop redevelop
ridiim redeem

ridikjul ridicule
ridikjulos ridiculous
ridirekt redirect
ridl riddle
ridress redress
ridsh ridge
ridshekt reject
ridshenereit regenerate
ridshid rigid
ridshoiss rejoice
ridshuveneit rejuvenate
ridu redo
riduus reduce
rieidshent reagent
rieksämin reexamine
rielekt reelect
rienäkt reenact
riestäblish reestablish
rif riff
rifain refine
rifainäns refinance
rifand refund
rifektori refectory
rifil refill
rifjuel refuel
rifjuus refuse (verb)
rifjuut refute
rifl riffle
riflaks reflux
rifleks reflex
riflekshon reflection
riflekt reflect
riföör refer
rifööral referral
rifööörbish refurbish
rifoukus refocus
rifräf riffraff
rifräkshon refraction
rifräkt refract
rifrein refrain
rifresh refresh
rifreshment refreshment
rifridsherant refrigerant
rifridshireit refrigerate

rifridshirieitor refrigerator
rift
rig
rigaardles regardless
rigeil regale
rigeilia regalia
rigein regain
riger rigger
riging rigging
rigl wriggle
rigmaroul rigamarole
rigmaroul rigmarole
rigöördshiteit regurgitate
rigor
rigoros rigorous
rigreshon regression
rigress regress
rigrett regret
rigrettabl regrettable
rigruup regroup
rihäb rehab
rihäbiliteit rehabilitate
rihäsh rehash
rihöörs rehearse
riid read
riid reed
riidabl readable
riidaut readout
riidership readership
riiding reading
riidshensi regency
riidshent regent
riidshon region
riidshonal regional
riif reef
riifer reefer
riigal regal
riik reek
riik wreak
riikoors recourse
riil reel
riim ream
riimbööörs reimburse
riinal renal

421

riinfoors reinforce
riinkarneishon reincarnation
riip reap
riir rear
riirward rearward
riisent recent
riisling riesling
riisonabl reasonable
riitereit reiterate
riith wreath
riitsh reach
riiv reeve
rijunait reunite
rijuunion reunion
rijuus reuse
rikälsitrant recalcitrant
rikambent recumbent
rikänt recant
rikäp recap
rikäpitshuleit recapitulate
rikäptshör recapture
rikaunt recount
rikaver recover
riketi rickety
rikets rickets
rikjuus recuse
riklain recline
rikleim reclaim
rikluus recluse
rikoil recoil
rikoilles recoilless
rikombain recombine
rikomit recommit
rikonasans reconnaissance
rikondishon recondition
rikonföörm reconfirm
rikonoiter reconnoiter
rikonsider reconsider
rikool recall
riköör recur
rikoord record (verb)
rikoording recording
riköörshon recursion
riköörsiv recursive

rikörrent recurrent
rikoshee ricochet
rikrieit recreate (create again)
rikrimineit recriminate
rikruut recruit
riksho rickshaw
rikuup recoup
rikuupereit recuperate
rikwait requite
rilai rely
rilaiabl reliable
rilaians reliance
riläks relax
riläkseishon relaxation
rilaktans reluctance
riläps relapse
rilei relay
rileishonal relational
rileishonship relationship
rileit relate
rilent relent
rilentles relentless
riliif relief
riliis release
riliiv relieve
rilinkwish relinquish
rill
riloukeit relocate
rim
rimäänd remand
rimaark remark
rimaarkabli remarkably
rimaind remind
rimainder reminder
rimein remain
rimeinder remainder
rimeins remains
rimember remember
rimembrans remembrance
rimiidial remedial
rimiss remiss
rimisshon remission
rimitt remit
rimittans remittance

rimjuunereishon remuneration
rimjuunereit remunerate
rimodel remodel
rimonstreit remonstrate
rimoors remorse
rimoorsles remorseless
rimout remote
rimuuv remove
rinansieishon renunciation
rinässent renascent
rinaund renowned
rinaunss renounce
rineg renege
ring
ring wring
ringer wringer
ringliider ringleader
ringsaid ringside
ringwöörm ringworm
rink
rinkl wrinkle
rins rinse
rinuu renew
rinuuabl renewable
riödshast readjust
riölain realign
riostät rheostat
rip
ripäär repair
ripääst repast
ripablik republic
ripablikan republican
ripagnant repugnant
ripalshon repulsion
ripalsiv repulsive
ripeitrieit repatriate
ripell repel
ripellent repellent
ripent repent
ripiil repeal
ripiit repeat
ripjuudieit repudiate
ripl ripple
riplai reply

ripleiss replace
riplenish replenish
ripliit replete
ripo repo
ripoositori repository
ripous repose
riprais reprise
ripraisal reprisal
ripreshon repression
ripress repress
ripriiv reprieve
riprint reprint
ripro repro
riprodakshon reproduction
riproduuss reproduce
riprogräm reprogram
riproutsh reproach
ripruuv reprove
riptaid riptide
rirait rewrite
riran rerun
riraut reroute
risaid reside
risaikl recycle
risait recite
risaital recital
risalt result
risaltant resultant
risampshon resumption
risassiteit resuscitate
risaund resound
riseil resale
risekt resect
risembl resemble
risemblans resemblance
risent resent
risentful resentful
risentment resentment
risepshon reception
riseptakl receptacle
riseptiv receptive
riseptor receptor
riseshon recession
risess recess

riset reset
risetl resettle
risidivism recidivism
risiid recede
risiit receipt
risiiv receive
risiiver receiver
risiivership receivership
risishon recision
risk
riskedshul reschedule
riskee risqué
risolv resolve
risöördsh resurge
risöördshent resurgent
risoors resource
risoorsful resourceful
risöörtsh research
risort resort
rispait respite
rispekt respect
rispektable respectable
rispektfuli respectfully
rispektivli respectively
risplendent resplendent
rispond respond
rispondent respondent
rispons response
risponsibiliti responsibility
risponsibl responsible
risponsiv responsive
rist wrist
ristbänd wristband
ristlet wristlet
ristlok wristlock
ristraktshör restructure
ristrein restrain
ristreint restraint
ristrikshon restriction
ristrikted restricted
ristwatsh wristwatch
risuum resume
rit writ
ritair retire

ritairi retiree
ritairment retirement
ritälieit retaliate
ritardando
ritatsh retouch
riteil retail
ritein retain
riteiner retainer
ritendiviti retentivity
ritenshon retention
ritenuto
rithm rhythm
rithmik rhythmic
ritöörn return
ritoort retort
ritrai retry
riträkt retract
ritreiss retrace
ritrentsh retrench
ritriit retreat
ritriiv retrieve
ritsh rich
ritshaardsh recharge
ritshual ritual
ritsi ritzy
ritten written
rituun retune
rivail revile
rivaitalais revitalize
rivaiv revive
rivaival revival
rivalshon revulsion
rivämp revamp
rivendsh revenge
river
riversaid riverside
rivet revet
rivet
riveter
rivetment revetment
rivisit revisit
rivjuu review
rivjuu revue
rivöörb reverb

rivöörbereit reverberate
rivöörs reverse
rivöörsal reversal
rivöörshon reversion
rivöört revert
revolt
riwaind rewind
riwair rewire
riwoord reward
riwöörd reword
riwöörk rework
ro rho
rob
robast robust
roberi robbery
robin
robot
robotiks robotics
rod
rododendron rhododendron
rodsher roger
rogeishon rogation
roial royal
roialti royalty
roil
roister
roisteros roisterous
rok rock
roker rocker
roket rocket
roki rocky
rokoko rococo
roll
rollaut rollout
roller
rollik rollick
rolling
rollover
rollöwei rollaway
roman
Romanesk Romanesque
romäns romance
romäntik romantic
romäntisais romanticize

romboid rhomboid
rombus rhombus
romein romaine
romp
rondo
rong wrong
rongful wrongful
röntgen roentgen
röntgen
roo raw
roohaid rawhide
rookos raucous
roontshi raunchy
roor roar
root wrought
rosee rosé
roseisha rosacea
rosett rosette
rosin
roster
rösti
rostrum
rot
rotand rotund
rotanda rotunda
rotari rotary
roteit rotate
roteitor rotator
rotisseri rotisserie
rotogravjuur rotogravure
rotor
rotshet rochet
rotten
rou roe
rou row
roub robe
roubout rowboat
roud road
roud rode
roudent rodent
roudeo rodeo
roudöbiliti roadability
roudranner roadrunner
roudster roadster

roudwei roadway
roug rogue
roul role
roum roam
roun roan
roup rope
rous rose
rousari rosary
rousi rosy
rousmäri rosemary
roust roast
rousting roasting
rout rote
rout wrote
routsh roach
rouv rove
rouver rover
rubarb rhubarb
rubella
rubi ruby
rubidium
rubrik rubric
rudiment
rudimentari rudimentary
ruf roof
ruftop rooftop
ruin
ruinos ruinous
ruk rook
ruki rookie
rulaad roulade
rulett roulette
ruli ruly
rumätik rheumatic
rumatism rheumatism
rumatoid rheumatoid
rumen
rumineit ruminate
rumor
rural
ruth
rutiin routine
ruu rue
ruub rube

ruubl ruble
ruud rude
ruuful rueful
ruul rule
ruuler ruler
ruuling ruling
ruum room
ruummeit roommate
ruus ruse
ruush rouge
ruust roost
ruut root

S

saaga saga
saardsh sarge
sab sub
sabässembli subassembly
säbätikal sabbatical
sabdivishon subdivision
sabdshanktiv subjunctive
sabdshekt subject
sabdshektiviti subjectivity
sabdshugeit subjugate
sabduu subdue
sabkaltshör subculture
sabkanshos subconscious
sabkjuteineos subcutaneous
sabkomitti subcommittee
sabkompäkt subcompact
sabkontrakt subcontract
sablaim sublime
sablet sublet
sabliiss sublease
sablimeit sublimate
sabmäriin submarine
sabmishon submission
sabmit submit
sabmöördsh submerge
sabmöörs submerse
sabmöörsibl submersible
saböörbia suburbia
saboordinat subordinate
sabörb suburb
säbotaash sabotage
säbotuur saboteur
sabpiina subpoena
sabrogeit subrogate
sabrutiin subroutine
sabsaid subside
sabsekwens subsequence
sabsekwent subsequent
sabsidais subsidize

sabsidi subsidy
sabsidiäri subsidiary
sabsist subsist
sabsistem subsystem
sabsistens subsistence
sabskraib subscribe
sabskripshon subscription
sabskript subscript
sabsöörvient subservient
sabständard substandard
sabstans substance
sabstänshal substantial
sabstäntiv substantive
sabsteishon substation
sabstitut substitute
sabstreit substrate
sabtaitl subtitle
sabterfjuudsh subterfuge
sabterreinian subterranean
sabträkt subtract
sabträktshon subtraction
sabvenshon subvention
sabvöörshon subversion
sabvöört subvert
sabwei subway
säd sad
säden sadden
sädl saddle
sadn suddent
sads suds
sadshest suggest
sadshestshon suggestion
säfair sapphire
safaiss suffice
safer suffer
safiks suffix
safisshent sufficient
safjuus suffuse
säflauer safflower
safokeit suffocate
safridsh suffrage
säfron saffron
säg sag
sägässiti sagacity

sahib
sai sigh
saiäätik sciatic
saiäätika sciatica
saiän cyan
saiänaid cyanide
saiber- cyber-
saibernetiks cybernetics
said side
saidböörns sideburns
saider cider
saidiirial sidereal
saiding siding
saidkik sidekick
saidl sidle
saidlain sideline
saidweis sideways
saidwook sidewalk
saiens science
saientifik scientific
saientist scientist
saifer cipher
saifon siphon
saikaiatri psychiatry
saikaiatrist psychiatrist
saiki psyche
saikiätrik psychiatric
saikidelik psychedelic
saikidiilia psychedelia
saikik psychic
saikl cycle
saiklist cyclist
saikloid cycloid
saiklops cyclops
saiklotron cyclotron
saikloun cyclone
saiko psycho
saikoänälais psychoanalyze
saikoänälisis psychoanalysis
saikolodshi psychology
saikolodshikal psychological
saikolodshist psychologist
saikopäth psychopath
saikousis psychosis

sailens silence
sailent silent
sailo silo
saimulkääst simulcast
saimulteinios simultaneous
sain sign
sain sine
saind signed
sainus sinus
sainusoid sinusoid
saion scion
saipres cypress
sair sire
sairen siren
saismik seismic
saismogräf seismograph
saismolodshi seismology
sait cite
sait sight
saiteishon citation
saitles sightless
saitolodshi cytology
saitsii sightsee
saitsiiing sightseeing
saitus situs
sais size
sak suck
säk sac
säk sack
sakamb succumb
säkarin saccharin
säkarin saccharine
saker sucker
saki sake (drink)
sakjulent succulent
sakl suckle
sakor succor
säkrament sacrament
säkrifais sacrifice
säkrilidsh sacrilege
säkroiliäk sacroiliac
säkrosänkt sacrosanct
saksess success
saksessful successful

saksesshon succession
sakshon suction
saksiid succeed
saksint succint
säksofoun saxophone
salaam
salaami salami
sälad salad
sälaiva saliva
sälämänder salamander
sälari salary
säleishos salacious
salfeit sulfate
salfjuurik sulfuric
salför sulfur
säliväri salivary
säliveit salivate
säljutäri salutary
säljuteishon salutation
salk sulk
sallen sullen
sälli sally
sällou sallow
salon
salsa
saltan sultan
saltri sultry
salubrios salubrious
säluut salute
sälv salve
sälvidsh salvage
sälvo salvo
sam some
sam sum
samba
sambo
samersoolt somersault
samhau somehow
sämit samite
samma summa
sammarais summarize
sammärili summarily
sammeishon summation
sammer summer

sammit summit
sammon summon
sämon salmon
sämonella salmonella
samovar
samp sump
sämpl sample
sämpling sampling
samptshuos sumptuous
samtaim sometime
samthing something
samurai
samwan someone
samwat somewhat
samwer somewhere
san sun
sänatoorium sanatorium
sanböörn sunburn
sänd sand
sändal sandal
sändalwud sandalwood
sändbäg sandbag
sändbläst sandblast
Sandei Sunday
sander sunder
sänder sander
sandi sundae
sändmän sandman
sandri sundry
sändstorm sandstorm
sändwitsh sandwich
sanflauer sunflower
sang sung
sanglääses sunglasses
sängwin sanguine
sänitais sanitize
sänitäri sanitary
säniteishon sanitation
säniti sanity
sank sunk
sanken sunken
sänkshon sanction
sänktshuäri sanctuary
sänktifai sanctify

sänktimounios sanctimonious
sänktiti sanctity
sänktum sanctum
sanlait sunlight
sanrais sunrise
säns sans
sanset sunset
sanshain sunshine
sap sup
säp sap
sapl supple
saplement supplement
saplementari supplementary
säpling sapling
saposishon supposition
sapper supper
sapplänt supplant
sapress suppress
sapresshon suppression
sardin sardine
sardoonik sardonic
sardshent sergeant
sari
sarkäsm sarcasm
sarkästik sarcastic
sarkoffagus sarcophagus
sarkoma sarcoma
sarong
sarsaparilla
sartoorial sartorial
saseptibl susceptibl
säsh sash
säshei sashay
saspekt suspect
saspend suspend
saspenders suspenders
saspens suspense
saspenshon suspension
saspisshon suspicion
saspisshos suspicious
sass suss
säss sass
sässäfräs sassafras
sastein sustain

sasteiner sustainer
sastenans sustenance
sätaieti satiety
sätair satire
sätelait satellite
satherli southerly
satherner southerner
satiin sateen
sätiirikal satirical
sätin satin
sätisfai satisfy
sätisfäkshon satisfaction
satl subtle
Sätördei Saturday
satsh such
sätshel satchel
sätshet sachet
sätshöreishon saturation
sätshöreit saturate
sauerkraut
sauna
saund sound
saunding sounding
saundträk soundtrack
saur sour
saurdou sourdough
sauss souse
sauth south
sauthpoo southpaw
savaant savant
sävi savvy
sävidsh savage
seans seancé
sebeishos sebaceous
seboriia seborrhea
sed said
sedään sedan
sedaktiv seductive
sedaktres seductress
sedativ sedative
sedeit sedate
sedentäri sedentary
sediment
sedisshon sedition

seduus seduce
segment
segmenteishon segmentation
segregeit segregate
sei say
seiing saying
seiber saber
seibl sable
seidism sadism
seidomäsokism sadomasochism
seidsh sage
seif safe
seifgaard safeguard
seik sake (for)
seikred sacred
seil sail
seil sale
seilbout sailboat
seilient salient
seilin saline
seilor sailor
seilspörson salesperson
seim same
sein sane
seint saint
seishieit satiate
seit sate
seitäänik satanic
seitän satan
seiv save
seivings savings
seivior savior
seivor savor
seivori savory
sekjular secular
sekjuur secure
sekjuuriti security
sekluud seclude
sekluushon seclusion
seko secco
sekond second
sekondäri secondary
sekondhänd secondhand
sekretäriat secretariat

sekriit secrete
seks sex
sekshon section
sekshonal sectional
seksi sexy
seksist sexist
seksles sexless
sekspot sexpot
sekstant sextant
sekstet sextet
sekston sexton
sekstupl sextuple
sekstuplet sextuplet
seksual sexual
seksuäliti sexuality
sekt sect
sektärian sectarian
sektor sector
sel cell
seldom
selebreit celebrate
seleebriti celebrity
selekshon selection
selekt select
selenium
seleri celery
selessta celesta
selesstial celestial
self
selfish
selfles selfless
selfoun cellphone
selibat celibate
seljulait cellulite
seljular cellular
seljuloid celluloid
seljulous cellulose
sell
sellar cellar
sellaut sellout
seller
sellofein cellophane
selsin selsyn
seltser seltzer

selvidsh selvage
semafor semaphore
semäntiks semantics
semblans semblance
sement cement
semester
semeteri cemetery
semi
semikolon semicolon
semikondaktor semiconductor
seminal
seminar
seminäri seminary
senaario scenario
senat senate
senator
send
sens sense
senseishon sensation
senseishonal sensational
senshör censure
sensibiliti sensibility
sensibl sensible
sensitais sensitize
sensitiv sensitive
sensles senseless
sensor censor
sensor
sensual
sensuos sensuous
sensus census
sent cent
sent scent
sent
sentenäri centenary
sentenärian centenarian
sentennial centennial
sentens sentence
senter center
senterfould centerfold
sentessimal centesimal
senti- centi-
sentigreid centigrade
sentimental

sentimeter centimeter
sentinel
sentipiid centipede
sentner centner
sentoor centaur
sentral central
sentralais centralize
sentraliti centrality
sentri sentry
sentrifjudsh centrifuge
sentrifjugal centrifugal
sentrik centric
sentroid centroid
sentshöri century
senturion centurion
separabl separable
separat separate
separeishon separation
sepsis
September
septennium
septer scepter
septet
septik septic
septum
septuplet
seräämik ceramic
serebellum cerebellum
seremoni ceremony
seremonial ceremonial
serenata
serendipiti serendipity
sereneid serenade
serif
seriibral cerebral
seriin serene
serotounin serotonin
serreit serrate
sesäärian cesarean
sesame
seshon cession
seshon session
seskwipedeilian sesquipedalian
seskwisentennial sesquicentennial

sespuul cesspool
sesseishon cessation
set
setap setup
setbäk setback
setii settee
seting setting
setl settle
setlment settlement
seven
seventh
seventi seventy
seventiin seventeen
sever
several
severans severance
seviir severe
seviiriti severity
sfägnum sphagnum
sfiir sphere
sfiirikal spherical
sfiiroid spheroid
sfinks sphinx
sfinkter sphincter
sfinoid sphenoid
shäbi shabby
shäd shad
shader shudder
shädou shadow
shädoui shadowy
shafl shuffle
shaflboord shuffleboard
shäft shaft
shäg shag
shägi shaggy
shagrin chagrin
shah
shai shy
shain shine
shainer shiner
shaini shiny
shaister shyster
shak shuck
shäk shack

shäkl shackle
shaks shucks
shäl shall
shalee chalet
shällou shallow
shalom
shält shalt
shäm sham
shämbls shambles
shämi chamois
shämpein champagne
shampinjon champignon
shämpuu shampoo
shämrok shamrock
shan shun
shänghai shanghai
shänk shank
shanre genre
shanson chanson
shant shunt
shanterell chanterelle
shänti shanty
shantöös chanteuse
shäparäl chaparral
shäperon chaperon
shär share
shard
shardonei chardonnay
shäreid charade
sharif
shark
shärkroper sharecropper
sharkskin
sharlatan charlatan
sharp
sharpi sharpie
shash shush
shashlik
shat shut
shater shutter
shäter shatter
shatl shuttle
shätoo chateau
shauer shower

shauerhed showerhead
shaut shout
shav shove
shavel shovel
shed
shef chef
sheid shade
sheidi shady
sheik shake
sheik
sheikdaun shakedown
sheiker shaker
sheil shale
sheim shame
sheimful shameful
sheimles shameless
sheip shape
sheiples shapeless
sheis chaise
sheiv shave
sheiver shaver
sheiving shaving
shelf
shell
shelläk shellac
shellfish
shelter
shelv shelve
shelving
shemiis chemise
sheperd shepherd
sherif sheriff
sherub cherub
shevalier chevalier
shevron chevron
shi she
shi'd she'd
shi'l she'll
shi's she's
shiatsu
shifon chiffon
shift
shifti shifty
shiif sheaf

shiild shield
shiin sheen
shiip sheep
shiipish sheepish
shiipskin sheepskin
shiir shear
shiir sheer
shiit sheet
shiith sheath
shiith sheathe
shiiv sheave
shik chic
shikeineri chicanery
shilling
shim
shimmer
shin
shindig
shingl shingle
shingls shingles
ship
shipboord shipboard
shiping shipping
shipment
shiprek shipwreck
shit
shivalri chivalry
shiver
shlep schlep
shlok schlock
shmak schmuck
shmiir schmeer
shmuus schmooze
shnaps schnapps
shnauser schnauzer
shnitsel schnitzel
shodi shoddy
shoföör chauffeur
shok shock
shoking shocking
shool shawl
shoor shore
shöörk shirk
shöört shirt

434

shöörtteil shirttail
shop
shoper shopper
shoptook shoptalk
shörbet sherbet
shorn
short
shorten
shortli shortly
shorttsheinds shortchange
shortweiv shortwave
shot
shotgan shotgun
shou show
shoubout showboat
shoukeis showcase
shoul shoal
shoulder
shovinism chauvinism
shrab shrub
shraberi shrubbery
shrag shrug
shraik shrike
shrain shrine
shraiv shrive
shrank shrunk
shräpnel shrapnel
shraud shroud
shred
shreder shredder
shriik shriek
shrill
shrimp
shrink
shrinkidsh shrinkage
shrivel
shruu shrew
shruud shrewd
shu shoe
shud should
shugar sugar
shugarkout sugarcoat
shuu shoo
shuur sure

shuut shoot
shva schwa
shva shwa
sib
sibilant
sibling
sierra
siesta
sifilis syphilis
sift
sigaar cigar
sigaret cigarette
sigarillo cigarillo
siginifikänt significant
sigma
signal
signatshör signature
signet
signifai signify
sii sea
sii see
siid cede
siid seed
siidar cedar
siidsh siege
siigall seagull
siiing seeing
siik seek
siikänt secant
siikresi secrecy
siikret secret
siikretiv secretive
siikwel sequel
siikwens sequence
siil seal
siilant sealant
siiler sealer
siiliäk celiac
siiling ceiling
siim seam
siim seem
siimen semen
siimi seamy
siimles seamless

siimli seemly
siin scene
siin seen
siinail senile
siineri scenery
siinik scenic
siinior senior
siinioriti seniority
siip seep
siipia sepia
siipidsh seepage
siir sear
siir seer
siirial cereal
siirial serial
siirialais serialize
siirios serious
siiris series
siirsaker seersucker
siisaid seaside
siishell seashell
siisik seasick
siisium cesium
siison season
siisonal seasonal
siisoning seasoning
siisoo seesaw
siiss cease
siit seat
siitein cetane
siithing seething
siiting seating
siiv sieve
siivert sievert
siiward seaward
siiz seize
siizhör seizure
sik sic
sik sick
sikaada cicada
sikamor sycamore
sikening sickening
sikl sickle
siklik cyclic

siknes sickness
siko sicko
sikofänt sycophant
siks six
siksth sixth
siksti sixty
sikstiin sixteen
sikwenshal sequential
sikwester sequester
sikwoia sequoia
silantro cilantro
siliari ciliary
silikon silicon
silikoun silicone
silinder cylinder
silk
sill
sillääbik syllabic
sillabl syllable
sillabus syllabus
silli silly
sillium psyllium
sillodshais syllogize
sillodshism syllogism
silt
siluett silhouette
silvan sylvan
silver
silversmith
silverwär silverware
simbal cymbal
simbiousis symbiosis
simbol symbol
simematoografi cinematography
simfoni symphony
simfoonik symphonic
similär similar
similäriti similarity
simili simile
similitud similitude
simjuleishon simulation
simjuleit simulate
simmer
simmetri symmetry

simmetrikal symmetrical
simpäthais sympathize
simpätheetik sympathetic
simpäthi sympathy
simpel simple
simpelton simpleton
simper
simpleks simplex
simplest
simplifai simplify
simplistik simplistic
simpousium symposium
simptom symptom
simptomätik symptomatic
sin
sinagoug synagogue
sinder cinder
sindikeit syndicate
sindroum syndrome
sindsh singe
sinekolodshi synecology
sinema cinema
sinemätik cinematic
sinerärium cinerarium
sinerdshi synergy
sinfjuul synfuel
sinful
sing
singer
singing
singjular singular
singjuläriti singularity
singl single
singsong
sinik cynic
sinisism cynicism
sinister
sinju sinew
sinjueit sinuate
sinjui sinewy
sinjuos sinuous
sink
sink sync
sinker

sinkopeit syncopate
sinkronais synchronize
sinkronos synchronous
sinkroonik synchronic
sinkroskoup synchroscope
sinkrotron synchrotron
sinnamon cinnamon
sinod synod
sinonim synonym
sinoonimos synonymous
sinopsais synopsize
sinopsis synopsis
sinoptik synoptic
sins
sinseriti sincerity
sinsiir sincere
sinss since
sintäks syntax
sintäktik syntactic
sinter
sinthesais synthesize
sinthesis synthesis
sinthetik synthetic
sintileit scintillate
sintilla scintilla
sintsh cinch
sip
sirindsh syringe
sirousis cirrhosis
sirrus cirrus
sirum serum
sirup
sirup syrup
sis
sisesshon secession
sisidshi syzygy
sisiid secede
sism schism
sisors scissors
sissi sissy
sist cyst
sistaitis cystitis
sistem system
sistematais systematize

sistemätik systematic
sistemik systemic
sister
sistoli systole
sit
sitadel citadel
sitar
siteishan cetacean
siti city
sitisen citizen
sitiskeip cityscape
sitkom sitcom
sitrik citric
sitron citron
sitrus citrus
sitshueishon situation
sitshueit situate
sitter
sitting
sivik civic
sivil civil
sivilais civilize
sivilian civilian
siviliseishon civilization
siviliti civility
sivis civvies
sizl sizzle
skäb scab
skad scud
skaf scuff
skafl scuffle
skäfold scaffold
skai sky
skaidshäk skyjack
skairoket skyrocket
skaith scythe
skal scull
skal skull
skaldageri skulduggery
skalk skulk
skällion scallion
skällop scallop
skälp scalp
skälpel scalpel

skalpt sculpt
skalptor sculptor
skalptshör sculpture
skam scum
skäm scam
skambäg scumbag
skämp scamp
skän scan
skändal scandal
skändalais scandalize
skändalos scandalous
skäner scanner
skank skunk
skänt scant
skar scar
skär scare
skarf scarf
skäri scary
skärkrou scarecrow
skarlet scarlet
skarp scarp
skärs scarce
skärsiti scarcity
skät scat
skater scutter
skäter scatter
skäterbrein scatterbrain
skätering scatterin
skatl scuttle
skatlbat scuttlebutt
skaul scowl
skaundrel scoundrel
skaur scour
skaut scout
skautmäster scoutmaster
skävendsh scavenge
skävendsher scavenger
skedshul schedule
skeibis scabies
skeil scale
skeilar scalar
skein
skeip scape
skeipgout scapegoat

skeit skate
skeitboord skateboard
skeiter skater
skeith scathe
skeleton
skell
skemätik schematic
skeptikal sceptical
skeptisism scepticism
skertso scherzo
sketsh sketch
skid
skif skiff
skii ski
skiid skied
skiier skier
skiiing skiing
skiim scheme
skiima schema
skiis skis
skiit skeet
skil skill
skilful skillful
skillet
skim
skimmer
skimp
skin
skinhed skinhead
skip
skiper skipper (who skips)
skipper (captain)
skit
skitish skittish
skitsofriinia schizophrenia
skju skew
skjuer skewer
sklera sclera
sklerodörma scleroderma
sklerousis sclerosis
skof scoff
skofloo scofflaw
skolar scholar
skolarship scholarship

skolästik scholastic
skons sconce
skoold scald
skoolding scalding
skoor score
skoorboord scoreboard
sköördsh scourge
sköörmish skirmish
skoorn scorn
skoornful scornful
sköört skirt
skoortsh scorch
skörilos scurrilous
skörri scurry
skörvi scurvy
skotsh scotch
skoul skoal
skould scold
skoun scone
skoup scope
skousha scotia
skrab scrub
skräbl scrabble
skraf scruff
skräg scrag
skrägli scraggly
skraib scribe
skräm scram
skrämbl scramble
skrampshos scrumptious
skräp scrap
skräpi scrappy
skrätsh scratch
skrätshpäd scratchpad
skraundsh scrounge
skreip scrape
skribl scribble
skriid screed
skriik screak
skriim scream
skriin screen
skriitsh screach
skrimmidsh scrimmage
skrimp scrimp

skrimsho scrimshaw
skrip scrip
skript script
skriptshör scripture
skrol scroll
skrool scrawl
skrooni scrawny
skroutum scrotum
skru screw
skruap screwup
skrubool screwball
skruudsh scrooge
skruupjulos scrupulous
skruupl scruple
skruutabl scrutable
skruutinais scrutinize
skruutini scrutiny
skuuba scuba
skuul school
skuuljaard schoolyard
skuulmeit schoolmate
skuuner schooner
skuup scoop
skuut scoot
skuuter scooter
skwab squab
skwabl squabble
skwad squad
skwadron squadron
skwair squire
skwalid squalid
skwalor squalor
skwamos squamous
skwander squander
skwär square
skwash squash
skwashi squashy
skwat squat
skwater squatter
skweltsh squelch
skwib squib
skwid squid
skwigl squiggle
skwiik squeak

skwiil squeal
skwiimish squeamish
skwiis squeeze
skwint squint
skwish squish
skwoo squaw
skwook squawk
skwool squall
skwöörm squirm
skwöört squirt
skwörrel squirrel
slab slub
släb slab
slaf slough
slag slug
släg slag
slager slugger
slagish sluggish
slai sly
slaid slide
slaim slime
slaiss slice
slait sleight
slait slight
släk slack
släkken slacken
slalom
slam slum
släm slam
slamber slumber
slamlord slumlord
slämmer slammer
slamp slump
sländer slander
slang slung
släng slang
slänt slant
släp slap
släpstik slapstick
slash slush
släsh slash
slat slut
slät slat
släther slather

slautsh slouch
sled
sledsh sledge
sledshhämmer sledgehammer
slei slay
slei sleigh
sleit slate
sleiv slave
sleiveri slavery
sleivish slavish
slender
slept
sliik sleek
sliip sleep
sliit sleet
sliiv sleeve
sliiz sleaze
sliizi sleazy
slik slick
slim
sling
slingshot
slink
slip
sliperi slippery
slipkaver slipcover
slit
slither
sliver
slob
slober slobber
slog
sloo slaw
slöör slur
slöörp slurp
slooter slaughter
slop
slopi sloppy
slörri slurry
slosh
slot
sloth
slou sloe
slou slow

slougan slogan
sloup slope
sloupouk slowpoke
slovenli slovenly
slu slue
sluu slew
sluu slough (swamp)
sluup sloop
sluuss sluice
sluussgeit sluicegate
sluuth sleuth
smadsh smudge
smag smug
smagl smuggle
smail smile
smaili smiley
smait smite
smäk smack
smarm
smart
smartälek smartaleck
smartäss smartass
smäsh smash
smat smut
smäter smatter
smell
smelt
smelter
smidshen smidgen
smiir smear
smith
smitten
smog
smok smock
smool small
smoolpoks smallpox
smöörf smurf
smöörk smirk
smöörtsh smirch
smorgasbord
smother
smouk smoke
smouker smoker
smoulder smolder

smuuth smooth
smuuthi smoothie
smuutsh smooch
snaarl snarl
snab snub
snabi snubby
snaf snuff
snafer snuffer
snafl snuffle
snafu
snag snug
snäg snag
snagl snuggle
snaid snide
snaip snipe
snäk snack
snäp snap
snäper snapper
snäpish snappish
snäpshot snapshot
snaut snout
sneik snake
sneil snail
snif sniff
snifer sniffer
snifl sniffle
snifter
snig
sniik sneak
sniir sneer
sniiz sneeze
sniker snicker
snip
snipet snippet
snipi snippy
snips
snit
snitsh snitch
snivel
snob
snoor snore
snoorkel snorkel
snoort snort
snot

snou snow
snoubool snowball
snouboord snowboard
snoudrift snowdrift
snoufleik snowflake
snoufool snowfall
snoui snowy
snoukäp snowcap
snouplau snowplow
snuk snook
snuker snooker
snuup snoop
snuut snoot
snuuz snooze
so
sob
sobraieti sobriety
sobriket sobriquet
sod
soda
soden sodden
sodium
sodomais sodomize
sodomi sodomy
sofa
sofism sophism
sofistikeited sophisticated
sofistri sophistry
sofit soffit
sofomor sophomore
soft
softbool softball
soften
softener
softwär software
sogi soggy
soi soy
soibiin soybean
soil
sok sock
sokai sockeye
soker soccer
soket socket
sol

solar
solärium solarium
solas solace
solem solemn
solenoid
solid
solidäriti solidarity
solidifai solidify
solissit solicit
solissitor solicitor
solitäär solitaire
solitäri solitary
solitud solitude
soljubl soluble
solo
soloist
solon
solstis solstice
söluun saloon
soluushon solution
solv solve
solvent
soma
somäätik somatic
somber
sombrero
somnämbjuleit somnambulate
somnolent
son
sonaata sonata
sonar
song
songfest
sonik sonic
sonnet
sonni sonny
sonoros sonorous
soo saw
sooder solder
soolt salt
sooltpiiter saltpeter
sooltsheiker saltshaker
soomill sawmill
soonter saunter

soor soar
soor sore
soord sword
soordfish swordfish
soordid sordid
söördsh surge
söördsheri surgery
söördshikal surgical
söördshon surgeon
söörf serf
söörf surf
söörfas surface
söörfboord surfboard
soorgum sorghum
soorhed sorehead
söörket circuit
söörketri circuitry
söörkjular circular
söörkjuleishon circulation
söörkjuleit circulate
söörkumfleks circumflex
söörkumsais circumcise
söörkumsishon circumcision
söörkumskraib circumscribe
söörkumspekt circumspect
söörkumstäns circumstance
söörkumstänshal circumstantial
söörkumvent circumvent
söörkus circus
söörli surly
söörmon sermon
söörmonais sermonize
söörneim surname
söörpent serpent
söörpentin serpentine
söörplas surplus
soorseri sorcery
soorss source
soort sort
söörtäks surtax
söörtan certain
soorti sortie
söörtsh search
söörtshaardsh surcharge

söörtshlait searchlight
söörv serve
söörvail servile
söörvant servant
söörvei survey
söörveior surveyor
söörviett serviette
söörvis service
söörvisabl serviceable
söörvitud servitude
söörvo servo
soosidsh sausage
sooss sauce
soossi saucy
soot sought
sop
sopi soppy
soporifik soporific
soprano
sör sir
soraiasis psoriasis
sorbet
sörfäktant surfactant
sörfit surfeit
sörii sirree
sörka circa
sörkamferens circumference
sörkeidian circadian
sörkjuiti circuity
sörkjuitos circuitous
sörkl circle
sörloin sirloin
sörmais surmise
sörmaunt surmount
sorooriti sorority
sörpääss surpass
sörprais surprise
sörraund surround
sorrel
sörrender surrender
sörreptishos surreptitious
sorri sorry
sörrial surreal
sörrogeit surrogate

sorrou sorrow
sörtifai certify
sörtifaiabl certifiable
sörtifikat certificate
sörtitud certitude
sörvaiv survive
sörvaivor survivor
sörveilans surveillance
sörvikal cervical
sosaieti society
sostenuuto sostenuto
sotee sauté
sou sew
sou sow
souber sober
soudshöörn sojourn
souer sewer (who sews)
souk soak
soul sole
soul
sould sold
souldsher soldier
soulli solely
soup soap
soupboks soapbox
soushabl sociable
soushal social
soushalais socialize
soushalait socialite
soushalism socialism
soushalist socialist
soushioekonoomik socioeconomic
soushiolodshi sociology
soushiopäth sociopath
soviet
sovren sovereign
sovrenti sovereignty
spa
spad spud
spägetti spaghetti
spai spy
spaider spider
spaiderweb spiderweb
spaik spike

spail spile
spain spine
spainles spineless
spair spire
spairal spiral
spairogräf spirograph
spaiss spice
spait spite
spaitful spiteful
spaiwär spyware
spän span
spändrel spandrel
spängl spangle
spänglish spanglish
späniel spaniel
spank spunk
spänk spank
spänner spanner
spar
spär spare
spark
sparkl sparkle
sparkler
spärrib sparerib
spärrou sparrow
spars sparse
spartan
späsm spasm
späsmodik spasmodic
spästik spastic
spät spat
spater sputter
später spatter
spätshula spatula
spaus spouse
spaut spout
sped
spei spay
speid spade
speishos spacious
speiss space
speisssuut spacesuit
spek spec
spek speck

spekjuleit speculate
spekjuleitiv speculative
spekld speckled
spektäkjular spectacular
spektäkl spectacle
spekteitor spectator
spekter specter
spektral spectral
spektroometer spectrometer
spektrum spectrum
spelanking spelunking
spell
spellbainding spellbinding
spelling
spend
spendthrift
spent
speshal special
speshalais specialize
speshali specially
speshaliseishon specialization
speshalist specialist
speshalti specialty
spessifai specify
spessifik specific
spessifikeishon specification
spessimen specimen
spifi spiffy
spigot
spiid speed
spiidoometer speedometer
spiidwei speedway
spiik speak
spiil spiel
spiir spear
spiirfish spearfish
spiishos specious
spiisis species
spiitsh speech
spiitshles speechless
spill
spillidsh spillage
spillwei spillway
spin

spinaker spinnaker
spindl spindle
spinet
spinitsh spinach
spinner
spinoff
spinster
spirit
spiritshual spiritual
spiritshuäliti spirituality
spit
spitbool spitball
spitfair spitfire
spits spitz
spituun spittoon
spju spew
spjurios spurios
spjutum sputum
spjuum spume
splain spline
splaiss splice
spläsh splash
splät splat
splater splutter
spläter splatter
splei splay
splendent
splendid
splendor
spliin spleen
splint
splinter
split
splöördsh splurge
splotsh splotch
spoil
spoilidsh spoilage
spondsh sponge
sponsor
spontaneiti spontaneity
sponteinios spontaneous
spoon spawn
spoor spore
spöör spur

spöörm sperm
spöörmisaid spermicide
spöörn spurn
spöört spurt
sporädik sporadic
sport
sportskäst sportscast
spot
spoter spotter
spotlait spotlight
spotles spotless
spouk spoke
spouken spoken
sprai spry
sprait sprite
spraitli sprightly
sprät sprat
spraut sprout
spred spread
spredshiit spreadsheet
sprei spray
sprein sprain
sprig
sprii spree
spring
springboord springboard
springtaim springtime
sprinkl sprinkle
sprint
sprits spritz
spritser spritzer
sproket sprocket
sprool sprawl
spruuss spruce
spumouni spumoni
sputnik
spuuf spoof
spuuk spook
spuul spool
spuun spoon
spuur spoor
stääns stance
stääntsh stanch
stäär stair

staarv starve
stäärwei stairway
stab stub
stäb stab
stabi stubby
stäbiliti stability
stäbing stabbing
stabl stubble
staborn stubborn
stad stud
stadi study
staf stuff
stäf staff
stäf staph
stafd stuffed
stafing stuffing
stäg stag
stäger stagger
stägfleishon stagflation
stägnant stagnant
stägneit stagnate
stai sty
staifl stifle
stail stile
stail style
stailish stylish
stailus stylus
staimi stymie
stain stein
staipend stipend
stak stuck
stäk stack
stakaato staccato
stako stucco
stälägmait stalagmite
stäläktait stalactite
ställion stallion
staltifai stultify
stambl stumble
stämina stamina
stämmer stammer
stamp stump
stämp stamp
stämpiid stampede

stan stun
ständ stand
ständard standard
ständardais standardize
ständbai standby
staning stunning
stant stunt
ständshon stanchion
stänza stanza
star
stär stare
starbord starboard
stardom
stark
starlet
starling
start
starter
startl startle
startsh starch
starveishon starvation
stäsh stash
stater stutter
stätik static
stätiks statics
stätistik statistic
stätoskoup statoscope
stätshör stature
stätshu statue
stätshuäri statuary
stätshuesk statuesque
stätshut statute
stätshutori statutory
stätus status
staut stout
sted stead
stedfäst steadfast
stedi steady
stei stay
steibilaiser stabilizer
steibl stable
steid staid
steidium stadium
steidsh stage

steidshing staging
steidshkoutsh stagecoach
steik stake
steik steak
steikaut stakeout
steil stale
steilmeit stalemate
stein stain
steinles stainless
steipl staple
steipler stapler
steishon station
steishonäri stationary
steishoneri stationery
steisis stasis
steit state
steithud statehood
steitli stately
steitment statement
steitor stator
steiv stave
stellar
stelth stealth
stem
steno
stenoografi stenography
stenousis stenosis
stensil stencil
stentsh stench
step
steppärent stepparent
steptshaild stepchild
stereidian steradian
stereo
stereofonik stereophonic
stereoografi stereography
stereoskoup stereoscope
stereotaip stereotype
steril sterile
sterilais sterilize
steroid
stet
stethoskoup stethoscope
stiff

stiffen
stigma
stigmatais stigmatize
stiid steed
stiil steal
stiil steel
stiilhed steelhead
stiim steam
stiimer steamer
stiimroller steamroller
stiimship steamship
stiip steep
stiipl steeple
stiipldshäk steeplejack
stiir steer
stiireit stearate
stiiridsh steerage
stiivedor stevedore
stik stick
stiki sticky
stikler stickler
stiletto
still
stillborn
stilt
stimjulant stimulant
stimjuleit stimulate
stimjulus stimulus
stimwär stemware
stindshi stingy
sting
stinger
stingrei stingray
stink
stinker
stinko
stint
stipjuleit stipulate
stipl stipple
stiptik styptic
stitsh stitch
stodshi stodgy
stoik stoic
stoisism stoicism

stok stock
stokästik stochastic
stokbrouker stockbroker
stokeid stockade
stokhoulder stockholder
stoki stocky
stoking stocking
stokjaard stockyard
stokpail stockpile
stolid
stollen
stolon
stomak stomach
stomakeik stomachache
stomp
stook stalk
stool stall
stoontsh staunch
stoor store
stöör stir
stöördi sturdy
stöördshon sturgeon
stoori story
stooridsh storage
stööring stirring
stöörling sterling
stoorm storm
stöörn stern
stöörnum sternum
stöörup stirrup
stop
stopabl stoppable
stoper stopper
stou stow
stougi stogy
stouidsh stowage
stouk stoke
stoul stole
stoun stone
stounwool stonewall
stouöwei stowaway
stouv stove
strädl straddle
stragl struggle

strägl straggle
straia stria
straid stride
straident strident
straieited striated
straif strife
straik strike
straip stripe
straiv strive
strak struck
straktshör structure
straktshöral structural
stram strum
stränd strand
strang strung
strängl strangle
sträp strap
sträples strapless
strat strut
strätadshem stratagem
strätedshi strategy
strätifai stratify
strätiidshik strategic
strätosfiir stratosphere
strätum stratum
strätus stratus
strei stray
streif strafe
strein strain
streindsh strange
streindsher stranger
streiner strainer
streit straight
streit strait
streitdshäket straitjacket
streitedsh straightedge
strength
strenjuos strenuous
strep
streptokokus streptococcus
stress
stressful
stretsh stretch
stretsher stretcher

striik streak
striiker streaker
striim stream
striimlain streamline
striit street
striitkaar streetcar
striken stricken
striknain strychnine
strikt strict
striktshör stricture
strindshent stringent
string
strip
striper stripper
striptiis striptease
strnängjuleit strangulate
stroll
stroller
strong
stronghould stronghold
strontium
stroo straw
strooberri strawberry
stroub strobe
strouboskoup stroboscope
strouk stroke
strudel
struu strew
stuard steward
stuardes stewardess
stud stood
stupefai stupefy
stupefäkshon stupefaction
stupendos stupendous
stupid
stupor
stuu stew
stuud stewed
stuudent student
stuudio studio
stuudios studios
stuudiös studious
stuudsh stooge
stuul stool

stuuli stoolie
stuup stoop
stuup stupe
suer sewer (sewage)
suflee soufflé
suidsh sewage
suiit suite
suisaid suicide
suisaidal suicidal
sumak sumac
sumo
supain supine
super
superfishal superficial
superhiit superheat
superimpous superimpose
superintendent
superior
superkondaktiviti superconductivity
supermän superman
supermarket
supernätshural supernatural
superpauer superpower
superpous superpose
superseiver supersaver
supersiid supersede
supersilios supercilious
superskraib superscribe
superskript superscript
supersoonik supersonic
superstar
superstishon superstition
superstishos superstitious
superstraktshör superstructure
supertshaardsher supercharger
supervais supervise
supervaisor supervisor
superviin supervene
suplai supply
supöörb superb
supöörfluos superfluous
supöörlativ superlative
supoositori suppository

täksi taxi
täksidöörmi taxidermy
taksiido tuxedo
täksing taxing
täksiwei taxiway
täkspeier taxpayer
täkt tact
täktful tactful
täktik tactic
täktil tactile
täktles tactless
tälent talent
tälisman talisman
tälk talc
tälli tally
tällihou tallyho
tällou tallow
tälon talon
tambl tumble
tämburin tamboutin
tämbuur tambour
tammi tummy
tämp tamp
tämper tamper
tämpon tampon
tän tan
tändem tandem
tandra tundra
tändshelo tangelo
tändshent tangent
tändsherin tangerine
tändshibl tangible
tang tongue
täng tang
tängl tangle
tängo tango
tangsten tungsten
tänk tank
tannel tunnel
tännin tannin
tänning tanning
täntalais tantalize
täntalaising tantalizing
täntamaunt tantamount

täntrum tantrum
täp tap
tapas
täpestri tapestry
täpiouka tapioca
täps taps
tär tare
tarantella
täräntshula tarantula
target
tärif tariff
tarmäk tarmac
tarnish
tarpon
tarpoolin tarpaulin
tärragon tarragon
tarsus
task tusk
tässel tassel
tässit tacit
tässitöörn taciturn
tat tut
täterd tattered
tätl tattle
tatsh touch
tatshap touchup
tatshdaun touchdown
tatshi touchy
tatshing touching
tätuu tattoo
tau
tauel towel
tauer tower
taun town
tausl tousle
taut tout
tävern tavern
taverna
tear (rip)
tedi teddy
teibl table
teiblkloth tablecloth
teiblspuun tablespoon
teik take

teikaut takeout
teikover takeover
teil tail
teil tale
teilgeit tailgate
teillait taillight
teilor tailor
teilpaip tailpipe
teilus talus
teim tame
teint taint
teip tape
teiper taper
teipwöörm tapeworm
teist taste
teisti tasty
teistles tasteless
tek tech
teki techie
tekiila tequila
tekniik technique
teknikal technical
teknikäliti technicality
teknisshan technician
teknolodshi technology
tekst text
tekstail textile
tekstshör texture
tektoonik tectonic
teleffoni telephony
telefoto telephoto
telefoun telephone
telegräf telegraph
telegräm telegram
telekääst telecast
telekiniisis telekinesis
telekomjunikeishon telecommunication
telekomjuut telecommute
telekonferensing teleconferencing
telemarketing
teleppäthi telepathy
teleskopik telescopic
teleskoup telescope
teletaipraiter teletypewriter
telethon
televais televise
televishon television
tell
teller
tellteil telltale
telluurik telluric
temblor
temeeriti temerity
temp
temper
temperament
temperans temperance
temperat temperate
temperatshur temperature
temperd tempered
tempest
templ temple
templet template
tempo
temporal
temporäri temporary
tempt
tempteishon temptation
temptres temptress
ten
tenabl tenable
tenansi tenancy
tenant
tend
tendensi tendency
tender
tenderais tenderize
tenderfut tenderfoot
tenderloin
tendon
teneishos tenacious
tenement
tenet
tenjuos tenuous
tenjur tenure
tennis
tenor

tenshon tension
tensil tensile
tensor
tenss tense
tent
tentakl tentacle
tentativ tentative
tenth
tepid
tera-
terabait terabyte
teraherts terahertz
terijaki teriyaki
terra
terrärium terrarium
terrass terrace
terratso terrazzo
terrein terrain
terrestrial
terri terry
terribl terrible
terrier
terrifai terrify
terrifik terrific
terriin terrine
territoorial territorial
territori territory
terror
terrorais terrorize
terrorist
tesla
test
testament
testeit testate
testeitor testator
testi testy
testifai testify
testikl testicle
testimoni testimony
testimoonial testimonial
tetani tetany
tetanus
tether
tetherbool tetherball

tetragon
tetrahiidron tetrahedron
thad thud
thag thug
thai thigh
thai thy
thaiamin thiamine
thaim thyme
thaimus thymus
thain thine
thairatron thyratron
thairistor thyristor
thairoid thyroid
thälamus thalamus
tham thumb
thamneil thumbnail
thamp thump
thän than
thander thunder
thanderbolt thunderbolt
thanderklaud thundercloud
thanderstoorm thunderstorm
thank thunk
thänk thank
thänkfuli thankfully
thänkles thankless
thänksgiving thanksgiving
thas thus
thät that
thätsh thatch
thausand thousand
the
theft
thei they
thei'l they'll
their
them
themäätik thematic
themselvs themselves
then
thenss thence
ther there
theräfter thereafter
therapi therapy

therapist
therapjuutik therapeutic
therbai thereby
therfor therefore
theröbauts thereabouts
theröpon thereupon
thesoorus thesaurus
thespiän thespian
theta
thi the (before vowel)
thiarki thearchy
thiater theater
thiatrikal theatrical
thii thee
thiif thief
thiim theme
thiis these
thiisis thesis
thiism theism
thiiv thieve
thik thick
thikheded thickheaded
thikken thicken
thiknes thickness
thimbl thimble
thin
thing
think
thinner
thiolodshi theology
thiolodshikal theological
thioodolait theodolite
thiookrässi theocracy
thiorem theorem
thioretikal theoretical
thioretishan theoretician
thiori theory
this
thissl thistle
thong
thoo thaw
thöörd third
thöörm therm
thöörmal thermal

thöörmik thermic
thöörmodainämiks thermodynamics
thöörmoelektrik thermoelectric
thöörmokapl thermocouple
thöörmonuklear thermonuclear
thöörmoplästik thermoplastic
thöörmostät thermostat
thoorn thorn
thöörst thirst
thöörti thirty
thöörtieth thirtieth
thöörtiin thirteen
thoot thought
thootful thoughtful
thootles thoughtless
thoräks thorax
thorium
thörmiooniks thermionics
thörmistor thermistor
thörmoometer thermometer
thoro thorough
thorobred thoroughbred
thorofäär thoroughfare
Thörsdei Thursday
thou though
thous those
thraiss thrice
thraiv thrive
thram thrum
thrash thrush
thräsh thrash
thräshing thrashing
thrast thrust
thred thread
thredbär threadbare
thresh
threshold
thret threat
threten threaten
thri three
thridimenshonal threedimensional
thrifould threefold
thrift

thrill
thriller
thrisam threesome
throb
thrombousis thrombosis
throng
throol thrall
throtl throttle
throu throw
throubäk throwback
throun throne
throuöwei throwaway
throut throat
thru through
thru
thruaut throughout
thruu threw
thwäk thwack
thwoort thwart
tiara
tibia
tidbit
tier
tiff
tii tea
tii tee
tiidios tedious
tiik teak
tiim team
tiim teem
tiimmeit teammate
tiimster teamster
tiin teen
tiineidsher teenager
tiini teeny
tiiniboper teenybopper
tiinsi teensy
tiipii tepee
tiipot teapot
tiir tear (cry)
tiirdshörker tearjerker
tiirful tearful
tiiri teary
tiiruum tearoom

tiis tease
tiiser teaser
tiispuun teaspoon
tiit teat
tiiter teeter
tiith teeth
tiithing teething
tiitoutal teetotal
tiitsh teach
tiitsher teacher
tik tic
tik tick
tiker ticker
tiket ticket
tikl tickle
tiklish ticklish
tiktäk ticktack
tilapia
tilde
till
tiller
tilt
timber
timid
timoros timorous
tin
tinder
tindsh tinge
ting
tingl tingle
tinker
tinkl tinkle
tinktshör tincture
tinni tinny
tinnitus
tinsel
tint
tip
tipifai typify
tipikal typical
tipl tipple
tipler tippler
tipsi tipsy
tipster

tiptou tiptoe
tiramisu
tirani tyranny
tirännikal tyrannical
tishu tissue
tit
titer titter
titileit titillate
titshular titular
tizi tizzy
tobäko tobacco
tobäkonist tobacconist
toboogan toboggan
todl toddle
todler toddler
tofu
toga
together
togethernes togetherness
togl toggle
toi toy
toil
toilet
tokaata toccata
toksik toxic
toksikolodshi toxicology
toksin toxin
toksissiti toxicity
tolerabl tolerable
tolerans tolerance
tolerant
tolereishon toleration
tolereit tolerate
toll
tollgeit tollgate
tomahook tomahawk
tomein ptomaine
tomeito tomato
tomfuuleri tomfoolery
tomkät tomcat
tomoogräfi tomography
tomorrou tomorrow
ton
tonäliti tonality

tongs
tonik tonic
tonnidsh tonnage
tonsil
tonsilaitis tonsillitis
tonsilektomi tonsillectomy
tonsorial
toodri tawdry
took talk
tookathon talkathon
tookativ talkative
tool tall
tooni tawny
toont taunt
töörbain turbine
töörban turban
töörbid turbid
töörbjulens turbulence
töörbo turbo
töörd turd
töördshid turgid
töörf turf
töörki turkey
töörkois turquoise
töörm term
töörmait termite
töörminal terminal
töörmineit terminate
töörminolodshi terminology
töörmoil turmoil
töörn turn
töörnäri ternary
töörniket tourniquet
töörnip turnip
töörnkii turnkey
töörnover turnover
töörpentain turpentine
töörpitud turpitude
töörs terse
töörshiäri tertiary
töörtl turtle
toortsh torch
toot taut
top

topaz
toper topper
topik topic
toping topping
topl topple
toples topless
topoogräfi topography
tops
topsoil
toreador
torero
töriin tureen
tork torque
torment
tormentor
torn
tornado
torpid
torpiido torpedo
torpor
torrent
törret turret
torrid
torshon torsion
torso
tortos tortoise
tortshör torture
tortshuos tortuous
toss
tot
total
totalitärian totalitarian
totäliti totality
toter totter
tou toe
tou tow
toward
toud toad
touidsh towage
touken token
toum tome
toun tone
tounal tonal
touneil toenail

touner toner
toup taupe
toupiäri topiary
tousis ptosis
toust toast
touster toaster
tout tote
toutem totem
träänss trance
trabl trouble
trabld troubled
trablsam troublesome
trädishon tradition
trädishonal traditional
tradsh trudge
trädshedi tragedy
trädshektori trajectory
trädshik tragic
trädshikomedi tragicomedy
träfik traffic
trafl truffle
trai try
traiäd triad
traial trial
traiamfant triumphant
traiamvirat triumvirate
traiängjuleit triangulate
traiängl triangle
traiäthlon triathlon
traib tribe
traid tried
traident trident
traiennial triennial
traifl trifle
traiförkeit trifurcate
traihiidron trihedron
traiing trying
traikaspid tricuspid
traikolor tricolor
trailäteral trilateral
trailingwal trilingual
traimester trimester
train trine
trainäri trinary

traipartait tripartite
traipod tripod
traisekt trisect
traisikl tricycle
traiss trice
traisseps triceps
trait trite
traiumf triumph
trak truck
träk track
traker trucker
trakjulent truculent
trakloud truckload
träkshon traction
träkt tract
träktor tractor
träm tram
trämlain tramline
tramp trump
trämp tramp
trampet trumpet
trämpl trample
trämpolin trampoline
tramps trumps
trämwei tramway
trandl trundle
trank trunk
trankeit truncate
tränkwil tranquil
tränkwilaiser tranquilizer
tränkwiliti tranquility
tränleishon translation
tränsäkshon transaction
tränsäkt transact
tränsätläntik transatlantic
tränsduuss transduce
tränsduusser transducer
tränsekt transect
tränsfer transfer
tränsfjuus transfuse
tränsform transform
tränsformeishon transformation
tränsformer transformer
tränsgress transgress

tränsient transient
tränsishon transition
tränsistor transistor
tränsit transit
tränskontinental transcontinental
tränskraib transcribe
tränskripshon transcription
tränskript transcript
tränsleit translate
tränsleitor translator
tränsloukeit translocate
tränsluusent translucent
tränsmishon transmission
tränsmit transmit
tränsmiter transmitter
tränsom transom
tränsoonik transonic
tränspair transpire
tränspärensi transparency
tränspärent transparent
tränsplänt transplant
tränsponder transponder
tränsport transport
tränsporteishon transportation
tränsporter transporter
tränsposishon transposition
tränspous transpose
tränssekshual transsexual
tränssend transcend
tränssiiver transceiver
tränsvestait transvestite
tränsvöörs transverse
trantshon truncheon
träp trap
träper trapper
träpezoid trapezoid
träpiiz trapeze
träpings trappings
träsh trash
trass truss
trast trust
trastii trustee
trauel trowel
trauma

traumatais traumatize
traumätik traumatic
traunss trounce
trausers trousers
traut trout
träveil travail
trävel travel
träveler traveler
trävelog travelog
trävesti travesty
trävöörs traverse
trebl treble
tred tread
tredmill treadmill
trei tray
treid trade
treider trader
treidmark trademark
treikia trachea
treil trail
treilbleizer trailblazer
treiler trailer
trein train
treiner trainer
treinii trainee
treips traipse
treiss trace
treisser tracer
treissing tracing
treit trait
treitor traitor
trek
trellis
trembl tremble
tremendos tremendous
tremolo
tremor
trend
trendi trendy
trendseter trendsetter
trentsh trench
trentshant trenchant
trepideishon trepidation
treshör treasure

treshörer treasurer
treshöri treasury
trespäs trespass
tress
tressl trestle
tretsheri treachery
tretsheros treacherous
tribjuleishon tribulation
tribjun tribune
tribjutäri tributary
tribjuunal tribunal
trig
triger trigger
trigonometrik trigonometric
trigonoometri trigonometry
trii tree
triison treason
triit treat
triiti treaty
triitment treatment
trik trick
trikeri trickery
trikl trickle
trikou tricot
trikster trickster
triljon trillion
trill
trilodshi trilogy
trim
trimer trimmer
triniti trinity
trinket
trio
trip
tripl triple
triplet
triplikat triplicate
trist tryst
trivet
trivia
trivial
trivialais trivialize
trod
troi troy

troika
troll
trolli trolley
trollop
tromboun trombone
tromp
troof trough
trool trawl
tropik tropic
tropikal tropical
troposfiir troposphere
trot
troter trotter
troth
troufi trophy
trouv trove
truant
trubador troubadour
trussoo trousseau
truu TRUE
truuism truism
truuli truly
truup troop
truup troupe
truuper trooper
truuper trouper
truuss truce
truuth truth
truuthfuli truthfully
tsaar czar
tsar
tsar tzar
tsetse tzetze
tsha-tsha cha-cha
tshääns chance
tshaar char
tshäär chair
tshaardsh charge
tshaardshabl chargeable
tshaardsher charger
tshaarm charm
tshaart chart
tshaarter charter
tshabatta ciabatta

tshabi chubby
tshäf chaff
tshäfer chaffer
tshag chug
tshagalag chugalug
tshaid chide
tshaild child
tshaildhud childhood
tshaim chime
tshaina china
Tshainiis Chinese
tshaiv chive
tshak chuck
tshakl chuckle
tshälis chalice
tshällendsh challenge
tshällendsher challenger
tsham chum
tshämfer chamfer
tshammi chummy
tshamp chump
tshämp champ
tshämpion champion
tshändelier chandelier
tshank chunk
tshännel channel
tshänselor chancellor
tshänseri chancery
tshänsleri chancellery
tshänt chant
tshäp chap
tshäpl chapel
tshäplet chaplet
tshäplin chaplain
tshäps chaps
tshäpter chapter
tsharbroil charbroil
tshäriot chariot
tshäritabl charitable
tshäriti charity
tsharkoul charcoal
tshässi chassis
tshästais chastise
tshästiti chastity

tshät chat
tshäter chatter
tshätl chattel
tshatni chutney
tshau chow
tshauder chowder
tsheif chafe
tsheimbör chamber
tsheimbörmeid chambermaid
tshein chain
tsheindsh change
tsheindshabl changeable
tsheis chase
tsheissen chasten
tsheist chaste
tshek check
tshek cheque
tshekap checkup
tshekaut checkout
tsheker checker
tshekmeit checkmate
tshellist cellist
tshello cello
tsherish cherish
tsherri cherry
tshess chess
tshest chest
tshestnat chestnut
tshi chi
tshiger chigger
tshiif chief
tshiiften chieftain
tshiik cheek
tshiip cheap
tshiip cheep
tshiir cheer
tshiirful cheerful
tshiis cheese
tshiit cheat
tshiita cheetah
tshik chick
tshiken chicken
tshikl chicle
tshildren children

tshili chili
tshill chill
tshiller chiller
tshilli chilly
tshimni chimney
tshimp chimp
tshimpänsii chimpanzee
tshin chin
tshink chink
tshintsh chinch
tshintshi chinchy
tshintshilla chinchilla
tshintsi chintzy
tshinuk chinook
tship chip
tshiper chipper
tshipmank chipmunk
tshisel chisel
tshit chit
tshiter chitter
tshitshät chitchat
tshivi chivvy
tshoiss choice
tshok chock
tshokahoolik chocaholic
tshoklat chocolate
tshoklatier chocolatier
tshokohoolik chocoholic
tshomp chomp
tshook chalk
tshookboord chalkboard
tshoor chore
tshöörlish churlish
tshöörn churn
tshöörtsh church
tshop chop
tshoper chopper
tshopstik chopstick
tshör chirr
tshörap chirrup
tshörp chirp
tshortl chortle
tshouk choke
tshousen chosen

463

tshu chew
tshutshu choochoo
tshuus choose
tshuut chute
tsunami
tu to
tuberkjulousis tuberculosis
tudei today
tuisshon tuition
tuk took
tulip
tumalt tumult
tumaltshuos tumultuous
tumor
tuna
tundra *tandra*
tupee toupee
tupelo
tush
tushee touché
tutoorial tutorial
tutor
tutsi tootsie
tutu
tuu too
tuu two
tuub tube
tuuba tuba
tuubal tubal
tuubing tubing
tuubjular tubular
tuubles tubeless
tuul tool
tuum tomb
tuumstoun tombstone
tuun tune
tuunik tunic
tuur tour
tuurism tourism
tuurist tourist
tuurnament tournament
tuusam twosome
Tuusdei Tuesday
tuut toot

tuuth tooth
tuutheik toothache
tuuthles toothless
tuutlidsh tutelage
twadl twaddle
twailait twilight
twain twine
twaiss twice
twalett toilette
twäng twang
twelv twelve
twenti twenty
twidl twiddle
twig
twiid tweed
twiik tweak
twiit tweet
twiizers tweezers
twill
twin
twindsh twinge
twinkl twinkle
twist
twister
twiter twitter
twitsh twitch
twöörl twirl
twörp twerp

U

uksoorios uxorious
ukulele
umlaut
unifai unify
unifikeishon unification
uniform
uniik unique
unikorn unicorn
uniläteral unilateral
union
unionais unionize
unipolar
uniseks unisex
unison
unit
unitärian unitarian
unaited united
Unaited Steits United States
uniti unity
univoukal univocal
univöörsal universal
univöörsiti university
univörs universe
uu ooh
uudls oodles
uumf oomph
uumpa oompah
uups oops
uuz ooze

V

vääst vast
väästnes vastness
vädshaina vagina
vädshinaitis vaginitis
vägabond vagabond
vai vie
vaiabl viable
vaiadakt viaduct
vaial vial
vaib vibe
vaibrafoun vibraphone
vaibrant vibrant
vaibreishon vibration
vaibreit vibrate
vaiing vying
vaikar vicar
vaikärios vicarious
vaikaunt viscount
vail vile
vaineri vinery
vainl vinyl
vaioleit violate
vaiolens violence
vaiolet violet
vaiolin violin
vaiper viper
vairal viral
vairus virus
vaisor visor
vaiss vice
vaiss vise
vaissroi viceroy
vaital vital
vaitäliti vitality
vaitamin vitamin
väkjum vacuum
väkjuos vacuous
väksiin vaccine
välans valance

väledikshon valediction
välediktorian valedictorian
välee valet
välentain valentine
valgar vulgar
valgäriti vulgarity
väliant valiant
välid valid
välideit validate
valiis valise
välju value
väljuabl valuable
väljueishon valuation
väljules valueless
valkanais vulcanize
välli valley
valnerabl vulnerable
välor valor
väloros valorous
vals valse
valtshör vulture
valuuta valuta
välv valve
valva vulva
vämp vamp
vämpair vampire
vän van
väneidium vanadium
vängard vanguard
vanilla
vanillin
vänish vanish
väniti vanity
vänkwish vanquish
vänpuul vanpool
väntidsh vantage
väpid vapid
väraietal varietal
väraieti variety
väräktor varactor
väri vary
väriabl variable
värians variance
väriant variant

värid varied
värieishon variation
värifoukal varifocal
värikositi varicosity
värikous varicose
värios various
väristor varistor
varmint
varnish
varsiti varsity
väsektomi vasectomy
väskjular vascular
vässal vassal
vässileit vacillate
vät vat
vau vow
vauel vowel
vautsh vouch
vautsher voucher
vedsh veg
vedshetabl vegetable
vedshetärian vegetarian
vedsheteishon vegetation
vedsheteit vegetate
vedshi veggie
veig vague
veigari vagary
veigrant vagrant
veikansi vacancy
veikant vacant
veikeishon vacation
veikeit vacate
veil vale
veil
veilens valence
vein vain
vein
veinglorios vainglorious
veipor vapor
veiporais vaporize
veis vase
veisodaileishon vasodilation
veisokonstrikshon vasoconstriction
veks vex

vekseishon vexation
vektor vector
vellum
velossiti velocity
veluur velour
velvet
vend
vendetta
vendor
vendshens vengeance
vendshful vengeful
venerabl venerable
venereishon veneration
venereit venerate
veniir veneer
veniirial venereal
venison
venju venue
venom
vent
ventileishon ventilation
ventileit ventilate
ventileitor ventilator
ventrikjular ventricular
ventrikl ventricle
ventrilokwism ventriloquism
ventrilokwist ventriloquist
ventshör venture
ventshörsam venturesome
ventuuri venturi
veranda
verässiti veracity
veri very
verifai verify
verifikeishon verification
verili verily
veritabl veritable
veriti verity
vermikjulait vermiculite
vesikant vesicant
vesikl vesicle
vespers
vessel
vest

vested
vestibjul vestibule
vestidsh vestige
vesting
vestment
vestri vestry
vet
veteran
via
vibrato
video
videodisk
videokäsett videocassette
videoteip videotape
vidshil vigil
vidshiläns vigilance
vidshilänt vigilant
vidshilänti vigilante
vigor
vigoros vigorous
vihement vehement
vihikjular vehicular
vihikl vehicle
viil veal
viinal venal
viir veer
viito veto
viksen vixen
viktim victim
viktimais victimize
viktoorios victorious
viktor victor
viktori victory
vikunja vicuña
vilar velar
vilifai vilify
villa
villan villain
villidsh village
vim
vindikeit vindicate
vindiktiv vindictive
vinegar
vinegret vinaigrette

vinjard vineyard
vinjett vignette
vintidsh vintage
viola
viril virile
viriliti virility
virolodshi virology
virulent
visa
vishieit vitiate
vishon vision
vishonäri visionary
vishos vicious
vishual visual
vishualais visualize
visibiliti visibility
visibl visible
visidsh visage
visiniti vicinity
visissitud vicissitude
visit
visiteishon visitation
visitor
viskos viscous
viskositi viscosity
visseral visceral
vista
vita
vitikaltshör viticulture
vitls victuals
vitrifai vitrify
vitriol
vitrios vitreous
vituupereit vituperate
viva
vivaatshe vivace
viveishos vivaceous
vivid
vivisekt vivisect
vju view
vjuer viewer
vjuing viewing
vjupoint viewpoint
vodka

void
voidans voidance
voiidsh voyage
voiör voyeur
voiss voice
voissles voiceless
vokäbjuläri vocabulary
vokeishon vocation
vokeishonal vocational
volaptshuos voluptuous
volatil volatile
volisshon volition
voljum volume
volkäänik volcanic
volli volley
vollibool volleyball
volt
volteik voltaic
voltmeter
voluntarism
voluntiir volunteer
voluuminos voluminous
voluut volute
vomit
voodvil vaudeville
voont vaunt
vöörb verb
vöörbal verbal
vöördsh verge
vöördshin virgin
vöörgjul virgule
vöörmin vermin
vöörnal vernal
vöörs verse
vöörshon version
vöörsus versus
vöörtshu virtue
vöörtshual virtual
vöörtshuäliti virtuality
vöörtshuoso virtuoso
vöörv verve
vörbeitim verbatim
vörbidsh verbiage
vörbous verbose

vördant verdant
vördikt verdict
vördshiniti virginity
voreishos voracious
vörnäkjular vernacular
vörniir vernier
vörsatail versatile
vörtebra vertebra
vörtebreit vertebrate
vorteks vortex
vörteks vertex
vörtigo vertigo
vörtikal vertical
vosifferos vociferous
voug vogue
voukabl vocable
voukal vocal
voukalais vocalize
voul vole
vout vote
vruum vroom
vuuduu voodoo

wad
wadl waddle
wafl waffle
waft
wäg wag
wägl waggle
wägon wagon
wai why
wai wye
wai-äksis y-axis
wai-intersept y-intercept
wai-koordinat y-coordinate
waidspred widespread
waif wife
wail while
wail wile
waild wild
waildfair wildfire
waildkät wildcat
waildlaif wildlife
waili wily
wain whine
wain wine
waind wind (turn)
waindap windup
wainding winding
waineri winery
waino wino
waip wipe
waipaut wipeout
waiper wiper
wair wire
wairi wiry
wairtäp wiretap
wais wise
waiskräk wisecrack
wait white
waitaut whiteout
waitboord whiteboard

waiten whiten
waitener whitener
waiti whitey
waitwool whitewall
waitwosh whitewash
waizend wizened
wäk wack
wäk whack
wäki wacky
wäko wacko
wäks wax
wäksen waxen
wallabi wallaby
wallet
wallop
wallou wallow
wäm wham
wämmi whammy
wamp whump
wan one
wan (sickly, dim)
wand
wander
wäng whang
wängl wangle
wannabi wannabe
wanself oneself
wanss once
want
wanting
wanton
wap whup
wär ware
wär were
wärhaus warehouse
wäri wary
wärn't weren't
wärwulf werewolf
was
wasp
wat what
watever whatever
watsh watch
watshdog watchdog

watshful watchful
watsoever whatsoever
watt
wattmeter
wau wow
waund wound (past tense of wind)
wear
web
weber
webfut webfoot
webing webbing
webmäster webmaster
wed
weding wedding
wedlok wedlock
wedsh wedge
wedshi wedgie
weez wheeze
wei way
wei weigh
weid wade
weidsh wage
weidsher wager
weif waif
weifer wafer
weik wake
weiken waken
weil wail
weil wale
weil whale
weilei waylay
wein wane
weinskot wainscot
weisaid wayside
weist waist
weist waste
weistful wasteful
weistidsh wastage
weistlain waistline
weit wait
weit weight
weiter waiter
weitres waitress
weiv waive

470

weiv wave
weivbänd waveband
weiver waiver
weiver waver
weivform waveform
weivgaid waveguide
weivlength wavelength
weld
welfär welfare
welkam welcome
well
wellhed wellhead
wellnes wellness
welt
welter
welterweit welterweight
welthi wealthy
wen
wen when
wend
wenever whenever
Wensdei Wednesday
wenss whence
went
wentsh wench
wepon weapon
weponri weaponry
wept
wer where
weräfter whereafter
weräs whereas
werbai whereby
werever wherever
werin wherein
weröbauts whereabouts
weröpon whereupon
wertu whereto
west
westerli westerly
western
westernais westernize
wet
wet whet
wetbäk wetback

wether weather
wether whether
wetherais weatherize
wetländ wetland
wi we
wii'r we're
wido widow
widoer widower
widshet widget
width
wif whiff
wig
wigl wiggle
wigwäg wigwag
wigwam
wii wee
wii whee
wiid weed
wiidl wheedle
wiik weak
wiik week
wiiknait weeknight
wiiknes weakness
wiil wheal
wiil wheel
wiilbärrou wheelbarrow
wiilbeis wheelbase
wiild wield
wiildi wieldy
wiin wean
wiiner wiener
wiini weenie
wiini wieny
wiip weep
wiir weir
wiird weird
wiirdo weirdo
wiiri weary
wiisl weasel
wiit wheat
wiiv weave
wiivl weevil
wik wick
wiked wicked

wiker wicker
wikerwörk wickerwork
wiket wicket
wikiwiki
wil will (verb)
wildernes wilderness
wilful willful
will will (noun)
willing
willis willies
willou willow
willoui willowy
wilt
wim whim
wimin women
wiminfouk womenfolk
wiminswear womenswear
wimp
wimper whimper
wimsikal whimsical
win
wind wind (air)
windbäg windbag
windbloun windblown
windmill
windo window
windosill windowsill
windshiild windshield
windskriin windscreen
wing
wingding
wink
winner
winning
winsam winsome
winss wince
winter
winterais winterize
wintsh winch
wip whip
wipersnäper whippersnapper
wiping whipping
wipläsh whiplash
wipsoo whipsaw

wisdom
wish
wishboun wishbone
wishful
wisk whisk
wisker whisker
wiski whiskey
wisp
wisper whisper
wissl whistle
wissler whistler
wistful
wit whit
wit
with
withaut without
withdrooal withdrawal
withdroon withdrawn
wither whither
wither
withhold
within
withständ withstand
witi witty
witl whittle
witles witless
witnes witness
witsh which
witsh witch
witshever whichever
witshkräft witchcraft
wiz whiz
wizard
wobl wobble
wok
wolnat walnut
wolras walrus
womp whomp
won
wonder
wonderful
wonderländ wonderland
wonk
wonton

wook walk
wookaut walkout
wookwei walkway
wool wall
woolboord wallboard
woolflauer wallflower
woolpeiper wallpaper
woolts waltz
wooltshart wallchart
woor war
wöör whir
woorbler warbler
woord ward
wöörd word
woorden warden
wöördplei wordplay
woordroub wardrobe
woorf wharf
woorfär warfare
woorior warrior
wöörk work
wöörkabl workable
wöörkaholik workaholic
wöörkaut workout
wöörkbentsh workbench
wöörkdei workday
wöörker worker
wöörkloud workload
wöörkmänship workmanship
wöörkruum workroom
wöörks works
wöörkshop workshop
wöörksteishon workstation
wöörkteibl worktable
woorl whorl
wöörl whirl
wöörld world
wöörldwaid worldwide
wöörlpuul whirlpool
wöörlwind whirlwind
woorm warm
wöörm worm
woormhaarted warmhearted
woormonger warmonger

woormth warmth
woorn warn
woorn worn
woorning warning
woorp warp
wöörs worse
woorship warship
wöörst worst
woort wart
woortaim wartime
wöörth worth
wöörthi worthy
wöörthles worthless
wöörthwail worthwhile
woortoorn wartorn
wop whop
woper whopper
woping whopping
worrant warrant
worranti warranty
worren warren
wörri worry
wörrisam worrisome
wörriwoort worrywart
wörship worship
wosh wash
wosher washer
woshruum washroom
woter water
woterborn waterborne
woterfool waterfall
woterkolor watercolor
woterlogd waterlogged
wotermark watermark
wotermelon watermelon
woterpruuf waterproof
wotershed watershed
woterspaut waterspoust
wotertait watertight
woterwörks waterworks
wou whoa
wou woe
wouful woeful
woun't won't

wouven woven
wud wood
wud would
wud'v would've
wudkat woodcut
wudkräft woodcraft
wudländ woodland
wudn wooden
wudn't wouldn't
wudpeker woodpecker
wudwind woodwind
wudwörk woodwork
wuf woof
wufer woofer
wul wool
wulf wolf
wullen woolen
wulli woolly
wulveriin wolverine
wuman woman
wumanais womanize
wumanhud womanhood
wunderkind
wurst
wuu woo
wuum womb
wuund wound (injury)
wuup whoop
wuupdiduu whoopdedoo
wuupii whoopee
wuups whoops
wuush whoosh
wuuzi woozy

Z

zäg zag
zailiin xylene
zailofon xylophone
zailoografi xylography
zaimeis zymase
zäp zap
zäper zapper
zaui zowie
zebra
zeför zephyr
zeini zany
zelot zealot
zenobaiootik xenobiotic
zenofail xenophile
zenofoob xenophobe
zenofoobia xenophobia
zenolith xenolith
zeppelin
zerik xeric
zest
zeta
zig
zigoma zygoma
zigzäg zigzag
ziil zeal
ziinith zenith
zillion
ziltsh zilch
zing
zink zinc
zinon xenon
zip
ziper zipper
ziro zero
zirodöörma xeroderma
zirofthalmia xerophthalmia
ziroografi xerography
zither
zodiäk zodiac

zoisia zoysia
zombi zombie
zonk
zoofilik zoophilic
zoolodshi zoology
zoolodshikal zoological
zoun zone
zounal zonal
zukiini zucchini
Zulu
zuu zoo
zuum zoom

www.ingramcontent.com/pod-product-compliance
Lightning Source LLC
Chambersburg PA
CBHW031305150426
43191CB00005B/88